人格权法十八讲

丁春燕　李正华　编著

微课版

WUHAN UNIVERSITY PRESS

武汉大学出版社

图书在版编目（CIP）数据

人格权法十八讲:微课版/丁春燕,李正华编著.—武汉:武汉大学出版社,
2019.2(2022.2 重印)

ISBN 978-7-307-20726-4

Ⅰ.人… Ⅱ.①丁… ②李… Ⅲ.人格—权利—法学—研究—中国
Ⅳ.D923.14

中国版本图书馆 CIP 数据核字(2019)第 026783 号

责任编辑:胡 荣 责任校对:李孟潇 版式设计:马 佳

出版发行:**武汉大学出版社** (430072 武昌 珞珈山)
 (电子邮箱:cbs22@ whu.edu.cn 网址:www.wdp.com.cn)
印刷:武汉中科兴业印务有限公司
开本:787×1092 1/16 印张:19.5 字数:462 千字 插页:2
版次:2019 年 2 月第 1 版 2022 年 2 月第 2 次印刷
ISBN 978-7-307-20726-4 定价:55.00 元

作者简介

　　丁春燕，1983年生，女，广东金融学院法学院教师，法学博士（武汉大学法学院）、哲学博士（澳大利亚麦考瑞大学商务与经济学院）、中国农业科学研究院农业信息研究所博士后，获得法律职业资格证。著有《中国农业保险农民权益的司法保障与监管制度创新研究》《中国顶级域名管理法律制度变迁研究——基于网络治理与网络主权的视角》《域名监管制度研究》《网络社会法律规制论》，参与过中国人权研究会的"企业社会责任与人权保障研究"项目，编著《案例合同法学》《经济法概论（第三版）》《律师与公正实务（第二版）》《人格权法十八讲》，参编《知识产权法实务》《商法学》《商法概论》《合同法》《刑法学》等教材，在《政治与法律》《法学杂志》等杂志上发表论文多篇，相关论文曾获第十一届中国法学青年论坛一等奖，先后从事过企事业单位财务管理、投资收并购、公司法务、法学教育、律师等相关工作。

　　李正华，1963年生，男，法学博士，中山大学法学院民商法学科组硕士研究生导师、副教授，兼任中山大学新华学院法学院院长。曾任检察员，1994年日本东海大学法学部访问研究员，自1989年开始在广东岭南律师事务所兼职任律师，还兼任中国广州仲裁委员会仲裁员。编著《经济法》（中国人民大学出版社）、《经济法概论》（中国人民大学出版社）、《知识产权法》（知识产权出版社），主编《律师与公证实务》《知识产权法实务》《案例合同法学》（武汉大学出版社）等。承担"人格权法""人身权法""民法""合同法""知识产权法""律师与公证实务""仲裁法""民事诉讼法""刑事诉讼法""中国营商法律风险及其防范"等研究生和本科生课程的教学任务。

出版说明

社会主义法制建设的不断完善，就要承认和保护人的独立、平等、安全、尊严、自由之人格利益。《中华人民共和国宪法》明确规定了国家尊重和保障人权，中华人民共和国公民的人身自由不受侵犯，中华人民共和国公民的人格尊严不受侵犯等内容。"人民对美好生活的向往，就是我们的奋斗目标。"① 在人们基本的物质生活得到保障之后，对人格权的保护尤其是人格尊严的需求更加强烈。将保护"人格权"写入中国共产党第十九次全国代表大会的报告②，彰显了党和国家对人民各项合法权益的全面保护，只有充分保护人格权，才能满足人民的新期待、新愿望。《中华人民共和国民法典》第四编对人格权的保护作出了专门的规定。正如德国学者耶林所指出的，"和平是法权的目标，斗争为其手段"，③ 为权利而斗争就是为法律而斗争。任何的法律关系都是以人为主体的，承认和保护人格权，与承认和保护物权、债权、知识产权一样不可或缺。

笔者在中山大学法学院用该书稿作为研究生专题选修课教学使用了 8 年，作为本科法学专业学生选修课讲稿连续使用了 5 年，且以讲座式教学方法申请的 2015 年中山大学本科教学改革研究课题④获得立项，该项目研究结合本专题讲座式的教学方法改革做了问卷调查，还以其他方式征询了同学们的意见并不断加以改进，项目最终得以顺利结项。实践证明，专业选修课改变过去死板地依教科书章、节、纲、目的知识结构体系讲授的传统做法，以每一个单元相对独立内容的一讲之形式展开，18 讲自成一个领域的知识体系，内容生动活泼，深受学生的欢迎。

本书可为普通高等教育法学本科学生选修学习和法学专业研究生专题研究而用，也可为了解人格权法知识的读者阅读。笔者考虑到选修课程的要求和知识结构，在编写过程中力求避免枯燥繁琐的理论演绎和单纯的操作指引，并结合国内外最新的有关立法动态以及学科的发展，关注社会现实中出现的新问题。为了便于学习和系统地掌握相关的知识，抛开传统的章、节、纲、目的四级体例和单纯的理论介绍，以专题讲座的形式展开，每一专题的知识自成一体，18 讲以专题研究的方式全面覆盖了人格权法的基本理论和各个具体

---

① 习近平在十八届中共中央政治局常委同中外记者见面时强调：人民对美好生活的向往就是我们的奋斗目标 [EB/OL]. [2018-09-19]. 人民网，http://politics.people.com.cn/n/2012/1116/c1024-19596289.html.

② 中国共产党第十九次全国代表大会的报告提出，"加快社会治安防控体系建设，依法打击和惩治黄赌毒黑拐骗等违法犯罪活动，保护人民人身权、财产权、人格权"。

③ [德] 耶林. 为权利而斗争 [M]. 郑永流，译. 北京：商务印书馆，2016：1.

④ 《选修课程专题讲座形式教学方法探讨——以"人格权法"为试点》 （项目号：12000-16300005）。

人格权的保护问题。鉴于本书篇幅的限制，将"知识（案例、事件）链接"以二维码的方式嵌入书中，读者可根据需要扫码阅读，另外还为教学需要提供了教学幻灯课件。

本书的编写和出版得到了武汉大学出版社的大力支持，胡荣编辑为此付出了艰辛的劳动，中山大学法学院民商法学专业 2017 级研究生吴业勤、巫慧等同学为资料收集和校对给予了帮助，在此一并表示感谢。

受作者的学识和视角局限，书中存在疏漏和谬误，还请各位读者指正。

编著者

2022 年 1 月

目　　录

第一讲 我们还有什么权利
——人格权及其特性

人是群居的动物，生活在这个世界上就要与他人形成一定的社会关系，而在各类的法律关系当中作为主体应当享有权利和承担相应之义务。在民事法律领域我们分别建立有物权、债权、知识产权等制度来保护相关的民事权利。然而，物权、债权毕竟是"人身之外"的权利。如果我们无视人本身应享有什么样的权利这一个基本的问题，在人本身都得不到有效的保护之情况下，对物权、债权以及知识产权的保护就失去了基础和意义。

《中华人民共和国宪法》（以下简称《宪法》，本书后续使用的法律名称均为简称）第33条第3款规定了"国家尊重和保障人权"，第37条规定了"中华人民共和国公民的人身自由不受侵犯"，第38条规定了"中华人民共和国公民的人格尊严不受侵犯"。1986年颁布的《民法通则》在第五章第四节中专门规定了人身权，2009年颁布的《侵权责任法》针对不同的侵犯人格权的行为规定了侵权责任，2017年颁布的《民法总则》第五章第109条也规定了"自然人的人身自由、人格尊严受法律保护"，第110条明确规定了"自然人享有生命权、身体权、健康权、姓名权、肖像权、名誉权、荣誉权、隐私权、婚姻自主权等权利"。2020年通过的《民法典》第四编对人格权作出了专门的规定。

当人们基本的物质生活得到保障之后，对人格权的保护尤其是人格尊严的保护之要求更加强烈。将保护"人格权"写入中国共产党第十九次全国代表大会的报告[①]，彰显了党对人民各项合法权益的全面保护，满足人民的新期待、新愿望。[②]

因此，在民事法律领域，除了物权、债权、知识产权之外，自然人除了身份权，还有一项不容忽视的基本权利——人格权。

一、问题的提出

我们处在拥挤的陌生人群之中，人格随时有可能遭受来自完全不认识的人以意想不到之方式进行的侵犯，如隐私被窥探，遭到侮辱或诽谤，肖像被他人擅自制作甚至以营利为目的的使用，或危及健康乃至生命被非法剥夺等。在计算机和网络信息技术飞速发展以及大

[①] 中国共产党第十九次全国代表大会的报告提出，"加快社会治安防控体系建设，依法打击和惩治黄赌毒黑拐骗等违法犯罪活动，保护人民人身权、财产权、人格权"。

[②] 姜潇，丁小溪，杨绍功. 保护"人格权"写入报告，彰显人民至上执政理念 [EB/OL]. [2021-08-09]. 中国共产党新闻网，http://cpc.people.com.cn/19th/n1/2017/1022/c414305-29602029.html.

数据运用的今天，在网络环境下还出现了一些新形式的人格权侵权行为，诸如"人肉搜索"等。自我意识的觉醒使人们对权利变得敏感起来，自觉不自觉地提出了"我还是一个人吗？""我是否得到了作为一个人应有的尊重和保护"等疑问。社会现实中，侵犯人格权的事件时有发生，下面就是一些较为典型的相关事（案）例。

（一）张某观看不雅视频案①

2002 年 8 月 18 日晚，陕西省延安市某派出所接报，称辖区内有居民张某夫妇在其诊所内播放不雅视频，派出所遂派 2 名民警和 2 名协警前往调查。民警和协警来到张某诊所门外，见大门紧锁便绕到诊所侧面，透过窗帘缝可见到房间内的电视机正在播放不雅视频。民警和协警即以看病为由进入诊所，在未着警服且未出示任何证件的情况下，4 名警员直接就要抱走电视机和影碟机，但却遭到张某的阻拦，随即双方发生了肢体冲突，民警尚某在此过程中受伤。之后，警察以妨碍执行公务为由将张某带回派出所，三张淫秽光碟、电视机和影碟机也作为播放不雅视频证据被收缴。

2002 年 8 月 19 日，张某家人向派出所交纳 1000 元保证金之后张某获保释。同年 8 月 22 日，区公安分局决定对张某因打伤民警的行为以妨碍公务罪立案；10 月 21 日，张某被区公安分局治安大队的两名警察以"协助调查"为由带走，随后以"涉嫌妨碍公务"被刑事拘留；10 月 28 日，区公安分局向区人民检察院提请批准逮捕张某，11 月 4 日区人民检察院以证据不足为由决定不予批准逮捕；11 月 5 日，被刑事拘留 16 天之后的张某因取保候审回家后出现精神异常，被医院诊断为急性应激性障碍；12 月 5 日，区公安局解除对张某的取保候审并撤销该案。2002 年 12 月 25 日，张某向区公安局分局提出国家赔偿请求。12 月 31 日，双方就赔礼道歉、一次性补偿张某 29137 元以及按照规定处理涉案责任人员等事项达成协议从而解决了纷争。

【事件简评 1-1】

（二）全国首例强奸案受害人精神损害索赔案②

1998 年 8 月 15 日，张某（女）与刘某（男）相识于某市的某英语俱乐部。后刘某提出请张某吃晚饭，之后刘某以教外语为由将张某带至其住处之后对张某实施奸淫并将其禁锢在住处 4 小时。次日，张某拨打"110"报警后被成功解救，刘某被当场拘捕。在该市中级人民法院审理该案过程中，张某提起刑事附带民事诉讼，请求法院判令被告赔偿 10 万美元的精神损失费。法院以不符合我国刑事诉讼法的有关规定为由，驳回张某提出的刑

---

① 陈杰人. 夫妻看"黄碟"再调查：警官认错称是希望息事宁人 [EB/OL]. [2018-08-09]. 新浪新闻网，http://news.sina.com.cn/s/2003-01-20/081635724s.shtml.

② 李伟雄. 中国首例强奸索赔案终审，精神损害赔偿被驳回 [EB/OL]. [2018-08-09]. 中国法院网，http://www.chinacourt.org/article/detail/2002/12/id/26817.shtml.

事附带民事诉讼。2000 年 8 月，广东省高级人民法院以强奸罪终审判处刘某有期徒刑 12 年。2000 年 11 月，张某向基层人民法院单独提起了请求精神损失赔偿的民事诉讼，法院审理认为：原告侵犯被告的生命健康权和贞操权，直接后果是给原告造成了终生精神痛苦和部分可得精神利益的丧失，并由此导致了原告社会评价的降低。判令被告赔偿原告精神损害赔偿金 8 万元人民币，原被告双方均不服一审判决而提起上诉。最终，在长达两年的诉讼后，中级人民法院依据最高人民法院《关于人民法院是否受理刑事案件被害人提起精神损害赔偿民事诉讼问题的批复》"对于刑事案件被害人由于被告人的犯罪行为而遭受精神损失提起的附带民事诉讼，或者在该刑事案件审结以后，被害人另行提起民事诉讼的，人民法院不受理"之规定，做出裁定：撤销基层人民法院判决；驳回原告的起诉。① 受害者的民事诉讼代理律师表示：强奸是一种严重的摧残妇女心理和生理健康的犯罪行为，理应受到法律的严厉制裁，这样的判决结果让人难以接受。②

【事件简评 1-2】

（三）"好一朵蔷薇花"案③

1985 年 1 月 18 日，河北省《秦皇岛日报》发表了长篇通讯《蔷薇怨》（该文于 1985 年 3 月 2 日由《人民日报》予以转载），对原抚宁县农机公司统计员王某某与不正之风斗争的事件作了报道。之后，刘某根据一些人的反映，认为该文失实。刘某自称"为正视听，挽回《蔷薇怨》给抚宁带来的影响"，于 1985 年 9 月撰写了"纪实小说"——《特号产品王某某》。文章声称"要展览一下王某某"，并使用"小妖精""大妖怪""流氓""疯狗""政治骗子""扒手""造反派""江西出产的特号产品""一贯的恶霸""小辣椒""专门的营私者""南方怪味鸡""打斗演员"等不恰当的语言侮辱王某某的人格，并一稿多投，扩大了不良的影响，使王某某在精神上遭受了极大痛苦、在经济上受到了损失。为此，王某某向法院起诉，要求刘某等承担名誉侵权责任。

1988 年 10 月 27 日，石家庄市中级人民法院一审判决：被告刘某等应当承担停止侵害原告王某某名誉的侵权行为并赔偿精神损失的责任。刘某等不服，上诉至河北省高级人民法院。1989 年 6 月 5 日，二审法院判决驳回上诉，维持原判。

【事件简评 1-3】

---

① 全国首例贞操权索赔案被驳回起诉 [EB/OL]. [2018-08-09]. 搜狐新闻，http：//news. sohu. com/92/82/news204808292. shtml.

② 李桂茹. 一审判赔 8 万，终审分文不赔 [N]. 中国青年报，2002-12-29，"法制与社会"栏目.

③ 王发英诉刘真及《女子文学》等四家杂志侵害名誉权纠纷案 [EB/OL]. [2018-08-09]. 中国法院网，http：//www. chinacourt. org/article/detail/2002/11/id/17830. shtml.

（四）网络暴力第一案："北飞的候鸟"事件①

2007 年 12 月 29 日，妻子姜某因怀疑丈夫王某有婚外情而坠楼自杀，姜某的生前好友张某某注册了非经营性网站"北飞的候鸟"，发文对姜某进行悼念，并链接了新浪网和天涯网。随后，姜某的日记被不断地转播，网民们开始对王某展开"人肉搜索"，导致王某个人的详细信息被披露，网友对王某进行指名道姓的谩骂，甚至有部分网友到其住所进行骚扰。2008 年 3 月 28 日，因此事患上抑郁症的王某在经历了数月"惊弓之鸟"般的生活之后，遂以隐私和名誉侵权为由向法院起诉张某某和"北飞的候鸟""大旗网""天涯"三家网站。该案经北京市朝阳区人民法院一审后，认定张某某及另一网站侵犯了王某的名誉权和隐私权。一审宣判后，张某某提出了上诉。2009 年 12 月 23 日，北京市第二中级人民法院作出二审宣判：王某在与姜某婚姻关系存续期间与他人有不正当行为，是造成姜某坠楼这一不幸事件的因素之一，王某的上述行为应当受到批评和谴责。但对王某的批评和谴责应在法律允许范围内进行，不应披露、宣扬其隐私。张某某作为"北飞的候鸟"网站的管理者泄露王某个人隐私的行为已构成对王某的名誉权的侵害，应当承担相应民事责任，故维持原判。②

【事件简评 1-4】

人格权是人作为人所享有的基本权利，然而侵犯人格权行为样态的多变，就需要对人格权的保护不断加以完善。除了上述事（案）例外，早期的司法实践中还有许多涉及人格权受侵害的案例。例如，最早被认定为侵害名誉权的"女经理隐私被宣扬并加以批判案"，最早发生并由此作出对死者名誉利益予以保护的"荷花女"案，引发人身自由是不是具体人格权讨论的"疑似精神病予以强制治疗"案等。随着社会的发展变化，人格权保护受到新的挑战，特别是随着网络技术的飞速发展，网络条件下的侵权行为以及各种形式的人肉搜索、侮辱诽谤、网络暴力等事件频发。2015 年 9 月，最高人民法院还公布了 8 起利用信息网络侵害人身权益的典型案例。③

因此，我们不得不思考，法律除了对我们的物权、债权、知识产权等财产性权利和对婚姻及收养等人身关系予以法律保护之外，对我们的人格权是否给予了足够的重视和保

---

① 当事人解密孤傲白领自杀始末［EB/OL］.［2018-08-09］.搜狐新闻，http：//news.sohu.com/20080505/n256668186.shtml.

② "网络暴力第一案"终审 网站侵权判赔 5684 元［EB/OL］.［2018-08-09］.凤凰网，http：//news.ifeng.com/society/2/detail_2009_12/24/905529_0.shtml.

③ 最高法公布 8 起利用信息网络侵害人身权益典型案例［EB/OL］.［2018-08-09］.最高人民法院网，http：//gongbao.court.gov.cn/Details/b790fda5429b84cbbbe000e426e15a.html.

护。人格权作为民事领域的四项基本权利①之一，是人们最为基本的民事权利，也是其他一切权利之基础。人们除了要保护人身外在的私有财产外，每个人都需要维护自己的生命权、健康权以维持生命得以正常延续，方可享有其他的权利。同时，人们的精神性人格权利同样需要得到保障，隐私权、名誉权、贞操权等都需要得到其他民事主体之尊重，任何人和组织均不得借助于公权力对其进行侵犯。这些精神性人格权利的有效保护意味着对个人作为一个独立的主体之尊重，这些权利是人所必然享有、重要的内在权利，与其他外在权利相比更为重要。如果人格权得不到保护，我们将无法安坐在家中享受私密空间，无法维护自己应有的社会评价，内心遭受痛苦就无法解脱；如果人格权得不到保护，其他人将会无所畏惧地践踏我们作为人所必然要求的独立、尊严、自由、平等、安宁等，同样的，侵权人自己也会遭受到同等之对待，社会秩序将会荡然无存。

　　如今我们的人格权益的保护不断受到挑战，我们必须发挥足够的主观能动性，更加重视人格权，并作出努力使得个人的人格得到法律充分的保护。正如耶林所提出的，为权利而斗争，是对自己和对社会的义务；权利必须要通过斗争才能获得保护；人们必须不停地开辟生活与自由，然后才配有生活与自由的享受。

【知识链接 1-1　《为权利而斗争》——耶林】

【知识链接 1-2　私权领域拒绝公权的介入】

【知识链接 1-3　隐私权的尊重】

二、人格

（一）人格的多学科理解

　　人格的概念源于希腊语 Persona，原指演员在舞台上戴的面具（脸谱）②。后来，心理学界借用该术语用来说明：在人生的大舞台上人们会根据其社会角色的不同来变换面具，进而衍生为"真实的自我"之意。在汉语中，人格既指人的性质、气质、能力等特征的综合体现，也指个人的道德品质，人作为权利和义务主体的资格，具有自我意识和自我控

---

①　民法调整平等主体之间的人身关系和财产关系，而人身关系包括了人格、身份关系，财产关系则包括了静态下、动态下或者有形、无形财产关系。因此，人格权就在民事法律体系之构成上占据了四分之一的部分。

②　传说在古罗马时期，有一位著名演员为了遮掩其斜眼的缺陷，每次上台时都戴上一个假面具。

制能力，即具有感觉、情感、意志等机能之集合体。①

在心理学上，对人格之定义有多种。根据人格心理学家 G. W. Allport 的研究，其对人格的定义是"人格是一个人内在的心理生理系统的动力组织，决定着个人特有的思想和行为"。② 人们后来基本上接受了 Allport 的观点。③ 而在人本心理学的创始人之一著名心理学家马斯洛的理论中，人被视为一个有机整体，具有多种动机和需要，从低往高有生理需要、安全需要、归属与爱的需要、自尊需要和自我实现的需要等。当低层次需求被满足之后，人们会转而寻求实现更高层次的需要。其中自我实现的需要是超越性的，追求真、善、美，将最终导向完美人格之塑造，最高峰体验代表了人的这种最佳状态。

除此之外，人格在社会学上的定义是人的行为遵守规范之表现，其关注点在于人格是决定人在社会中角色和地位的一切特征之综合；在伦理学上人格体现为道德品格；在哲学中，著名哲学家舍勒把现象学原则应用于人格问题的思考中，提出了人格是行为的统一体之观点；文学意义上，人格又指人物心理的独特性和典型性。通常认为，人格是个人在一定社会中的地位和作用的统一，是人之所以成为人应有的尊严、价值和品格之总和。

人格一词具有多种表达，在不同的学科中，从不同的研究视角出发，人格具有多种多样的含义。因此，研究法律上的人格，必须立足于法学自身的学科特点，对人格进行具有学术意义的界定。

【知识链接 1-4　马斯洛的需求层次理论】

【知识链接 1-5　安全感】

【知识链接 1-6　舍勒与其哲学人格思想】

（二）法学视角下的人格源流

现有文献几乎均从罗马法来寻找人格的词源，而罗马法的人格理论最为主要的特征就是人本身与人格的分离，④ 也即"人为非人"，自然意义上的人与法律意义上的人并不当然地重合。这就不可避免地要提及罗马法上关于人的三个表达。其一是 homo，指生物学

---

① 杨立新．人格权法 [M]．北京：法律出版社，2015：30.

② 英文原文为：Personality is the dynamic organization within the individual of those psychophysical systems that determine his characteristic behavior and thought.

③ 郭永玉．关于"人格"的界说及有关概念的辨析 [J]．常州工学院学报（社科版），2005（2）：42.

④ 江平．江平文集 [M]．北京：中国法制出版社，2000：222.

意义上的人。如奴隶，他们不享有法律上的权利与义务的主体资格，只能作为自由人的权利之客体。其二是caput，指法律关系上的主体资格。该词原指头颅或书籍的一章，因为古罗马在户籍登记时每一个家长在登记册中占有一章，家属名列其下，当时只有罗马人兼具自由人且是家长才有类似于现代法学意义上的"权利能力"，所以该词被转指权利义务的主体，表示法律上的人格。同时，在罗马法上要成为完全的权利义务主体需要同时具有自由、市民和家族的身份。① 其三是persona，即人之尊严。传说在古罗马时期，一位著名的演员为遮掩其斜眼的缺陷而每次上台表演时均使用了假面具。由于假面具可以表示剧中的不同角色，因此该词被引申为表示权利义务主体的各种身份，如家长、官吏、监护人等。②

可见，从表面上来看古罗马时期使用人格的概念是一种结构性概念，其构成因素是复杂的，③ 但从深层次来看这一概念具有明显的"公法"色彩，因为自由、市民、家族身份的拥有与否决定了其人格是否完整，进而意味着其在可供罗马城邦利用的资源（政治和自然资源）分配中的不同地位。"人格"实质上成为了关于社会阶层或者阶级的划分的符号，是作为组织社会身份制度的一种工具，达成一个社会的分层化作为配置资源的依据。④ 也即，此时的人格（社会地位）是不平等的，并且这种不平等的状态在封建社会囿于等级森严的身份制特征而得以持续，尽管这一时期奴隶已经成为享有部分权利与义务的农奴（农民），基督教亦广泛宣传人由神造且在神面前人人平等，但这种思想并没有得到世俗社会的认同，充其量得到的只是宗教和道德意义上对人类之尊重。⑤

文艺复兴运动和启蒙思想催生了近代民法的产生，⑥ 社会身份制被法律资格的形式平等所替代，⑦ 人是唯一的法律资格的承载主体，并且承认所有的人均具有完全平等的法律地位。在这一时期，权利能力与法律人格被混同使用，法律人格往往被用来表达私法上权利义务归属的主体，权利能力被体现为私法上可作为权利义务主体的地位。法律人格体现的是"个人本位"，权利能力体现的是"权利本位"，但归根到底解决的是人的地位问题。⑧《法

---

① 拥有自由身份的则为自由人，否则就是奴隶。罗马法将罗马境内的居民分为市民、拉丁人和外国人，市民享有完整的市民权，包括公权和私权。家族的身份是家族成员在家族关系中所处的地位，根据地位不同可分为自权人和他权人，前者是不受家父权、夫权、买主权支配的人，后者则相反。

② 周枬. 罗马法原论 [M]. 北京：商务印书馆，2002：106.

③ 韩秀义. 发展中的欧盟宪政——法律人格理论视角下的分析 [M]. 北京：中国政法大学出版社，2008：92.

④ 徐国栋."人身关系"流变考 [J]. 法学，2002（6）：48-49.

⑤ 马骏驹，刘卉. 论法律人格内涵的变迁和人格权的发展——从民法中的人出发 [J]. 法学评论，2002（1）：28.

⑥ 按一般观念，近代民法是指经过十七八世纪的发展，于十九世纪欧洲各国编纂而获得定型化的民法概念、原则、理论和思想体系。马骏驹，刘卉. 论法律人格内涵的变迁和人格权的发展——从民法中的人出发 [J]. 法学评论，2002（1）：29.

⑦ 之所以认为是形式平等，是由于近代民法上的人之地位的认定并不涉及其能力、财富和社会地位，而是把人从这些因素中剥离出来作为抽象的个人而看待。

⑧ 马骏驹，刘卉. 论法律人格内涵的变迁和人格权的发展——从民法中的人出发 [J]. 法学评论，2002（1）：29.

国民法典》《德国民法典》《瑞士民法典》是这一时期关于人格权开创性立法的范本。

作为近代民法在 20 世纪的延续，现代民法认识到这样一个问题：尽管所有人不分财产状况、宗教信仰、职业而平等地享有民事权利和承担民事义务，但实际上经济地位以及职业的差异往往会形成客观上具体而不平等的人，如被想象为强者的大公司、企业与被想象为弱者的如消费者、劳动者、中小企业等。① 为了解决实质上不平等之现状，现代民法分化出了具体类别的人格，如消费者人格、劳动者人格等，在立法和司法实践中倾向于保护弱者的权利。我国制定了保护老年人、残疾人、妇女、儿童权益的特别法，给予这些人特殊保护也正是为了真正实现平等的权利，而这一转变背后体现的则是法律关注从"强有力的智者"转向"弱而愚的人"。②

总之，人格的历史流变可以明显地划分为三个阶段：第一阶段为古代社会的身份人格，以身份决定人格进而维系社会秩序；第二阶段为近代社会的抽象人格，人格脱离了具体的身份和地位，所有自然人均无差异地享有人格；第三阶段为现代社会的具体人格，法律关注实际上的人格不平等，并对弱者予以特殊保护，对强者予以相应之限制。③

【知识链接 1-7　个体人的独立性】

（三）人格的内涵

人格是一个复杂的概念，即使在法学范畴内，人格依然具有多重内涵。

1. 人格是指具有独立法律地位的民事主体④

从民法的角度来看，人格即指具有独立民事主体地位的个人和组织，主要包括自然人和法人。⑤ 从这个角度看，人格与人、法律关系之主体的概念是相同的，不同的学者用不同的表达方式，提出人格具有权利来源的含义，是人成为民事主体的源泉（资格）。

---

① 近代民法关注的人是"抽象、无声、作为类"的人，常用的表达是"所有人"，而具体的人侧重于经济地位之差别，二者只是抽象的程度不同而已，具体人也是类型化人之结果。谢鸿飞. 现代民法中的人 [J]. 北大法律评论，2000（3）：132.

② 近代民法中的人是"模仿着始终追求和打算着利润的商人像创造出的概念，并非出于义务，而是受利益引导的人，是利己的、理性的、运动的、自由而平等的人"，所以是"强有力的智者"。而现代民法则"坦率地承认人在各方面的不平等及其结果所产生的某种人享有富者的自由而另一种人遭受穷人、弱者的不自由，根据社会的经济的地位以及职业的差异把握更加具体的人"，在这种倾向的基础上产生了"弱而愚的人"。[日] 星野英一. 私法中的人——以民法财产法为中心. 王闯，译. [M] //梁慧星. 民商法论丛（第 8 卷）. 北京：法律出版社，1997：175.

③ 郭明瑞. 人格、身份与人格权、人身权之关系——兼论人身权的发展 [J]. 法学论坛，2014（1）：5；胡平仁，梁晨. 人的伦理价值与人的人格利益——人格权内涵的法哲学解读 [J]. 法律科学，2012（4）：12.

④ 杨立新. 人格权法 [M]. 北京：法律出版社，2015：31.

⑤ 王利民. 人格权法研究 [M]. 北京：中国人民大学出版社，2012：6.

2. 人格是指作为民事主体必备条件的民事权利能力

谈及人格的内涵，不可避免地需要讨论人格和民事权利能力的关系。泽勒（Franz von Zeiller）所起草的《奥地利民法典》中第一次在立法上使用权利能力这一概念。① 权利能力，是指一个人作为法律关系主体的能力，也即是作为权利的享有者和法律义务的承担者之能力。② 对于人格与权利能力二者的关系，学界主要有以下几种观点：

第一种观点认为：人格与权利能力等同，权利能力是据以充当民事主体、享受民事权利和承担民事义务的法律地位或者资格，是人格的另一种表达。③ 这也是过去学界比较倾向的观点。最为直接的体现就是近代大陆法系国家的立法例对二者不加区分地使用，因为人格是从"平等独立的人"出发赋予民事主体法律地位。民事权利能力则是对抽象人格的具体功能和实际地位的阐述，人格最终落脚到权利与义务才有法律意义，而民事权利能力也必须附着于人格化的权利主体，二者是一个问题的两个方面。④ 进而这种同一的认识和立法实践导致对于现代民法中的自然人而言，亦不存在人格的概念，而只存在权利能力的概念。⑤

第二种观点认为：承认人格与权利能力的等同与近代民法所确立的"自然人人格平等"原则冲突，因为自然人的权利能力实际上存在大小的差异，如在结婚的权利能力上，婚姻法就对患有医学上认为不应当结婚的疾病之自然人进行了限制，而且法人的权利能力因其目的范围不同而有巨大差异。即便有学者划分出一般权利能力与特殊权利能力，⑥ 也未能从根本上解决权利能力差异与人格无差异之矛盾。⑦ 较之权利能力，人格具有更高的抽象性，其描述的是人的一般法律地位、一般意义的主体资格，其并不考虑和表达主体的具体享有之权利的范围。而权利能力则有"一般"与"特别"之分，享有法律允许享有的一切权利的资格，⑧ 在此意义上，权利能力等同于法律人格；后者则指享受某一特定权

---

① 梁慧星．民法总论［M］．北京：法律出版社，1996：57.
② ［德］卡尔·拉伦茨．德国民法通论［M］．王晓晔，等译．北京：法律出版社，2013：119-120.
③ 梁慧星．民法总论［M］．北京：法律出版社，2001：70；另台湾学者梅仲协认为"权利能力为人格之别称"，梅仲协．民法要义［M］．北京：中国政法大学出版社，1988：53；施启扬认为"权利主体、权利能力或人格三者的含义相同"，施启扬．民法总则［M］．台北：台湾大地印刷厂，1993：65；日本学者四宫和夫也认为"法律人格即权利能力"，四宫和夫．日本民法总则［M］．台南：台湾五南图书出版公司，1995：45.
④ 梅夏英．民事权利能力、人格与人格权［J］．法律科学，1999（1）：56.
⑤ 江平．法人制度论［M］．北京：中国政法大学出版社，1994：4.
⑥ 如史尚宽认为一般的权利能力平等地赋予各人，但依权利内在目的或为权利主体者方面之特别情事，不必就各人为同一。自然人与法人基于性质上之差异，对外国人基于政策上考虑，得认为有特别权利能力上之差异。史尚宽．民法总论［M］．北京：中国政法大学出版社，1998：86-87；彭万林．民法学［M］．北京：中国政法大学出版社，1994：56；魏振瀛．民法［M］．北京：北京大学出版社，2000：52-53.
⑦ 尹田．论自然人的法律人格与权利能力［J］．法制与社会发展，2002（1）：125.
⑧ 此处所言之一切权利意味着不仅仅限于私法上的权利。人格一词自产生就具有公法性，在由身份决定人格的古罗马法时代，其实质就是作为组织社会身份制度的工具以划分社会阶层，进而合理安排城邦的公共秩序。

利，成为某类特定的民事法律关系主体的资格，在此意义上权利能力与法律人格不能等同。① 可见，该观点对二者关系的描述一致，均为包含与被包含关系，但二者外延的大小则恰好相反。

第三种观点：主张二者的含义大不相同，认为人格是可以成为民事主体的资格，而权利能力则是指可以享有民事权利并承担民事义务的资格。前者是条件和前提，即具备了什么样的条件才能成为主体，是后者之前提，没有主体资格一切权利义务无从谈起。后者是内涵与范围，是主体可以享受的权利内涵，决定了主体可以享受的权利范围。② 即前者解决的是"谁"的问题，关乎存在与否；后者解决的是"多少"的问题，关于权利能力范围的大小，允许由于身份因素受到限制，如外国人的权利能力，婚姻法上关于患有不应当结婚的疾病的自然人的权利能力等。③

不难看出，人格一词具有民事权利能力这一内涵，是民事主体所必备的条件。具有人格，则可以成为民事法律关系的主体，可以享有民事权利、承担民事义务；不具有这种主体资格，就无法享有人格权及财产权等民事权利。④

3. 人格是指人格权的客体

人格所具有的最后一层内涵，即指人格权所保护的对象或人格权之客体。关于人格权的客体之范围众说纷纭，有的学者认为人格权的客体即为人格，有的认为应当是人格要素，但大多数学者则认为是民事主体在人格法律关系上所体现的与其自身不可分离的人格要素之利益。⑤

人格是指人格权的客体——人格利益。而人格利益是一种与主体紧密相连、不可分割的精神利益，主要表现为主体独立、身份平等、生命安全、个人尊严和人身自由。但随着时代的发展，人格利益不再仅仅是简单的精神利益，许多的人格利益如肖像、姓名、信息、名誉等都可以通过转换的方式为主体带来实质性的经济收入，人格利益也会带来（或者引申出）财产利益之内容。

应当说，人格是自然人生存于社会中应有的尊严和自由。人格的本意就是把人当人看待，承认人存在于社会中的合法性，并给予足够之尊重，对其自由行为不加以非法的限制。人格的核心就在于独立、平等、安全、尊严、自由。人格利益是一种民事利益，与主体紧密相连，具有自生性、平等性、精神性、受保护性等特点。

三、人格权

（一）人格权的产生与演进

1. 古代之人格"权"的体现

虽然在古代并没有形成完整的人格权理论，也没有形成独立、具体的人格权，但无论

---

① 尹田. 论自然人的法律人格与权利能力 [J]. 法制与社会发展，2002（1）：126.
② 江平. 法人制度论 [M]. 北京：中国政法大学出版社，1994：3.
③ 孙建江. 自然人法律制度研究 [M]. 厦门：厦门大学出版社，2006：11-12.
④ 杨立新. 人格权法 [M]. 北京：法律出版社，2015：31.
⑤ 杨立新. 人格权法 [M]. 北京：法律出版社，2015：32.

在习惯法还是在成文法中，都或多或少地对人格利益提供了保护，体现出人格权的基础样态。法律对人格权，特别是具体人格权的保护，几乎从其诞生时起便开始了。进入成文法时期后，一些精神性人格利益也得到法律的保护，更有力地体现出了对人格的尊重。

对于物质性人格利益（生命、健康、身体等）的法律保护，历史最为悠久，其在社会规范刚刚形成的远古社会时便已产生。最早的社会习惯法中便存在以同态复仇的方式对物质性人格利益进行保护之方式，具体而言分为两种：一种是对外的血族复仇，一种是对内、采用宗教方式的复仇。后来随着社会文明的发展进步，血腥的同态复仇逐渐被金钱赔偿所取代，人们得以金钱赔偿代替对加害人肉体之同等损害。在查士丁尼《国法大全》中，就规定对人私犯所产生侵权之债，建立了真正意义上的对物质性人格权的侵权损害赔偿法律保护制度。①

关于远古的习惯法是如何保护精神性人格利益的，缺少足够的史料记载。在成文法时期，许多具体的精神性人格利益得到了明确的保护。在早期的成文法中，最重要的精神性人格利益便是名誉。《汉谟拉比法典》和《摩奴法典》都对名誉之保护作出了具体规定，除此之外还对贞操、姓名的保护有了相应之规定，《摩奴法典》第 271 条和第 225 条便分别体现了对姓名和贞操的保护。② 在古代成文法后期，罗马法关于人格权的立法有了重大发展，其确认了对自由、名誉、贞操等具体人格利益之保护，并明确采用了损害赔偿的方式作为法律救济之手段。③

2. 近现代人格权的产生与演进

人格权的概念晚于人格而出现在近代，但是从学理的讨论何者最先提出这一概念上则尚未达成共识，有学者认为法国学者胡果·德诺（Hugues Doneau）虽然没有提出完整的人格权理论，但是他提出了独立的应受保护的个人生命权、身体完整权、自由权、荣誉权，应当被视为人格权概念的创始人。④ 包括胡果在内的其他学者则认为曼弗雷德·海尔曼（Manfred Herrmann）为人格权的奠基人，是因其曾在有关著作中提出了生命、健康、自由等法律权利。⑤ 相比人格权在学理上被首次承认的模糊性，人格权在立法上被确立的脉络发展则较为清晰。具体而言，人格权在民法中获得承认先后以《法国民法典》《德国民法典》《瑞士民法典》的颁布为时间节点经历了以下三个阶段。

第一阶段：以 1804 年的《法国民法典》为起点，在其第一编中规定了"人"，并确立了平等的法律人格。尽管《法国民法典》并没有从法定权利角度看待"人之为人"的

① 杨立新. 人格权法 [M]. 北京：法律出版社，2015：10.
② 摩奴法典 [M]. 蒋忠祥，译. 北京：中国社会科学出版社，1986：149-161.
③ 杨立新. 人格权法 [M]. 北京：法律出版社，2015：12.
④ Eric H. Reiter. Personality and Patrimony: Comparative Perspectives on the Right to One's Image. Tulane Law Review, 2002, 76: 678; Patrick O'Callaghan. Refining Privacy in Tort Law [M]. Springer-Verlag Berlin and Heidelberg GmbH & Co. K, 2013: 61; 徐国栋. 寻找丢失的人格——从罗马、德国、拉丁法族国家、前苏联、俄罗斯到中国 [J]. 法律科学，2004（6）：76；[日] 五十岚清. 人格权法 [M]. 铃木贤，葛敏，译. 北京：北京大学出版社，2009：2.
⑤ 王利明. 人格权法研究 [M]. 北京：中国人民大学出版社，2005：8.

应有权利，① 也没有明确的人格权的规定，但实际上该法典给人格权保护提供了空间。该法典第 1382 条规定：任何行为使他人受损害时，因自己过失而致损害发生的人，对该他人负赔偿之责任。法院在实践中一直利用该条以扩大解释的方法来保护个人的各种人格利益不受他人侵犯，其范围涉及生命、身体、名誉、贞操、姓名、肖像、信用等几乎所有的具体人格权利。②

第二阶段：以 1896 年的《德国民法典》为起点，承认人格利益并规定了具体的人格权。该法典第 12 条、第 823 条分别规定了对姓名权、生命权、身体权、健康权、自由权等人格权的保护。③

第三阶段：以 1907 年的《瑞士民法典》为起点，在其第一编第一章第一节就全面规定了人格权，该法典首次明确保护人格权，并且详细地规定了一般人格权与具体人格权。至此，民法发展史上真正确立了人格权制度。

人格权制度近百年来在立法上经历了从仅规定个别人格权发展到既对人格权作出抽象规定又对其进行具体列举，且具体人格权的范围也进一步扩大，从民法仅仅在侵权行为法范围内对人格权保护进行消极规定发展到民法在"人法"部分对人格权作出积极的正面宣示性规定。④

3. 现代人格权新的发展

为适应现代社会、经济、文化、科技等发展之需要，人格权制度呈现出了一些新的发展趋势。⑤ 首先，隐私权的保护呼声越来越高。在英美法中，美国隐私法的发展引人注目，特别是 20 世纪 60 年代以后，因为电脑和网络之普及，隐私权遭受侵害的情况越来越严重。⑥ 同时，其他各种技术如卫星定位、大数据统计和运用等的飞速发展都使得隐私权遭受到严重的威胁。因此，隐私权在这种大背景下，为了适应时代的挑战，内涵和外延都得到了迅速的扩展，并在现代人格权体系中体现出不同寻常的地位。其次，网络环境下人格权保护受到不断的冲击。在网络环境下，人格权保护变得日益重要。计算机和网络技术的发展使得人们的联系更加紧密，随着信息的广泛传播和交互，也使得个人信息愈发地容易被公之于众，人们的隐私权、名誉权、肖像权、姓名权等具体人格权都开始受到来自网

---

① "人之为人"是相对于"人为非人"而言的，古罗马时期的身份人格使得人丧失了独立性，自然意义上的人与法律意义上的人出现了割裂，而到近代因身份向契约的转变，每个自然人都享有了抽象的人格，自然意义上的人和法律意义上的人重叠，故被形象地称为"人之为人"。

② ［日］星野英一. 私法中的人——以民法财产法为中心. 王闯，译. ［M］//梁慧星. 民商法论丛（第 8 卷）. 北京：法律出版社，1997：176-177.

③ 《德国民法典》第 12 条规定：有权使用某一姓名的人，因另一方争夺该姓名的使用权，或者因无权使用同一姓名的人使用此姓名，以致其利益受到损害的，可以要求消除此侵害。如果有继续受到侵害之虞时，权利人可以提起停止侵害之诉。第 823 条第 1 款规定：因故意或者过失不法侵害他人生命、身体、健康、自由、所有权或者其他权利者，对他人因此而产生的损害负赔偿义务。

④ 张新宝. 人格权法的内部体系 ［J］. 法学论坛，2003（6）：106.

⑤ 王利明. 试论人格权的新发展 ［J］. 法商研究，2006（5）：16.

⑥ ［日］五十岚清. 人格权法 ［M］. 铃木贤，葛敏，译. 北京：北京大学出版社，2009：5.

络的威胁，网络侵权行为日益增多。因此，互联网对人格权的保护提出了新的课题和挑战。① 再次，人格权的商品化现象也逐渐出现，人格权的财产属性愈发明显。随着市场经济的发展，传统上仅仅具有精神利益的人格权开始变化，许多人格利益开始能够为主体带来实质之经济利益，人们可以通过对自己的肖像、姓名，乃至名誉、隐私信息进行利用或许可而获得金钱报酬。最后，人格权国际化保护的发展。人格权作为人权的重要组成部分，已经逐渐得到有关人权的国际公约之确认和保护，各国开始对人权保护问题开展积极的合作。

【知识链接 1-8　信息时代的标志和基本特征】②

【知识链接 1-9　人权运动及国际条约中的人权保护】

（二）人格权的否定与肯定之争

尽管当前两大法系国家在不同程度上都给予了人格权以法律上的保护，但在人格权的发展历史上曾出现过对人格权否定与肯定之争论。

1. 人格权否定说

人格权否定说最早由萨维尼（Friedrich Carl von Savigny，1779—1861）等人提出，由《德国民法典》的起草人温特沙伊德等人继承。其否认人格权概念的存在以及制度构建的理由有：

第一，生命、身体、自由等都是超乎权利之上的人格，如若承认人格权，那么同样应当认可的是根据权利的客体可将其划分为人格权、物权、债权这三大体系，也即意味着三者应当是等量齐观的，这样一来就会贬低了生命、身体、自由等超乎权利之存在的意义。

第二，权利是保护特定利益的法律上之力，也即权利具有法定的属性。但生命、身体、自由等则具有自然的属性，它们是自然人与生俱来、自然享有的。虽然生命、自由等利益可由法律加以限制，但实际上这些权利并非经由法律确认之后个人才得以享有。因此，若认为生命、身体等为一种权利，则置其固有的自然属性于不顾，反而不能解释这些利益的产生与本质。③

第三，如果承认人格权则意味着将生命、身体、自由等人格利益作为权利的客体，这就产生人既是权利主体，又是权利客体的混乱现象。从本质上说，权利是人支配物的关系，而不是人支配人（包括支配他人或自己）的关系，所以不能承认人格权。④ 并且这

---

①　王利明. 人格权法研究 [M]. 北京：中国人民大学出版社，2012：138.

②　夏立容. 信息时代的标志和基本特征 [J]. 自然辩证法，1996（8）：43-45.

③　龙显铭. 私法上人格权之保护 [M]. 上海：中华书局，1948：2.

④　王利明. 我国民法典重大疑难问题之研究 [M]. 北京：法律出版社，2006：196.

种主客体的同一实际上是承认人拥有了自杀的权利，① 但自杀违反了理性人所应承担之道德义务。②

第四，人格权的内容和范围无法予以充分明确的确定。在《德国民法典》制定当时的立法者看来，倘若将人的伦理价值视为人在外部领域的自由空间，那么在这个空间之内，人与人之间自由的界限将是无法界定的。③ 人格权是一种最高度概括、最高度抽象的权利，具有不确定性、不具体性和思想的内在性，所以只能一般地原则性规定，不能具体地个别列举。④

2. 人格权肯定说

人格权肯定说认为，人对自我本身具有某种权利。这种权利随着人的出生而必然产生并且伴随其一生，因此也被称为原权，包括两种情况：一种是针对自我身体的权利；另一种是针对自我的精神力量的权利。⑤ 实际上，人格权肯定说受欧洲启蒙运动的影响，在这一运动中人们开始反思"人是什么"的问题，并强调人的独立性而不仅仅是团体中的一员。天赋人权的观念认为人的身体、生命、自由等利益在人类形成国家之前就已经是一种客观的存在，其本身就是一种自然权利，是一种建立在人本身的基础之上的权利。如耶林从罗马法出发对有体物和无体物进行了区分，认为名誉、荣誉等利益属于无形财产，应当受到保护。⑥ 科勒认为人格权是所有法律秩序的起点，因为每一项权利都须依附一定的主体，而作为法律主体，他的人格必须得到法律的保护，否则其将不是法律上的主体。日耳曼法学派的杰出代表基尔克更是明确指出人格权是存在于人自身上的权利，通过这种权利，人能够独自、合法地管理自我，并以此来反抗他人的非法入侵。⑦ 人格权不仅保护个人完整的精神与肉体上存在的权利，也是一般保障生存与发展的权利。生命、身体、自由、名誉等法益是不可否认的。除特别的人格权外，还有一般人格权。

针对人格权否定说，学者直接提出反驳意见：

第一，在民法中规定人格权并不会降低人格权的地位，虽然承认人格权是人的基本权利，是其他权利的基础，但是不能从逆向推出承认人格权就会贬低了生命、身体、自由等之意义。相反，在民法中确定人格权，明确其内涵、外延和保护方式是为了更好地保护人格权，全面维护人之为人的本质要求。⑧

第二，承认权利的法定性和人格之自然属性，并非是对应有权利和法定权利的割裂。

---

① 张红. 19 世纪德国人格权理论之辩 [J]. 环球法律评论，2010（1）：23.

② [德] 康德. 实践理性批判 [M]. 北京：商务印书馆，1999：95-96.

③ [德] 霍尔斯特·埃曼. 德国民法中的一般人格权制度——论从非道德行为到侵权行为的转变. 邵建东，常青，虞蓉，等译 [M] // 梁慧星. 民商法论丛（第23卷）. 香港：金桥文化出版（香港）有限公司，2002：413.

④ 米健. 人格权不宜独立成编 [N]. 人民法院报，2004-10-15：（3）.

⑤ 姚辉，周云涛. 人格权：何以可能 [J]. 法学杂志，2007（5）：13.

⑥ 王利明. 试论人格权的新发展 [J]. 法商研究，2006（5）：17.

⑦ 张红. 19 世纪德国人格权理论之辩 [J]. 环球法律评论，2010（1）：26-27.

⑧ 曹险峰. 论人格权的法定化——人格权法独立成编之前提性论证 [J]. 吉林大学社会科学学报，2006（2）：70.

人格权实质上是一种应有的权利，它与人类社会的文明发展程度相适应并随之而被不断地充实和丰富。但是应有权利与人格权的法定化二者并不发生直接之冲突，就如同财产权是一种应有权利已经得到世界各国民法的普遍规制，但这并不会导致财产权来源于民法的错误认识。法定权利是应有权利在制定法上的体现，二者并不矛盾。只要人格权的体系保持开放性，其基础和根源就不会被法定化所模糊和替代。①

第三，承认人格权并不会导致主客体之混同。人格权满足支配权的两个特征：自主支配处分和排除他人同时使用及支配的机会。② 对于前者，权利人对人格利益的支配无须他人的介入或协助，可自主决定在合法的范围内处分自己的人格利益。否认自杀实际上是受传统伦理性法律人格制度的约束，认为个体不能通过选择死亡的方式来避免痛苦，但这种绝对的立法模式导致理想与现实的矛盾出现：一方面，传统伦理性法律人格立法以实现人作为其目的，另一方面它又无法为处于极端痛苦之中的人提供现实的摆脱痛苦的有效方法。因此，在时代背景变迁下赋予个体自决权具有正当性。③ 况且，即便对于人格权附加不得自杀的限制也仅仅意味着人格权要受到人的伦理性价值的约束，不能因为行使权利具有限制性而否定人格权的自主决定性，这和承认并保护权利与限制权利不当行使是同一逻辑。实际上，所有具体类型的支配权都不同程度地受到不同之限制。对于后者，人格权的排他性功能就是要求他人负有消极的不作为义务，这是人格权行使的常态，因此，人格权属于支配权。④

第四，人格权的内容可以确定和列举，一方面，抽象规定和判例明确相结合的方式提供了途径上的可能；另一方面，法国、德国等民法典随着人权运动、科学技术的发展等不断地丰富，人格权的类型化已经取得了丰硕的成果，这已经提供了有力的实证。⑤

尽管存在着人格权的否定说和肯定说，并且两者针锋相对，但肯定说至今已经逐渐被认同，而且已经在立法上得到了体现。诚然，否定说所提出的相关问题，值得在理论上加以研究，以便使人格权的理论更加成熟以及制度建设得更加完善。

（三）人格权的界定

学者对人格权的界定各不相同，如"人格权是指权利人依法固有的，以自身的人格利益为客体，为维护主体的独立人格所必备的权利"（概念一）。⑥ "人格权是民事主

---

① 曹险峰. 论人格权的法定化——人格权法独立成编之前提性论证 [J]. 吉林大学社会科学学报，2006（2）：70.

② 黄立. 民法总则 [M]. 北京：中国政法大学出版社，2002：65.

③ 朱晓峰. 人格立法之时代性与人格权的权利内质 [J]. 河北法学，2012（3）：130-132.

④ 曹险峰. 论人格权的法定化——人格权法独立成编之前提性论证 [J]. 吉林大学社会科学学报，2006（2）：69-70.

⑤ 郑永宽. 关于人格权概念的质疑与反思 [J]. 北方法学，2007（6）：48；曹险峰. 论人格权的法定化——人格权法独立成编之前提性论证 [J]. 吉林大学社会科学学报，2006（2）：70-71.

⑥ 王利明. 中国民法典学者建议稿及立法理由——人格权编、婚姻家庭编、继承编 [M]. 北京：法律出版社，2005：16. 相似的概念如"人格权是指民事主体专属享有，以人格利益为客体，为维护其独立人格所必备的固有权利"。杨立新. 人身权法论 [M]. 北京：人民法院出版社，2002：84.

体具有法律上的独立人格所必须享有的民事权利，它主要包括生命权、健康权、姓名权、肖像权、名誉权、隐私权等"（概念二）①；"人格权是关注人本身的存在而不是财产的保护人格利益的权利"②（概念三）等。

不难看出，上述概念所突出的结构性要素、方法以及看待角度有所不同。概念一重点突出了权利的特征即固有性和必备性以及权利的客体即人格利益，许多外国学者也曾采用类似的方法，基尔克指出"人格权是存在于自我的权利，由于其权利客体的特殊性，而与其他权利不同"，法国学者菲利普也认为"人格权是指作为人具有主体资格所必须具备的权利"③。概念二采用概括加列举的方式突出了权利的客体，从权利客体的角度给人格权下定义，我国的许多学者通常以此种方法对人格权作出界定。概念三则强调人格权与财产权的区别，揭示其着眼点是保护民事主体的人格利益，关注人格权和人格的关系，有学者便认为"人格权为构成人格不可或缺之权利"④。

综合比较起来，在完整的突出权利主体、客体、内容三要素的基础之上适当且必要地描述权利的法律特征和目的是对人格权进行概念界定之可取方式。缺乏权利客体的圈定，列举具体的人格权类型之方式有过分描述、解释之嫌。概念一得到了学界的较为普遍的认可。当然，这不意味着这一概念并无争议，就民事主体而言学界就存在着法人能否成为人格权主体的争论，即法人人格权的肯定说与否定说。⑤ 另外，值得一提的是有学者指出人格权并不是一个明确的概念，其曾引用黑格尔的一句警语"在市民法中一切定义都是危险的"，表示或许在定义人格权的概念时无须深究，概念定得越明确，法律将越发缺少弹性和可能。⑥

根据不同的标准可以对人格权进行分类，如根据权利客体的范围可分为一般人格权与具体人格权，前者以全部人格利益为标的，后者则指向特定的人格利益。根据人格要素的精神性和物质性，亦可将人格权划分为物质性人格权和精神性人格权。

人格权，是指自然人依法享有其固有人格利益为客体，以维护和实现人的独立、平等、安全、尊严、自由为目标的权利。人格权是自然人依法固有的，以自身的人格利益为客体，为维护主体的独立人格所必备的权利，更是其他民事权利之基础。人格权并非是作

① 马俊驹，余延满．民法原论［M］．北京：法律出版社，2010：102．

② Elspeth Reid. Protection for Rights of Personality in Scots Law：A Comparative Evaluation［J］. Electronic Journal of Comparative Law，2007（11）：4．和这一概念界定相似的如"所谓人格权指存在于权利人自己人格上的权利，亦即以权利人自己的人格利益为标的之权利"．梁慧星．民法总论［M］．北京：法律出版社，2007：91．

③ 王利民．人格权法研究［M］．北京：中国人民大学出版社，2012：11．

④ 王伯琦．民法总则［M］．台北：中正书局，1979：57．

⑤ 概念的另一个争议点即是人格权的客体问题，目前学界的主流观点是人格权的客体是人格利益，但亦有学者认为人格利益是主体对人格要素进行支配后产生的客观效果，可支配的人自身的身体、名誉、肖像、隐私等人格要素才是人格权的客体。马骏驹．从人格利益到人格要素——人格权法律关系客体之界定［J］．河北法学，2006（10）：43-49；郑晓剑．人格权客体理论的反思——驳"人格利益说"［J］．政治与法律，2011（3）：102-112．

⑥ 姚辉．人格权法论［M］．北京：中国人民大学出版社，2011：38．

为主体的人对自己之权利，而是通过人自身的人格利益而享有排斥他人非法干预的权利。

【知识链接 1-10　概念的界定】

（四）人格权之特征

人格权作为一项复杂的民事权利，学者对于其具有哪些特征，存在着不同的看法。有的学者认为，仅仅需要强调其专属性和绝对性①；有的学者认为，其特性包括专属性、支配性、非财产性以及法定性②；有的学者则认为，其特点包括固有性、专属性、必备性和民事性③。而普遍认为人格权是一种法定的、民事性的、非财产性的权利，此外，还具有固有性、专属性、对世性、支配性、防御性、开放性六大特点。总的说来，人格权具有以下几个得到较为广泛承认、较为明显之特点：

1. 专属性

专属性，是指人格权与特定的权利主体不可分离，由民事主体专属享有，非为其他组织所享有之特性。依照《民法通则》的规定，我国的民事主体只有公民和法人，其他组织不具有法律上的人格，不享有人格权。此外，人格权的专属性还意味着其不得与财产权一样被让与。原因就在于人格利益客观上存在于主体自身，与主体具有不可分离的关系。因此，人格利益不得转让、抛弃、继承。当然，肖像、姓名等个人人格权虽不得让与，但并不禁止其在不违反公序良俗的范围内通过订立契约而将人格利益授权他人用于推销某种商品与服务，在此情形当事人之间仅发生债的关系，其肖像权、姓名权本身并不转移。④

客观上，随着社会的发展，关于人格权绝对不能让与的理论已经开始动摇。人格权中的某些权利客体在现代社会中已经被赋予了物的某些属性，能够用于交换，部分人格的精神性利益能够转换为财产性利益已经是不争的事实。特别是人格利益商品化现象的出现，人格权中的某些内容已经能够脱离主体成为独立的权利。⑤

2. 自生性

人格权的自生性即其固有性，是指人格权与民事主体相伴而生，无须其主动行为亦无关其主体意识而自然享有，其随民事主体的产生而当然产生并随其消亡而当然消灭之特性。只要其还在社会上存在，就享有人格权，既不能因某种事实而丧失，也不能基于某种原因而被剥夺。⑥ 除此之外，人格权的自生性还意味着自然人无论年龄、智力、受教育程度、宗教信仰、社会地位、财产状况等方面存在何种差异，都平等地享有人格权，人格权

---

① ［日］五十岚清. 人格权法［M］. 铃木贤，葛敏，译. 北京：北京大学出版社，2009：9.
② 姚辉. 人格权法论［M］. 北京：中国人民大学出版社，2011：48.
③ 杨立新. 人格权法［M］. 北京：法律出版社，2015：39.
④ 王泽鉴. 人格权保护的课题与展望——人格权的性质及构造：精神利益与财产利益的保护［J］. 人大法律评论，2009（1）：52.
⑤ 姚辉. 人格权法论［M］. 北京：中国人民大学出版社，2011：49.
⑥ 杨立新. 人格权法［M］. 北京：中国法制出版社，2006：20.

的内容并不存在任何差异。

人格权的自生固有性并不意味着存在所谓超阶级、超社会、超国家的天赋人权，自生性强调的是其产生的自然属性，而且不受非法之剥夺，任何人和组织不得以任何形式对其进行非法限制或者妨碍权利人对权利的享有和实现。

3. 私权性

民法是调整平等主体之间人身关系和财产关系的法律规范，而人身关系则包括人格关系与身份关系，人格权是经民法调整所受保护的私权之一部分，因此具有明显的私权属性。但有学者认为将人格权视为私权即承认凡为民法所保护的权利或者利益均为民事权利，是狭隘的民法实证主义观念的体现。那种认为人格权是一种应当由基本法（宪法）直接规定的权利，民法可以"分解"这种权利并加以具体保护也是不当的，民法不是"创设"这种权利的上帝。① 需要厘清的是宪法与民法规定的关系。宪法主要调整的是国家与公民之间的关系，旨在分配和限制公权力，保护人民免于遭受国家权力滥用之侵害。而宪法上规定的基本权利则是一种消极的防卫权，内含要求国家保障人的尊严和具体权利之内容。具体到人格权方面，尽管我国宪法同样地规定了如人身自由、人格尊严等，其与民法的规定表面上是相同而且是并存的，但二者的实质性功能不同。前者体现为依赖国家保护，限制公权力对私权的干预；后者对抗除权利人以外的其他所有私主体，强调的是排除一切的非法干扰。并且，宪法的规定，为民事立法保护人格权提供了立法之依据，是从整个国家法律体系的制度性安排着眼的；民法的规定，则是落实宪法之规定，针对的是具体、零星、个别的行为。② 因此，不能因为宪法之中有了人格权的规定就直接否定人格权本质上在民法领域之私权属性。

4. 必备性

一方面，人格权是维护主体的独立人格所必备的权利。主体不享有人格权，其人格的独立、自由就无从体现和实现，人与物的差别就无从显现，人存在的价值和意义就荡然无存了。因此，人格权存在的基本价值就是实现和维护主体的独立人格，以保证人之所以为人的社会存在。另一方面，人格权是其他一切权利之基础，作为一项最为基本的权利，人格权如果得不到保护，其他权利就根本无法实现。如果人不能以自己的意志支配自己的人格活动，那么就更不可能支配人格之外的物之活动。显然，如果一个自然人的生命权都得不到保护，其随时处于丧失生命的危险境地，其他权利的实现便是毫无可能。因此，人格

---

① 该观点认为，人格权被认为是私权主要有以下几个方面的原因：第一，宪法所规定的公民的基本权利仅仅是一种原则性的宣示，不能直接作为具体案件的裁判依据，需要民法将宪法规定的原则转化为具体的民事规范，而经民法确认的权利当属民事权利。第二，人格的要素如生命、健康、名誉等具有可分性，某些直接涉及民事生活领域，对具体人格权的侵犯直接导致民事损害赔偿的发生，需要民法的救济，当然被认为是私权。第三，宪法的规定具有概括性，只能规定基本的人格权如生命、自由、人格尊严，但是社会的发展使得民事生活中的某些人格利益需要获得具体的法律保护，如隐私权，而这些具体的人格权的彰显与确认顺利成章地应由民法来完成。第四，人格的私法化为人格权的私法化提供了理论基础。尹田. 论人格权的本质——兼评我国民法草案关于人格权的规定 [J]. 法学研究，2003（4）：8.

② 苏永钦. 民事立法与公私法的接轨 [M]. 北京：北京大学出版社，2005：144.

权是保障主体独立存在且实现其他权利之必备权利。

四、保护人格权的意义

人格权是宪法和法律保障的我国公民享有的十分重要的权利,包括生命权、身体权、健康权、人身自由权、姓名权、肖像权、名誉权、隐私权、个人信息权等。保障人格权,目的是让人民更有尊严地生活。从法治的发展趋势看,尊重与保护人格权已经成为国际社会的共识,我国也不例外。

早在 1986 年,我国制定《民法通则》时就明确规定了"人身权"。经过 30 多年发展,人格权保护的理论和实践不断丰富,隐私权、个人信息权等从陌生词语变为家喻户晓的词语。当前,人类已经进入了一个科技飞跃发展的时代,高科技、大数据、互联网给人类带来巨大福祉,但也对个人隐私、个人信息带来威胁,"人肉搜索"、信息泄露导致电信诈骗等层出不穷,利用互联网侵犯公民名誉权等现象也很突出。而我国在立法和司法实践中,对人格权保护出现的新问题,还需要不断改进和完善,才能满足人民日益增长的人格权保护之需要。

党的十九大报告提出,加快社会治安防控体系建设,依法打击和惩治黄赌毒黑拐骗等违法犯罪活动,保护人民人身权、财产权、人格权。"人格权"一词首次被写入报告,是十分必要、十分正确的。

作为自然人依法享有,以固有人格利益为客体维护和实现人的独立、平等、尊严、安全、自由为目标之人格权,存在于民事权利体系之中。今天中国社会所面临的主要问题也已经不再是吃饱穿暖,而是如何维护人的尊严,让人们过上更加体面的生活。这必将使人格权保护进入新阶段、提到新高度。

只有人格权受到了充分的保护,人人活得有尊严,人们才会尊重他人的权利,才能与他人和谐共处,财产权、债权以及知识产权的保护才有意义,中国梦才能实现。令人向往的文明社会,正是这样一步一步建成的。人格权的立法和制度建设随着社会主义法治建设的推进而得到不断地完善。"人民对美好生活的向往,就是我们的奋斗目标。"①只有充分保护人格权,才能满足人民的新期待、新愿望。承认和保护人格权,与承认和保护物权、债权、知识产权一样不可或缺。

---

① 习近平在十八届中共中央政治局常委同中外记者见面时强调:人民对美好生活的向往,就是我们的奋斗目标 [EB/OL]. [2018-08-09]. 人民网,http://politics.people.com.cn/n/2012/1116/c1024-1959 6289. html.

第二讲　人格权的立法
——基于历史发展的视角

人格权是人之所以为人应享有的权利，体现了对人自身的尊重和关怀。从人格权的产生历史来看，人格权是从人的价值中衍生出来的权益再由法律所确认并加以保护的权利。但是，单纯的人的伦理价值是朴素、含糊不清的，需要法律对其进行确权和提供保护。尤其是对于像我国这样的成文法国家而言，如果在立法上未对人格权益作出明确的规定，一些人格权纠纷要么面临无法进入司法领域受保护的处境，要么因缺乏具体条款的指引而影响司法的统一和权威性以及人们对法律的合理期待。

我国多部法律、法规以及相关的司法解释均对人格权及其保护做了规定，这些不同层级的法律、法规对人格权的多重保护体现了我国对人格权的重视。2020年颁布的《民法典》在秉承《民法通则》原有精神的基础上规定了一般人格权（第109条），并在法律上明确规定了自然人享有生命权、身体权、健康权、姓名权、肖像权、名誉权、荣誉权、隐私权、婚姻自主权等权利以及法人、非法人组织享有名称权、名誉权和荣誉权（第110条），还将个人信息纳入了人格权益之保护范围（第111条），这充分体现了立法者在立法中回应社会现实需求、维护民众人格权益之意旨。只有立法确权才能更好地保障人格权，只有人格权得到充分、全面的保护才能更好地保障最广大人民群众的根本利益，以实现人民群众对美好生活的向往。

一、中国对人格权保护之历史发展

中国古代的立法具有"民刑合一、以刑为主"之特点，对侵犯民事权益的行为主要采取刑罚制裁。尽管过去并没有人格权的概念，但其中不乏对人身权保护的法律制度，其中重点表现在对生命权、健康权、身体权等现在称为物质性人格权的保护上；在精神性人格权方面，由于封建等级制度的存在，因而对精神性人格权的保护也呈现出不平等之特点，且并未涵盖隐私权等概念；受封建"三纲五常"等思想影响下的身份权也呈现出不平等。

（一）中国古代的人身权立法

1. 物质性人格权及其保护

在奴隶社会初期的习惯法中，同国外的做法相类似，对侵害自然人的生命权、健康权、身体权之救济主要采取"以牙还牙，以眼还眼"的同态复仇的方式，族人将会采取同样的方式报复加害人。进入奴隶社会成文法时期，国家颁布法律禁止私人采取同样的侵害他人生命健康权之行为进行报复，而代之以国家的刑罚。自夏代开始就规定了杀人为贼，即处死刑。先秦之贼者，指侵犯人身权的犯罪，盗则指侵害财产权的犯罪。周代对杀人越货即抢劫杀人者，处死后，踣（bó）诸市，肆之三日，以示惩戒。①

自进入封建社会时期的秦朝，对于身体权、健康权、生命权的保护愈加完备，在制裁此类侵权行为上规定了十分残酷的刑罚。秦律中详细区分了不同种类的杀人行为，如故意杀人、盗杀、擅杀、斗杀等，分别规定有不同之刑罚。对于伤害他人的身体、生命健康的行为也根据情节和原因施予不同之刑罚。此后历朝历代也都大致延续了这一做法，其中《唐律》的规定最为典型。《唐律》将杀人行为细分为"六杀"，即谋杀、故杀、斗杀、误杀、过失杀和戏杀，区分了主观上的故意和过失以及犯罪形态上的共同犯罪行为，分别规定了加重或减轻的情节，对于故杀一般处斩刑，过失杀一般以赎刑论。② 对于伤害罪同样亦加以区分。

据《唐律疏议》中记载："诸残害死尸，及弃尸水中者，各减斗杀罪一等。弃而不失，及髡发若伤者，又各减一等。即子孙于祖父母、父母、部曲、奴婢于主者，各不减。"③ 从这一规定可看出对死后身体之延伸保护。

除了对侵害自然人生命、身体、健康的行为施以刑罚处罚外，中国古代也产生了一些有特点的民事救济措施，如保辜以及一些财产上之补偿，如赎铜、断付财产养赡和追葬埋银等制度。

保辜制度从汉代开始，至清末废除，主要是设定一定的时期即辜期，在辜期内加害人要对受害人的伤势进行治疗，辜期届满后按照伤势来裁定加害人的刑罚责任：如果辜期受害人经治疗后完全恢复，则加害人无须另行接受刑罚；相反，加害人则需根据伤情承担相应的伤害罪名和刑罚。现存可考的法律文献中对保辜制度的规定最早见于《唐律》。《唐律·斗讼》中规定："诸保辜者，手足殴伤人限十日，以他物殴伤人者二十日，以刃及汤火伤人者三十日，折跌肢体及破骨者五十日。限内死者，各依杀人论；其在限外及虽在限内，以他故死者，各依本殴伤法。"此后明清时期的法律对保辜制度进行了更完善的规定，如《清律·刑律·斗殴》中规定："凡保辜者，责令犯人医治。辜限内，皆须因伤死者，以斗殴杀人论。其在辜期之外，及虽在辜期内，伤已平复，官司文案明白，别因他故死者，各从本殴伤法。若折伤以上，辜内治平缓者，各减二等。辜内虽平复，而成残疾、笃疾，及辜限满日不平复者，各依律全科。""手足及以他物殴伤人者，限二十日。以刃及汤、火伤人者，限三十日。折跌肢体及破骨者，无论手足他物，皆五十日。"

赎铜人杀伤之家制度，主要就是要求加害人支付给受害人及其家属补偿其所遭受的伤害以及对家庭造成的损失。《唐律》中对此有明文规定，并延续到清代。这种制度实质上就是一种人身伤害之损害赔偿制度。

与赎铜人杀伤之家类似的就是断付财产养赡制度，但也有差别。断付财产养赡制度从唐朝开始到明、清期间，其适用的范围相对较窄，主要是恶性杀人伤害导致被害人丧失劳动能力的情形，因而需要加害人支付给被害人及其家属的赡养费。由此可知，该制度也属

---

① 张晋藩. 中国古代法律制度 [M]. 北京：中国广播电视出版社，1992：73-74.

② 张晋藩. 中国古代法律制度 [M]. 北京：中国广播电视出版社，1992：462.

③ 《唐律疏议》卷一八。

于我们现在常用的人身损害赔偿制度。

追埋葬银制度产生于元朝，主要内容就是对过失杀人的加害人除施予刑罚外，还需要其赔偿被害人家属一定的烧埋银，类似现在的丧葬费。

总的来说，中国古代对于物质性人格权的保护主要局限于生命权、健康权、身体权，而且主要都是事后的刑罚制裁措施，对于民事救济，往往依照伤害的结果裁定赔偿之数额，一些较为轻微的受伤害往往难以得到法律的保护。

2. 精神性人格权及其保护

中国古代对精神性人格权的保护呈现出不平等之特点，往往只有那些身份地位较高的人才能受到有效之保护，而地位较低的奴隶并无人格可言。以秦朝为例，秦代《商君书·境内》规定："四境之内，丈夫女子，皆有名于上，生者著，死者削。"其意思就是秦朝境内只有取得名籍的男女才有人格，而那些奴婢甚至身份地位很低的商人并无人格。

中国古代并未形成名誉权之概念，但是一些罪名体现了对君主名誉权强有力之保护，例如对姓名权的保护也仅局限于对君主之保护，其中最典型的就是避讳，即对于皇帝、高官不得触名讳，否则入大不敬罪。《唐律》中的大不敬之罪就包括侵犯君主姓名权的行为，而对于大不敬罪的刑罚则十分严酷，这也体现了君主的绝对权威。

【知识链接 2-1　避名讳】

对贞操权的规定主要体现在强奸罪的设置上。如《宋刑统》规定"诸色犯奸"，"诸奸者徒一年半，有夫者徒二年。部曲、杂户、官户奸良人者，各加一等"。可见，对妇女贞操权的保护也是根据身份的贵贱而有所不同。

综合来看，中国古代对精神性人格权的保护不如对物质性人格权的保护有力，一方面所保护的权利非常有限，另一方面保护的主体也局限于权贵者，救济方式上受到"民刑合一"之影响，主要还是对加害人的刑罚制裁，因而对受害人的救济来说作用十分有限。

3. 身份权及其保护

受"君为臣纲、父为子纲、夫为妻纲"① 的封建思想的影响，因此对身份权的保护也主要局限于对君权、父权和夫权的保护。其中唐朝的"十恶"② 可以集中体现出对这几种身份的保护。

"十恶"中有三种是侵犯皇帝的行为，包括谋反、谋大逆和大不敬。其中"大不敬"罪就是一种危害皇帝人身安全和尊严的犯罪行为，包括盗窃御用物品、因失误而致皇帝的

---

① 中国古代的"三纲五常"，是中国儒家伦理文化中的重要思想，儒教通过该教化来维护社会的伦理道德、政治制度，在漫长的封建社会中起到了极为重要之作用。"三纲"是指君为臣纲，父为子纲，夫为妻纲；"五常"是指仁、义、礼、智、信。

② 十恶，是指直接危及君主专制统治秩序以及严重破坏封建伦常关系的重大犯罪行为。在《北齐律》"重罪十条"基础上，隋朝《开皇律》正式确立十恶制度，唐朝沿袭之。犯十恶者"为常赦所不原"。此十类罪行包括：谋反、谋大逆、谋叛、恶逆、不道、大不敬、不孝、不睦、不义和内乱。

人身安全受到威胁以及不尊重皇帝及钦差大臣三类犯罪行为。对于大不敬的处罚主要为判绞刑、斩刑。

与罗马时期家父制度类似的是，中国古代的父权具有重要的地位，父亲是家庭中绝对的一家之主，对子女和妻子的人身和财产具有很强的支配作用，如人身权、婚姻自主权、财产分配权等。"十恶"中就有规定"不孝"的罪名，唐朝的不孝主要包括控告、咒骂祖父母或父母；祖父母或父母在，另立门户、分割财产、供养有缺；父母服丧期间谈婚论嫁、寻欢作乐、不穿孝服；知道祖父母、父母丧，隐瞒不办丧事；以及谎称祖父母、父母丧；"五刑之属三千，而罪莫大于不孝"。①

夫权主要就是丈夫对妻子的人身和财产的支配权。丈夫可以依照"七出"② 的规定而休妻，对此妻子无权反抗。法律上比较突出的对夫权保护的规定就是"十恶"中的"不义"，主要内容包括"谓杀本属府主、刺史、县令、见受业师。吏、卒杀本部五品以上官长；及闻夫丧，匿不举哀，若作乐，释服从吉及改嫁"。而且对于侵犯夫权的行为处罚很重，对于预备谋害的行为，流两千里，对于已经实施伤害行为并造成丈夫人身伤害的处绞刑，而对于造成丈夫死亡的，处斩刑。

4. 中国古代人身权立法的特点

（1）保护的主体有限，呈现出不平等性

中国古代对人身权的保护根据阶级地位的不同而呈现出不平等之特点，阶级地位最高的君主享有各种人格权，而处于社会底层的奴隶不存在人格权；此外，对夫权、父权等的特殊保护也反映了封建制度下主体不平等之特点。

（2）重视物质性人格权的保护

通过历朝历代的法律制度分析我们不难发现，尽管它们对具体人格权的保护范围存在差异，但都存在一个共性，即都会明确详细地规定对生命权、健康权和身体权等的保护。相比之下，对精神性人格权如隐私权、名誉权等的保护就大大不足，更加不存在精神损害赔偿的做法。

（3）重视物质性人格权的保护

通过历朝历代的法律制度分析我们不难发现，尽管它们对具体人格权的保护范围存在差异，但都存在一个共性，即都会明确详细地规定对生命权、健康权和身体权等的保护。相比之下，对精神性人格权如隐私权、名誉权等的保护就明显不足，也不存在精神损害赔偿的做法。

（二）中国近代的人格权立法

中国近代法上的人格权立法，始于1911年《大清民律草案》，③ 到1925年北洋政府

---

① 《孝经五刑章》第十一。

② "七出"是对于古代男性休妻的标准（理由），"三不去"则正好相反，即不可休妻的理由。"七出"出自汉代《大戴礼记》，指无子、淫佚、不事姑舅、口舌、盗窃、妒忌、恶疾。"三不去"包括：有所娶无所归，与更三年丧，前贫贱后富贵。

③ 《大清民律草案》文本，参见杨立新. 中国百年民法典汇编 [M]. 北京：中国法制出版社，2011：55.

完成的《民国民律草案》。① 这两部民律草案虽未正式颁行，但实为内外困局之下中国人改弦更张，学习西方以自强，图生存、谋发展之举；于法制史及司法实践而言，亦具有深远影响。其后，国民党政府于1929年制定了中华民国民法。②

1911年《大清民律草案》一共五编，分别为总则、债权、物权、亲属和继承。在第一编总则编的第二章"人"中设有人格保护一节，第50条规定自由权；第51条规定类似于人格权保护的一般原则，其条款为"人格关系受侵害者，得请求摒除其侵害。前项情况以法律规定者为限，请求损害赔偿或抚慰金"。第52~55条规定了姓名权等。其次在债权编的"侵权行为"一章对侵犯人格权的赔偿责任作出了规定，第957条规定了身体权，第860条则是对侵犯身体权、自由权和名誉权的非财产赔偿作出了规定，第968条规定了生命权。但是在身份权上仍然保留了家长权。总的来说，《大清民律草案》奠定了民国初期民法近代化的规范基础。③

1925年北洋政府制定的《民国民律草案》共五编，分别是总则、债、物权、亲属和继承。第一编总则第一章第一节就规定了"人"。相比于《大清民律草案》，草案仿效德国，并未专门设置"人格保护"。第1条规定自然人的权利能力；第2条规定了对胎儿的特别保护；身份权上对父权和夫权的规定更加突出。《民国民律草案》中关于人格权立法之设权性规范的重心，已经从总则编转入了债编，但具体权利体系没有实质性的变化，其不再沿袭《大清民律草案》在总则编中设人格保护专节，而是直接规定在民事主体"人"一节之中，总则编不像以往具备宣示性意义。这样，在具体人格权的设权性规范之中，第2编债编关于侵权行为的规定，地位就显现出来了。债编第1章通则之第1节，名"债之发生"，依次分契约、侵权行为和不当得利三款。侵权行为一款，第260条、第262条、第263条、第266条和第267条共5个条文附带设权性规范，规定了生命权、身体权、自由权和名誉权。加上总则编中的自由权和姓名权，《民国民律草案》中设立的人格权之权利体系，与《大清民律草案》并无二致。

1929年的《中华民国民法》共五编，分别是总则、债、物权、亲属和继承。④ 第一编总则第二章即为"人"一章，其中第一节为"自然人"，第二节为"法人"。第6条规定"人之权利能力，始于出生，终于死亡"。第16条和第17条规定权利能力、行为能力以及自由权。第18条为人格权保护的一般条款，并且增加了有侵害危险的排除妨碍请求权，该条规定："人格权受侵害时，得请求法院去除其侵害；有侵害之虞时，得请求防止之。前项情形，以法律有特别规定者为限，得请求损害赔偿或抚慰金。"此处的人格权，谓为一般人格权，"即指关于人之存在价值及尊严的权利"。⑤ 第19条规定姓名权；同样

① 《民国民律草案》文本，参见杨立新．中国百年民法典汇编［M］．北京：中国法制出版社，2011：219.

② 易继明．人格权立法之历史评析［J］．法学研究，2013（1）：127.

③ 参见李显冬．从大清律例到民国民法典的转型［M］．北京：中国人民公安大学出版社，2003：180.

④ 关于民国民法与历次民法草案的比较，参见胡长春．中国民法总论［M］．北京：中国政法大学出版社，1997：19.

⑤ 王泽鉴．民法总则［M］．北京：中国政法大学出版社，2001：126.

又在债法编中的侵权行为中对生命权等作出了规定，如第 192 条规定生命权，第 193 条第 1 款在身体权之基础上规定了健康权，这是《大清民律草案》和《民国民律草案》所缺少的，体现出了强调对物质性人格权的保护。此后，随着社会的发展，民国民法在人格权的立法上主要进行了三方面的修订：① 一是将人格性质的利益也纳入受保护的法益之中。二是在债编中增加列举具体人格权的内容，修改第 195 条第 1 款，在身体、健康、名誉、自由之外，增设信用、隐私、贞操权等，并增加"不法侵害其他人格法益而情节重大"等文字性表述予以兜底。三是增加了债之给付中的侵害人格权的规定，增订第 227 条，规定因债务不履行导致债权人之人格受侵害者，准用第 192～195 条及第 197 条之规定，负损害赔偿责任。这种做法承认合同责任和侵权责任的竞合，给予了人格权更加充分之保护。② "就此而言，两者（即合同责任与侵权责任）已无差异。"③ 另外，也有一些诈骗离婚、容留有夫之妇与他人通奸、干扰婚姻关系等实务上给予受害人抚慰金之请求权的案例。在身份权的规定上，相对于《大清民律草案》和《民国民律草案》具有较大的进步，较为平等。对于"民国民法"的评价，王伯琦先生曾转述过美国社会学创始人庞德的评价，盛赞中国新法典之完美，称以后不必一味追求外国学理，只需阐发其精艺以适应中国社会。④

总的来说，近代中国人格权的立法主要是借鉴国外的做法，同时也保留了一些封建残余思想，如家长权制度。其进步性还是值得肯定的，改变了清朝以前对人格权保护的刑罚措施，而强调了加害方的损害赔偿责任，尤其是人格的概念以及具体人格权的规定对我们今后人格权的立法具有一定的借鉴意义。

（三）中国当代的人格权立法

当代我国许多法律都涉及了对人格权的保护，具体表现在多部法律法规之中，具体包括了《宪法》《民法通则》《民法总则》《侵权责任法》《刑法》《刑事诉讼法》《妇女权益保障法》《未成年人保护法》《残疾人保障法》《消费者权益保护法》《反不正当竞争法》《国家赔偿法》《治安管理处罚法》等，当然还有众多相关的司法解释。不同的部门法以及不同层级的法律、法规对人格权的多重保护体现了我国对人格权的重视。

《宪法》第 37 条、第 38 条规定了人身自由和人格尊严不受侵犯。但是我国《宪法》的规定与德国《基本法》的规定在适用上存在不同。我国《宪法》的规定主要是国家保护公民的人身自由和人格尊严，其不能被看作我国民法立法关于一般人格权之规定。宪法中出现的强调人格利益保护的规定及基本精神，作为根本法与民法（普通法）之间形成了一个上下位的关系，从而渗透到整个民法的立法、司法和法律解释活动中。我们不可能也没有必要在宪法文本中构造出围绕某一民事权利的具体民事制度体系。至于民法以何种

---

① 民国民法在台湾的总体修改情况，参见王泽鉴《"民法"修正与民法发展》。王泽鉴. 民法概要 [M]. 北京：北京大学出版社，2011：序言.

② 易继明. 人格权立法之历史评析 [J]. 法学研究，2013（1）：130.

③ 刘春堂. 民法债编通则（一）：契约法总论 [M]. 台北：台湾三民书局有限公司，2006：332.

④ 王伯琦. 近代法律思潮与中国固有文化 [M]. 北京：清华大学出版社，2005：77.

立法技术来落实这一宪法原则，那是在民法体系内部进行技术性处理的问题。

1986 年的《民法通则》第五章"民事权利"中专设了"人身权"一节，其中第一节规定财产所有权以及与财产所有权有关的财产权，第二节规定债权，第三节规定知识产权，第四节规定人身权。尽管第四节名为"人身权"，但实则上并无关于身份权之内容，而仅仅规定了人格权，如生命权、健康权（第 98 条），姓名权、名称权（第 99 条），肖像权（第 100 条），名誉权（第 101 条），荣誉权（第 102 条），婚姻自主权（第 103 条）。这样的立法例为世界范围内人格权立法之新模式，大大提高了人格权作为独立民事权利之重要性，受到海内外法学界的一致好评，被誉为中国的人权宣言和民事权利之宣言书。①

1988 年《关于贯彻执行〈中华人民共和国民法通则〉若干问题的意见（试行）》在"民事权利"这一部分中分别规定了财产所有权和与财产所有权有关的财产权、债权、知识产权和人身权三大类权利。在"知识产权、人身权"这一部分，也并无人身权的内容，而代之以人格权的相关规定，具体包括肖像权、名誉权、姓名权和名称权。

《刑法》规定了性自主权，《妇女权益保障法》也规定了妇女的隐私权；《消费者权益保护法》第 14 条规定了消费者的人格尊严应受法律保护，第 27 条规定不得侵犯消费者的人身自由；《未成年人保护法》第 4 条和第 49 条规定不得披露未成年人的个人隐私。

《侵权责任法》被定义为一部全面保护私权的法律，是在民事权利遭受侵害后为私权主体提供有效救济的法律。其第 1 条开宗明义："为保护民事主体的合法权益，明确侵权责任，预防并制裁侵权行为，促进社会和谐稳定，制定本法。"第 2 条通过"概括+列举"的形式对"民事权益"作出规定，其中包括若干具体人格权，如生命权、健康权、姓名权、名誉权、荣誉权、隐私权，尤其是隐私权，这是《民法通则》没有涉及的具体人格权。其以"等人身、财产权益"作为兜底条款的规定，有利于法之稳定性和适用的原则性。但是其没有对自由权、身体权作出规定，仍属遗憾。第 15 条第 1 款第（5）项规定将赔礼道歉作为侵权责任的承担方式之一，实际上是沿袭了《民法通则》第 120、134 条之规定。《侵权责任法》第 22 条规定，侵害他人人身权益造成严重后果的，被害人可以请求精神损害赔偿。

最高人民法院针对人格权的保护也出台了多个司法解释。针对《民法通则》未就"隐私权"作出规定以及现实生活中不断发生的侵犯隐私的案例，1988 年最高院发布《关于贯彻执行〈中华人民共和国民法通则〉若干问题的意见》，将揭露和宣扬自然人隐私的行为转接到"侵害名誉权"的行为加以处理。1993 年公布了《关于审理名誉权案件若干问题的解答》，1998 年作出了《关于审理名誉权案件若干问题的解释》，分别就"名誉权案件管辖中的侵权结果发生地""名誉权案件的受理""侵害名誉权的认定""其他问题"等做了解释。

2001 年最高人民法院发布了《关于确定民事侵权精神损害赔偿责任若干问题的解释》，其中最大的亮点是其第 1 条的规定："自然人因下列人格权利遭受非法侵害，向人民法院起诉请求赔偿精神损害的，人民法院应当依法予以受理：（一）生命权、健康权、身体权；（二）姓名权、肖像权、名誉权、荣誉权；（三）人格尊严权、人身自由权。违

---

① 梁慧星. 民法总论 [M]. 北京：法律出版社，1996：71.

反社会公共利益、社会公德侵害他人隐私或者其他人格利益，受害人以侵权为由向人民法院起诉请求精神损害赔偿的，人民法院应当依法予以受理。"第 3 条规定："自然人死亡后，其近亲属因下列侵权行为遭受精神痛苦，向人民法院起诉请求赔偿精神损害的，人民法院应当依法予以受理：（一）以侮辱、诽谤、贬损、丑化或者违反社会公共利益、社会公德的其他方式，侵害死者姓名、肖像、名誉、荣誉；（二）非法披露、利用死者隐私，或者以违反社会公共利益、社会公德的其他方式侵害死者隐私；（三）非法利用、损害遗体、遗骨，或者以违反社会公共利益、社会公德的其他方式侵害遗体、遗骨。"第 4 条规定："具有人格象征意义的特定纪念物品，因侵权行为而永久性灭失或者毁损，物品所有人以侵权为由，向人民法院起诉请求赔偿精神损害的，人民法院应当依法予以受理。"对此，有学者认为该司法解释中的"人格尊严"可以解释为一般人格权，能够实现对人格权的开放性保护。[①] 此外，该解释明确规定了身体权、人身自由权、人格尊严权以及对隐私权的保护，同时还对死者的人格法益、具有人格象征意义的特定纪念物品的人格法益等予以确认和保护，进一步完善了人格权制度。

2003 年最高人民法院发布的《关于审理人身损害赔偿案件适用法律若干问题的解释》，从权利保护范围、赔偿法律关系的主体以及赔偿法律关系的内容三个方面明确了人身损害赔偿的请求权基础、赔偿请求权人以及诉讼请求的内容。其第 1 条规定："因生命、健康、身体遭受侵害，赔偿权利人起诉请求赔偿义务人赔偿财产损失和精神损害的，人民法院应予受理。本条所称'赔偿权利人'，是指因侵权行为或者其他致害原因直接遭受人身损害的受害人、依法由受害人承担扶养义务的被扶养人以及死亡受害人的近亲属。本条所称'赔偿义务人'，是指因自己或者他人的侵权行为以及其他致害原因依法应当承担民事责任的自然人、法人或者其他组织。"对于此条中的"生命、健康、身体"应当从人格权的意义上来把握，即指自然人的生命权、健康权、身体权这几项具体的人格权。[②] 第 18 条规定："受害人或者死者近亲属遭受精神损害，赔偿权利人向人民法院请求赔偿精神损害抚慰金的，适用《最高人民法院关于确定民事侵权精神损害赔偿责任若干问题的解释》予以确定。精神损害抚慰金的请求权，不得让与或者继承。但赔偿义务人已经以书面方式承诺给予金钱赔偿，或者赔偿权利人已经向人民法院起诉的除外。"对于精神损害的界定，该解释采取修正的狭义说，即精神损害包括积极意义和消极意义两个方面。前者为积极感受的肉体痛苦和精神痛苦即积极的精神损害，后者为因侵害行为导致受害人丧失生理、心理感受性的消极精神损害。[③]

2017 年 3 月 15 日第十二届全国人民代表大会第五次会议通过的《民法总则》在其第五章第 109 条规定了"自然人的人身自由、人格尊严受法律保护"，这是对一般人格权的

---

① 陈现杰.《关于确定民事侵权精神损害赔偿责任若干问题的解释》的理解与适用［J］. 人民司法，2001（4）：12.

② 陈现杰.《最高人民法院关于审理人身损害赔偿案件适用法律若干问题的解释》的若干理论与实务问题解析［J］. 法律适用，2004（2）：3.

③ 陈现杰.《最高人民法院关于审理人身损害赔偿案件适用法律若干问题的解释》的若干理论与实务问题解析［J］. 法律适用，2004（2）：4.

规定。第 110 条规定："自然人享有生命权、身体权、健康权、姓名权、肖像权、名誉权、荣誉权、隐私权、婚姻自主权等权利。法人、非法人组织享有名称权、名誉权、荣誉权等权利。"将隐私权正式确立为一项独立的人格权。第 111 条规定："自然人的个人信息受法律保护。任何组织和个人需要获取他人个人信息的，应当依法取得并确保信息安全，不得非法收集、使用、加工、传输他人个人信息，不得非法买卖、提供或者公开他人个人信息。"将信息网络环境下频频遭受侵犯的个人信息纳入了人格权益的保护范围。

2020 年颁布的《民法典》无疑为人格权法律保护提供了一个科学、体系化的依据，其不但在总则部分对人格权的保护作出了原则性的规定，还在分则部分设专编规定了人格权。

二、国外对人格权保护立法的历史

相比于中国，国外人格权的立法则经历了一个从习惯法保护到近代正式立法确认权利内涵的过程，人格权的法律保护与市场经济的发展具有一定的联系，市场经济的发展往往具有连续性和跳跃性，而人格权的法律保护则相对稳定。[①] 因此，我们可以借鉴其他国家对人格权的法律保护，总结我国人格权立法的经验，以期完善我国将来人格权的立法。

（一）物质性人格权的立法

1. 同态复仇时期

在人类社会的早期，人的基本需求还是生存问题，因此生命健康往往是那个时期人们最关注的问题，这也就决定了同时期的规则着重是对生命、身体和健康的保护。受制于社会文明程度的限制，当时对生命权、身体权、健康权的保护和我国古代相同，采取同态复仇原则。《十二铜表法》第 8 表第 2 条规定："毁伤他人肢体而不能和解的，他人亦得依同态复仇而毁伤其肢体。"包括了对外的血族复仇、氏族对内的复仇。这种保护方法比较野蛮残酷，但却体现了人们对生命权、健康权、身体权的重视。

2. 自由赔偿时期

随着社会的发展，人们逐渐意识到同态复仇的弊端，如"冤冤相报何时了"，以及报复行为并没有使受害者的处境得到改善等问题，因此转而选择赔偿方式对受害人进行保护。赔偿开始是实物赔偿，之后变成金钱赔偿。但起初这种方式并不是强制的，受害方及其血亲仍有权选择报复还是要求赔偿。

3. 强制赔偿时期

自由赔偿时期之后进入到强制赔偿时期，即不允许受害人自由选择报复方式，而是强制只能选择赔偿方式。查士丁尼《国法大全》规定了对人的私犯和对物的私犯，其中对人的私犯主要就是侵犯生命权、健康权、身体权的行为。

4. 双重赔偿时期

双重赔偿的内涵是对于侵犯他人生命权、健康权、身体权的加害方，不仅要承担受

---

① 杨立新. 人格权法 [M]. 北京：人民法院出版社，2009：1.

人实际上遭受的财产损害，还需要承担受害人因此而遭受的精神性损害。这种制度最早见于罗马的《卡尔威刑法典》第 20 条，此后法国在 19 世纪中叶予以确认，1883 年瑞士旧债务法确认了这种制度。《德国民法典》的颁布实施使得这项制度最终得到完善，① 该法第 823 条规定："因故意或过失不法侵害他人的生命、身体、健康、自由、所有权或其他权利者，对被害人负有损害赔偿义务。"同时第 847 条第 1 款规定："在侵害身体或者健康，以及在剥夺人身自由的情况下，受害人所受损害即使不是财产上的损失，亦可以因受损害而要求合理的金钱赔偿。"

（二）精神性人格权的立法

1. 古代习惯法时期

在 18 世纪仍保持着原始社会后期形态的平原印第安人的生活中，有着严格的贞操观念，切依因那人采取了很多的预防措施，以使妇女恪守贞操，侵害妇女贞操的行为要受到该女子家属的严厉制裁，甚至可以用石块将其打死。② 关于人格尊严和名誉的规定，我们可以从阿散蒂人的习惯法中窥探。在 19 世纪 70 年代非洲西部黄金海岸，阿散蒂人仍保持着原始社会后期的习惯法，他们很严格地维护个人的尊严和名誉：辱骂一般的平民百姓，是私法上的违法行为；辱骂首领则为犯罪行为，均要受到制裁。③

2. 古代成文法时期

古代成文法早期，对精神性人格权的规定主要是名誉权，典型的是《汉谟拉比法典》，第 2 条规定："倘自由民控自由民犯巫蛊之罪而不能证实，则被控犯巫蛊之罪者应行至于河而投入之，倘彼为河所占有，则控告者可以占领其房屋；倘河为之洗白而彼仍无恙，则控彼巫蛊者应处死；投河者取得控告者之房屋。"④ 强调对人的尊严、名誉的保护。其后的罗马法首次使用了人格的概念。人格的内容包括自由权、市民权和家族权。如果丧失其中任一项权利都会构成人格的减等。《十二铜表法》第 8 表"私犯"第 1 条规定："以文字诽谤他人，或公然唱歌侮辱他人的歌词的，处死刑。"这些都强调了对名誉权保护的重视。

3. 近现代法时期

近代欧洲经历了文艺复兴、启蒙运动的洗礼，对人本身价值和尊严的重视达到了空前的高度。在这种背景下，对人格的保护也纷纷载入了法典之中并得到不断的完善。近代欧洲对人格权的保护范围主要包括自由权，代表性的文件有《人权宣言》和《独立宣言》。19 世纪初期的《普鲁士法》《奥地利民法》《撒克逊民法》则对姓名权作出了规定。

真正对人格权形成完善保护的法典主要是《法国民法典》《德国民法典》《瑞士民法典》，它们既明确规定了人格的概念，同时还通过侵权责任法等对人格权进行保护。

---

① 杨立新. 人格权法专论 [M]. 北京：高等教育出版社，2005：38.
② 霍贝尔. 初民的法律 [M]. 周勇，译. 北京：中国社会科学院出版社，1993：187-189.
③ 杨立新. 杨立新民法讲义人格权法 [M]. 北京：人民法院出版社，2009，11（1）：92.
④ 《汉谟拉比法典》第 2 条。

【知识链接 2-2　天赋人权】

【知识链接 2-3　卢梭】

【知识链接 2-4　《独立宣言》】

（三）国外人格权制度发展历史的总结

1. 人格权的保护主体不断扩大

纵观国外人格权的发展历程，人格权的保护主体从罗马法上排除对奴隶的保护到资产阶级革命后的人人平等实现了一个质的飞跃。

2. 人格权内容不断完善

在文明社会初期，自然人只享有生命权、健康权、身体权等物质性人格权，后来渐渐发展出名誉权等精神性人格权，近代以来隐私权、信用权等权利发展出来，并抽象出了一般人格权的概念，人格权的内容体系渐渐得到完善。

3. 人格权保护方式逐渐科学文明

与古代中国对人格权的保护方式相同，早期国外对侵犯人格权的行为大多采取野蛮而残酷的"同态复仇"，后来发展成为赔偿的保护方式，再到后来从填补性的实际损害赔偿，扩展到精神损害赔偿的双重赔偿方式，这无疑是历史的一大进步。

三、人格权保护的不同立法

严格来说，各国民法对于人格权的不同制度安排并没有孰优孰劣之分，关键在于是否适合国情，以下是法国、德国、瑞士、加拿大魁北克省以及我国的人格权立法模式。

（一）法国

1804 年的《法国民法典》被誉为 19 世纪民法典之杰出代表。《法国民法典》采取法学阶梯体系的三编制，专门设置了"人法"作为第一编，规定"所有法国人都享有民事权利"，第一次以立法之方式确定了平等人格。受法国大革命的影响，在《法国民法典》的立法者看来，生命、健康、自由等人生来就有的自然权利只能在自然法中寻找，实定法无权对此进行规定。这也就导致 1804 年《法国民法典》不存在实定法上的人格权之概念。直到 1970 年 7 月 17 日，第 70-643 号法律第 9 条第 1 款规定："人人都享有私生活受到尊重的权利。"依 1994 年 7 月 29 日第 94-653 号法律，在第一编"人法"中增设了第二章"尊重人之身体"；在第 16 条规定了"法律确保人的至上地位，禁止对人之尊严的任何侵犯行为，并且保证每个人的生命开始即受尊重"。第 16-1~16-9 条中则规定了权利的具体内容，但都是围绕着身体权、健康权所进行的，对于具体人格权的规定并不完善。同时，《法国民法典》中对侵权行为责任的规定上具有很大的开放性，在"侵权行为与准侵权行为"的第 1382 条规定了"任何行为致他人受到损害时，因其过错致行为发生之人，应对该他人负赔偿之责任"，该条适用范围极广，对人格权的保护也概括在其中。总的来说，《法国民法典》中人法体现的开放性和侵权法适用范围的广泛性共同构成了《法国民法典》上人格权确认与保护的广阔空间。

当然这种模式也存在一定的缺陷，一方面，人的伦理性价值未在实定法上得到体现，导致人格权理论的缺失；另一方面，立法上看不出人格权的内涵、范围和保护方式，这些任务交给了司法机关，可能导致司法机关适用上的不一致，从而影响到法律的权威性。

（二）德国

《法国民法典》从自然权利享有者的角度看待人，而《德国民法典》上的人格则与德国法上"法律人格"的确立息息相关。《德国民法典》并没有将"人格权的保护"单列成编，而是散见于各编中，第一编总则第一章是"人法"，其中第 12 条规定了姓名权，第二编债务关系法中第二十七节侵权行为中的第 823 条规定了损害赔偿义务，其中第 1 款规定："故意或有过失地不法侵害他人的生命、身体、健康、自由、所有权或其他权利的人，有义务向该他人赔偿因此而发生的损害。"可以看出，《德国民法典》只是在第 12 条非常明确地承认了姓名权为人格权："有权使用某一姓名的人，因他人争夺该姓名的使用权，或因无权使用同一姓名的人使用此姓名，致其利益受损害，得请求消除对此得侵害。"但对生命、身体、健康、自由等并没有予以"权利化"。这一点和法国法类似，将人的自由、尊严等视为人的要素——人本身"内在的东西"，① 这也正如民法典的立法者所指出的，"不可能承认一项对自身的原始权利"。② 颇具特色的是，德国以侵权责任法作为"人格权"的保护模式，并通过对侵权责任法的扩展适用来保证人们不断发展的尊严性要求。

相对于《法国民法典》，《德国民法典》在侵权责任法中对受保护的人的伦理价值进行了相对详细的列举，但其人法不免还具有一些局限性。德国民法中的人法主要是为了确定民事法律关系中的主体资格，无法解决人格权的问题，因此将这一部分交给了侵权责任法保护。但是人格权的保护力度和广度不得不受到侵权行为法的结构限制。而德国法上侵权行为法的分层结构限制了侵权法的适用范围，也就限制了法典对人格权益的保护。

德国除了在民法中规定和保护人格利益外，还在其《基本法》（《德国宪法》）中对人格尊严和人格自由作出了规定。《基本法》第 1 条规定："人之尊严不可侵犯，尊重及

---

① 马俊驹，张翔. 论人格权的理论基础及其立法体例——以人的伦理价值的外在化理念为出发点［M］//王利明. 重大疑难问题研究 民法典·人格权法. 北京：中国法制出版社，2007：57.

② ［德］霍尔斯特·埃曼. 德国民法中的一般人格权制度——论从非道德行为到侵权行为的转变. 邵建东，等译［M］//载梁慧星主编. 民商法论丛（第23卷）. 香港：金桥文化出版（香港）有限公司，2002：413.

保护此项尊严为所有国家机关之义务。"第 2 条规定："人人有自由发展其人格之权利。"为了应对人格权益保护越来越多的诉求，德国民法在既有的侵权行为法框架中，以宪法原则为指导，以"其他权利"为突破口，突破法条的僵化，承认了一般人格权。

【案例链接 2-1　"读者投书案"】

（三）瑞士

1907 年制定的《瑞士民法典》，在人格权的立法体例上与法国法和德国法有所不同。《瑞士民法典》没有总则，在序编之后就规定了第一编"人法"。人法的内容包括自然人、法人两章。第一章"自然人"中专门规定了第一节"人权法"，规定了"人格的一般规定"和"人格的保护"。《瑞士民法典》的独创性在于规定了人格权保护的原则性条文，同时在侵权责任法中规定了具体的人格权。

从形式上看，《瑞士民法典》突破了《法国民法典》将人的伦理价值全面"暗含"并将其委托于极度抽象的侵权行为法的做法，同时也突破了《德国民法典》将人格的保护委之于侵权之债的做法，它以明确的立法形式将人格的全面含义解释出来——通过"人格的保护"。①《瑞士民法典》② 第 28 条第 1 款规定"任何人在人格受到不法侵害时为防止他人侵害，可以诉诸法律"，在总体上是对自然人人格的一般、概括性的保护，同时《瑞士债法典》第二节"侵权之债"中第 41 条规定了一般侵权责任的构成要件。从形式上看，《瑞士民法典》对人格权的保护与德国相似，但实质上却有着法国侵权行为法的极度抽象性和概括性，因此适用范围过于宽泛。

当然《瑞士民法典》也具有和法国、德国民法典相似的问题，就是没有把内在于人的伦理价值明示出来，只能适用规定宽泛的侵权责任法。

总的来说，这种从人本身出发，对人的伦理价值未加以法定化的保护模式具有一定的缺陷。首先，人格权的内涵并不确定，导致了侵权行为法对人格利益进行保护的理论基础缺失；其次，侵权责任法可以对人格权进行保护，但侵权责任法毕竟是一个权利救济法，不具有确权的功能，起不到法的指引作用；再次，面对日益增长的人格利益类型，侵权责任法并不能明确界定权益之间的界限，这就不得不依赖法官在具体的案例中进行判断，除了可能存在权利滥用的问题，法典存的意义也被削弱了。③

（四）加拿大魁北克省

加拿大魁北克省 1991 年的《魁北克民法典》一共有十编，分别为"人""家庭""继承""财产""债""优先权和抵押权""证据""时效""权力公示""国际私法"。这

---

① 曹险峰. 人格、人格权与中国民法典 [M]. 北京：科学出版社，2009：59.
② 瑞士民法典 [M]. 于海涌，赵希璇，译. 北京：法律出版社，2016：5.
③ 曹险峰. 人格、人格权与中国民法典 [M]. 北京：科学出版社，2009：95-97.

部民法典中"人"编第10～49条为"部分人格权"章（也有学者译为"若干人格权"），专门规定了人格权的确认和保护，明确了发展中的人格权、变动中的人格权，对人格权做了一个比较详细的规定。这一章一共包括四个部分，分别是"尊重人格尊严"、"尊重儿童的健康"、"尊重隐私和名誉权"以及对死者遗体的保护。①

尽管《魁北克民法典》对人格权采取独立成章的立法模式，但由于加拿大的魁北克省曾是法国的殖民地，因此其民法受法国的影响较大，一方面未对人格权进行具体列举，另一方面对人格权的保护主要依赖于侵权责任法。总的来说，《魁北克民法典》将人格权独立成章，并将其放置于物权、债权等权利之前，明确了相关权利的平等地位，突出了对人的重视。

（五）中国

我国《民法通则》对人格权的规定和保护方式可以算得上首创。第五章民事权利中专门设立一节规定人身权，与物权、债权、知识产权并列，充分肯定了人格权是与上述几种权利地位平等的重要权利，同时对人格权进行了专门的详细的规定。具体人格权主要包括第98条生命健康权，第99条自然人姓名权和法人的名称权，第100条肖像权，第101条名誉权，第102条荣誉权，第103条婚姻自主权。除此之外，在第六章民事责任第三节侵权的民事责任中规定了侵犯人格权的民事责任。

2009年通过的《侵权责任法》第2条规定"侵害民事权益，应当依照本法承担侵权责任"，并明确了"民事权益，包括生命权、健康权、姓名权、名誉权、荣誉权、肖像权、隐私权、婚姻自主权等权利"，对于侵犯人身权（第21条）、人身权益和造成精神损害（第22条）的赔偿都作出了规定，形成了一个中国模式。

在2017年3月15日通过的《民法总则》中，我国进一步加强了对人格权的保护。其第五章民事权利中第109条"自然人的人身自由、人格尊严受法律保护"，对一般人格权作出了规定。第110条在民事立法中正式将隐私权确立为一项独立的人格权，为法官适用法律提供了明确的依据。第111条则适应科技和信息时代的发展，针对个人信息在近年来频频被非法窃取、出售传播以牟利的情况，正式将个人信息纳入了人格权益的保护范围；该条规定"自然人的个人信息受法律保护。任何组织和个人需要获取他人个人信息的，应当依法取得并确保信息安全，不得非法收集、使用、加工、传输他人个人信息，不得非法买卖、提供或者公开他人个人信息"。

2017年11月4日通过的《公共图书馆法》第43条也对读者的个人信息保护作出了规定："公共图书馆应当妥善保护读者的个人信息、借阅信息以及其他可能涉及读者隐私的信息，不得出售或者以其他方式非法向他人提供。"

尽管人格权的保护在我国已逐渐受到重视，并在立法层面上逐步得以确立，但仍然存在一些问题。一方面，尽管法律分条列举了具体的人格权，但是对于各个权利的内涵边界却没有详细的规定，如实践中可能存在着的对侵犯何种具体人格权的认定不清的问题。例

---

① 仁丹丽，陈道英. 宪法与民法的沟通机制研究——以人格权的法律保护为视角［M］. 北京：法律出版社，2013：92.

如《民法通则》第 101 条规定："公民法人享有名誉权，公民的人格尊严受法律保护，禁止用侮辱、诽谤等方式损害公民、法人的名誉"，这一条是对公民、法人的名誉权的规定，但是实践中很多类似信用权、隐私权等侵权问题也都是通过这条进行处理的。这就是法理学上所谓的类推解释，这是法律明文禁止的行为，这样会助长司法滥用之风，降低法律的公信力；① 另一方面，尽管《民法总则》规定了法人的名称权等，但关于法人是否享有人格权的理论问题也是一直争论不休。针对以上我国存在的人格权保护的种种不足，不少学者提出在正在进行的民法分则的编纂中，将人格权独立成编，以完善对人格权的相关具体规定，更好地保护公民、法人的人格权益。

【知识链接 2-5　民法典关于人格权规定的五种立法模式】②

四、人格权立法的趋势及人格权在中国民法典中的体现

（一）人格权立法的特点及趋势

纵观古今中外的人格权发展，人格权的立法是一个逐步发展完善的过程。尽管古今中外人格权的立法存在差异，但综合来看人格权的发展趋势仍存在一定规律可循。

第一，具体人格权的类型不断发展。在人类社会早期，一般只承认物质性人格权，只有那些严重侵犯生命权、健康权、身体权的行为才受到法律的制裁；直至公元前数世纪，才出现名誉权、贞操权。到罗马法时期，自由权的概念正式出现。近代立法确立了姓名权、肖像权，直至现代，才出现了一般人格权、隐私权、信用权等，使人格权体系趋于完整。到了 1960 年，宪法意义上的宗教信仰自由权、民族权和国籍权等也开始进入某些国家的人格权法当中。这种发展历程，表明了人类对自身价值认识的逐渐发展和完善。

第二，一般人格权的逐渐确认。目前有学者认为一般人格权制度最初在德国法院的判例中得以确认，但国内学术界通说认为《瑞士民法典》开创了一般人格权的先河。③目前大部分国家都在法典中确立了一般人格权，与具体人格权一起形成人格权的权利体系。

第三，人格权的立法形式逐渐完整。古代人格权立法并没有形成完整的体系，而是分散于法典的各个部分，大多针对具体的情形具体规定，并没有系统性和抽象性的一般条

---

① 陈堃．人格权立法研究［D］．沈阳工业大学硕士毕业论文，2015：22.

② 梁慧星．中国民法典中不能设置人格权编［J］．中州学刊，2016（2）：49.

③ 王利明，杨立新，姚辉．人格权法［M］．北京：法律出版社，1997：24；王利明．人格权法新论［M］．长春：吉林人民出版社，1994：157；杨立新．人格权法专论［M］．北京：高等教育出版社，2005：15.

款，更不存在对人格权的集中立法。近代以来的民法典对人格权渐渐重视，开始出现对人格权的集中概括规定，甚至专章规定，如《瑞士民法典》专设"人格权保护"一节，《魁北克民法典》则专章规定人格权。

（二）对我国民法典中人格权立法的体现

1. 《民法典》"总则"关于人格权的规定

2020年5月28日通过的《中华人民共和国民法典》对人格权在第一编总则中作出了相关的规定：自然人的人身自由、人格尊严受法律保护（第109条）。自然人享有生命权、身体权、健康权、姓名权、肖像权、名誉权、荣誉权、隐私权、婚姻自主权等权利。法人、非法人组织享有名称权、名誉权、荣誉权等权利（第110条）。自然人的个人信息受法律保护。任何组织和个人需要获取他人个人信息的，应当依法取得并确保信息安全，不得非法收集、使用、加工、传输他人个人信息，不得非法买卖、提供或者公开他人个人信息（第111条）。对于个人信息权的性质目前主要存在"财产权说"和"人格权说"。在"人格权说"之下又存在不同学说，有学者认为个人信息权不是一项独立的人格权，其权能完全可以由隐私权涵盖；也有学者认为个人信息权与隐私权是两项完全不同的权利，应当单独规定个人信息权。还有学者认为某些机构或组织收集个人信息并非为了财产利用的目的，而是基于公共利益或其他的非财产考虑，例如负责治安和安全的机构收集犯罪嫌疑人的DNA基因信息，在这个意义上不能将个人信息完全界定为一种财产权。①

实际上，个人信息权作为一项人格权，是因为个人信息往往直接反映个人的一些人格要素，或间接与人格特征产生关联；同时，个人信息不同于一般的物，其价值很难衡量。在确定个人信息权属于一项人格权后，还应明确个人信息权是一项区别于隐私权的独立人格权。就内容来说，隐私权的客体必须是私密的，但个人信息的私密性要求没有隐私权的要求高，一个人的家庭住址可能已经为附近的人所知，不再属于隐私，但仍属于其个人信息；隐私权是一项纯粹的人格权，但个人信息权往往具有财产属性，个人可以通过主动利用个人信息获取经济利益，这也就决定了隐私权是一项消极权利，权利人只得要求他人不为侵权行为，而个人信息权的权利人除了要求他人不为一定行为外还可以要求他人主动采取一些措施，如对错误信息的更正等。此外，两者的目的也不同，隐私权主要涉及的是私人利益，而个人信息权虽然也与个人利益密切相关，但还涉及公共利益，尤其是防止网络时代大规模的信息泄露。目前，世界上很多国家、地区都承认了个人信息权是一项独立的人格权，如德国、欧盟。

就人格权在总则中的位置而言，相比于《民法通则》中的规定，《民法典》在第五章"民事权利"中将人格权置于物权、债权、知识产权等之前，似乎更加体现了"人文主义"精神。就条款的设置来看，《民法典》也在具体人格权之前设置了一般人格权的条款即"人身自由、人格尊严受法律保护"；而在具体人格权的内容上则不再采用逐条列举方式，而是集中规定在一条当中。

---

① 孔令杰. 个人信息隐私权的法律保护 [M]. 武汉：武汉大学出版社，2009：87.

2. 关于人格权是否入"典"的争论

在《民法典》的编纂过程中，关于人格权是否"入典"有过争论，有将人格权的规定放入《民法典》之中和不将人格权放入《民法典》之中两大类不同的意见。

（1）人格权应当放入民法典之中

认为应当将人格权放入民法典的一派学者之中，也存在设专编和不设专编两种看法。人格权是否独立成编的主要分歧在于两点：其一是人格权与人格或者主体制度之间的关系；其二就是人格权是否可以单纯交给侵权责任法以实现保护。

提出人格权设专编的观点认为：

第一，人格权独立成编是我们法治经验的总结。我们曾长期忽略对个人人格权和人格尊严的尊重和保护，1986年通过的《民法通则》以专章的形式规定民事权利，并明确规定了人身权，具体列举了公民所享有的各项人格权。《民法通则》将人格权与物权、债权等权利并列规定，体现了人格权的独立地位。因此可以说，制定独立成编的人格权法，与《民法通则》的立法经验是一脉相承的。[1]

第二，人格权独立成编，更有利于对个人人格权益的周延保护。制定独立成编的人格权法，构建科学、合理的人格权体系，在规定各项具体人格权的基础上，对一般人格权作出规定，有利于实现对个人人格权益的周延保护。此外，随着互联网技术的发展，通过网络侵害人格权的现象也日益普遍，这同样要求在人格权法中增设具体的规则，在网络时代的背景下逐渐扩大对人格权益的相关保护。《民法总则》不能完全包含人格权法，《侵权责任法》也不能替代人格权法的功能，人格权法在我国未来的民法典中应当独立成编。同时，人格权法应当对一般人格权、隐私权、个人信息资料权等重要制度作出规定而不宜全面规定具体的人格权。[2]

第三，从民法的调整对象来看，人格权理所当然应当独立成编。民法主要调整平等主体之间的财产关系和人身关系，财产关系因民法的调整而表现为各类财产权，而人身关系作为与人身相联系并以人身为内容的关系主要包括人格关系与身份关系，在民法上应当表现为人格权和身份权。人格权与财产权、人身权相比应当处于同等的地位，应当和财产权、人身权一样在民法典中独立成编。然而迄今为止大陆法系民法设置了单独的亲属、继承编来调整身份关系，同时设定了财产权编（物权编和债权编）来调整财产关系，但一直缺乏完整的人格权编调整人格关系，这就使得民法的内容和体系与其调整对象并不完全吻合。[3]

随着社会的发展和科学技术水平的进步，人格权的内容会越来越多，需要建立一个开放的人格权体系。因此，《学者建议稿》中一共设置了八编，分别是总则、人格权编、婚姻家庭编、继承编、物权编、债法总则编、合同编和侵权行为编。可以看出人格权编的位

---

① 人格权法有无必要独立成编？看"民法四巨头"谈人格权［EB/OL］.［2018-08-08］. 中国法治网，http：//www.zhongguofazhi.org/content_3186194_1.html.

② 王利明.论民法总则不宜全面规定人格权制度——兼论人格权独立成编［J］.现代法学，2015（3）：82.

③ 王利明.我国民法典体系的再思考［J］.人大法律评论，2003（1）：13.

置和婚姻家庭编的位置是放在物权债权之前,体现出了以人为本的精神。人格权编一共分为六章,其中第一章是人格权的一般规定,具体包括人格权的定义,一般人格权的内涵和具体人格权的内容,人格权的取得和消灭,人格权的行使以及限制等;第二章规定了生命权、健康权和身体权等物质性人格权;第三章规定了自然人的姓名权、肖像权以及法人的名称权等标表性人格权;第四章规定了名誉权、信用权和荣誉权等评价性人格权;第五章规定了自由权、婚姻自主权和隐私权;第六章规定了其他人格利益。

反对人格权设专编的观点认为:应将《民法通则》第五章第四节关于人格权的规定纳入《民法总则》自然人一章。其理由主要有如下四点:

第一,基于人格权与人格的本质联系,人格权不能从《民法总则》中分离出去。人格权是从自然人的民事主体资格中衍生出来的,人格以及人格权都与人本身存在紧密的联系,而且民法典的进步性应当主要在于通过内容来表达对人格权的尊重,而不在于其是否独立成编。这种思路相对于"新人文主义"而言,可谓乃贯彻法典的设计应以生活自身和法律概念的逻辑性和体系性为标准,而非以重要性为标准来设计人格权法。①

第二,基于人格权与其他民事权利的本质区别,人格权不宜与其他权利并列而独立成编。人格权是存在于主体自身的权利,而非存在于人与人之间的关系上的权利。民法无所谓"人格权"关系,只在人格权受侵害时才涉及与他人的关系,这种关系属于侵权责任关系,为债权关系之一种。这是不宜设置"人格权编",将其与物权编、债权编、亲属编、继承编并立的法理根据。②

第三,人格权不适用总则编的相关规定。人格权因自然人的出生而当然取得,因权利人的死亡而当然消灭,其取得与人的意思、行为无关,原则上不能处分、转让、赠与、抵销、抛弃,故其不适用总则编关于法律行为、代理、时效和期日期间的规定。基于此,人格权单独设编不符合法典的体系性和逻辑性。

第四,在立法实践上,没有人格编单独设编成功的立法例。世界范围内,在民法典中单独设置人格权编的仅有2003年的《乌克兰民法典》。《乌克兰民法典》采德国式编制体例,为迎合欧洲人权标准而对人格权单独设编。该民法典于2004年1月1日起生效,其后乌克兰两次发生颜色革命,长期陷于社会动乱,有学者认为这与《乌克兰民法典》人格权编之间有某种因果关系存在。《乌克兰民法典》没有为人们的行为起到正确规范、引导的作用,反而为整个社会毫无限制地自由放任提供了法律条件,是使乌克兰陷于长期动乱的重要原因之一。③

因此,在社科院版的《学者建议稿》中,人格权没有独立成编,而是分为人格权的确权和对人格权的保护两个部分,分别置于总则和侵权责任法之中。而且并没有规定法人

① 梁慧星.当前关于民法典编纂的三条思路[M]//载徐国栋主编.中国民法典起草思路论战.北京:中国政法大学出版社,2001:9-13;梁慧星.民法典不单独设立人格权编[N].法制日报,2002-08-04:8.
② 人格权法有无必要独立成编?看"民法四巨头"谈人格权[EB/OL].[2021-08-08].中国法治网,http://www.zhongguofazhi.org/content_3186194_1.html.
③ 梁慧星.中国民法典中不能设置人格权编[J].中州学刊,2016(2):52.

的人格权。在第一编总则中的第二章"自然人"的第五节规定了人格权，一共 11 条，其中第 46 条规定一般人格权的定义和对一般人格权的保护；第 47 条规定了人格权请求权，即"人格权遭受不法侵害时，受害人有权请求人民法院责令加害人停止侵害、消除影响、赔礼道歉，并赔偿所造成的财产损失和精神损害"。其后 7 个条文即第 48~54 条规定了生命权、身体权、健康权、姓名权、肖像权、名誉权、隐私权等具体人格权；第 55 条规定对遗体的保护，第 56 条规定对死者人格利益的保护。对人格权的保护除了第五节的规定外，还在第一编"总则"部分和第五编"侵权行为"中进行了规定，后者从第 1565~1571 条对侵犯人格权的责任进行了详细的规定。

认为人格权不应独立成编的理由，认为人格权是与主体密不可分的，因而应当规定在民事主体部分。其实人格权与主体属于不同的概念。法律上的人格有三种含义：一是主体说，即人格是指具有独立法律地位的权利主体，包括自然人和法人。在这种情况下，人格就是人格权的承载者，是人格权存在的前提。二是权利能力说，即人格就是作为权利主体法律资格的权利能力，这种意义上的人格是人格权的存在基础。三是人格利益说，即人格是一种受法律保护的利益，包括人的生命、身体、健康、自由等，为了区别与其他受法律保护的利益如财产利益，又称为人格利益，这种意义上的人格，乃为人格权的标的。①

有学者提出了人格权法不应独立成编的五点理由：第一，从权利主体看，法人没有也不应该享有人格权，人格权法应当独立成编的观点将明显有违民法典总则与分则之间的逻辑；第二，从权利类型看，"已经成熟"的人格权只有 7 种，一般人格权也只需要一个条文就可解决，不需要人格权法独立成编；第三，从权利的性质看，人格权不是一种支配权，人格权法不必包括人格权的得失变更的规定，条文数很少，不足以独立成编；第四，从权利内容看，人格权的权能更多地体现为消极权能，即排除他人对人格权的侵害或者妨害，内容单薄，难以独立成编；第五，从立法技术看，立法、司法与学说的合理分工，要求将本该由司法和学说解决的问题排除在法典之外，避免人为地增加人格权法的条文数量。因此，人格权法就不应该也不可能独立成编。②

人格权与主体资格是不同的问题，存在很多差异：首先，人格权与民事主体制度表征不同的范畴体系。以人格利益为客体的人格权属于主体所享有的权利范畴，而作为权利能力理解的人格因为其资格的内涵而与权利主体不可分离，属于主体范畴。民事主体制度是确定民事主体是否具有享受民事权利的能力、行使民事权利的能力以及能否独立承担民事责任的能力等问题，是一个前提问题。而人格权则是人作为民事主体所与生俱来的一种保持自己人格尊严受到尊重不被他人非法侵害的权利，不因民事权利能力、责任能力的瑕疵而受限。一个人可能没有责任能力，但一定具有人格权。"这样的主体间的关系制度，在逻辑上与主体资格制度没有联系。而且，人格权的某种缺损状态也不会影响民事主体资格，而只是影响到民事主体的具体的人身权益问题，举例来说，政治家的隐私权受到限

---

① 梁慧星．民法总论 ［M］．北京：法律出版社，2004：112.
② 钟瑞栋．人格权法不能独立成编的五点理由 ［J］．太平洋学报，2008（2）：47-51.

制，但这并不影响政治家在民法上的主体资格。"① 其次，民事主体资格不存在被侵犯的可能。人格权本质上属于权利，存在被侵犯的可能性，但民事主体制度诸如权利能力、行为能力等不存在被侵犯的可能性。再次，人格权纳入主体制度将损害民法的逻辑体系。无论是我国 1986 年的《民法通则》还是 2017 年的《民法总则》，都规定民法的调整对象是平等主体之间的人身关系和财产关系。但是如果将人格权纳入民事主体制度，就会使得民事权利部分只存在物权、债权等财产性权利，而民法所调整的"人身关系"部分就会形成一个巨大的空缺，很难说符合法典的逻辑性。正如有学者指出，目前学界都同意将权利分为财产权、人格权和身份权，但只将人格权纳入民事主体制度，而物权、债权、亲属权却按照权利性质置于法典中，实属逻辑性难以周全。最后，人格权的开放体系不适合纳入民事主体制度之中。通过前面对古今中外人格权的发展历史的梳理我们可以看出人格权的内容随着社会的发展和科技的进步逐渐丰富完善，其中隐私权是最好的例子。过去个人隐私往往是个人生活中最私密的一部分，其他人很难侵犯他人的私生活私人领域；但是随着互联网等高科技的发展，各种窃听技术发展非常迅速。尽管《民法总则》明确规定了隐私权以及个人信息权等内容，但是一系列新情况必将要求对新的权利的保护，因此人格权必将是一个开放的体系，民事主体制度承担不了这个职能。

（2）人格权不应放入民法典之中

人格权不应放入民法典之中加以规定，具体理由有：

第一，人格权非为与物权、债权、知识产权以及身份权相同性质的民事权利，而是由基本法（宪法）赋予每个个人的基本权利，民法应从人格权保护而非权利创设的角度作出规定，在民法典上不应将人格权作为民事权利的一种类型予以并列规定。

第二，自然人人格与法人人格具有本质上的不同，自然人人格权为伦理性权利，所谓"法人人格权"实为财产性权利，无任何伦理性价值，故法人无人格权。② 人格权的保护对象为人的自由、安全和人格尊严，此种所谓"人格利益"的边界是模糊的。人格权独立成编，将完全截断在自然人基本权利的保护领域，民事司法直接向宪法寻找裁判规范之依据的进路，完全否定被我国宪法直接赋予自然人的许多被视为"公法权利"的人格权（如宗教信仰自由权、劳动权和劳动者休息权、受教育权等）获得民法保护的可能。

第三，人格权编的内容不具有行为规范性质，不能成为司法裁判的依据。其对于人格权所作出的类型化处理可以通过在自然人篇章中以对各种具体人格权列举规定的方式加以安排，也可以在侵权责任编中以救济规范的方式得以安排，故人格权的独立成编，并无应用价值。③

人格权的保护不在民法典总则之中加以规定，交给侵权责任法来规定是否可行？《德国民法典》的典型特征就是将人格权主要交由侵权责任法进行调整。尽管其第 823 条对人格权的保护比较完善，但仍不免具有一些弊端：首先，侵权法是救济法，难以发挥确权

---

① 薛军. 理想和现实的距离 [M] // 徐国栋主编. 中国民法典起草思路论战. 北京：中国政法大学出版社，2001：205.

② 尹田. 论人格权独立成编的理论漏洞 [J]. 法学杂志，2007（9）：7-11.

③ 尹田. 人格权独立成编的再批评 [J]. 比较法研究，2015（6）：1-7.

的作用。大陆法系为法典法，奉行权利先于救济，若纯粹只是以侵权法或法官法对人格权加以保护，终是有其不足以表彰足够明确的行为预期之嫌。① "通过确认权利，使权利具有稳定性，进而在交易中增加财富，这是确认权利所独有的功能，是保障权利所不能代替的。"② 民法是市民社会的法律，因此应当让广大群众明确自己所拥有的权益，通过正面规定人格权制度同样起到宣示作用。其次，参照《德国民法典》的做法，尽管通过侵权责任法也能起到对人格权的保护作用，但是实践中仍然存在着对具体人格权内涵上的理解不清。人格权的种类、每一种具体人格权的内容、一般人格权的概念和意义以及人格权请求权，是不可能在侵权责任法中从正面加以规定的，并且人格权请求权也不宜规定于侵权责任法中，因为人格权请求权不同于侵权责任之债的请求权。最后，侵权责任法无法涵盖人格权的所有权能。传统的人格权往往只具有要求他人不得侵犯的消极权能，但随着市场经济的发展，许多人格权已经发展出了积极权能，如肖像权等。并且，随着社会文明的发展，人格权的权能内涵已经超出单纯侵权法调整的范围。

因此，人格权的独立成编更加有利于对人格权的保护。一方面，在独立的人格权编中，对人格权的定义、类型以及一般人格权进行详细规定，以对人格权进行确权；另一方面，在侵权责任编中也对侵犯人格权的责任作出相应的规定，以实现对人格权的全面保护。

【知识链接2-6　民法典的起草过程】③

《民法典》中"第四编人格权"对具体人格权作出了专门、详细的规定。尽管立法已经作出规定，但并不影响人们从理论上对相关问题进行研究。而且，将相关问题以何种形式放在哪个部分，体现出不同学者依据不同标准形式的一种认识。

人格权立法，是成文法国家保护人格权的普遍做法。《民法典》通过独立成编的人格权法对人格权作出积极确权是侵权法对其提供消极保护的前提与基础，也是立法的内在逻辑要求。在社会主义法制建设的过程中不断完善人格权的立法，明确人格权在民事权利体系中的位置，并梳理人格权的内部体系划分，充实一般人格权理论，丰富具体人格权类型，逐渐形成对人格权的集中立法，既是我国保障人格尊严、保护民事主体具体人格权之坚定决心的体现，也是更好地保护公民人格权益的必然举措。

① 郑永宽. 人格权的价值与体系研究 [M]. 北京：知识产权出版社，2008 (1)：206.

② 王利明. 论中国民法典的体系 [M] //徐国栋主编. 中国民法典起草思路论战. 北京：中国政法大学出版社，2001：119.

③ 江平. 民法典起草的波折与反思 [EB/OL]. [2021-08-06]. 南方周末，http：//www.infzm.com/content/80759.

第三讲　人格权的体系
——具体人格权与一般人格权

法律的核心内容往往表现为权利和义务，而不同法律领域的权利体系各有差异。民法是调整平等主体之间的人身关系和财产关系的法律规范之总称，因此在民法领域中就形成了一个内部完整的权利体系，而对权利的种类可依不同之标准加以划分。例如，依权利的效力可分为绝对权和相对权，依权利的内容可分为人身权和财产权，依权利的功能可分为支配权、请求权、抗辩权、形成权等。人格权作为民法内的一大类权利或者一个权利束①，其本身又形成了一个较为具体的权利体系。

要了解人格权的体系，必须要弄清楚人格权在整个民事权利体系当中所处的位置，然后才能探究其内部的体系结构。只有对人格权的体系有清晰的了解，我们才能对人格权有更好的认识。

一、民事权利体系中的人格权

（一）民事权利体系

社会的文明进步使得人们对自身的权利越来越重视，国家也在不断地完善对人的权利之保护。从历史的范畴看，民法自萌芽开始即是以权利为本位的，权利理念的进步和实践的活动进一步决定着民法典的演化。当今世界各国的民法，无一例外都是民事主体的权利法，即遵循权利本位。我国所颁布的《民法典》更应当注重如何对权利体系的安排，以使其更加合理。

要把各种民事权利归集到一个体系之中，首先就要按照一定的标准进行分类。普通的分类是：依权利的内容分财产权与非财产权；依其作用分支配权、请求权、形成权与抗辩权；依其效力所及的范围分绝对权与相对权等。此中，依照权利内容的分类是最重要、最基本的分类。② 权利体系的划分不仅仅是一个理论问题，它更是一个实践性的问题而且会随着社会发展而演变，例如最初对民事权利只区分为财产权和非财产权（或人身非财产权）。在人格权还未受到充分重视时，非财产权也只限于亲权、夫权、继承权等，后来才将人格权列入非财产权或人身权中。③

---

① "权利束"（a bundle of rights）既是一个"总量"的概念，也是一个"结构"的概念。
② 谢怀栻. 论民事权利体系 [J]. 法学研究，1996（2）：67.
③ 谢怀栻. 论民事权利体系 [J]. 法学研究，1996（2）：68.

对于民事权利如何分类还存在着诸多之争议，有待学界进一步的讨论和探索，但这并不妨碍我们依据现有的通说梳理我国的民事权利体系，并明确人格权的位置。

【知识链接 3-1　民法的权利体系】

（二）人格权体系

人格权体系，处于整个民事权利体系当中，属于人身权的范畴，是人身权的一个子体系。人格权在宪法中有概括性宣示的规定，但并不因此而改变其作为私权之属性，也不会使之脱离民法领域而归属于另一个独立的法学部门。

《宪法》在第二章"公民的基本权利和义务"中明确国家尊重和保障人权，并强调对公民人身自由、人格尊严、婚姻自由的保护。这是宪法对人格权作为一种公民基本权利的宣示。人身自由和人格尊严只是人格利益之一部分，宪法作为公法所调整的是国家和公民之间的关系，其中最直接的就是人格自由和人格尊严，因此宪法才特别强调对这两种人格利益的保护。人格权作为一种私权，在宪法中只能作出概括性的确认或原则性之规定，具体的落实还需要通过民事基本法律对其加以明确和细化，从而实现从基本权利到具体的民事权利之落实。

人格权是直接与权利主体之存在和发展紧密相连的，对人格权的侵害就是对权利者本身的侵害。因此，从这个意义上说，它在民事权利体系中居于首位。

1986 年制定的《民法通则》以单独一节的形式对人身权进行了规定。值得注意的是，该节虽然在名称上为人身权，但当中却并未有身份权的条款，而是以整节的篇幅采取列举式的方式对人格权进行了规定。《民法通则》以独立成节的方式对人格权进行规定之做法体现了对公民权利的尊重，有学者将其誉为中国版的"人权宣言"[①]。

《民法通则》并未对人格权进行概括性或一般性的定义，而是对各个具体的人格权利进行了规定。自然人的人格权包括了生命权、健康权、姓名权、名称权、肖像权、名誉权、荣誉权、婚姻自主权；而法人、个体工商户、个人合伙享有名称权，法人除名称权外还享有名誉权和荣誉权。这种对人格权进行列举式的具体规定之做法存在着一定的局限性，难以应对日新月异的社会发展。

人格权本身的内容十分复杂，以权利内容为标准的划分使得现今越来越受人们重视的人格权有了更加丰富的内涵以及更加宽广的外延。随着社会发展，人权思想日益加强，法律所保护（或应受法律保护）的人格利益之种类范围日益扩大，人格权这个名称之下的具体权利几乎层出不穷。这一点，只要研究一下人格权的历史即可了然。

在今天，人格权可以分为两大类：一类是直接以权利人的人身为客体的，包括生命权、身体权、健康权；另一类是以权利人的其他人格利益（精神上、心理上、作为独立

---

① 江平：所仰唯真理 [EB/OL]．[2021-08-09]．中国共产党新闻网，http：//theory.people.com.cn/GB/41038/9418330.html.

人格者而存在的利益）为客体的，包括姓名权、隐私权（个人秘密权）、自由权、名誉权、个人尊严权、个人信息权等。尽管《民法典》对人格权作出专编的规定，并且逐一列出了具体人格权的种类。然而，这并不能把人格权包揽无遗，社会的发展随时可能有新的人格法益需要保护，例如有人提出了休息权、个人安宁权、环境权、家庭安宁权等。最早的时候人们将生命权等人格权称为人身权，因"人身"二字义过于狭窄，不足以概括人格利益应受到保护的范畴，故应称为"人格权"。① 值得注意的是，人格权与人权并非同一概念。

【知识链接 3-2　人权与人权体系】

二、人格权的一级划分

尽管依照不同的标准可对人格权进行多种划分，但从逻辑结构上考虑，仍可进行不同级别的划分，大致有三个级别的划分：一是具体人格权与一般人格权的划分，二是自然人的人格权与法人人格权的划分，三是物质性人格权与精神性人格权的划分。

对人格权的划分，首先是具体人格权与一般人格权的划分。

一般人格权与具体人格权，在原来的语境中指的就是两种（一元模式、多元模式）人格权的基本理论模式②：一元模式认为只有一个统一的、以整体的人格利益为客体的人格权，各类人格要素如姓名、肖像、名誉等构成具有统一性的人格利益，它们都处于统一人格权的涵盖之下。多元模式则认为不存在一个以统一的、整体的人格利益为客体的人格权，存在的是一系列具体的人格权，人格权保护的是特定、具体的人格利益，正是这些作为客体的人格利益之不同才构成了不同人格权存在的基础。

（一）具体人格权

1. 具体人格权的概念

具体人格权，是指各种具体类型的人格权，如生命权、健康权、身体权、姓名权、肖像权、隐私权等。具体人格权因其内容具体明确，相较于一般人格权，具有适用便捷、稳定性强等显著的优势，是对人格利益予以保护的最佳选择。

具体人格权实际上只不过是将人格权的概念通过类型化的方式表现出来而已。如果能够类型化划分，并且对应性地套用，可为行为人和司法审理者提供一个典型之范例，从而在司法实践中对人格权的保护也就变得相对容易了。

2. 具体人格权的罗列

尽管在《宪法》《民法典》之中都有关于人格权的相关规定，但是人格权具体有哪

① 谢怀栻. 论民事权利体系 [J]. 法学研究，1996（2）：70.

② 薛军. 人格权的两种基本理论模式与中国的人格权立法 [J]. 法商研究，2004（4）：63.

些，一方面无法通过法条来一一对应性地列举，另一方面早就有不同学者在理论上给予8~14 种不同的归类性罗列：

8 种：生命权、身体权、健康权、姓名权、肖像权、名誉权、隐私权、荣誉权。①

9 种：身体权、姓名权、名称权、名誉权、荣誉权、肖像权、信用权、隐私权、自由权。②

12 种：生命权、健康权、身体权、姓名权、名称权、肖像权、名誉权、信用权、名誉权、人身自由权、隐私权、性自主权。③

12 种：生命权、健康权、身体权、姓名权、名称权、肖像权、名誉权、自由权、婚姻自主权、贞操权、信用权、隐私权。④

14 种：身体权、健康权、生命权、姓名权、名称权、肖像权、形象权、声音权、名誉权、信用权、荣誉权、人身自由权、隐私权、性自主权。⑤

各个国家对于人格权的类型划分也有不同的立法例。1960 年《埃塞俄比亚民法典》规定了住所权、思想自由权、宗教信仰自由权、行动自由权、人身完整权、肖像权、拒绝检查与医疗权、葬礼决定权等人格权；1991 年加拿大《魁北克民法典》规定了人身完整权、子女的权利、名誉与私生活权、死后身体受尊重权等人格权；2002 年《巴西民法典》规定了身体权、姓名权、肖像权、私生活权、病人的拒绝医疗权等人格权。⑥

社会的发展，产生了不同的利益并催生了不同之需求，法律部门也在逐渐分化并新增了不同的权利。例如，传统的民法派生出了经济法，在经济法和环境技术之中产生了环境法。过去人们仅关注到了生命权和姓名权、隐私权，之后社会提出了对肖像的保护需求，于是通过立法确定了肖像权。根据《民法典》第 990 条的规定，具体人格权包括生命权、身体权、健康权、姓名权、名称权、肖像权、名誉权、荣誉权、隐私权，自然人享有基于人身自由、人格尊严产生的其他人格权益。

【知识链接 3-3　利益如何上升为权利】

3. 具体人格权的保护及社会发展之挑战

由于在法条上可以直接找到具体的人格权的名称，因此在成文法国家的司法实践中对某一种具体人格权的保护自然就十分便利。

尽管在《宪法》《民法典》之中都有关于人格权的条文性规定，但这些法条并非可以一揽子全部对社会中存在的需要保护的人格利益都作出详细、具体的规定。即使在技术上

---

①　马骏驹，余延满．民法原论［M］．北京：法律出版社，2005：104.

②　王利明．民法·侵权行为法［M］．北京：中国人民大学出版社，1993：320.

③　王利明，杨立新，王轶，程啸等．民法学［M］．北京：法律出版社，2008：208.

④　魏振瀛．民法［M］．北京：北京大学出版社，高等教育出版社，2000：642.

⑤　杨立新．类型侵权行为法研究［M］．北京：人民法院出版社，2006：39.

⑥　徐国栋．民法总论［M］．北京：高等教育出版社，2007：314-315.

可以作出法条规定之统计，但是在某一个名词术语的性质归属上，仍然是存在着争论的。例如，劳动权是属于劳动法还是属于人格权法的领域，健康权是属于环保法还是人格权法领域，性自由权是属于婚姻家庭法还是人格权法领域，如此等等。因此，立法必须要面对社会发展而进行不断地完善。我们必须认真思考并回答以下的问题：第一，是否任何"人格利益"都可以上升为"人格权"。在什么情况下，人格利益应受保护，其取决的具体条件是什么。第二，死者的"人格利益"能否作为死者的人格权受到保护（在名誉侵权案中最为常见）。第三，人格权受侵害时，非财产（精神）的损害，能否以金钱赔偿作为救济手段以及赔偿标准如何确定。

随着科技的进步，浮现出的与人格权相关联的新问题都对人格权制度提出了颇具难度之挑战。如出卖或捐赠人体器官，妇女出租或出借子宫为他人养育胎儿，由隐名人提供的精子（卵子）育成的子女应否知道其生理上的父亲（母亲）是谁，某些人格利益是否可抛弃，远距离摄像机与窃听器的限制使用，等等。

（二）一般人格权

1. 一般人格权的概念

一般人格权，是指人所享有的以包括人的主体独立、人的平等、人的尊严、人身安全、人的自由为内容的抽象人格利益所产生的基本权利。①

一般人格权的理论在 19 世纪末通过德国学者雷格尔斯伯格和基尔克的努力得到系统构建。当时的主流观点认为，人格保护主要是刑法的责任，民法对此应当予以保留。立法者关于人格权能否作为主观权利也并无明确的认识。《德国民法典》第一草案立法理由书认为，基于故意或过失通过违法行为侵犯生命、身体、健康、自由和名誉等法益，对此应承担损害赔偿义务。但这并不表明草案认可了对于人本身的权利，关于这一问题还是交由法学界探讨后决定。因而《德国民法典》仅在第 823 条第 1 款对生命、身体、健康以及自由四种重要法益进行了规定，确立了列举具体人格权的立法例。值得注意的是，对其损害提供救济的制度并未在总则部分进行规定的模式，也表现出了《德国民法典》制定者对于人格权作为一种权利的迟疑态度。②

《瑞士民法典》为凸显对人格的保护，单设一部分规定了"人格的保护"，同时在第 28 条确立了一般人格权：当权利人的人格受到不法侵害时，为了寻求保护，可以起诉任何加害人。该规定虽无"一般人格权"的字眼，但在实质上充当了一般人格权条款。《德国民法典》第 823 条在列举了具体的人格利益如生命、身体、健康、自由之外，还以通过规定"其他权利"的方式，为上述具体人格权之外的其他人格利益进入民法保护提供了路径，从而使其起到了一般人格权的作用。

【知识链接 3-4　德国对于一般人格权的保护】

---

①　杨立新 . 人身权法论 [M]. 北京：人民法院出版社，2002：373.
②　杨立新，刘召成 . 抽象人格权与人格权体系之构建 [J]. 法学研究，2011（1）：81-82.

2001 年《最高人民法院关于确定民事侵权精神损害赔偿责任若干问题的解释》第 1 条第 1 款规定的"人格尊严权"和"人身自由权"以及第 2 款规定的"其他人格利益"起到了保护一般人格权之作用。但抽象的"尊严"和"自由"及宽泛的"其他人格利益"难以划定权益的界限，法官在运用自由裁量权时难免会产生一定的困惑。

2. 一般人格权之特性

一般人格权是一种母权，也是一种发展中的概念。① 一般人格权是民事法律所规定的人应享有的基本人格权利，具有统括性和兜底性。因此，其体现出主体的普遍性、客体的高度概括性和内容的宽泛性之特点。

3. 一般人格权的基本功能

兜底条款的设立便于司法解释和新的立法对目前未列举的利益加以保护。对于社会当前尚未作出专门法律规定的人格利益，在具体的纷争中，法官可以根据一般人格权的兜底性规定，运用人格权的相应理论结合社会发展的需要，发挥一般人格权条款的解释功能、创造功能和补充功能②。

一般人格权作为抽象概念发挥了弥补具体人格权制度不足的作用，成为保护新兴人格利益的强有力工具，但也因其概念过于抽象、指向不确定而备受质疑。一般人格权的适用对行为人的自由造成了阻碍，法官自由裁量的随意性也使其作用大打折扣。类型化的方法是摆脱一般人格权抽象困境的良方，类型化对划定一般人格权的界限范围和衡平权益保护以及行为自由起到积极之作用。③ 但是，如果人格权在法条上体现为类型化和详细的名称规定，则不再是一般人格权，而演变成为了一个个具体的人格权。权利类型化是制定法的产物，但法学家和法律制定者都无法对未知世界的人类行为进行准确的分类并继而就此制定完善之法律。正如博物学家不能对未知世界的动植物进行完全的分类一样。④

客观地看，一般人格权绝非是一般人所享有的人格权，其相对于具体有名称的人格权而言，是一种对人格权的概括性和兜底性的规定。正如我们将苹果、橙子、香蕉、梨子、西瓜纳入水果的范围一样，那么苹果、橙子、香蕉、梨子、西瓜就是具体的某一类水果；而我们将多汁且主要味觉为甜味和酸味，可食用的植物果实统称之为水果，这样的统括表述就是一般的概念之表达，其可包含其他尚未列入具体表述种类的同类项。

三、人格权的二级划分

根据不同的主体所享有的人格权，理论上有将人格权划分为自然人的人格权与法人人格权之做法。

（一）自然人的人格权

自然人的人格权，是指自然人依法所享有的人格利益之权利。它是从自然人的权利体

---

① 王泽鉴．民法学说与判例研究（第四册）[M]．北京：中国政法大学出版社，1998：265.
② 尹田．论一般人格权 [J]．西北政法学院学报，2002（4）：15.
③ 李岩．一般人格权的类型化分析 [J]．法学，2014（4）：12.
④ 董茂云．民事权利类型及其保护 [J]．法学，2001（12）：54.

系中产生的，解决的就是自然人本身应享有的人格利益所受保护的问题。

在未做限定或者特别所指的情况下，人格权就是指自然人所享有的人格权。民法调整的是平等主体之间的人身关系和财产关系，财产关系的处理在很早就有了规定，但现代社会早已把"人"提升到应有之地位，人格利益应当处于所有法律关系的中心。

自然人除依法享有的物权、债权之外，随着社会发展逐渐出现了一些新的制度，如为了保护其智力劳动成果而建立了知识产权制度，为了保护投资者的利益而建立了公司制度。为了解决人本身在社会中应享有的人格利益问题，我们构建了人格权制度。显然，无论是从列举式的具体人格权的规定，还是概括性的一般人格权的兜底规定，自然人享有人格权是毫无争议的。

但是，人们很容易将自然人的人格权与自然人的权利能力、主体资格混为一谈。

【知识链接 3-5　自然人的人格权与权利能力、主体资格】

（二）法人的人格权

法人，是指依法成立且具有民事权利能力和民事行为能力，能够独立享有民事权利和承担民事义务的组织。

法人的人格权，是指法人依法所享有的特定具体人格利益之权利。

世上本无法人，只是根据社会发展需要对某些符合条件之组织赋予其参与社会活动的主体资格，从而加以其责任并同时认可其享有相应之权利，才逐渐形成了法人制度。法人制度成为了世界各国规范经济秩序的一项重要法律制度。

【知识链接 3-6　法人】

尽管法人是法律虚拟的主体，但既然法人在主体上也被看作为是与自然人一样的人，就必须承认其在社会活动中有受保护的权利。

将自然人的人格权理论引申至法人似乎是一个符合逻辑的"平移"之必然结果。《民法典》规定了"自然人的人身自由、人格尊严受法律保护"；"自然人享有生命权、身体权、健康权、姓名权、肖像权、名誉权、荣誉权、隐私权、婚姻自主权等权利"。而且，第 110 条第 2 款明确了"法人、非法人组织享有名称权、名誉权、荣誉权等权利"。《民法典》第 1013 条规定了"法人、非法人组织享有名称权，有权依法决定、使用、变更、转让或者许可他人使用自己的名称"。因此，法人也有人格权似乎就顺理成章了。

德国学者卡尔·拉伦茨认为，"法人的权利能力充其量不过是部分权利能力，即具有财产法上的能力"①，但又承认法人有某些人格权，例如名称权和名誉权，只不过法人不

---

① ［德］卡尔·拉伦茨. 德国民法通论（上册）［M］. 王晓晔，等译. 北京：法律出版社，2013：182.

是伦理意义上的主体，没有一般人格权。迪特尔·梅迪库斯认为："法人具有一个受保护的名称。在其他方面，虽然法人不享有与自然人同样广泛的一般人格权，但是法人的人格也受法律保护。"[①] 日本有学者提出："既然法人具有独立的社会性实体，就不得不承认其具有名称权、名誉权等人格权。"[②] 我国台湾地区有学者认为，团体既然具有法律人格，对其人格利益的保护当然也就产生了人格权，因此，凡不以自然人之身体存在为前提者，亦即法人除其性质所限范围之外，可以享有以权利主体的尊严及价值为保护内容的人格权。[③] 欧洲一些民商分立的国家以及日本商法对"商号"的保护性规定，亦足以成为法人享有人格权的理论依据。法人可以享有某些类型的人格权也在法条之中得到了体现。值得注意的是，德国和日本的学者在其论著的法人部分提及法人人格权时，一般仅为寥寥数语，且特别谨慎地指出法人非为伦理意义上的主体，自身没有人的尊严，也没有应受保护的私生活，故其不享有一般人格权。[④]

法人依法享有名称权、商誉权、商业秘密权，这本身没有问题，但是将法人的名称权、商誉权和商业秘密权归类为法人的人格权，从而区别于法人的财产权总是有牵强之嫌。既然具体人格权和一般人格权是一对概念，而且物质性人格权与精神性人格权也是对应之概念，那么法人仅有先定性的三类具体人格权而不享有其他具体的人格权以及一般人格权，只有财产性人格权而无精神性人格权以示区别于自然人的人格权益范围之结论，就很难让人接受。从深层次上考量，法人与财产密不可分，法人的本质从某种意义上说就是财产的集合体，一旦其无财产时就失去了存在的意义和必要，因此有了破产制度。客观上，法人是区别于作为纯粹的人的自然人存在，更无自然人的生物、伦理和社会学意义上的本身价值可言，法人除了财产和责任没有与自然人一样本身须保护之人格利益。

法人的名称权、商誉权、商业秘密权，通过公司法和知识产权法、反不正当竞争法等的制度性安排已经足以解决。对于相应法律就法人所作出的保护性规定，无须将之生拉硬拽进人格权制度中。任何的讨论都要在一定的语境下展开，人格权就是自然人的人格权而非法人和非法人组织的财产权[⑤]，否则，将会冲淡人格权制度应有的功能和作用。

四、人格权的三级划分

具体人格权的概念广泛应用于我国的人格权理论体系之中，被学者普遍视为人格权体系中不可或缺的一个概念。具体人格权是以具体人格法益为保护客体的、由法律具体列举

---

① ［德］迪特尔·梅迪库斯. 德国民法总论 [M]. 邵建东，译. 北京：法律出版社，2000：822.

② ［日］四宫和夫. 日本民法总论 [M]. 台北：台湾五南图书出版公司，1995：100.

③ 胡长清. 中国民法总论（上册）[M]. 北京：商务印书馆，1993：117；施启扬. 民法总则 [M]. 台北：台湾三民书局，2000：130；史尚宽. 民法总论 [M]. 北京：中国政法大学出版社，2000：153.

④ 尹田. 论法人人格权 [J]. 法学研究，2004（4）：55.

⑤ 法人的名称权、商誉权、商业秘密权，在本质上仍然是属于法人的财产权利，并非是与财产权相对应的一种精神性权利，更不是法人一经存在直至消灭就理所当然存在的权利（或者权益）。法律对之作出规定加以保护，不能理当将之归类为人格权。

的各项人格权，其内部可依照一定的标准进行再分类。

（一）物质性人格权

物质性人格权，是指基于自然人的身（肉）体这一特定的物质所隐含之人格利益而应受法律保护的人格权，是自然人对于物质性人格要素的不可转让的支配权。①

侵害物质性人格权的表征为直接对人体这一特殊物质施加非法的力量因素，如不存在有生命体征之身体，则无此类权利。施害的主体是他人，受害的是权利主体，而直接受害之标的则是权利人之身体。

物质性人格权具体包括了生命权、身体权、健康权。

生命、身体和健康，是自然人的人格赖以存在的物质载体，对于人的存在和发展具有极为重要的意义。因此，生命权、身体权和健康权这些物质性人格权是人最基本、最重要的权利。对于这类权利的侵害，是对人最严重的侵害。全面地保护这类权利，充分地救济，既是凸显人的价值、人的法律地位之必要，也是体现民法人文主义关怀之重要手段。

《民法典》第110条明文规定自然人享有生命权、身体权、健康权。人的生命是人最高的人格利益，具有至高无上的人格价值。生命权是以自然人的生命安全利益为内容的一种人格权，它具有与其他人格权不同的特征，即一旦遭受侵害，生命权人的主体资格即告丧失。身体为生命和健康所附着的载体，无身体也就无所谓生命、健康。《民法通则》只规定了生命权、健康权（第98条），未规定身体权，是不全面的。身体权有其独立的含义，它是自然人维护其身体完整并支配其肢体、器官和其他身体组织的权利。② 身体权"不仅表现为对身体完全性和完整性的维护权，而且表现为对自己身体组成部分的肢体、器官和其他组织的支配权"，③ 它既不能为生命权所涵盖，亦不能为健康权所包括。《法国民法典》第3条最先规定了身体权："因故意或过失不法侵害他人的生命、身体、自由、所有权或其他权利者，对被害人负损害赔偿义务。"此后《瑞士债务法》第46条和《奥地利民法》第1325条均明确规定身体权是一项独立的民事权利。④

（二）精神性人格权

精神性人格权，是指基于自然人的精神（非物质）性人格要素而形成并享有的人格权，其无须直接依附于人身（肉）体本身而产生，精神性人格权是自然人对其精神性人格要素的不可转让的支配权的总称。精神性人格权又可以分为标表型人格权、尊严型人格权和自由型人格权三类。

1. 标表型人格权

标表型人格权，是以自然人的对外标志和显示性人格要素为依托所产生并享有的人格权。标乃标志，表为表示，是以外部的符号或者形象作为要素而由自然人所享有的人格

---

① 张俊浩. 民法学原理（上册）［M］. 北京：中国政法大学出版社，2000：142.
② 彭万林. 民法学［M］. 北京：中国政法大学出版社，1994：149.
③ 杨立新. 民法判例研究与适用［M］. 北京：中国检察出版社，1994：170.
④ 陈年冰. 物质性人格权精神损害赔偿中的几个问题［J］. 法学，2005（6）：55.

利益。

标表型人格权包括姓名权、肖像权。

姓名、肖像是人格标识的典型形态，姓名权、肖像权也是在人格权中较早被确立的权利。①

作为人格标识的姓名、肖像具有以下特点②：第一，外在性。姓名作为自然人的个体代号是后天所确定的，姓名的放弃和依法变更甚至有无并不影响人格的独立和完整。肖像乃人的外观形象之再现，必须依附于一定的物质载体（如纸张、胶片等），相对于自然人本体而言，也是"身外之物"。第二，可支配性。姓名、肖像作为"身外之物"，可以成为被支配之对象，对姓名的支配表现为自主决定、专享使用、依法变更及许可他人以非姓名方式使用（如用作商标使用），对肖像的支配则表现为自主制作、使用本人肖像或许可他人制作和使用本人肖像。第三，可商业利用性。一方面，在信息化和"眼球经济"时代，某些自然人（尤其公众人物）的姓名或肖像具有较高的知名度或美誉度，从而具有一定的经济价值，可为市场主体带来经济效益；另一方面，姓名、肖像的外在性和可支配性，使其可以成为商业利用的对象，权利人自主授权他人利用，不但不会损及其人格，反而可为自己带来经济利益。姓名、肖像通过一定形式之转换而进入商业领域，此时已经脱离了原有人格利益之姓名、肖像的范围，成为了一种被转化（公开）了的权利——知识产权。

2. 尊严型人格权

尊严型人格权，是指基于自然人本身固有的价值属性和拥有的受他人之尊重而享有的受法律保护之人格权。尊严这一概念，也常用于道德、伦理、政治、法学等学科领域。

中国古代就有"士可杀，不可辱"之说法。文艺复兴时代哲学家若望·皮科·德拉·米兰多拉在其《论人的尊严》中将尊严看做是一种理念和存在。伊曼纽尔·康德亦认为存在着一些不可用价值定义而只能赋予尊严意义的事物。美国的哲学家莫蒂默·阿德勒提出了"人的尊严在于人之为人的尊严，是一种摆脱他物所有而具有的尊严"的观点。人如果没有了尊严，就无所谓人的价值。

人格尊严是自然人因自己所处的社会环境、社会关系及其他客观条件的不同而对自己的社会价值的自我感知和评价。其中的社会环境包括社会政治制度、社会风俗习惯、公民工作环境、家庭背景等；心理环境包括公民的宗教信仰、道德品质、文化素质；内在价值则不仅包括社会价值如名誉、荣誉，还包括人格价值如智商、贞操等非社会价值。人必须享有人格尊严是人之所以为人的本质要求，也是人的伦理性的体现。

一般认为，人格尊严具有如下的法律特征③：（1）抽象性和独立性。黑格尔曾指出人格始于对"完全抽象的自我"之认识，而且从其中否定了一切具体限制和价值；"平等只能是抽象的人本身的平等"，是抽象人格概念的内在规定性；而独立性则是此一人格与

---

① ［日］五十岚清. 人格权法［M］.［日］铃木贤，葛敏，译. 北京：北京大学出版社，2009：117.

② 温世扬. 论"标表型人格权"［J］. 政治与法律，2014（4）：66-67.

③ 赵万一. 民法的伦理分析［M］. 北京：法律出版社，2012：313-314.

彼一人格,"自在自为地存在的精神"。(2) 观念性。人格尊严存在于公民的观念形态中,属于公民主观认识范畴。它包括两个层次,首先是公民的自我评价,其次是在自我评价基础上的自我肯定。(3) 客观性。人格尊严的客观性体现在公民的自我评价和自我肯定必须以其所处的客观社会环境和心理环境为基础。(4) 利益性。侵害公民尊严的行为往往会导致公民抑郁、悲伤、愤怒、绝望等复杂的消极心境。这种消极心境的存续和发展,不仅会导致公民生理功能的紊乱,而且还会造成其社会适应能力和活动能力的降低。因此,公民的尊严体现着公民的一种精神利益,而精神利益与物质利益又是密切相关的。(5) 终身性。人格尊严由权利人终生享有,且非因死亡而不可剥夺,不可让渡或继承。(6) 内容具有特殊性。人格尊严并不直接以公民的社会价值或人格价值为其内容,而是以对这些价值的评价和肯定为内容,对外主要表现为公民的自尊心和自爱心。公民对自身的否定评价不能构成尊严的组成部分。(7) 平等性。公民尊严不因公民职业、政治立场、宗教信仰、文化程度、财产状况、民族、种族、性别的不同而有高低贵贱之分。所有公民的尊严一律平等,这是尊严最重要的特征。

尊严型人格权包括名誉权、荣誉权、隐私权、贞操权、精神纯正权、信用权。

【知识链接 3-7 关于尊严的公约及文件】

幸福与尊严,作为人权的两项重要内涵,互通相联,各有侧重。幸福与否主要归于物质方面而又不能与精神隔绝,尊严与否主要归于精神方面而又不能与物质脱节。

国家、民族尊严是个人尊严的基础。我们一直坚持"立党为公,执政为民"。因此,"我们所做的一切都是要让人民生活得更加幸福、更有尊严,让社会更加公正、更加和谐"。①

【事件链接 3-1 关于尊严的事件及争论】②③④

3. 自由型人格权

自由,是一种免于恐惧、奴役、伤害以及满足自身欲望、实现自我价值的舒适和谐之心理状态。

---

① 参见 2010 年 3 月 5 日第十一届全国人大三次会议的《政府工作报告》。
② 女子铁链牵 3 名爬行男子,称为宣传尊重女性 [EB/OL]. [2021-09-09]. 网易新闻,http://news.163.com/12/0209/03/7PPRK3UF00014AED.html.
③ 大学生街头呼吁:请给性工作者打马赛克 [EB/OL]. [2021-09-09]. 网易新闻,http://news.163.com/14/0215/14/9L4OK4U600011229.html.
④ 女土豪养狗月花过万,狗保姆月薪 6 千 [EB/OL]. [2021-09-09]. 新浪财经,http://finance.sina.com.cn/consume/xiaofei/2015-11-20/detail-ifxkwuwy7013884.shtml.

　　自由意味着没有"束缚"，其既隐含有为所欲为的权利，同时又负有不得损害他人之责任和义务。为所欲为属于阳（积极、主动）的一面，另一面则是自律和他律（法律和道德）的阴（消极、被动），相互结合、转化和制约才能形成完整、真正的自由。

　　"生命诚可贵，爱情价更高，若为自由故，二者皆可抛。""不自由，毋宁死！"这是流传在世关于自由向往以及关于自由价值取向的话语。

　　自由型人格权，是指自然人在法律允许的范围内所享有的自我控制身体行动和思想活动之人格权，它作为精神性人格权的一个重要组成部分，是自然人独立从事其他一切民事活动的基础和前提，没有自由型人格权，自然人的许多其他权利都无法得到有效地行使。

　　在阐述自由型人格权的内容时，我国台湾有学者如是说："然我民法，将自由与名誉并列，则不独身体动作之自由，精神活动之自由，应包括心理活动表达于外部之自由及意思决定之自由。"① "自由权，即吾人之活动不受不当拘束之权利，虽然吾人活动有属于身体者，有属于精神者，民法上所谓自由，是否兼指身体的自由及精神的自由而言，学说上颇有争论。依余所信，应以肯定说为是。"②

　　自由型人格权包括：身体自由权、内心（思想）自由权。

　　身体自由权是自然人根据自己的愿望自由支配自己外在身体运动的权利；内心自由权是自然人进行意思表示或其他民事活动的意志决定自由之权利。但是，单纯权利行使的自由、作为公民基本权利的言论自由、信仰自由、投票自由以及已具有独立人格权地位的婚姻自主权、性自主权等不属于其范围。③

【知识链接 3-8　陈寅恪的"独立之精神，自由之思想"】④

　　民法中的各项理论制度最注重形式理性，尤其是体系性。随着我国立法上对人格权的日益重视以及人格权理论研究的不断深入，我们首先需要厘清的就是人格权的体系问题。只有明确了人格权在民事权利体系中的位置以及其内部的层级划分，才能清晰准确地理解人格权的体系，并进而推进人格权体系之完善，最终达到为人格权全方位的法律保护提供方向性指引之目标。

　　任何的分类都是以一定标准进行划分的，而标准的选择受制于一定的价值取向。社会发展，会不断催生新的社会现象的出现，具体人格权随着社会发展的要求而增加已经成为了不争的事实。因此，尽管我们可以进行不同层次、不同标准的分类，但这些分类充其量也只不过是立足于当前的立法和人格权理论所进行的探讨而已。

---

①　史尚宽.债法总论［M］.北京：中国政法大学出版社，2000：148.
②　王泽鉴.民法学说与判例研究（第二册）［M］.北京：中国政法大学出版社，1998：205.
③　冉克平.论人格权法中的人身自由权［J］.法学，2012（3）：76.
④　陈寅恪——独立之精神，自由之思想［EB/OL］.［2021-09-09］.腾讯文化，http：//cul.qq.com/a/20170216/033260.htm.

第四讲　对人格权的法律保护
——单一或全方位的视角

正如法彦所言"无保障的权利不是权利"，人格权作为人的一项最基本的权利，理应得到保护，否则将形同虚设。在成文法国家，在权利遭受到侵害而求助于公权力保护时，通常要确定案由，审理者在处理具体案件时往往需要寻找出相应的法条作为裁判之依据。人格权在社会现实之中是如何受到法律保护的，这需要从法律规定之静态以及具体的法条运用之动态两个方面予以考察。尽管一种权利都可以找到相应的法律部门所作出专门的规定条文，但并非仅此一个法律规定给予其保护；同样的，一个法律部门也不仅仅保护某一种特定的权利。因此，从科学的角度考察，我们会发现一类权利可能会受到来自于多个法律部门的全方位式的保护。

一、人格权的宪法保护

（一）人格权在宪法上的规定

1.《德国基本法》的规定

《德国基本法》又称《德意志共和国宪法》，其在第 1 条规定了：人之尊严不可侵犯，尊重及保护此项尊严为所有国家机关之义务；因此，德意志人民承认不可侵犯与不可让与之人权，为一切人类社会以及世界和平与正义之基础；下列基本权利拘束立法、行政及司法而为直接有效之权利。第 2 条规定：人人有自由发展其人格之权利，但以不侵害他人之权利或不违犯宪政秩序或道德规范者为限；人人有生命与身体之不可侵犯权。个人之自由不可侵犯。此等权利唯根据法律始得干预之。

2."一般人格权"的宪法起源

《德国民法典》对人格权未设一般规定，系采列举主义。《德国民法典》第 12 条规定姓名权，于第 823 条第 1 项规定生命、身体、健康、自由、所有权及其他权利受他人故意过失不法侵害者，得请求损害赔偿。

列举主义做法的好处主要在于具体的权利有名称，可以直接对应给予保护，但弊端在于随着社会生活的变化，限于现有的规定对于出现的新型人格权无法给予保护，如名誉权、肖像权等人格权。由于在《德国民法典》上对新出现的人格权没有体现，因此在实际个案之中便难以得到保护。为补列举主义的不足，德国联邦法院于是依据《德国基本法典》第 2 条第 1 项连接第 1 条第 1 项规定创设一般人格权，将之与《德国民法典》第 823 条第 1 项的"其他权利"相对应，认为此举可以填补漏洞。此种概括的人格权具有母权的性质，得更具体化为各种受保护的范围，例如名誉、隐私、信息自主等。① 德国 "一般人格权" 理论是为了弥补《德国民法典》在人格权规定上的缺陷，起源于德国宪法上对人格权保护的宣示性规定，后经德国法院的长期司法实践，之后逐渐被理解为对民法的扩展性适用。

3. 人格权在中国宪法上的规定

我国的《宪法》在第二章 "公民的基本权利和义务" 第 33、37、38、39、40 条规定了人格权。第 33 条第 3 款规定 "国家尊重和保障人权"；第 37 条规定 "公民的人身自由不受侵犯"；第 38 条规定 "公民的人格尊严不受侵犯，禁止用任何方法对公民进行侮辱、诽谤和诬告陷害"；第 39 条规定公民的住宅不受侵犯，第 40 条规定公民的通信自由和通信秘密受保护。

（二）宪法的适用

1. "宪法司法化" 的内涵

有学者提出了 "宪法司法化" 这个概念，② 按照学者的观点，宪法首先是法，并且是部门法，其次才是根本法；离开宪法是部门法来谈宪法是根本法，就必然使宪法成为空中楼阁，远离人们的生活，远离法院的审判工作，不可能使宪法得到司法化；宪法是根本法又是法院在适用宪法时的一个基本理论依据，当法律、法规、规章之间发生冲突或它们与宪法之间发生冲突时，法官责无旁贷地应当适用宪法。

从一个法律概念的角度来分析，宪法司法化的含义究竟是什么——是指将宪法作为法律渊源并由法官在司法审判中直接援引宪法条款的 "法律适用" 或 "司法判断" 问题，还是由法院对与宪法相抵触的法律法规进行 "违宪审查" 问题。这两种不同的理解会把宪政引入不同的政治制度的建构之中。③

我们可能会发现一种有趣的现象，即法官在审理民事案件的时候，通常会直接引用《民法通则》或具体的某个法律如《合同法》的某个具体的条文进行判决，不会引用《宪法》的条文作为裁判之依据。例如，对于合同的违约责任，通常会直接引用《合同法》第七章 "违约责任" 之中的第 107 条 "当事人一方不履行合同义务或者履行合同义务不符合约定的，应当承担继续履行、采取补救措施或者赔偿损失等违约责任"。通常在判决文书之中表述为： "综上所述，根据《中华人民共和国合同法》第 107 条，判决如下：……" 之后就是判项的主文。针对 "宪法通常不被法官作为民事案件的裁判依据" 这一现象，于是就有人提出了 "宪法的司法化" 问题。使用 "宪法司法化" 的概念来表述某种现象是否妥当必须慎重。

（1）具体案件判决之依据

司法判断，是指法官适用法律的过程。英国学者柯克主张国王不能审理案件，案件必

---

① 王泽鉴. 人格权法：法释义学、比较法、案例研究 [M]. 北京：北京大学出版社，2013：67.
② 王磊. 宪法司法化 [M]. 北京：中国政法大学出版社，2000：1.
③ 强世功. 宪法司法化的悖论——兼论法学家在推动宪政中的困境 [J]. 中国社会科学，2003：19.

须由经过专业训练的法官来审理，因为"陛下并没有学过王国的法律，那些涉及臣民们生活、继承、财产、不动产方面的法律不是由自然理性所决定的，而是由技艺理性和法律的判断所决定的，法律是一门艺术，一个人只有经过长期的学习和经验才能获得对法律的认知"。① 这意味着法官在案件判决中运用的不是三段论式的逻辑推理，而是在后天特殊训练和实践中获得的如何在具体个案的处理中体现普遍原则的能力，这种特殊的能力就是"司法判断"。

齐某某案被称为中国"宪法司法化第一案"，山东省高级人民法院依照《宪法》第46条认定原告的受教育权遭受侵犯，判决被告陈某某等赔偿原告的间接经济损失。山东省高级人民法院引用宪法进行裁决，在某些人看来，这开创了我国宪法司法化的先河。其实不然，了解我国司法审判实践的人都知道，在裁项前通常表达为"依据《中华人民共和国××法》第×条，判决如下：……"而对于民事侵权的纠纷案件，在有直接可引用的民事法条的情况下会直接引用民事法律的相关法条，即使找不到相对应具体之法条，亦可通过引用诸如《民法通则》相关的原则性规定作为裁项之依据，不会直接适用宪法的条文进行裁判。

【案例链接 4-1　齐某某受教育权遭侵害案】②　

值得注意的是，宪法作为国家的根本大法，从学理上划分是属于实体法而非程序法，进一步考察法律都应当具有被适用之作用亦无法理上之错误。但是，为此就理所当然地得出宪法可以而且应当甚至必须在具体的民事案件中作为判项之法条依据，此结论明显有失偏颇。首先，宪法是国家的根本大法，是政治宣言。其次，宪法对于某一领域的规定具有原则性和高度概括性，宪法是部门立法之依据。再次，民事部门法根据宪法的原则性规定，会作出具体、直接的规定。最后，作为部门法，有具体规定和原则性规定。当找不到民商事法律部门具体规定而又必须对某种法益予以保护时，可通过适用部门法的基本原则性规定予以处理。

如果将所有具体的案件直接援引宪法的条文进行判决，不仅导致案件的处理缺乏具体的衡量标准，也使部门法具体的裁判标准被束之高阁，更有甚者会赋予审理者适用宪法或具体部门法律条文之自由选择从而导致司法混乱。诚然，在司法实践中可能会出现在部门法之中找不到具体的对应性条文，此时似乎就有了寻找上位法律规定之客观需求。其实不然，在民事法律部门中均有相应之兜底条款，还有一定高度之原则性规定，当社会发展出现了一种新的现象需要对相关主体利益给予保护，而在没有具体条文规定可直接沿引之情况下，可以适用民事法律的基本原则性规定。

---

① 强世功. 宪法司法化的悖论——兼论法学家在推动宪政中的困境 [J]. 中国社会科学, 2003: 19.

② 齐玉苓案所引发的宪法思考 [EB/OL]. [2018-09-09]. 北大法律网, [EB/OL], http://article. chinalawinfo. com/ArticleHtml/Article_22229. shtml.

（2）"违宪审查"之依据

违宪审查，是指享有违宪审查权的国家机关根据法定的程序和方式审查相应之行为是否符合宪法的制度。违宪审查是监督宪法实施的手段，这一制度起源于美国 1803 年的"马伯里诉麦迪逊案"。①

【案例链接 4-2　马伯里诉麦迪逊案】②

违宪审查的主体是享有违宪审查权的特定国家机关。在宪法实施过程中，国家机关、社会团体、公民个人都可以对宪法的实施提出建议，但是审查立法机关、行政机关或者政党的行为是否违宪是关系到国家利益的大事，一般的机关和基层法院均无法承担此种职能。拥有违宪审查权的国家机关一般是在国家中处于核心地位的机关，如我国的全国人民代表大会、法国的宪法委员会、德国的宪法法院等。美国通过宪法判例和惯例，以在判例中解释宪法和阐述三权分立的宪政理论，确立了法院作为违宪审查机关。

2."宪法司法化"的可能性

美国在 1803 年的"马伯里诉麦迪逊案"开创了联邦法院通过具体案件适用联邦宪法审查联邦法律是否有效的先例。而在此之后的 1810 年，联邦最高法院在"弗莱彻诉佩克案"中宣布一项州法律违反联邦宪法而无效，因为它违反了联邦宪法第 1 条第 10 款中的契约条款。又在"马丁诉亨特的承租人案"中，为自己确立了一项特权：对州最高法院作出的宪法问题裁决进行审查。③

欧洲大陆法系国家自 20 世纪初以来，纷纷建立宪法法院，由宪法法院通过抽象的原则审查方式或者具体的案件审查方式适用宪法判断立法行为及行政命令的合宪性。苏联解体后的独联体国家以及 1989 年剧变后的东欧国家，绝大多数亦设立了宪法法院，由宪法法院适用宪法对所有的立法行为及行政命令的合宪性进行审查。④

宪法是法律，但不同的法律之具体适用的方式略有不同。部门法律的功能在于调整一定的社会关系，促进和保障社会的有序发展。而检验法律的真实价值或有效性的方法，并非是简单地在于依据法律规范解决利益冲突双方当事人矛盾的具体案件的过程。

司法机关的活动规则决定了当两个效力不等的法律文件内容相抵触时，适用效力高的法律文件；当两个效力相等的法律文件内容相抵触时，适用与效力更高的法律文件内容相符的法律文件；依此推论，适用与作为最高效力和最高规则的宪法相符的法律文件，属当

---

① 陈文华. 宪法学［M］. 武汉：华中科技大学出版社，2015：206.

② 马伯里诉麦迪逊案［EB/OL］.［2016-12-10］. 参考网，http：//wenku. baidu. com/link？url＝NkNaMgKjYBOAVi2f0JuDqsS41C2NVGtJTu-i9MwblhC3XGZRatSNInAwhGkjl6zafxtNUDqAPHqepAJXyRUJK0Ycc_mK5Pt5P5f2aRuLd3u.

③ ［美］杰罗姆·巴伦，托马斯·迪恩斯. 美国宪法概论（中译本）［M］. 北京：中国社会科学出版社，1995：12.

④ 胡锦光. 中国宪法的司法适用性探讨［J］. 中国人民大学学报，1997（5）：58.

然之事。①

我国《宪法》第 131 条规定："人民法院依照法律规定独立行使审判权，不受行政机关、社会团体和个人的干涉。"宪法的司法适用性取决于人们对这条规定中的"法律"一词的理解。学者们对此处"法律"是否包含宪法形成了截然对立的两派。一派主张"法律"一词包括宪法，这里的"法律"是包括宪法在内的实质法律，而非由全国人大制定的形式意义上的法律②。另一派主张"法律"一词不包括宪法，这里的"法律"二字是狭义的，不包括宪法在内③，并由此进一步断言："人民法院行使审判权的依据止于法律，不得涉及宪法。"④

否认我国法院在具体案件可以直接适用宪法条款作为判项依据的主要理由是，法院适用宪法与我国现行体制相冲突。依据我国现行《宪法》，监督宪法实施的职权由全国人大和全国人大常委会行使（《宪法》第 62、67 条），宪法解释权由全国人大常委会行使（《宪法》第 67 条）。如果法院在具体案件中可直接适用宪法，则意味着法院也可以有选择地适用宪法或者解释宪法并对违宪行为进行监督，这显然违背了上述宪法规定。上述否定法院可以在具体案件中直接适用宪法的理由，从逻辑上讲，不是因为《宪法》第 131 条中"法律"二字不包含宪法在内，而是因为现行宪法确定的人大制度不允许法院适用宪法。⑤ 按此逻辑，只要不涉及宪法监督的问题，法院仍然存在适用宪法的空间。首先，法院在适用宪法时，发现争议涉及宪法并且有关宪法规范的含义存在模糊不清等问题，需要对宪法进行解释时，可立即中止案件审理，待全国人大常委会作出解释后，再依照该解释进行裁判。这种情况下法院既遵守了宪法，也未侵犯全国人大常委会的宪法解释权。其次，在不涉及宪法解释的问题上，法官便可直接援引宪法条款进行司法判断。最后，无论任何案件的判决，最终作为判项被援引的法律条文都只能限于具体的部门法而不能是宪法。

3. 宪法在指导立法方面的作用

我国《立法法》第 3 条规定："立法应当遵循宪法的基本原则。"宪法在立法活动中具有原则性和指导性的作用。立法活动要遵守宪法，要维护法制统一，这是维护和保障立法合法性的重要原则。

宪法在一个国家的法律体系中占有主导地位，起核心作用，是一个国家法制的基础，具有最高的法律地位和效力，是治理国家的总章程。宪法是其他一切法律、法规存在的基础和依据。可以认为，在一个国家中，没有宪法就没有法制。社会主义的立法必须遵守宪法，以宪法为立法的最高依据和标准，凡是同宪法规定相违背的立法，不但不能有法律效力，而且应该受到追究。⑥

---

① 胡锦光. 中国宪法的司法适用性探讨 [J]. 中国人民大学学报, 1997 (5): 59.

② 韩大元, 王贵松. 中国宪法文本中"法律"的涵义 [J]. 法学, 2005 (2): 42-53.

③ 童之伟. 宪法适用应依循宪法本身规定的路径 [J]. 中国法学, 2008 (6): 22-48.

④ 刘松山. 违宪审查热的冷思考 [J]. 法学, 2004 (1): 36-44.

⑤ 谢维雁, 孔德王. 论战宪法适用——近年来我国学界关于宪法适用的主要论争点及评析 [J]. 四川师范大学学报（社会科学版）, 2014 (3): 45.

⑥ 沈宗灵. 法理学（第四版）[M]. 北京：北京大学出版社, 2014 (10): 243.

《立法法》第 4 条规定：“立法应当依照法定的权限和程序，从国家整体利益出发，维护社会主义法制的统一和尊严。”

一般认为，法制统一原则，就是指一个国家在以宪法为基础和核心的前提下，各个法律部门、各种法律渊源和各个法律文件形成互相协调而不抵触、彼此配合而不重复的一种状态的整个法律体系。①

法制统一原则是现代社会法治国家所共同提倡和遵守的一个重要原则。法制统一原则包含两方面的要求，即法律体系内容的统一和法律体系形式的统一。法律体系内容的统一，是指在横向关系上，各部门法所表达的意志内容和利益内容，相互间是协调的，不存在根本的冲突；在纵向关系上，各层次规范所表达的意志和利益的内容，是层层从属的，具体利益从属于根本利益，局部利益从属于整体利益。法律体系形式的统一，指的是部门法规范和不同效力位阶法律规范的协调。②

法制统一的前提和基础是宪法。一个国家的立法只有建立在严格遵守和坚决维护宪法的基础上和前提下，才能形成各个法律部门和法律文件之间和谐有序、相互协调的有机联系的法律体系，才能避免和防止地方保护主义和部门保护主义对于社会主义立法的干扰和破坏。③

（三）人格权的“宪法性权利”与“私法性权利”之争

1. 德国宪法上的一般人格权与中国台湾地区“宪法”上人格权

在德国，宪法上的人格权为德国联邦宪法法院所创设，一向被称为“一般人格权”，其概念亦同于德国民法上的一般人格权，指宪法所未列举的人格权（特别人格权）总称，经具体化各种保护范围，例如名誉、信息自主。

中国台湾地区的“宪法”亦未规定人格权，系由“司法院”大法官依据“宪法”第 22 条所创设，“司法院”解释径称为人格权，学说上多采德国法上“一般人格权”的用语，释“宪”实务将人格权具体化为姓名权、子女知悉自己血统来源等个别人格权。④

《德国民法典》由于在人格权设定上的不足，不得不用宪法中的一般人格权制度加以弥补。“台湾民法典”作为德式民法典的分支，也继承了这些不足和弥补措施。因为一般人格权起源于宪法，许多学者便将这种一般人格权定义为“宪法人格权”，从而产生了“宪法人格权”与“私法人格权”之争。

2. 人格权为“宪法性权利”之说

王泽鉴先生受德国民法和台湾“民法”的影响，同意“宪法性人格权”的存在。他认为：“宪法”人格权及私法人格权同在维护人性尊严，惟二者的功能不同，应予区别，但亦具一定关联，其情形犹如“宪法”上的财产权（尤其是所有权）及私法上的财产

---

① 沈宗灵. 法理学（第四版）[M]. 北京：北京大学出版社，2014：243-244.
② 黄建武. 新编法理学教程（第二版）[M]. 广州：广东高等教育出版社，2011：145.
③ 沈宗灵. 法理学（第四版）[M]. 北京：北京大学出版社，2014：244.
④ 王泽鉴. 人格权法：法释义学、比较法、案例研究 [M]. 北京：北京大学出版社，2013：68.

权。①"宪法"上的人格权系一种基本权利，得对抗"国家"权力的侵害；就其客观功能而言，"国家"负有形成私法上规范人格权的义务，使人格权不受"国家"或第三人侵害，并于受侵害时，得有所救济。

3. 人格权为"私法性权利"之说

学者们并没有直接论证人格权为"私法性权利"，而是从相反的角度来论证了"人格权不是宪法性权利"。宪法权利在理论上和实际上都是"以民法方法"保护不了的，如果一种权利能够在民法上获得有效之保护，那么它就不是真正的宪法权利。宪法权利从实质上、根本上说是一种对抗公共权力的权利，首先和主要地是一种对抗立法权的权利。不仅在中国，即使是在实行制定法制度的绝大多数西方国家，如法国、德国等国，普通法院也是无力对抗立法权的。假定我国某项法律的某个条款侵犯了公民宪法权利，地方各级人民法院怎么可能对这种宪法权利"以民法方法"提供保护。②

人格权主要由民法，即私法的规定加以保护，人格权的主要目的不是对抗国家权利，而是为了保护人格权不受第三人之侵害。宪法中的人格权不是"宪法性权利"，而是"私法性权利"在宪法中的原则性规定，这种规定之目的在于指导人格权的立法，防止人格权的立法偏离保护人格尊严、人身自由的原则。

二、人格权的刑法保护

（一）罪刑法定原则对人格权的考量

《刑法》第 3 条规定了罪刑法定原则："法律明文规定为犯罪行为的，依照法律定罪处刑；法律没有明文规定为犯罪行为的，不得定罪处刑。"因此罪刑法定原则的基本含义是，"法无明文规定不为罪"、"法无明文规定不处罚"。该条文后段无疑是罪刑法定原则的表述，问题是如何理解本条前段的规定。有学者认为前段是罪刑法定的内容，有的学者不这样认为。《刑法》第 3 条规定的罪刑法定原则在保护人格权方面具有历史的进步意义。

罪刑法定原则的思想渊源，是三权分立思想与心理强制说。三权分立思想要求由立法机关制定刑法，由司法机关适用刑法；心理强制说要求事先明文规定犯罪及其法律后果，从而促使人们做出趋利避害的选择，以免实施犯罪行为。但是，三权分立的僵硬学说并不符合大陆法系各国的法制现状，不能说明罪刑法定原则的现实，没有为罪刑法定主义的基本内容提供依据；心理强制说的内容并不完全符合事实。③ 现在一般认为，罪刑法定原则的思想基础主要是民主主义与尊重人权主义，或者说是民主与自由。

1. 民主主义

民主主义要求，国家的重大事务应由国民自己决定，各种法律应由国民自己制定。刑

---

① 王泽鉴．人格权法：法释义学、比较法、案例研究［M］．北京：北京大学出版社，2013：70．
② 童之伟．宪法适用应依循宪法本身规定的路径［J］．中国法学，2008（6）：36．
③ 张明楷．罪刑法定与刑法解释［M］．北京：北京大学出版社，2009：6．

法的处罚范围与程度直接关系着每一个人的生命、身体、自由、财产与名誉，属于特别重大的事项。在特别重大事项的问题上，公民有权保留和行使其否决权，这是基本人权，也可以被理解为民主的创造性存在。应当由国民决定什么行为是犯罪、对犯罪科处什么刑罚。由于刑法是国民意志的体现，故司法机关不能随意解释刑法，尤其不能类推解释。又由于刑法是国民意志的体现，它要尽最大可能、最大限度地保护国民的利益，如果扩大处罚范围，就势必侵害国民的自由。这便要求禁止处罚不当罚的行为。正义与公平是国民的当然要求，立法机关根据国民意志制定的刑法，必须体现正义与公平。所以，刑法必须规定与犯罪相均衡的刑罚，同时禁止残酷的刑罚；而均衡的标准是同时代的一般人的价值观念。① 罪刑法定原则中的民主主义思想，反映出刑法在对待人权时，采取了谦抑原则，刑罚的设立必须充分听取公民意见，刑罚的实施也不能伤害到人格尊严。

2. 尊重人权主义

为了保障人权，不致阻碍国民的自由行动，不会致使国民产生不安感，就必须使国民事先能够预测自己行为的性质和后果，必须事先明确规定犯罪与刑罚。因为当国民事先能够根据成文刑法预测自己的行为性质时，就不会因为不知道自己的行为是否会受到刑罚处罚而感到不安，也不会因为不知道自己的行为是否会受到刑罚制裁而不敢实施合法行为，从而导致行为萎缩的效果。在此意义上，尊重人权主义与使国民具有预测可能性（预测可能性原理）是相同含义。但是，国民对自己行为的性质与后果具有预测可能性的前提是事先有成文法的规定，这便是法律主义；后法不能使国民具有预测可能性，因此，必须禁止刑法溯及既往；如果在具有成文法的前提下实行类推解释，国民也不能预测自己的行为是否会被类推解释为犯罪，导致自由被侵犯，故必须禁止类推解释。刑法是裁判规范与行为规范，如果含混不清、模棱两可或者前后矛盾，法官就无法裁判，国民也因为不能预测自己行为的性质而左右为难，由此产生了刑罚法规的明确性原则。刑法是通过限制自由的手段来保护自由的，二者之间始终存在一个平衡问题，故刑法的处罚范围必须合理，否则便与刑法的宗旨相矛盾。② 尊重人权主义中的预测可能性是对人格自由的保护，预测可能性原理使得公民在行使自身权利、进行合法行为的时候，只要不违反刑法的规定，便拥有了真实意义上的精神自由与行为自由。

（二）刑法有关人格权保护的具体罪名

《刑法》专设第四章"侵犯公民人身权利、民主权利罪"，体现出刑法在制止犯罪，保护受害人人格权益方面的决心与力量，按照保护内容的不同可以作如下分类：

侵犯生命权、健康权：有故意杀人罪、过失致人死亡罪、故意伤害罪、组织出卖人体器官罪、过失致人重伤罪。

侵犯妇女、儿童性自由与性尊严：有强奸罪、强制猥亵、侮辱罪、猥亵儿童罪。

---

① 张明楷. 刑法学（第四版）[M]. 北京：法律出版社，2011：51-52.
② 张明楷. 刑法学（第四版）[M]. 北京：法律出版社，2011（7）：52.

侵犯人身自由：有非法拘禁罪、绑架罪、强迫劳动罪。

侵犯妇女、儿童人身自由：有拐卖妇女、儿童罪，收买被拐卖的妇女、儿童罪，聚众阻碍解救被收买的妇女、儿童罪。

侵犯名誉权、人格尊严：有诬告陷害罪、侮辱罪、诽谤罪。

侵犯公民住宅安宁：有非法搜查罪、非法侵入住宅罪。

侵犯犯罪嫌疑人、被监管人生命权、健康权：有刑讯逼供罪、暴力取证罪、虐待被监管人罪。

其他侵犯人格权的罪：还有如虐待罪，虐待被监护人、看护人罪，遗弃罪，拐骗儿童罪，组织残疾人、儿童乞讨罪，组织未成年人进行违反治安管理活动罪等。

三、人格权的行政法保护

行政法保护公民的人格权，体现在两个方面：一是通过赋予行政机关合法权限并监督其行使，来保障人格权和其他权利之实现；二是通过赋予公民、法人或其他组织对行政行为的监督权（如检举权、控告权），行政权行使过程中的参与权（如知情权、要求听证权），特别是对行政行为侵犯其权益所提起之复议权、诉讼权和要求赔偿权，来保护自己的权益。

（一）行政法的比例原则对人格权的考量

比例原则，又称为禁止过度原则或者最小损害原则，是指行政机关在采取行政行为时，应当全面权衡有关的公共利益和个人权益，采取对公民权益造成必要限度范围内或者损害最小的行政行为，并且使行政行为造成的损害与所追求的行政目的相适应，又称为禁止过度原则或者最小损害原则。[①]

比例原则与依法行政都是有关行政活动合法性的原则，只是调整的侧面和层次的不同。依法行政原则主要是从法律与行政、人民代表机关与行政机关之间主从关系的角度调整行政活动的合法性，从根本上确立法律对于行政的支配关系。而比例原则专门针对裁量行为，通过具体的评价标准，使裁量行为受到法律的严格约束，从而使裁量行为的合理性问题转化为合法性问题。[②]

比例原则着重关注对公共利益和个人利益的保护，关注对个人权益的考量。比例原则中体现的个人权益损害最小化，个人权益保护最大化的思想，是对公民权利进行全面保护的思想。尽管该思想中没有明确表明对人格权的保护，但从原则所推导出的立法者思想，也能说明行政法对于人格权的保护采取了十分重视的态度。现实生活中，经常会存在着一个现象，即在行政执法活动中，被执法对象的自然人之行为，可施予教育、纠正、处罚，

---

① 马怀德. 行政法与行政诉讼法 [M]. 北京：中国法制出版社，2015：47.
② 马怀德. 行政法与行政诉讼法 [M]. 北京：中国法制出版社，2015：49.

如果通过教育即可纠正的不当行为是否有必要进一步施以处罚？例如，一位驾驶员在车内倒后镜的位置挂了一个铃铛，交警例行检查时发现了该现象，驾驶员在未处罚时主动摘除掉该铃铛，交警仍以违反相关规定而开具了罚单。从表面上来看，交警的处罚是有依据的，但在该执法活动中显然不是选择了对驾驶员最为有利的一种方式。在行政执法中，对于"可采取行政拘留"的具有可选择性措施中，因为该行政措施涉及限制行为人的人身自由，故而应当慎重。

（二）行政法具体制度中对人格权的保护

1. 行政公开保障公民的知情、监督权

《中华人民共和国政府信息公开条例》（以下简称《政府信息公开条例》）第 9 条规定："行政机关对符合下列基本要求之一的政府信息应当主动公开……"；第 15 条规定："行政机关应当将主动公开的政府信息，通过政府公报、政府网站、新闻发布会以及报刊、广播、电视等便于公众知晓的方式公开。"第 16 条第 1 款规定："各级人民政府应当在国家档案馆、公共图书馆设置政府信息查阅场所，并配备相应的设施、设备，为公民、法人或者其他组织获取政府信息提供便利。"

由此可见，政府对于应当公开的信息，应当主动公开；行政对于可以公开的信息，经公民申请，符合《政府信息公开条例》规定的，应当向申请公民公开。

2. 听证制度保障公民的参与权

听证，是行政机关在作出影响行政相对人合法权益的决定前，由行政机关告知决定理由并听取行政相对人陈述、申辩、质证的程序。行政相对人在听证程序中有表达意见、提供证据以及要求行政机关听取意见、接纳证据或者改变原准备决定等权利。

《行政处罚法》第五章第三节规定了听证程序，其中第 42 条规定："行政机关作出责令停产停业、吊销许可证或者执照、较大数额罚款等行政处罚决定之前，应当告知当事人有要求举行听证的权利；当事人要求听证的，行政机关应当组织听证。"

《行政许可法》第四章第四节规定了听证程序，其中第 46 条规定："法律、法规、规章规定实施行政许可应当听证的事项，或者行政机关认为需要听证的其他涉及公共利益的重大行政许可事项，行政机关应当向社会公告，并举行听证。"第 47 条规定："行政许可直接涉及申请人与他人之间重大利益关系的，行政机关在作出行政许可决定前，应当告知申请人、利害关系人享有要求听证的权利；申请人、利害关系人在被告知听证权利之日起五日内提出听证申请的，行政机关应当在二十日内组织听证。"

3. 行政复议、行政诉讼、行政赔偿，保护公民的合法权益

《行政复议法》第 2 条规定："公民、法人或者其他组织认为具体行政行为侵犯其合法权益，向行政机关提出行政复议申请，行政机关受理行政复议申请、作出行政复议决定，适用本法。"

《行政诉讼法》第 2 条规定："公民、法人或者其他组织认为行政机关和行政机关工作人员的行政行为侵犯其合法权益，有权依照本法向人民法院提起诉讼。"

《国家赔偿法》在第二章"行政赔偿"中规定了受害人有权获得国家赔偿的权利。《国家赔偿法》第2条规定："国家机关和国家机关工作人员行使职权，有本法规定的侵犯公民、法人和其他组织合法权益的情形，造成损害的，受害人有依照本法取得国家赔偿的权利。"

四、人格权的诉讼法保护

（一）刑事诉讼法关于基本原则的规定

《刑事诉讼法》第一章规定了"刑事诉讼法的任务和基本原则"。其中规定了以下的基本原则：（1）侦查权、检察权、审判权由专门机关依法行使；（2）人民法院、人民检察院依法独立行使职权；（3）依靠群众；（4）以事实为依据，以法律为准绳；（5）对一切公民在适用法律上一律平等；（6）分工负责，互相配合，互相制约；（7）人民检察院依法对刑事诉讼法实行法律监督；（8）各民族公民有权使用本民族语言文字进行诉讼；（9）审判公开；（10）犯罪嫌疑人、被告人有权获得辩护；（11）未经人民法院依法判决，不得确定有罪；（12）保障诉讼参与人的诉讼权利；（13）依照法定情形不予追究刑事责任；（14）追究外国人刑事责任适用我国刑事诉讼法。[①]

上述14个原则中，第1、4、5、7~13条原则是对人格权的保护，其中第1、4、5、7、9、11、13条原则是对犯罪嫌疑人人格权的消极保护，而第8、10、12条是对犯罪嫌疑人人格权的积极保护。一方面，侦查权、检察权、审判权由专门机关行使，可以有效防止其他国家机关对公民人格权的侵犯；依法裁判、检察院有效监督可以有效制止相关的机关滥用法律侵犯人格权。另一方面，犯罪嫌疑人有权用本民族语言文字进行诉讼，有获得辩护的权利是刑事诉讼法对人格权的积极保护，赋予犯罪嫌疑人或者被告人充分的权利，为自己作出辩解与保护，来对抗国家权力对个人权利的侵犯。

（二）刑事诉讼法相关制度对人格权的保护

1. 收容审查制度的废除

收容审查制度起源于1961年，公安机关根据侦查的需要将嫌疑人带到收容所进行审查，通常称之为"收审"。"收容审查"既非刑事拘留，也不是逮捕，更不是劳教。对什么人可以实施收审？被收审的人应当被关押多长时间？收审的法律依据是什么？这些都没有明确的规定。1996年3月17日，第八届全国人民代表大会第四次会议通过了《关于修改〈中华人民共和国刑事诉讼法〉的决定》，废除了收容审查制度。

2. 收容遣送制度的废除

收容遣送，是指民政、公安部门为防止因人口流动带来的城市治安问题而对符合条件的人员予以收容并遣送回原户口所在地的一种行政强制措施。收容遣送制度是在特定历史

---

① 陈光中. 读懂刑事诉讼法 [M]. 南京：江苏人民出版社，2015：23.

条件下产生的，在当时甚至一段历史时期内有其现实意义。

收容遣送制度源于中华人民共和国成立初期，从 1949 年到 1978 年的 29 年间，我国的收容遣送制度属于行政救济范畴。1978—1990 年，新成立的民政部开始主管收容遣送工作，这一阶段该制度继续为稳定和保障城市的公共秩序发挥了积极作用。1991 年至 2003 年 7 月 31 日，由于大规模盲目无序的流动人口进入城市，给城市的公共秩序带来冲击。收容遣送制度由救济性质转向稳定秩序的性质，收容遣送被赋予了"积极配合打击严重危害社会治安犯罪活动"的任务，收容遣送制度发生了质的变异。2003 年 6 月 18 日，国务院常务会议审议并原则通过了《城市生活无着的流浪乞讨人员救助管理办法》，并于同年 8 月 1 日起施行，同时废止了 1982 年国务院发布的《城市流浪乞讨人员收容遣送办法》，至此，实行了 50 余年的强制性收容遣送制度被予以废除，而代之以公民自愿性寻求政府救济的社会救助制度。收容遣送制度正式退出历史舞台，① 这或多或少地与孙某某事件有关。

【事件链接 4-1 孙某某事件】②

3. 劳动教养制度的废除

我国的劳动教养制度是伴随着 20 世纪 50 年代开展的肃清反革命运动应运而生的。1957 年 8 月 1 日，经第一届全国人民代表大会常务委员会第 78 次会议批准，国务院出台了《关于劳动教养问题的决定》，第一次以行政法规的形式确立了劳动教养制度。③ 2013 年 12 月 28 日全国人大常委会通过了关于废止有关劳动教养法律规定的决定。

《宪法》第 37 条规定："中华人民共和国公民的人身自由不受侵犯。任何公民，非经人民检察院批准或者决定或者人民法院决定，并由公安机关执行，不受逮捕。禁止非法拘禁和以其他方法非法剥夺或者限制公民的人身自由，禁止非法搜查公民的身体。"由此可见，能够依法剥夺公民人身自由的只有检察院或者法院的决定。劳动教养制度建立的依据是《劳动教养试行办法》，是国务院转发的公安部文件，在效力上属于部门规章，不存在可以剥夺公民人身自由的权力，因此劳动教养制度本身不存在合法性。

劳教制度的行政法规比较散乱，全国各地的执行标准也不统一。但可以确定的是，劳动制度针对的是不需要被追究刑事责任的人员。刑事处罚属于最重的处罚手段，剥夺人身自由的刑事处罚规定拘役为 1~6 个月，有期徒刑则更长。根据举重以明轻的原则，剥夺人身自由刑事处罚的最低限度尚且可以低至 1 个月，则作为较轻一方的劳动教养制度应规定更轻的人身自由罚，即应低于 1 个月。而现实生活中劳动教养的惩罚幅度却长达 1~4

---

① 高中华. 从收容遣送到救助管理——我国城市流浪乞讨人员救助制度的变迁 [J]. 当代中国史研究，2009（6）：86-91.

② 回顾 2003 未完成的遗憾：孙志刚事件引发的司法渐变 [EB/OL]. [2018-08-10]. 网易网，http://news.163.com/special/h/huigu2003_sun.html.

③ 李晓燕. 论劳动教养制度的废存及违法行为教育矫治法的制定 [J]. 法学杂志，2013（3）：1.

年，严重侵犯公民的人身自由权，因此劳动教养制度也不存在合理性，被废除是当然的。

4. 刑事拘留制度对人格权的保护

在紧急情况下赋予侦查机关采取紧急措施的权力是完全必要的。侦查机关在侦查过程中遇有紧急情形时，可以临时限制某些现行犯或者重大嫌疑分子的人身自由。这种临时限制犯罪嫌疑人、被告人人身自由的强制方法就是拘留。① 作为一种剥夺公民人身自由的强制手段，《刑事诉讼法》采取了相关制度对其加以约束。

拘留的对象与条件具有特定性。由于拘留涉及限制和剥夺人身自由，所以，对哪些人能适用拘留，立法上有严格的限制。《刑事诉讼法》第 80 条规定了 7 种情形，公安机关可以据此适用拘留；第 163 条规定了若出现第 80 条第 4 项、第 5 项规定的情形，人民检察院可以适用拘留。这种列举式的规定，可以有效避免公安机关和检察机关在侦查过程中滥用拘留权，可以保护犯罪嫌疑人的人身自由。②

拘留的期限。根据《刑事诉讼法》第 89 条的规定，公安机关对被拘留的犯罪嫌疑人，认为需要逮捕的，应当在拘留后的 3 日内，提请人民检察院审查批准逮捕，在特殊情况下，提请审查批捕的时间可以延长 1~4 日。人民检察院应当自接到公安机关提请批准逮捕书后的 7 日内作出批准逮捕或者不批准逮捕的决定。因此，我国刑事诉讼法规定的拘留通常不得超过 14 天，特殊情况下不得超过 37 天。③

（三）民事诉讼法对人格权的保护

《民事诉讼法》第一章规定了民事诉讼法的"任务、适用范围和基本原则"。从第一章的内容中可以概括出如下基本原则：（1）对等原则；（2）审判权由人民法院行使；（3）以事实为根据，以法律为准绳；（4）诉讼当事人平等原则；（5）调解原则；（6）各民族公民都有用本民族语言、文字进行民事诉讼的权利的原则；（7）辩论原则；（8）诚实信用原则。

《民事诉讼法》对人格权的保护也可分为积极保护和消极保护，人民法院依法裁判、依事实裁判是限制国家机关对公民权利的侵犯，属于消极保护；当事人平等原则，辩论原则，使用本民族语言、文字的权利属于积极保护。消极保护与积极保护共同构成了对在民事诉讼程序中当事人人格权的保护。

五、人格权的民法保护

（一）德国民法对人格权的保护

1. 《德国民法典》对人格权的保守保护

1896 年施行的《德国民法典》关于人格的保护，学说上虽力图提倡不设人格权规定，

---

① 陈光中. 读懂刑事诉讼法 [M]. 南京：江苏人民出版社，2015：101.
② 龙宗智，杨建广. 刑事诉讼法 [M]. 广州：高等教育出版社，2012：318.
③ 龙宗智，杨建广. 刑事诉讼法 [M]. 广州：高等教育出版社，2012：317.

但由于一方面受到以所有权为典型的支配客体论的影响，另一方面亦顾虑一般化的人格权在解释适用中的不确定性，对人格权的保护，乃采保守的态度。① 《德国民法典》规定了2条关于人格权的内容：（1）第12条规定姓名权；（2）第823条第1款规定："因故意或过失不法侵害他人生命、身体、健康、自由权所有或其他权利者，应对所生损害，负赔偿责任。"该规定确立了德国民法中的生命权、身体权、健康权和自由权，属特别人格权制度。

2. 一般人格权的构建

第二次世界大战后，德国因经历了残害人权的暴政，乃于1945年的《德国基本法》第1条及第2条宣示人性尊严及人格自由发展为最高法律原则及法律价值，应受尊重。为补充《德国民法典》对人格保护的不足，德国联邦最高法院与德国联邦宪法法院共同协力以《德国基本法》第1条第1项及第2条第1项为依据建构了"一般人格权"。②

（二）瑞士民法对人格权的保护

《瑞士民法典》第28条第1款规定："任何人在其人格受到不法侵害时，可诉请排除侵害。"第2款规定："诉请损害赔偿或给付一定数额的抚慰金，只有在本法明确规定的情况下，始得允许。"③ 可见，《瑞士民法典》关于人格权的保护，主要依靠侵权损害之诉，以及损害赔偿来加以保护。

另外，《瑞士民法典》还在第27条规定了人格权禁止让与的规定，在第29、30条规定了姓名权。

（三）法国民法对人格权的保护

《法国民法典》第1382条规定："人的任何行为给他人造成损害时，因其过错致该行为发生之人有义务赔偿损害。"④

要了解法国法上的人格保护需将之与德国民法加以比较。《德国民法典》关于人格保护设有限制：受保护的人格利益限于姓名权，以及生命、身体、健康、自由。法国民法系采概括性的保护原则。《法国民法典》第1382条的概括条款，使人格权受到宽广的保护，诸如公开他人信件，散布他人性爱照片，无权使用他人姓名等，皆构成侵权行为，应负损害赔偿责任。法国民法因其人格权保护之广，也未像德国民法一样发展出"一般人格权"概念。⑤

（四）我国民法对人格权的保护

我国《民法通则》以创新的精神在第五章"民事权利"中专节规定了"人身权"，

---

① 王泽鉴. 人格权法：法释义学、比较法、案例研究 [M]. 北京：北京大学出版社，2013：20.
② 王泽鉴. 人格权法：法释义学、比较法、案例研究 [M]. 北京：北京大学出版社，2013：21.
③ 瑞士民法典 [M]. 殷生根，译. 北京：法律出版社，1987：7.
④ 法国民法典 [M]. 罗结珍，译. 北京：北京大学出版社，2010：351.
⑤ 王泽鉴. 人格权法：法释义学、比较法、案例研究 [M]. 北京：北京大学出版社，2013：24-25.

这种立法例应该说是制定法模式中的一个创举。其中列举了五种人格权：生命健康权、姓名权、肖像权、名誉权、婚姻自主权。第五章中还提到了荣誉。而在 2017 年 10 月 1 日实施的《民法总则》第 109 条中规定了"自然人的人身自由、人格尊严受法律保护"，第 110 条规定了"自然人享有生命权、身体权、健康权、姓名权、肖像权、名誉权、荣誉权、隐私权、婚姻自主权等权利"。

我国的《侵权责任法》也对人格权作出了专门的规定。《侵权责任法》第 2 条规定：侵害民事权益，应当依照本法承担侵权责任。本法所称民事权益，包括生命权、健康权、姓名权、名誉权、荣誉权、肖像权、隐私权、婚姻自主权、监护权、所有权、用益物权、担保物权、著作权、专利权、商标专用权、发现权、股权、继承权等人身、财产权益。《侵权责任法》以列举式的方法将人格权的内容列举出来，这种做法与《民法通则》的做法相一致，符合立法传统与法制统一。

（五）人格权的保护方法

1. 除去侵害请求权

民法保护人格权的主要方法，是赋予受害人除去侵害请求权。如《瑞士民法典》第 28 条第 1 款规定，任何人在其人格受到不法侵害时，可诉请排除侵害。① 按照《民法通则》第 120 条的规定，同样以除去侵害请求权为人格权受侵害时的主要救济方法。此除去侵害请求权包括：要求停止侵害，恢复名誉，消除影响，赔礼道歉。②

2. 损害赔偿请求权

民法保护人格权的另一个重要的方法，是在对人格权的侵害构成侵权行为时，赋予受害人损害赔偿请求权。除法律特别规定适用无过错责任的情形外，此损害赔偿请求权须以有损害结果及加害人有过错为要件。因此，与除去侵害请求权不同。按照《民法通则》第 119、120 条之规定，凡人格权遭受侵害，权利人均得请求损害赔偿。③

六、人格权在其他法律上的保护

（一）兼具公法与私法性质的法

很多法律虽然总体内容上偏私法，但也包含了许多公法性质的内容。比如说《消费者权益保护法》，虽然主要是调整消费者与商家的民事法律关系，但由于涉及公共利益，便具有了一定程度上公法之特质，也直接导致一些学者将其界定为经济法。

相似的法律，同时涉及公、私法的还有很多，如《劳动法》《未成年人保护法》《妇女权益保障法》等。这些法律同样表现出了对人格权的尊重，也包含了对人格权的保护。

---

① 瑞士民法典［M］. 殷生根，译. 北京：法律出版社，1987：7.
② 梁慧星. 民法总论［M］. 北京：法律出版社，2007：101.
③ 梁慧星. 民法总论［M］. 北京：法律出版社，2007：101.

（二）具体规定

《残疾人保障法》第 3 条规定，残疾人在政治、经济、文化、社会和家庭生活等方面享有同其他公民平等的权利，残疾人的公民权利和人格尊严受法律保护，禁止歧视、侮辱、侵害残疾人；第 9 条规定，对残疾人负有赡养、扶养义务的人不得虐待和遗弃残疾人；第 40 条又规定，任何单位和个人不得以暴力、威胁或者非法限制人身自由的手段强迫残疾人劳动。

《未成年人保护法》第 3 条规定，国家保障未成年人的合法权益不受侵犯；第 10 条规定，父母或其他监护人不得虐待、遗弃未成年人，不得歧视女性或有残疾的未成年人；第 21 条规定，学校、幼儿园、托儿所的教职员应当尊重未成年人的人格尊严，不得对未成年学生和儿童实施体罚、变相体罚或者其他侮辱人格尊严的行为；第 39 条规定，任何组织和个人不得披露未成年人的个人隐私。

《妇女权益保障法》在总则便规定，妇女在政治的、经济的、文化的、社会的和家庭的生活等方面享有与男子平等的权利。在第六章"人身权利"中具体规定了妇女的人身自由、生命健康权、肖像权、名誉权及人格尊严受法律严格保护。

《消费者权益保护法》第 7 条规定，消费者在购买、使用商品和接受服务时享有人身、财产安全不受损害的权利；第 14 条规定，消费者享有人格尊严、民族风俗习惯得到尊重的权利；第 27 条规定，经营者不得对消费者进行侮辱、诽谤，不得搜查消费者的身体及携带的物品，不得侵犯消费者的人身自由；第 50 条规定，经营者侵害消费者的人格尊严、侵犯消费者人身自由或者侵害消费者个人信息依法得到保护的权利的，应当停止侵害、恢复名誉、消除影响、赔礼道歉，并赔偿损失。

《劳动法》第 3 条规定，劳动者享有平等就业和选择职业的权利、取得劳动报酬的权利、休息休假的权利、获得劳动安全卫生保护的权利、接受职业技能培训的权利、享受社会保险和福利的权利、提请劳动争议处理的权利以及法律规定的其他劳动权利。第 12 条规定，劳动者就业，不因民族、种族、性别、宗教信仰不同而受歧视。第 54 条规定，用人单位必须为劳动者提供符合国家规定的劳动安全卫生条件和必要的劳动防护用品，对从事有职业危害作业的劳动者应当定期进行健康检查。

我国的法律体系对人格权的保护是全方位的，从"万法之母"的宪法，到具体的部门法，都对人格权提供了保护。《宪法》在"公民的基本权利和义务"中规定了人格权的相关内容；《刑法》从"罪刑法定"的基本原则到具体的罪名，都体现了对人格权的保护；行政法通过限制公权力机关保障人格权，同时通过赋予公民监督公权力机关的权利来保障自己的权利；诉讼法在刑事和民事诉讼程序方面都考虑到了人格权保护的需求；民法部门更是在《民法典》中对人格权作出了具体之规定，并在侵权责任中规定了具体的责任形式。可见，我国对人格权之高度重视以及对其保护是全方位的。

第五讲　对人格权的延伸保护

——胎儿、死者的特殊问题

人格权始于自然人的出生而终于死亡。理论上，自然人未出生不享有人格权，死亡后亦无人格权可言。但是，社会的客观现实往往会有在自然人出生之前和死亡后某些特定之利益受到侵害需要作出处理之情形，因而就产生了人格权的延伸保护问题。通说认为，法律在依法保护自然人人格权时，对于其在诞生前或死亡后所依法享有的人格法益，需要给予延伸至其诞生前或死亡后的民法保护。因此，民法学者对于人格权延伸（向前延伸至出生前以及向后延伸至死亡后）保护的研究主要着眼于胎儿人格利益和死者人格利益保护两个方面。

一、胎儿的人格利益问题

（一）案例导入

原告金某某于 1981 年 12 月 8 日出生，其在胎儿时期，即其母亲李某某怀孕早期在某发电厂输煤车间工作，由于母亲接触和吸入了氯丁胶、120#汽油，以及苯、铅等大量有毒物质，致使金某某在母腹中即受到四乙基铅等毒物感染，导致先天性神经管畸形，一出世即为残疾儿。1993 年经唐山市职业病防治院专家会诊，确定此畸形与其母怀孕早期接触有毒物质有关。金某某从出生到现在由于先天性残疾，不能自己行走，生活完全不能自理，虽经多方寻医问药仍无好转。1993 年 12 月，金某某与发电厂双方就此达成协议，发电厂除已支付的医疗补助外，再给予金某某 12000 元的医疗补助终结费；待金某某年满 16 周岁后达到初中毕业文化程度，由发电厂提供一次就业机会。在此协议未完全履行之时的 1999 年 6 月，经唐山市法医门诊鉴定，金某某先天性脊柱裂，臀后突畸形，双小腿肌肉明显萎缩，小腿及大腿后侧无感觉，双侧跟膝腹反射消失，会阴部感觉消失，二便不能自理，依照职工工伤与职业病致残程度鉴定有关规定属于贰级残疾。现金某某已初中毕业，智力状况良好。1999 年 11 月，金某某提起诉请，要求被告赔偿残疾赔偿金，父母精神抚慰金、误工费、护理费、残疾生活补助费、医疗费、残具费、鉴定费等。[①]

此案引发的思考是：何谓胎儿？胎儿是否具有民事权利能力？为什么要保护胎儿的人格利益？胎儿的人格利益的保护范围是什么？

---

① 河北省唐山市中级人民法院 "（1999）唐民初字第 41 号"《民事判决书》；河北省高级人民法院 "（2003）冀民一终字第 49 号"《民事判决书》。

（二）法律规定

1. 我国涉及胎儿的立法

目前我国涉及胎儿或者与胎儿（怀孕）有关的立法主要有：

《民法典》第16条规定，"涉及遗产继承、接受赠与等胎儿利益保护的，胎儿视为具有民事权利能力。但是胎儿娩出时为死体的，其民事权利能力自始不存在"。第1155条规定："遗产分割时，应当保留胎儿的继承份额。胎儿娩出时是死体的，保留的份额按照法定继承办理。"第1082条规定："女方在怀孕期间，分娩后一年内或者终止妊娠后六个月内，男方不得提出离婚。"

《劳动法》第29条规定了单位不得与怀孕职工解除劳动合同；第61条对怀孕女职工的工作强度进行了限制性规定。

《刑法》第49条规定，审判的时候怀孕的妇女，不适用死刑。

2. 外国涉及胎儿的立法

《瑞士民法典》第31条第2项规定，"子女，只要其出生时尚生存，出生前即具有权利能力"。

《匈牙利民法典》规定，"人，如活着出生，其权利能力应从受孕时算起，出生前300天算作受孕时间，但是允许证明受孕时间早于或迟于第300天，出生日包括在300天内"。

《德国民法典》规定："第三人在被害人被侵害当时虽为尚未出生的胎儿者，亦发生损害赔偿义务。"

《日本民法典》规定："胎儿，就损害赔偿请求权，视为已出生。"

（三）关于胎儿人格利益保护的争议焦点问题

1. 如何界定"胎儿"

按医学辞典解释，胎儿是指受孕12周（也有的认为是8周）开始，四肢明显可见，手足已经分化的幼儿。在此之前是受精卵和胚胎期，并非胎儿。从生物学上看，胎儿是一切脊椎动物未出生之幼儿。但生物学家也把受精卵的早期发育称为胚胎期，胚胎期终止于胚胎的外形开始表现得与该物种的新生儿相似时，以后直至出生是胎儿期。可见，生物学和医学上把生命的发育过程分为三个阶段，即受精卵、胚胎期、胎儿期。

何谓法律上的"胎儿"？我国法律没有明确规定，理论定义也不尽一致。有学者认为："胎儿是处于母体之子宫中的生命体，是生命体发育的一个阶段，即出生的最后一个阶段的存在形态。"[①] 也有学者认为"胎儿是指尚在其母子宫中的胚胎或者尚未出生的胎儿"。[②] 这些定义在很大程度上受到生物学和医学上关于胎儿界定标准之影响。由于自然人在出生之前的整个生命孕育阶段的状况都将直接影响其将来出生后的身体健康，因此，法律界定胎儿的含义时，除参考生物学和医学上的界定标准外，更应注重胎儿的社会性。如果仅按照生物学、医学上的标准来界定胎儿的范围，将可能发生在现实中胎儿利益得不

---

① 郭明瑞. 民商法总论——人身权法 [M]. 北京：中国人民大学出版社，1999：382.

② 徐开墅. 民商法辞典 [M]. 上海：上海人民出版社，1997：518.

到有效保护的情况。我国《民法典》第 1155 条规定："遗产分割时，应当保留胎儿的继承份额。"此处的胎儿，应作广义的理解，只要确定怀孕的，就应当视之为胎儿并为其保留应继承的份额。对此，"胎儿者，乃母体内之儿也。即自受胎之时起，至出生完成之时止，谓之胎儿"① 的界定更符合保护胎儿应有法益之初衷。可见，法律保护的胎儿是指出生这一法律事实发生之前尚未露出母体，并且处于孕育中的生命体。

【知识链接 5-1　妊娠周期】

2. 胎儿是否为"民法上的人"

我国民法学者对自然人有不同的定义，有的认为自然人是指有血肉之躯和生命的人类；② 有的则认为自然人是指基于自然生理状态，作为民事主体的人；③ 有的认为自然人是基于自然生理规律出生的人；④ 还有的则认为自然人是因出生而依法享有民事权利和承担民事义务，具备民事主体资格的人，是相对于法人的民事主体。⑤ 仅描述生物意义上人的内涵是不足够的，民法上的自然人之关键因素还在于其系民事主体，即取得民事主体资格。⑥

生物意义上的人，是指属于生物分类中脊椎动物门、哺乳类、灵长目、人科、人属的有机体。这个有机体是迄今生物进化的顶峰，具有一系列不同于其他物种的形态、生理、心理方面之独特特点，拥有一套不同于其他物种的独特的基因结构——遗传物质。生物意义上的人是具有生命的，属于生命界最高级的物种。

民法上的自然人必须具备两个要素：首先必须是生物意义上的人，其次是能够享有民法上的权利。从民法演进的过程来看，自然人与民法的连接点就是法律的主体资格，具备法律主体资格的自然人才能享有民法上的权利。

要回答"胎儿是否为民法上的人"这个问题，就必须回答"胎儿是否属于生物意义上的人"以及"胎儿是否享有法律主体资格"这两个问题。首先，从生物学角度看，精子和卵子一旦结合成受精卵就有着与父母完全不同的遗传基因，是一个完全独立于母体的人而非母体的一部分，受精卵、胚胎、胎儿、婴儿、儿童、少年、青年、中年、老年是一个人的连续统一的生命历程，"人"的概念应当作宽泛解释，孤立地认定胎儿不是人有违人的生物学存在规律，不论从学理上还是道义上都无法被接受，毕竟胎儿是"潜在的人"

---

① 胡长清. 中国民法总论 [M]. 北京：中国政法大学出版社，1997：60.

② 梁慧星. 民法总论（第三版）[M]. 北京：法律出版社，2007：58.

③ 罗玉珍. 民事主体论 [M]. 北京：中国政法大学出版社，1992：46、47；刘心稳. 中国民法学研究述评 [M]. 北京：中国政法大学出版社，996：85.

④ 郑立，王作堂. 民法学 [M]. 北京：北京大学出版社，1994：39；马俊驹，余延满. 民法原论 [M]. 北京：法律出版社，1998：98.

⑤ 彭万林. 民法学 [M]. 北京：中国政法大学出版社，2011：64；李双元，温世扬. 比较民法学 [M]. 武汉：武汉大学出版社，1998：95.

⑥ 邱仁宗. 生命伦理学 [M]. 上海：上海人民出版社，1987：87-88.

和"可能的人"。① 胎儿是生物意义上的人，对待胎儿不能像对待一个细胞或一片树叶一样，他人不仅不能对其加以伤害，在制度上还需采取各种措施对胎儿进行强有力之保护。

【知识链接 5-2　对胎儿致害还是对母体致害?】

3. 为什么要保护胎儿

民法对胎儿利益是否予以保护，保护范围多大，依据何在，一直是民法理论界争论不休的问题。主要有三种学说：权利能力说、法益说和侵权责任说。

（1）权利能力说

按照传统的权利能力理论，胎儿利益保护的理论基础应当是胎儿具有权利能力，于是，为胎儿利益保护寻求权利能力理论支持一直成为法学界的主流观点。按照是否应当赋予胎儿权利能力及权利能力大小的划分，具体有三种观点：

①权利能力否认说。该说观点认为，胎儿本身不是人因而不具有权利能力，法律不能为了保护胎儿的某种特殊的利益而改变权利能力制度，赋予胎儿权利主体的资格。首先，权利能力的取得必须始于出生，没有出生就不可能作为一个独立存在的生物体享有权利能力，胎儿在没有出生之前完全依附于母体，不可能成为区别于母体的一个独立的生物体而存在，所以不能成为具有民事权利能力的主体。其次，享有权利能力的必须是一个活着的主体。胎儿在出生以前，不是一个完整的自然人，其是否存活还是个疑问，如果确定其作为权利主体存在，胎儿具有权利能力，那么堕胎的合法性就成为一个问题。再次，如果胎儿具有权利能力，其权利能力的起始期限无法准确界定。② 最后，权利能力具有享有权利和承担义务的双重属性，如赋予胎儿权利能力必然要求胎儿承担相应之义务，这对于胎儿来讲是无法实现的。另外，从计划生育和优生优育的政策上看，不能承认胎儿为民事主体。③

②部分权利能力说。该学说以胎儿活着出生为条件，部分承认胎儿的权利能力，对其进行有限即某些特别事项，例如遗产继承、接受赠与、侵权损害赔偿等方面上的保护。

③完全权利能力说。该学说认为基于保护胎儿利益之现实需要，应以活体出生为条件，赋予胎儿完全的权利能力，像保护自然人一样为胎儿提供全面的保护。"法律有必要赋予胎儿民事权利能力，这不仅解决了现行法律关于胎儿保护的逻辑矛盾，同时也为胎儿利益得到全面保护奠定了法律基础"；"胎儿作为母体的一部分，原则上无权利义务，但是胎儿迟早要出生，因而对其将来的利益要进行保留。所以，不妨规定胎儿是有权利能力的"。④

（2）法益说

---

① 张莉. 胎儿的准人格地位及其人格利益保护［J］. 中国政法大学学报，2007（1）：30.

② 王利明. 民法总则研究［M］. 北京：中国人民大学出版社，2003：336、337.

③ 郭明瑞. 民商法总论. 人身权法［M］. 北京：中国人民大学出版社，2000：131.

④ 江平. 民法学［M］. 北京：中国政法大学出版社，2000：103.

与权利能力说并存的还有法益说。法益，即应受法律保护之利益。自然人在其仍为胎儿时所需要父母的培育，其拥有不受外界干涉健康出生和成长的正当利益，即使法律不承认胎儿具有民事权利能力，但对于这种生命法益，自然人在胎儿阶段即应享有。

①人身权延伸保护说。法律在依法保护民事主体人身权的同时，对于其在出生前或消灭后所依法享有的人身法益，所给予的延伸至其出生前和消灭后的民法保护。其法律特征在于：第一，人身权延伸保护的民事主体包括公民和法人，以公民为主；第二，保护的客体是人身法益，即人格利益和身份利益，而非权利本身；第三，保护的界限为民事主体权利能力取得前和终止后；第四，人身权延伸保护和人身权保护相互衔接，构成协调统一的整体。该理论本身的立论依据，即是在现代人权思想指导下，以维护民事主体统一、完整的人身利益为基本目的，追求创造、保护社会利益与个人利益的和谐、统一。①

②生命法益保护说。生命法益并非权利，权利源自法律规定，而"生命法益系先于法律而存在，系人性之表现与自然创造的一部。生命所表现者，系生物自体之本质，生物自体因此而获得其内容，任何人对生命法益均享有权利，故得主张不受任何妨害或阻碍。任何对人类自然成长之妨碍或剥夺，皆构成生命法益之侵害"。② 这一学说曾被德国法院作为"输血感染案"的判决理由，著名的法理学及刑法学者 Welzel 认为此判决代表"自然法之复兴"。③

（3）侵权责任说

有学者试图绕开传统权利能力的框架，也回避设定"法益"这一概念，而直接从侵权法的角度，适用侵权责任理论作为胎儿利益保护的依据。自 20 世纪 50 年代开始，德国司法和理论界也渐渐突破胎儿利益保护的狭小范围，认为胎儿出生前遭受侵害能否请求损害赔偿之问题，并非权利能力有无的问题。未出生者之被侵害性与其权利能力无关。于一般情形，损害赔偿请求权于有加害事由时，即行发生。在出生前侵害之情形，其损害赔偿请求权非于肇致损害之际成立不可，否则将权利能力之取得提前至出生之前，实无必要。著名法学家拉伦兹主张，"即未出生者之被侵害性与权利能力无关。纵使我们认为人因其出生而取得权利能力，法律意义上之人格者因出生而存在，但此并不足改变人于出生前在生物体上存在之事实。人之生命何时开始，自何时起应受法律保护，与其自何时起始得以一个具有个体之人而存在，而享有权利能力，系属二事，不可混淆"。④ 依该学说，法律对于胎儿利益给予保护，不是因为胎儿受到侵害时就拥有或者具备了权利能力，而是因为其在出生之前遭受过某种侵害，尽管加害行为与损害结果没有同时发生，但这并不影响侵权行为的成立。出生之人完全可以依据其所受到的现实侵害提出赔偿。三大学说各有利

---

① 杨立新．人身权的延伸法律保护［J］．法学研究，1995（1）：20．

② 王泽鉴．民法学说与判例研究（四）［M］．北京：中国政法大学出版社，1998：261．

③ 德国曾经发生过著名的医院输血案：由于没有对献血者进行必要体检，一名妇女在医院接受输血时被传染上了梅毒，她后来的孩子在出生时也未能幸免。孩子出生后就提起判决医院赔偿损失以及支付痛苦抚慰金之诉请。见王泽鉴．对未出生者之保护［M］//民法学说与判例研究（四）．北京：中国政法大学出版社，1998：259．

④ 王泽鉴．对未出生者之保护［M］//民法学说与判例研究（四）．北京：中国政法大学出版社，1998：264．

弊，各有支持和反对者，支持和反对的理由也各异，但似乎没有一种学说占主导地位。

三大学说各有利弊，各有支持者和反对者，支持和反对的理由也各异，但似乎没有一种学说占主导地位。

（四）完善胎儿人格利益的保护范围

1. 健康权

健康权，是指自然人以其机体生理机能正常运作和功能完善发挥等人体活动的利益为内容的人格权。[①] 胎儿的健康权，是指其孕育期间所享有的生理机能的正常发育的权利。胎儿在孕育期间，身体的各部分组织、器官以及相应的机能正处于逐步完善、成熟的过程中，所以，胎儿在这一阶段所享有的生理机能正常发育，不受任何外部侵害的利益就是胎儿享有的健康利益。

健康利益是胎儿人身利益中的一项极为重要的内容。从长远来看，胎儿的成长、发育状况直接影响着人类生命质量和一国的国民素质。胎儿期间受到的侵害，很可能导致将来的出生时先天残障，这不仅给婴儿及其家庭带来不可治愈的伤痛，也会造成许多社会问题。所以，民法必须加强对胎儿健康利益之保护。胎儿享有健康权，就意味着自然人对其在胎儿阶段受到的生理健康侵害有权向法院提起诉讼，请求致害人给予经济赔偿。在工业时代，各种意外事故层出不穷，胎儿受到伤害的几率较以往大大增加，胎儿健康利益受侵害的方式也越来越多。[②] 因此，加强对胎儿健康权益的保护已成为民法保护胎儿利益的重要内容之一。

2. 生命权

按照学界通说，生命权是指以自然人的生命安全利益为内容的一种人格权。生命权以自然人的生命安全为客体，以维护人的生命活动延续为其基本内容。生命权保护的对象是人的生命活动能力。[③] 人的生命是人的最高人格利益，具有至高无上的人格价值。

从生物学意义上讲，胎儿无疑是具有生命意义的，但是否能够享有法律所保护的生命权的问题，学者观点不一。多数学者持否定态度，主要理由为：胎儿虽然是生物学意义上的生命，但不是法律意义上的生命，胎儿从现实的角度讲毕竟不是人，虽客观上具有生命之形式但不能赋予其生命权；即便赋予胎儿生命权，其权利亦无法行使；如果认定胎儿有生命权，则由于侵犯生命权的不可逆转性，他人的一般违法行为将可能构成犯罪，活着的生命与尚未出生的胎儿相比，当然活着的生命更重要。若赋予胎儿生命权，会妨碍计划生育政策的执行。

上述彻底否定胎儿享有生命法益的观点有失偏颇。首先，胎儿是生物学意义上的生命。法律意义上的生命是指出生后自然人的生命，胎儿未出生故而不是法律意义上的人。但胎儿是自然人生命形成的必经阶段，其利益的维护状况直接决定出生后作为自然人利益的状况。承认胎儿在一定情况下的主体资格己是未来民法的发展趋势。只要胎儿活着出

① 王利明，杨立新．人格权与新闻侵权 [M]．北京：中国方正出版社，1998：210．

② 张新宝．中国侵权行为法 [M]．北京：中国社会科学出版社，1998：145-147．

③ 魏振派．民法 [M]．北京：北京大学出版社，2000：642-644．

生，就应当承认其出生前应当享有一定的权利。其次，胎儿享有生命权与计划生育政策并不冲突。胎儿具有民事权利能力的条件是其活着出生，出生前无论基于何种原因而死亡均不能取得民事权利能力，当然也就不能享有生命权了。最后，从健康权与生命权的关系来看，胎儿应享有生命权。生命是健康的前提，没有生命，也就无所谓健康，健康受到侵害对生命可能产生危害。承认胎儿的健康权就应当自然而然地肯定胎儿的生命权。否则，胎儿不具有生命权而享有健康权于理不通、于法不容。

3. 受抚养权

受抚养权，是指接受抚养人爱护教育成人的权利。胎儿应享有受抚养权。各国立法也不同程度地承认了胎儿所享有的受抚养权。我国司法实践中也出现过关于胎儿受抚养权成功获得法律支持的案例。"王某某诉杨某某、某某市汽车二队交通事故损害赔偿纠纷案"[①] 的判决公布在《最高人民法院公报》上，而《最高人民法院公报》公布的案例对法院判决具有实际指导作用，为此可以认为我国法院在司法实践中明确肯定了胎儿的抚养费请求权，这是我国司法在胎儿利益保护方面的最新进展。如果我国未来民法典直接承认胎儿的权利能力，则胎儿在活着出生后，对于其在怀于母体期间，其抚养义务人因他人的侵权行为导致死亡或伤残并丧失劳动能力，致使胎儿在出生后本应受到的抚养全部或部分丧失的，侵权人理当应对该损害予以赔偿。

4. 继承权

继承利益是胎儿基于特定的身份关系所享有的遗产继承的利益。胎儿是否享有财产继承权，自罗马法以来一直为法学界所关注。我国《民法典》第1155条的规定涉及对胎儿继承利益的保护，但未承认胎儿的继承权。可见，胎儿被视为有民事权利能力，在分配遗产时必须预留胎儿应有之份额。与此同时，法律还需解决另一个问题：如何保障胎儿的继承权得到实现？按照我国现有《民法典》的规定，遗产分割可以在胎儿出生前进行，这对于以活着出生为条件而溯及取得胎儿期间的权利能力的胎儿而言极为不利。在遗产分割时，究竟是否承认胎儿的继承权成为难以抉择的问题：承认胎儿的继承权，无法律依据——胎儿正怀于母体期间，依法尚无权利能力；不承认胎儿的继承权，面临违法的可能——胎儿日后活着出生，将溯及取得胎儿期间的权利能力，任何剥夺其继承权的行为都是违法的。若按我国《民法典》的现有处理方法，即为胎儿保留"特留份"，这虽能解决胎儿是否享有继承权问题，但某种程度上减少了可供分配的遗产数额；若胎儿出生时为死体的，"特留份"由被继承人的继承人继承，再次进行分配，分配费用的增加必然导致可供分配遗产数额的减少。最好的解决办法是在继承开始时，继承人中有尚未出生的胎儿时，遗产分割应在胎儿出生后方可进行。《民法典》第16条明确规定："涉及遗产继承、接受赠与等胎儿利益保护的，胎儿视为具有民事权利能力。但是，胎儿娩出时为死体的，其民事权利能力自始不存在。"这一做法已在部分大陆法系国家的法律中得到推行。如，《瑞士民法典》第605条第1款规定："胎儿的权利须加考虑时，应将分割推迟至其出生时。"《德国民法典》第2043条第1款规定："由于共同继承人有尚未出生而未能确定应

---

① 王德钦诉杨德胜、泸州市汽车二队交通事故损害赔偿纠纷案 [J]. 中华人民共和国最高人民法院公报，2006（3）：35-37.

继份者，在此种不确定的情况消灭之前，不得进行遗产分割。"日本在民法上均作如此之解释。

5. 纯利益的获得权

胎儿虽尚未出生，但也有可能成为赠与、遗赠等行为的对象或保险的受益人。对于此种对胎儿本人有利而又不损害其利益的纯法律利益，胎儿理应可取得。根据总括的保护主义之法定停止条件说，胎儿在活着出生后，当然可以取得他人对其在胎儿阶段的赠与、遗赠等纯利益。尽管自然人在溯及取得胎儿阶段的权利能力时，并不具有行为能力，但我们可以比照无民事行为能力人"纯获法律上利益"的行为有效的通说，认可胎儿有纯利益的获得权。需要特别说明的是，我国《民法典》第1124条规定："受遗赠人应当在知道受遗赠后六十日内，作出接受或者放弃受遗赠的表示；到期没有表示的，视为放弃受遗赠。"该规定应当变通运用于胎儿，即胎儿作为受遗赠人，其"知道受遗赠"的时间应理解为活着出生的时间，其接受遗赠的意思表示由其法定监护人代为作出，参照监护人不得侵害被监护人合法权益的规定，胎儿的法定监护人不得拒绝代替胎儿接受纯获法律利益，或实施其他侵害胎儿合法权益的行为。

二、对遗体的特殊保护问题

依照人格权保护之本意，有生命之人才享有人格权，生命是人格权存在的基础。当生命逝去，人格权随之消失，无生命之躯体因主体不存在而无人格权保护的问题。但是尸体、尸骨所承载的权利主体的人身利益在人死亡后的客观延续，需要法律加以调整和保护，这就产生了人格权对遗体的延伸保护的问题。

【知识链接5-3 遗体】

（一）涉及遗体的相关问题

1. 遗体处置

遗体是失去生命的人身，不构成继承法上的遗产关系（财产关系）。而遗体与生者之间存在着伦理与情感的联系。对于遗体的告别以及后续事项的安排（含安葬）方式，大多是通过遗嘱和亲属协商的方式来决定的。对遗体的妥善处置，不仅是表示对逝者之尊重，更是为了寄托生者对逝者之怀念。这与其说是对遗体人格权的保护，不如说是对亲属与死者之间亲情伦理之精神权利的保护。

2. 遗体捐献

遗体捐献，是指自然人生前自愿表示在死亡后，由其执行人将遗体的全部或者部分捐献给医学、科学事业的行为；以及生前未表明捐献意愿的自然人死亡后，由其家属将遗体的全部或者部分捐献给医学、科学事业的行为。捐献的遗体在医学院用作解剖实验时被学生尊称为"大体老师"，因此遗体捐赠对医学、科学的教育以及发展有很重要意义，是非常高尚的行为。

（二）遗体告别的相关问题

遗体告别，是亲人们沉寂在悲伤之中，前来吊唁的人向去世人的遗体进行告别的一种仪式。该仪式大多都是在遗体周围摆放鲜花、挽联、花圈，让前来吊唁的亲友瞻仰遗容并慰问家属等。

在遗体告别仪式上，如果死者是英烈或者是单位的员工，单位领导通常会有发表悼念词以评价死者的一生。1944 年 9 月 8 日，毛泽东同志在中共中央警备团追悼张思德的会上的讲演中说道"今后我们的队伍里，不管死了谁，不管是炊事员，是战士，只要他是做过一些有益的工作的，我们都要给他送葬，开追悼会。这要成为一个制度。这个方法也要介绍到老百姓那里去。村上的人死了，开个追悼会。用这样的方法，寄托我们的哀思，使整个人民团结起来。"①

1956 年在全国范围内开始推动殡葬改革之后，追悼会成为移风易俗的重要手段。在"一提倡"（提倡火葬光荣）、"两停止"（停止开设公墓、停止制作棺材和为土葬服务的行业）与"五代替"（用献花圈代替烧纸摆供、用默哀代替跪拜、用黑纱白花代替披麻戴孝、用追悼会代替做道场、用火葬代替土葬）的动员下，在社会上得到迅速推广。

2013 年 12 月，中共中央办公厅、国务院办公厅联合下发了《关于党员干部带头推动殡葬改革的实施意见》，呼吁党员干部带头实行火葬和生态葬，推行文明祭扫；除国家另有规定外，党员、干部去世后一般不成立治丧机构，不召开追悼会；举行遗体送别仪式的，要严格控制规模，力求节约简朴。

无论是大规模的追悼会还是亲属小范围的告别仪式，都在殡仪馆进行。而殡仪馆的管理工作有时也会出现一些意外甚至引发相关的案件。

【案例链接 5-1　遗体告别权】②③

（三）遗骨处理的相关问题

尽管有各种各样形式的丧葬形式，但古代较多为墓葬。墓葬，俗称山坟，是指通过棺材埋入土里安置去世的人之一种丧葬方式。"墓，乃孝子所思慕之处"，这和中国人讲究"入土为安"有很大的关系。随着社会的发展，土地资源逐渐变成了稀缺的资源，殡葬制度进行改革，推行火化和树葬、海葬等，但土葬以及骨灰存放的做法仍然存在。由于遗

---

① 后来被整理出版，题为《为人民服务》，其与《纪念白求恩》《愚公移山》被合称为"老三篇"。

② 杨玉甫，李军林 . 错焚遗体一案应如何处理 [J]. 法律适用，1994 (7)：30.

③ 全国首例侵犯遗体瞻仰告别吊唁知情权案 [EB/OL]. [2018-09-09]. 新浪网，http：//news. sina. cn/c/2010-10-14/114221274618. shtml.

骨、骨灰不仅仅是一种特殊物，而且还带有一种情感寄托，故每年的清明节成为了人们拜祭祖先的节日，亲友也不远万里赶回来共聚一起进行拜祭活动。破坏他人墓葬或者损毁遗骨、骨灰存放之物品，不仅有违人伦，在民事上也构成侵权，严重的还可能构成刑事犯罪。

【知识链接 5-4　盗墓】　

【事件链接 5-1　绑架骨灰】　

三、对死者人格利益的保护问题

（一）案例导入

谢某遗孀徐某某诉宋某某、刘某某名誉侵权案，是侵犯死者人格利益的又一典型案例。① 2008 年 10 月 18 日，著名导演谢某在浙江上虞下榻的酒店去世。第二天，"大嘴"宋某某在其博客上撰文《千万别学谢×这样死!》，文中称：刘某某因与上虞电视台有约，于 2008 年 10 月 17 日入住上虞某宾馆，发现谢导演就住在其隔壁。18 日凌晨两点左右，刘某某称听见谢的房间传来声响，臆断谢"一夜风流"导致"猝死"。4 天后，宋某某又发表一篇题为《谢×和刘某某在海外有个重度脑瘫的私生子谢某某!》的博文，爆料谢曾与刘某某"师生恋"，并有私生子；10 月 28 日，刘某某在其博客中撰文称愿为该"真相"出庭作证并提供物证。谢的遗孀徐某某得知后，于 2009 年 2 月以一份长达 5000 多字的诉状向上海市静安区法院提起民事诉讼，请求法院判令两被告停止侵害、恢复名誉，公开赔礼道歉，赔偿原告精神损失和诉讼费用合计 50 万元，并清除在相关网络上的侵权文章。

案件引发的思考是：死者是否具有法律主体资格的地位？死者利益保护的依据是什么？应如何划定死者人格利益之保护范围？

（二）法律规定

1. 我国的法律规定

《民法典》第 13 条规定："自然人从出生时起到死亡时止，具有民事权利能力，依法享有民事权利，承担民事义务。"

---

① 法院今天宣判"谢晋案"，家属要求宋祖德赔 50 万［EB/OL］．［2018-08-09］．新浪网，http：//ent.sina.com.cn/s/m/2009-12-25/15592824054.shtml；谢晋案宋祖德终于道歉，还差 3 万官司费［EB/OL］．［2018-08-09］．新浪网，http：//ent.sina.com.cn/s/m/p/2010-05-25/04162968269.shtml.

最高人民法院 1989 年《关于死亡人的名誉权应受法律保护的函》明确："吉文贞（艺名荷花女）死亡后，其名誉权应依法保护，其母陈秀琴亦有权向人民法院提起诉讼。"最高人民法院 1990 年《关于范应莲诉敬永祥等侵害海灯法师名誉权一案有关诉讼程序问题的复函》中指出："海灯死亡后，其名誉权应依法保护，作为海灯的养子，范应莲有权向人民法院提起诉讼。" 1993 年 8 月 7 日最高人民法院《关于审理名誉权案件若干问题的解答》第 5 条规定："死者名誉受到损害的，其近亲属有权向人民法院起诉。近亲属包括：配偶、父母、子女、兄弟姐妹、祖父母、外祖父母、孙子女、外孙子女。" 2001 年 3 月 10 日最高人民法院《关于确定民事侵权精神损害赔偿责任若干问题的解释》第 3 条规定："自然人死亡后，其近亲属因下列侵权行为遭受精神痛苦，向人民法院起诉请求赔偿精神损害的，人民法院应当依法予以受理：（一）以侮辱、诽谤、贬损、丑化或者违反社会公共利益、社会公德的其他方式，侵害死者姓名、肖像、名誉、荣誉；（二）非法披露、利用死者隐私，或者以违反社会公共利益、社会公德的其他方式侵害死者隐私；（三）非法利用、损害遗体、遗骨，或者以违反社会公共利益、社会公德的其他方式侵害遗体、遗骨。"

《民法典》第 994 条规定："死者的姓名、肖像、名誉、荣誉、隐私、遗体等受到侵害的，其配偶、子女、父母有权依法请求行为人承担民事责任；死者没有配偶、子女且父母已经死亡的，其他近亲属有权依法请求行为人承担民事责任。"

《著作权法》第 22 条规定，作者的署名权、修改权、保护作品完整权的保护期不受限制。

2. 外国法律规定

加拿大魁北克省的《民法典》是世界上第一部在民法典中规定了对死者人格利益的保护。其第一篇第四章第 46~49 条规定了"死者遗体的保护"。其中规定了进行尸体解剖的条件，即在法律规定的情形、当事人表示同意以及有权管护的人同意，并且以上同意或者作出请求的人有权得到尸体检验报告副本。否则除非经过法庭允许，任何人不得私自挖掘尸体，或移动坟墓内尸体。

《匈牙利民法典》承认了死者名誉，并予以保护，第 86 条规定了死者人格利益保护的诉讼主体，即死者近亲属，但在侵害到公共利益时，检察长亦可作为诉讼主体。

《日本民法典》第 711 条规定了死者人格利益的保护情形、侵权责任及近亲属范围。①其著作权法也承认了死者著作权的存在，并规定了 30 年的保护期限。

（三）关于死者人格利益保护的争议焦点问题

1. 死者有无法律地位

对死者利益的保护是指死者生前人格利益的保护，还是指对死者人身权的保护，在我国理论界存在较大的争议。有些学者主张死者如同生者一样，也应享有民事权利能力，②

① 《日本民法典》第 711 条规定：害他人命者，对于受害人的父母、配偶、子女，虽未害及其财产权，亦应当赔偿其损失。
② 彭万林. 民法学 [M]. 北京：中国政法大学出版社，1999：85-86.

而大部分学者则主张死者不应享有民事权利能力。①

（1）死者权利能力享有说

我国学界有少数学者认为自然人在死亡后仍享有部分民事权利能力，即自然人死亡后仍可作为人格权的主体，享有部分民法上所规定的权利，部分人身权利依然存在。② "自然人民事权利能力终于死亡"这一规定虽已在包括我国在内的诸多国家立法中得到了确认，但在部分立法当中已经有了较大的突破，比如对死者著作权的保护。所以持该说的学者提出了二元权利能力终止论，该理论把自然人的民事权利划分为两部分："人格权、著作人格权"与"身份权、财产权"。后者适用传统民法规定，始于出生，终于死亡。而人格权和著作人格权则应始终存续，不因自然人的死亡而被终止。这就形成了死者部分民事权利能力仍然存在，死者仍然享有部分民事权利能力的学说。

（2）死者权利能力否定说

该学说观点认为自然人死亡，其民事权利能力随即终止，因此死者不应当享有民事权利能力。但是死者不享有民事权利能力，并不与法律保护死者生前的部分人格利益相矛盾。目前各国相关立法例中多采纳此种观点，我国民法的规定也不例外，都强调自然人的权利能力终于死亡。那么是否有必要在特殊情况下如同赋予胎儿权利能力那样，③ 也给予死者民事主体地位呢？答案是否定的。若赋予死者主体地位，既违反了唯物主义的观点，也与伦理和法律要求不相吻合。民事立法强调自然人权利能力终于死亡，且不设例外，应是正确和唯一的选择。

2. 死者人格利益保护的学说探讨

在学术理论和司法实践中，基本上都承认保护死者的人格利益。但是，对于死者人格进行保护的法理根据何在仍有很大的争议。正如保护权利是由于权利有正当的来源一样，那么死者的人格利益来源于何处，而其保护死者人格利益与民事理论体系的关系如何协调，都是应该直面和回答的问题。目前对死者人格利益的保护主要有四种学说。

（1）死者权利保护说

该学说认为，自然人死亡后民事权利能力仍旧部分存在，可继续享有某些人身权利。④ 这种学说将权利能力和权利分开，让权利独立于主体之外。虽然权利能力产生于人之出生、终于人之死亡，但是权利并未随人的生命结束而消失。所以，当侵害死者人格利益时，仍可以通过主张侵权的方式救济。人格权具有专属性，不能与权利主体分离，因此死者也享有权利能力。但是这种权利具有消极性，不像生者那样会积极主张行使权利，它

---

① 王利明. 人格权法研究［M］. 北京：中国人民大学出版社，2005：86；马俊驹，余延满. 民法原论［M］. 北京：法律出版社，2007：86.

② 民兵. 民事主体制度若干问题的探讨［J］. 中南政法学院学报，1992（1）：19-21.

③ 关于胎儿的法律地位，有概括主义、个别主义和绝对主义三种立法例。其中，概括主义和个别主义均认为胎儿在满足活着出生的条件下可有主体地位。只有绝对主义否认胎儿的法律地位，我国目前即按此观点立法。但就胎儿利益保护而言，赋予胎儿法律地位的做法已成为各国和相关地区民事立法的常态，故理论界也呼吁我国应采此做法。参见梁慧星. 民法论［M］. 北京：法律出版社，2001（2）：98.

④ 民兵. 民事主体制度若干问题的探讨［J］. 中南政法学院学报，1996（1）：21.

在权利受到侵害的学界中所谓的"人格利益延伸保护说"，表达的意思也是如此。延伸说包含人格利益向前延伸和向后延伸两部分。人出生之前的利益受到侵害时法律给予保护，因为它将胎儿视为具有权利能力的人，对此法律中已经给予明确的肯定。既然胎儿未出生，还不是社会的自然人，不是权利主体，但是法律仍视为其享有主体资格；同理，人死亡后无主体资格，法律也要赋予其享有权利能力，这样才能给予人全面之保护。

（2）死者法益保护说

该学说主张自然人死亡后民事权利能力随之消失，不再享有权利，但是，在权利之外还有未成为权利之利益，法律对这种利益的保护被称为法益保护。虽然死者不享有民事权利，但对于死者生前和死后产生的某些人格利益并不当然消失，法律对这些存续的人格法益应予保护。① 这种人格利益包含的不仅有死者个体利益，还包括社会道德、人类朴实的情感价值。

（3）人格利益继承说

该学说以权利与利益的内涵不同，将人格权和人格利益区别对待，主张人格利益可以继承。虽然人格权具有专属性，不能转让、继承；但人格利益与人格权不同，它作为一种利益，可以继承。② 人格利益中具有财产性质的部分，可以适用财产法律制度。例如，死者名誉利益可以被继承，继承人所取得的不是名誉权，而是对名誉中所含的人格利益的继承。"名誉利益可以以意思表示的方式赠与他人，将名誉当作死者的财产，自然人死亡后名誉权消灭，但是名誉财产并不消失，可以成为遗产被继承。"③ 同理，"死者的身体利益、部分身份利益和其他人格利益都可以继承"。④

（4）近亲属权利保护说

此种学说认为，侵害死者的人格利益乃是侵害死者近亲属的权利。保护死者的人格利益，乃是保护死者近亲属的权利。学界中许多学者支持这个观点，如有观点认为对死者名誉的损害，实际上侵害的是其遗属的名誉权；⑤ 还有观点认为，损害死者的名誉，有可能构成侵害死者近亲属的名誉权或者人格尊严，死者近亲属可以为了保护自己的人格权而获得法律救济，包括要求停止损害死者生前人格利益的行为。⑥

学界中还存在死者家庭利益保护说，它可以纳入到近亲属权利保护说。家庭利益保护说主张，死者人格利益受到侵害时，家庭利益也会受到侵害。由于家庭成员和死者生活在一起，感情上和名誉上联系密切，对中国这样家庭宗族观念深厚的家庭更是如此。因为死者的家庭成员，大多是死者近亲属，保护死者的人格利益，也就是要保护近亲属的利益。由此，通过保护近亲属的权利也间接保护了死者的人格利益。该种学说符合《民法典》第 994 条规定的精神。

---

① 王利明，杨立新. 人格权与新闻侵权［M］. 北京：中国方正出版社，2000：344-349.

② 李锡鹤. 论保护死者人身遗存的法律依据［J］. 华东政法学院学报，2002（2）：36.

③ 麻昌华. 死者名誉的法律保护［J］. 法商研究，1996（6）：34.

④ 郭明瑞，房绍坤，唐广良. 民商法原理（一）：民商法总论·人身权法［M］. 北京：中国人民大学出版社，1999：468.

⑤ 葛云松. 死者生前人格利益的民法保护［J］. 比较法研究，2002（4）：23.

⑥ 王利明. 人格权法新论［M］. 长春：吉林大学出版社，1994：444.

（四）完善死者人格利益保护的范围

法律，作为行为规范，首先要调整的是人的行为。法律在保护死者的人格利益之时，所能规范的仅为现世人的行为，而法律也都是服务于现世的。我们之所以保护死者的人格利益，其实质上是为了保障现世的社会利益和个人利益，并且通过保护死者的人格利益来规范现世人之行为。①

自然人在死亡之后，其部分人格利益仍然存在，然而此时死者已经客观上不能享有该人格利益，且该利益不同于其生前所享有的人格权。自然人死亡后其哪些利益仍然存续，需要法律予以保护？死后的人格利益所受保护的范围应远远小于其生前人格权所受保护的范围。因为自然人在死亡后，某些与生命息息相关的人格利益也就不再存在了，比如人身自由权，死者的人身已不复存在了，也就没有可能再享有人身自由这方面的人格利益了。自然人在死亡之后，法律还应保护其哪些利益呢？

1. 身体利益

身体权是指权利主体可以自由支配其身体及其各个组成部分不受他人非法侵犯的权利。对于死者来说，保护死者的身体利益主要是保护其遗体不受他人之不法侵犯。有学者提出，应将身体权纳入民法的保护范围之中，而不是包含在健康权之中。② 对于死者来说，自然人在死亡之后，其健康权便随之消亡，而其身体利益则可予以存续。仅规定健康权而非将身体权单独规定出来，将不利于我国死者人格利益的保护。最高人民法院曾出台的《关于确定民事侵权精神损害赔偿责任若干问题的解释》也使用过"身体权"这种表述。由此可见，我国的司法实践也提倡将身体权脱离于健康权单独规定。尽管已经没有了生命特征，但是也不能将遗体作为一般物来对待。作为一种承载了亲属伦理、情感寄托的特殊物，要作出特殊的对待和处理。

2. 姓名利益

姓名为一个人的标识，为自然人的专属权利，不得转让或者继承，但因其往往也可以通过进入商业领域（如注册商标）使之带有一定的商业价值，容易遭到侵害。尤其是具有高知名度的人的姓名，容易遭到不法分子的非法利用。所以虽然自然人死亡后已不再享有姓名权，但其姓名仍应受到保护，以避免遭到非法利用。除了自然人之外，法人往往也有"名称权"，其"名称权"与自然人不同，法人的"名称权"是以营利为目的，可以转让或授权他人使用。比如某个商标最早可能是与某个人的姓名有关，后来被注册为商标，再之后的商标许可已经不再是姓名许可而是商标许可了。由于法人的名称本身即带有经济色彩，当其终止之后，限制他人使用其名称不符合法理，所以不应再予以保护。

3. 肖像利益

肖像与姓名类似，尤其是名人的肖像，其中蕴含着一定的财产价值，易成为不法分子谋取利益之工具。所以虽然死者不再享有肖像权，但其肖像利益仍可能遭受到不法侵害，

---

① 刘国涛. 死者生前人格利益民法保护的法理基础——读《死者生前人格利益的民法保护》后的思考 [J]. 比较法研究，2004 (4)：35.

② 王利明. 人格权法研究 [M]. 北京：中国人民大学出版社，2005：344.

所以法律应保护死者的肖像利益。

4. 隐私利益

对于隐私的范围，学界尚未有一致的看法。但并非所有的私人不愿意公开于世的信息均被称列入隐私之范畴，倘若隐私与公共利益相冲突，则优先保护公共利益。且隐私的范围是因人而异的，自然人在死亡后其生前的某些隐私信息仍然受保护而不应被随意公开，死者的家属应当享有其生前的隐私利益。我国在 2001 年的最高人民法院的司法解释中就承认了对于死者隐私的保护。

5. 名誉利益

"人过留名，雁过留声"。在生前拥有良好名誉的人，在其死后亦应当得到社会对其良好之评价。侵害死者名誉的案件占了侵害死者人格利益案件很大的比重，且大多都有着重大之影响，同时也引发了人们期盼法律对于死者人格利益的保护，如"海灯法师案""韩愈案""荷花女案"等。名誉是社会对特定人的客观评价，我国从古至今，对于身后名誉均十分看重，素来有"流芳百世"的追求。在封建社会，德高望重的人死亡之后，往往还会由后人为其总结一生的是非功过刻在其墓碑上、写在史书中以供世人瞻仰和效仿。由此可知，名誉之于人的重要性。即使自然人死亡，也不得随意歪曲其生前所作的一切，破坏死者的名誉。社会的评价将长存于墓碑之上，长存于人们的追思之中，不会因为自然人的死亡而消失，死者的名誉利益依然存在。

6. 荣誉利益

2001 年最高人民法院出台的司法解释也将死者荣誉纳入了法律保护范围之中。社会的公序良俗、道德秩序的维持依靠的是社会公民对于荣誉、名誉的重视与认同。公民获得荣誉靠的是自己的辛勤努力，当公民死亡后其获得的这些荣誉对于其他社会成员也会起到鞭策和榜样之作用。因此，当该公民死亡后，其生前所获得的荣誉仍将受到法律的保护。法律也并不仅仅保护生前的荣誉，对于死后追封的荣誉也应予以保护，如封建社会为已死之人追封的谥号，当代社会中如在汶川地震中为壮烈牺牲的救援人员被追认一二三等功、已过世之人在"感动中国"中被评选为"感动中国十大人物"等也应予以保护。

一个国家、民族，都有自己的民族英雄，他们是民族的脊梁，是精神支柱，是人们学习的榜样。凡是由国家宣布的为保卫祖国而牺牲的英雄和烈士，与军队有关部门认定的英雄和烈士，都应该受到国家的承认，要宣传他们的事迹，同时保护他们的名誉，绝对不容许以任何形式对之诋毁。《民法典》第 185 条规定："侵害英雄烈士等的姓名、肖像、名誉、荣誉，损害社会公共利益的，应当承担民事责任。"

通过立法的方式保护英烈的名誉，是世界各国通行之做法。俄罗斯政府先后颁布了《卫国烈士纪念法》《关于俄罗斯军人荣誉日和纪念日》《关于苏联英雄、俄罗斯联邦英雄和光荣勋章获得者地位》和《俄罗斯联邦刑法典》等法律文件。2015 年 7 月，俄罗斯还成立了"与以危害俄罗斯利益而篡改历史行为斗争委员会"，普京总统签署法案，将否定、歪曲历史事实之行为认定为违法行为。

美国则颁布了《爱国者法案》《尊重美国阵亡英雄法案》《全国追思时刻法案》和《尊重美国阵亡英雄法案》等法案，规定要对亵渎英雄烈士的行为进行严厉惩罚。

法国通常以英雄的名字命名主战装备来纪念英雄。

英国在规定时刻要求各地敲响教堂钟声，上至王室成员和政府高官，下到普通民众，都要向战争英烈默哀。

7. 著作权的人身权益

我国《著作权法》直接将死者的著作署名权列入著作权的人格权之中予以保护。

四、完善我国对人格权延伸保护的立法

目前我国民法学界对人格权的立法主要有四种主张：一是人格权独立成编。民法典独立增设一编规定人格权的内容；二是人格权独立成章规定在《民法总则》中；三是人格权作为一节规定在自然人一章内。上述几种主张虽无定论，但是借《民法典》编纂之东风，尤其是借《民法总则》出台之契机，加快人格权立法，是一个明智之举。

人格权延伸保护的立法应尽可能在相关法律中规定得更加详细和完善，例如对死者人格权的立法规定应增设对死者人格权起诉主体的规定："自然人死亡后，如果死者的人格利益受到侵害，其近亲属有权以自己的名义请求对死者的人格利益予以保护。"① 再者，在承认政府享有名誉权的同时应规定对政府名誉的限制："机关法人负有接受舆论监督的义务。任何人均可以通过评论、批评、控告、检举等方式对其履行职责的情况自由表达意见，机关法人不得因批评性意见等负面信息而主张侵害自己的名誉权或荣誉权，但构成实际恶意的情形除外。"② 除此之外，还应确立实际恶意原则："在下列情形下应当认定为实际恶意：（一）编造虚假内容的信息；（二）篡改他人的言论；（三）虚假引用他人的言论；（四）明知虚假而予以传播；（五）已经对信息有严重怀疑而仍然进行传播；（六）无视信息是否存在严重怀疑而仍然不计后果地传播。"③。

美国著名法学家庞德先生说过："法律秩序的任务就在于决定哪些权利应被承认与保护，应在什么范围内加以保护以及在最小限度的摩擦和浪费的条件下予以满足。"④ 对身体权的保护也是如此，应该延伸至多大范围，怎样延伸才算合理，此种延伸的法理依据何在？对此类问题认真探讨，实有裨益。应当完善对胎儿人格利益、死者人格利益、政府名誉延伸保护制度，以更好地维护当事人的利益。凡事无绝对，对特殊情况的特殊对待，并非是否定了人格权始于出生而终于死亡之基本理论，而是切合实际地为了维护社会秩序所做出的灵活处置。

---

① 于海涌. 中国民法典草案建议稿 [M]. 北京：法律出版社，2016：74.
② 于海涌. 中国民法典草案建议稿 [M]. 北京：法律出版社，2016：89.
③ 于海涌. 中国民法典草案建议稿 [M]. 北京：法律出版社，2016：74.
④ 庞德. 通过法律的社会控制 [M]. 北京：商务印书馆，1984：82.

第六讲　人格权理论的误区
——法人人格权以及人格利益之商业化

人格权法理论研究的开展和人格权法制度的逐渐建立，在我国也还是改革开放之后的事情。理论研究应当结合实际开展，而且还应当考虑到理论体系的一致性以及制度之匹配等问题。在人格权的理论研究中，有不少问题有待深入探究，尤其是人格权混同于权利能力，法人也有人格权，人格权可以商品化，网络人格权等相关问题仍需要进一步加以辨析。在人格权法的理论方面，需要厘清以下的问题。

一、人格权等同于权利能力

（一）人格权等同于权利能力的表述

通常认为，人格权是自然人作为民事主体资格的题中应有之义，没有人格权就不是民事主体。实际上，人格权与其他民事权利的最大区别在于，其他民事权利都是民事主体对其身外之物或者主体享有的权利，而人格权是民事主体（自然人）因自身利益而享有的权利，其客体（对象、标的）并非是主体自身。人格权实际上是自然人作为一个活生生的人进而作为法律主体所不可或缺的要素。[①]

权利能力，则是指一个人作为法律关系主体的能力，也即作为权利享有者和义务承担者的能力或资格。[②] 权利能力的规范目的在于：一个人能否作为民事主体在民法上享有权利和承担义务。此处的权利和义务是抽象的，是民事主体享有的权利和承担的义务的集合体，伴随民事主体的"诞生"而存在，伴随民事主体的"死亡"而灭失，我国《民法典》第13条规定，"自然人从出生时起到死亡时止，具有民事权利能力，依法享有民事权利，承担民事义务"，因而权利能力就是主体资格的表述，我国学界通说亦认可此种观点。

将人格权划入主体资格的范畴，是将人格权这类实质性的权利等同于表述主体资格的权利能力。实际上，权利能力是作为民事法律关系主体的资格问题，人格权则是主体所享有的实际权利（除人格权外还有身份权、物权、债权、知识产权以及其他民事权利），两者不能混同对待。权利能力是前提和基础，人格权是在自然人具有权利能力之前提下的实际权利享有之体现。

---

① 梁慧星. 当前关于民法典编纂的三条思路 [J]. 中外法学，2001（1）：110-115；梁慧星. 中国民法典中不能设置人格权编 [J]. 中州学刊，2016（2）：48-54.

② ［德］迪特尔·梅迪库斯. 德国民法总论 [M]. 邵建东，译. 北京：法律出版社，2000：781.

（二）将人格权等同于权利能力的后果

虽然人格权是以人格利益为客体、民事主体对其自身享有的利益而产生的，但是此权利可以通过合法的手段给予限制，而权利能力通常是不受限制的。《民法典》第 111 条规定，"自然人的个人信息受法律保护。任何组织和个人需要获取他人信息的，应当依法取得并确保信息安全，不得非法收集、使用、加工、传输他人个人信息，不得非法买卖、提供或者公开他人个人信息"，存在合法限制自然人个人信息权的手段，例如法院公布赖账者的个人基本信息等。

"权利能力一律平等"是近代民法所确立的基本原则，民事主体不论年龄、智力状况、财产等，在权利能力上一律平等。我国《民法典》只规定了自然人的权利能力一律平等，没有规定法人的权利能力一律平等，但是"权利能力一律平等"应当适用于法人。我国《公司法》虽有规定公司的经营范围，但此规定不是对公司权利能力的限制，而是对公司行为能力之限制，约束法定代表人的代理权，仅决定公司的内部责任。因此，任何民事主体的权利能力均不能受到限制，无数量上之差异，各种民事主体在权利能力上一律平等。

人格权可以受到限制，如将人格权等同于权利能力则意味着权利能力亦可受到限制，民事主体的权利能力存在数量上之差异，继而会得出人与人并非是平等关系之结论，将人格权等同于权利能力将淡化乃至否定"权利能力一律平等"的原则。

（三）理清人格权与权利能力的关系

"没有人格权就不是民事主体"的观点误将人格权等同于权利能力，深究其原因是将主体资格与人格错误地画等号。罗马法上与人格有关的 persona 一词成为现代法理上"人格"（personality）的词源。但是现代"人格"理论并非肇始于罗马法，有学者考证，罗马法上的"人格"首先是公法概念：在罗马法有关人的三个用语中，"homo"指生物意义上的人，"caput"指权利义务主体，"persona"指权利义务主体的各种身份。[①] 罗马法的"人格"要解决的问题是城邦正式成员身份问题。现代人格理论发轫于近代民法，在这一时期大陆法系各国民法典对于"人格"和"权利能力"不加区分地使用。1794 年《普鲁士一般邦法》第一编第一部第 1 条规定"人在市民社会中只要享有一定权利，便被称为法律人格"，最早提出了私法意义上的"法律人格"。《奥地利民法典》第 16 条规定，"在法律规定的要件之下，每个人皆能取得权利"，最先提出和承认"一般性权利能力"。《瑞士民法典》则同时出现"人格"和"权利能力"概念，在其第 11 条里规定所有人都有平等的权利能力，权利能力则在"人格的一般规定"里予以规定，对"人格"本身却未作具体界定。近代自然经济崩溃以及商品经济的发达，在商品交易中人们没有阶级地位的差别，仅仅以商品所有者的身份存在，因此，"人格"和"权利能力"均是商品经济背景下当事人地位平等的客观要求在民法上的反映。从近代大陆法系各国立法的角度看，人格与权利能力的内涵是一致的，那么人格权是基于人格（私法主体资格）而产生的利益，即

---

① 周枏. 罗马法原论·上册 [M]. 北京：商务印书馆，1996：97.

人格权是因具备权利能力而享有的权益。

从自然法角度来看，人格权之"人格"非指私法主体资格意义上的"人格"，而是指人的一般法律地位，人格权是"人之成其为人"所获得的法律基本保障，是基于自然人的主体独立、身份平等、个人尊严、生命安全、人身自由而产生的应受法律保护之权利。民事权利能力则是作为民事关系主体能够享有权利和承担义务的一种资格。除人之外，其他的动物不能作为民事法律关系之主体，理当不能享有权利和承担义务。

我们不能把"人格权"与"权利能力"等同起来。人格权是一个人之所以为人应当享有的实质性权利，体现了主体独立。主体独立，并非指作为自然人在民事法律关系当中作为享有权利和承担义务的主体，而是指任何一个自然人都是独立的个体，既非他人之主人，亦非他人之附属品。作为一个人应当享有的尊严，并不因性别、年龄、智力、受教育程度等诸多方面的不同而产生区别。而人格权的主体独立问题会产生制度性的链接，与之有关联且较为密切的为民事权利能力。承认一个人是独立的个体，就要承认他能独立地享有权利和承担义务。因此，任何一个自然人都有权利能力，且权利能力始于出生而终于死亡，这一点与人格权的起始点和终点是一致的，但我们并不能因此把人格权与权利能力等同起来。民事权利能力，解决的是一个自然人在民事法律关系上的主体地位问题。从逻辑上看，权利能力理论是人格权的上位问题，属于主体资格的问题。简单来说，权利能力指的是一个人享有权利承担义务的能力，而人格权与物权、债权、知识产权则处于同一层面上，是个人所享有的实体性权利。只有承认人作为一个独立的法律主体的前提下，才有可能讨论这个主体本身所享有何种权利。而人格权的保护，放在法律程序中运行，权利能力和诉讼主体资格也必然会对人格权的行使以及保护产生影响。

二、法人也有人格权

（一）法人人格权的理论之争

关于法人人格权的问题法学界尚未达成一致，形成了三种学说：法人有人格权说、法人仅有具体的人格权说、法人无人格权说。

1. 法人有人格权说

1978 年修改的《匈牙利民法典》专章共计 10 条规定人格权制度，扩大人格权的范围，规定了法人名称权、荣誉权、名誉权等权利。

从法律实证主义的角度看，法人有人格权，理由如下①：

首先，法人人格已为法律所确认，确认法人享有人格权是法律逻辑推演的必然产物，否认法人人格权就是否认法人制度和法律逻辑的推演结果。其次，法人人格和自然人人格一样，均是法律技术的产物，法人在法律上的确认与自然人一样均是对社会生活的反映。最后，法人的人格权是基于法人人格（主体资格）而产生的利益，并不体现自然人的伦理价值，法人获得的人格利益不同于自然人所享有的人格利益。

---

① 祝建军. 人格要素标识商业化利用的法律规制 [M]. 北京：法律出版社，2009：83.

2. 法人仅有具体人格权说

法人不是伦理意义上的主体，没有伦理价值，因此也没有一般人格权，但基于其价值利益享有以下具体的人格权。

（1）法人名称权

目前的通说一般认为，法人名称权兼具人格权和财产权的属性。一方面，名称权是人格权，是法人取得民事主体的前提条件。名称权的享有，直接关系其人格利益；另一方面，名称权可以使用、收益和转让，具有财产权的属性。

对于法人名称是否具备财产权的属性，依然存在争议。企业法人名称权的财产权性质表现在两个方面：第一，名称符合工业产权的本质特征，是一种无形财产，与商标、专利等工业产权的性质相同；第二，名称可以转让。一个知名企业法人意味着享有很高的社会评价，这是法人长期以来良好商业活动之总和结果，法人以此在广大消费者或者客户的心目中享有很高的认同和责任。此特点区别于自然人姓名权的不可转让性。但是，有学者指出应该根据该权利的最基本特征，即矛盾中的主要方面来定性，因为矛盾的主要方面决定着事物的本质。首先，从最基本的功能方面看，名称在于从诸多团体组织中分辨出某个特定的组织，因此这是团体组织成为民事主体的前提条件；其次，从时间的维度看，最初的名称几乎不具有或很少具有财产性质，名称权的财产价值是随着企业法人的经营活动逐渐累积的。法人设立之初，其名称通常不会具有很高价值，因此名称权的财产价值是其最初的人格权功能之外的"附加"价值。因此，法人名称权的属性是人格权，不是财产权，虽然它可能具有财产价值。① 但法人名称权不具有财产性质，因为名称是民事主体在营业上用以表彰自己的标志，可以排除他人干预，与财产无关，倒与自然人的姓名权相似，属于人格权；名称表明的是企业的身份，因此是身份权。②

（2）法人秘密权③

法人的秘密权，是指法人的某些信息不为他人知晓、某些场所拒绝他人进入的权利。

法人的秘密权包括但不限于商业秘密。《反不正当竞争法》第9条第3款规定："本法所称的商业秘密，是指不为公众所知悉、具有商业价值并经权利人采取相应保密措施的技术信息和经营信息。"法人的秘密权与商业秘密的比较：第一，从主体上来看，法人秘密权属于每一个法人都享有的权利，而商业秘密权的主体是商事主体而不论这个主体是否为法人。如果是法人，应指营利法人。而非营利法人，一般不享有商业秘密权，但是却可以享有法人秘密权。第二，从内容上看，法人的秘密权包括的范围很广，不仅有信息，还有场所等。而商业秘密权仅包括商业秘密这一类信息。第三，在法律适用上，法人的商业秘密权属于法人秘密权的特殊类型，法人的商业秘密权属于法人秘密权的特殊类型，因此在法律适用上应该先适用对商业秘密的特殊保护模式（如知识产权、反不正当竞争等）。

法律对于法人秘密权的规定，有利于对非营利法人的必要信息、场所加以保护，如科研单位对特殊人群的采样分析，对这些参与试验的人的信息应该保密；营利法人相关的信

---

① 马俊驹. 人格和人格权理论讲稿 [M]. 北京：法律出版社，2009：295.
② 王利明，杨立新，姚辉. 人格权法 [M]. 北京：法律出版社，1998：97.
③ 马俊驹. 人格和人格权理论讲稿 [M]. 北京：法律出版社，2009：305.

息，除了商业秘密外，还有一些信息需要得到法律保护，如公司中职工的福利情况，高级管理人员的收入水平；法人秘密权不仅包括信息，还包括场所，而商业秘密仅仅包括具有经济价值的相关信息。

（3）法人名誉权和荣誉权①

《民法典》第110条明确规定："自然人享有生命权、身体权、健康权、姓名权、肖像权、名誉权、荣誉权、隐私权、婚姻自主权等权利。法人、非法人组织享有名称权、名誉权、荣誉权等权利。"这表明我国对于法人名誉权、荣誉权有了明确的规定。

名誉权构成的内在因素只是存在于社会公众的心目中，是一定范围内的人们心目中的评价，即"公道自在人心"。只有广泛的社会成员对法人的评价才构成名誉，名誉只能形成于分散的公众之心目中，对于权利主体而言，它不可能自由决定自己的名誉。

荣誉权并非是每个自然人和法人都能享有的，只有那些通过自己的努力，对社会作出重要贡献并受到国家机关或者社会组织的表彰，而被授予荣誉称号的自然人或者法人才能实际上获得荣誉权。

法人名誉权和商誉权之间是有差异的。第一，法人的名誉权仅仅考虑法人这一类民事主体，而荣誉权的主体却可能是其他的一切商事主体，还包括个体工商户、合伙企业以及其他的主体；第二，对于法人而言，名誉权是从法人的人格权角度考察的，而商誉权则是从商事主体的无形资产角度考察，更多侧重于法人的营利性；第三，法人中的非营利性法人一般不享有商誉权，而几乎所有的商事主体都可能成为荣誉权的主体。

3. 法人无人格权说

德、日学者在其论著的法人部分提及法人人格权时，一般仅为寥寥数语，且特别谨慎地指出法人非为伦理意义上的主体，法人自身没有像自然人那样人的尊严，也没有应受保护之私生活，故而其不享有一般人格权。1907年的《瑞士民法典》在总则部分的第53条规定："法人享有一切权利，并负有一切义务，但如性别、年龄或亲属关系等，并以人类之天然性质为其前提者，不在此限。"台湾地区的"民法典"亦采取瑞士立法例，第26条规定："法人于法令限制内，有享受权利、负担义务之能力，但专属于自然人之权利义务不在此限。"从立法的角度看，目前尚无民法典明确规定法人享有人格权，② 通行的做法是在法人权利能力部分作出规定。③

（二）法人有的仅为财产性权利

从法律主体资格的形成机制、人格权的本质、法学方法论以及民法的基本理念等多维角度看，法人无人格权说更具有说服力。

1. 法律主体资格形成机制的角度

从法律主体资格形成的机制上看，法人与自然人两者并不相同。法人制度的出现纯粹是经济发展的需求导致法律技术进步之结果，是一种经济生活的客观现实与法律技术运用

---

① 马俊驹. 人格和人格权理论讲稿［M］. 北京：法律出版社，2009：299-302.

② 郑永宽. 法人人格权否定论［J］. 现代法学，2005（3）：89-94.

③ 房绍坤，曹相见. 法人人格权的立法论分析［J］. 山东社会科学，2016（12）：132-144.

相结合的产物。①

自然人的主体资格是基于现行人道主义的法律道德观念而确立，它是人类尊严和人类有受尊重权利的必然产物。法人的主体资格是一种法律技术机制，是一种模式、一种方式，借此赋予其像自然人一样作为民事法律关系之主体参与到各种法律关系之中，以达到某一集体目的。② 自然人能成为"法律上的人"的真正原因和唯一原因就是自然人本身的客观存在，在现代法条件下，自然人成为"法律上的人"的唯一条件就是自然人的出生，自然人是伦理意义上的人，具有伦理人的尊严，其存在本身就是目的。而法人则仅仅为财产而存在，法人之主体资格的赋予纯属法律顺应社会经济生活发展之需要，是对作为社会中实体存在的团体之民事主体资格之确认。非要说法人的人格，则完全不包括对人类自由和尊严的尊重等重要价值，不能成为伦理意义上的主体，因此对法人主体资格的理解，只能局限于财产支配和财产交换领域，法人也主要是作为一个财产能力范畴的主体而存在。

2. 人格权的本质角度

从人格权本质的角度看，近代对自然人的人格普遍承认，其哲学基础是人道主义和自然法思想，自然人的人格表现了人类尊严、人类对个人自由和安全的向往，同时也表现了对人的生命、身体和人类情感的尊重。一切被称之为"人性"的要素，构成了自然人人格的伦理基础。③ 而人格权是"人之为人"的本质规定与要求，是人的全面解放与发展之必需，是以自然人人格的承认为基础并以维护自然人人格的完整、独立与自由为己任的，因此，其与法律人格一脉相承，皆具有伦理性。④ 自然人法律人格与人格权之关系是自然人——伦理人——法律人格（法律主体）——人格尊严——人格权，在此推演中，自然人成为法律人的原因在于他是人，而人格权正是为了维护法律人格的尊严性而产生的权利。法人的权利能力充其量不过是部分权利能力，既具有财产法上的能力，也有与此相联系参与法律交易之能力。法人自身没有自然人的尊严，同时由于它不是伦理意义上的主体，从而也没有应受保护的私生活，没有"人格权"。⑤ 法人只是法技术拟制的产物，自身根本就不具有独立、平等、安全、尊严、自由等伦理性内容。

【知识链接 6-1　法人的精神痛苦】

3. 法学方法论角度

从法学方法论上看，自然人是目的，法人只是手段。无论是营利性法人还是非营利性

---

①　尹田. 民事主体理论与立法研究 [M]. 北京：法律出版社，2003：7.

②　[葡] Carlos Alerrto da Mota Pinto. 民法总论 [M]. 林炳辉，等译. 台北：台湾光大柯氏印务有限公司，1999：100.

③　尹田. 论"法人人格权"[J]. 法学研究，2004（4）：53.

④　曹险峰. 人格、人格权与中国民法典 [M]. 北京：科学出版社，2009：79.

⑤　[德] 卡尔·拉伦茨. 德国民法通论 [M]. 王晓华，等译. 北京：法律出版社，2003：81.

法人，在本质上都只是自然人的手足、工具或其延伸，是实现自然人特定目的之方法或手段，其本身不具有"终极价值"，而具有的仅是一种"相对的价值"。

4. 民法基本理念角度

从民法基本理念来看，民法仍是个人主义、自由主义的堡垒，是以个人权利本位为其品格的，所谓的社会本位不过是对个人权利本位的修正而非否定。如果将法人的财产利益作为单纯的人格利益扩张至"独立、平等、安全、尊严、自由"之领域并予以法律人格上的保护，则无异于赋予法人人格以社会政治属性，而具备强大经济实力的企业将有可能借此跨越经济活动之边界，从单纯的经济实体演变成为社会政治实体，从而可能形成法人专政，造成"法人帝国主义"之降临，危及个人之自由、社会之根本。①

（三）法人特定财产的保护

法人具体人格权说的具体人格权实质是法人的特定财产权，而非作为一个"人"所必须具备之权利。

自然人的人格为自然人存在于社会生活之一切领域的基本生存条件，其基本作用在于使人成其为人，故其受人格权保护的人格利益表现为人的生存价值、伦理价值或精神利益（生命、身体、自由、尊严、隐私等），此种人格利益有时可能与财产利益相牵连，但绝对不会直接表现为财产利益，且不能归类于财产领域，亦不得转让。法人的人格为团体存在于经济生活领域的主体资格，故其所有的人格利益必然只能表现为一种财产利益。不管是名称权、名誉权、荣誉权还是信用权都不具有尊严之因素及内涵，设定这些权利之目的仅仅在于保护法人的财产性利益，而不在于保护其虚构的法人之精神利益。与所谓法人人格相联系的那些要素，实际上是法人目的之事业实现的需要，其与伦理价值无关。法人的商业秘密权，是一种典型的、具有财产性质的知识产权，1979 年修订的《保护工业产权巴黎公约》第 1 条第 2 款规定，"工业产权的保护对象有专利、实用新型、工业品外观设计、商标、服务标记、厂商名称、货源标记或原产地名称，和制止不正当竞争"，确立了"制止不正当竞争权"，同时在第 10 条之二中规定："凡在工业事务中违反诚实的习惯做法的竞争行为即构成不正当竞争的行为。"TRIPS 协议也明确规定了商业秘密是知识产权的客体，是一种财产权。法人名誉权其实就是商誉权，商誉主体通过对商誉这一无形财产的利用，完全能够取经济利益，尤其是卓越的商业信誉和良好的商品声誉更是能给商誉权人带来超额的利润，因此商誉权具有财产性，同时商誉权的财产性意味着商誉权人在其商誉遭到侵害时有权得到金钱上的赔偿，即其财产性通过诉讼能够更充分地体现出来。

法人的信用权、名称权、商誉权、商业秘密权等，可通过公司法和知识产权法以及反不正当竞争法予以保护，无须将之纳入人格权的理论范畴，更无须求助于人格权法。例如，《反不正当竞争法》第 9 条规定了经营者侵犯商业秘密的行为，第 11 条、第 23 条规定了经营者禁止损害竞争对手的商誉以及侵害商誉权的处罚。

---

① 曹险峰. 人格、人格权与中国民法典 [M]. 北京：科学出版社，2009：83.

三、人格权的商业化

（一）历史沿革：美国商品化权的产生

商品化权，是指将能够创造商业信誉的人物或动物角色、形象、作品的名称或片段，广为人知的标志或它们的结合进行商业性使用的独占权。[①] 商品化权的历史演进过程较复杂。从 20 世纪初，美国早期采用隐私权法保护自然人的形象价值，到后来为弥补隐私权的不足而萌生形象权（the right of publicity），再到 20 世纪 70 年代日本引进形象权，判例中将"the right of publicity"定义为商业形象权，逐渐演变成今天的商品化权"merchandising rights"。

1. 隐私权的产生

隐私权，是以保护自然人形象特征或私人信息不被他人非法使用，确保私人生活不被非法干扰的权利。[②] 世界上第一部保护公民隐私权的法律是由美国纽约州议会颁布的。该项法律起重要作用的是发生在 1902 年的 Roberson 案。[③] 案件中，被告未经许可在其有关面粉的广告中使用了原告一位年轻妇女 Roberson 的肖像，原告称其遭遇他人的嘲笑和讥讽，因感耻辱而卧病在床。原告在诉讼中要求法院下达禁令，并要求被告支付精神损失和身体损失赔偿款。当时美国尚不存在隐私权法律制度，法院未支持原告之诉求。次年，纽约州议会以立法形式认可了隐私权，推翻该判例，从而确定了商家将他人的姓名、肖像暴露于公众面前，损害他人尊严，造成他人精神损害。[④] 美国纽约州《个人隐私保护法》作为世界上第一个明确保护隐私权的法律出现后，在美国凡在未经权利人许可的情况下擅自将其姓名或肖像使用于广告或其他商业用途的行为，均属于侵权行为，侵权人应当承担相应的法律责任。

然而，隐私权对形象价值的保护，还要从著名的"普罗瑟隐私侵权四分法"说起。[⑤] 普罗瑟教授将隐私权分为四种侵权类型，其中第四种隐私权侵权类型是"盗取原告姓名或肖像中的商业价值"，在理论上明确适用隐私权法保护自然人形象商业利用的情形。该分类方法后被《美国侵权法第二次重述》所采用。[⑥]《美国侵权法第二次重述》第 652 条 c 款规定，未经权利人允许使用或通过使用其姓名或肖像谋取利益的行为，都构成对隐私权的侵害。传统隐私权主要保护自然人的人格利益，然而在司法实践中，隐私权也开始对

---

①　刘春霖. 商品化权论 [J]. 西北大学学报（哲学社会科学版），1999（4）：27.

②　马波. 美国形象权法律制度研究 [M]. 北京：知识产权出版社，2012：60.

③　Roberson v. Rochester Folding Box Co., 171 N. Y. 538, 64N. E. 442 (1902).

④　李明德. 美国形象权法研究 [J]. 环球法律评论，2003 冬季号：474.

⑤　1960 年，美国侵权法学者普罗瑟（Prosser）教授通过对大约 300 个案例进行研究后，认为隐私权并不是一种独立的侵权类型，而是由四种不同的侵权行为所构成，即侵犯原告的独处权；公开披露原告的私人生活信息；在公众面前将原告置于误导性的曝光之下；盗取原告姓名或肖像中的商业价值。此即为著名的"普罗瑟隐私侵权四分法"。

⑥　马波. 美国形象权法律制度研究 [M]. 北京：知识产权出版社，2012：26.

自然人的形象价值进行保护，从而间接阻止他人非法商业化使用权利主体的形象价值。

随后，1907 年的 Edison 案中法院认可了姓名和照片上存在着财产利益，并赋予权利人对此种财产利益享有排他性的支配权。① 1911 年的 Munden 案又进一步发展了 Edison 案隐私权具有财产属性的观点。② 法院认为，既然自然人对其肖像享有权利，能够禁止他人未经许可的擅自使用，那么自然人也应享有对其肖像进行商业化使用的权利，从而获得商业价值。③ 因此，权利人可以通过自行使用或许可使用的方式来利用自己的形象价值。

然而，在司法实践中，隐私权对形象价值的保护逐渐显现不足。第一，隐私权属于人格权，具有人身依附性和不可转让性，使权利人对自身形象享有的商业化使用的权利受到限制，在隐私权对形象价值的保护下，权利人虽然可以通过许可、转让等方式允许他人使用其形象。但被许可人所获得的许可使用的权利，属于普通许可权，对第三方未经许可的使用，被许可人无法提出诉讼，因此隐私权的确无法给予充分的保护。第二，隐私权着重保护自然人的精神利益，并不积极保护形象价值的财产利益。在有关形象价值的隐私权案件中，侵权行为和损害赔偿都以非法商业使用权利人形象而导致精神痛苦为标准，而非以形象的商业化使用所创造的经济价值为标准。④ 作为消极保护模式的隐私权，对形象的商业价值无法起到积极的保护作用。第三，名人形象价值很难受到隐私权保护。美国许多法院在涉及名人隐私权案件中，往往认为名人不受隐私权保护。⑤ 名人是社会公众人物，为吸引公众注意，他们将自身的姓名、肖像、声音、姿态等形象暴露于公众，未经许可擅自将其肖像进行商业化使用，并不会对名人形象造成损害，他们也无须精神上的安慰。因此，对于名人形象具有的巨大商业价值，隐私权却无法提供充分的保护。

在 20 世纪初期，美国的法学界和司法界起初通过对隐私权的扩张来满足现实社会生活的需要，随着司法判例的增多，美国一些法院认识到人格权的经济利益之重要性，并且也看到了传统的隐私权制度对这种经济利益的保护是不够充分的。⑥ 法官们愈发认识到对自然人形象价值保护之必要性，从而促进了形象权的萌生。

2. 形象权的萌生

1953 年的 Haelan 案中，弗兰克法官首次明确提出"形象权"（the right of publicity）。该案的原告和被告分别是 Haelen Laboratories 公司和 Topp Chewing Gum 公司，二者均是生产口香糖的公司，原告与一些棒球运动员签订合同，拥有在其产品上使用他们照片的排他性权利。被告在明知的情况下，也同样与这些棒球运动员签订了许可使用合同。原告向法

① Edison 案：Edison 将其一项发明转让给被告，但是被告在其药品广告中擅自使用 Edison 的姓名和照片。原告认为，自己虽然将技术转让给被告，但是并没有允许被告在药品广告中使用其姓名与肖像。原告以侵犯隐私权为由向法院提起诉讼。法院最终支持了原告的诉讼请求。

② Munden 案：被告未经原告许可在商业广告中使用了原告 Munden 的照片，原告认为被告未经许可的商业使用行为损害其情感和尊严，要求法院颁发禁令并要求赔偿损失。法院最终支持了原告的诉讼请求。

③ Munden v. Harris, 153 Mo. App. 652 (Mo. App. 1911).

④ 马波. 美国形象权法律制度研究 [M]. 北京：知识产权出版社, 2012：76.

⑤ 马波. 美国形象权法律制度研究 [M]. 北京：知识产权出版社, 2012：75.

⑥ Melville B. Nimmer. The Right of Publicity [J]. Law & Contemporary Problems, 1954 (203).

院起诉，称其对这些棒球运动员的照片享有排他性权利；被告则辩称，原告与运动员之间的合同仅使原告对使用运动员照片的行为获得法律上的免责；原告不享有排他性权利，因为隐私权不可转让性，合同并不赋予原告任何财产权利或其他法律利益。① 法院最终认可了被告的抗辩理由。同时，弗兰克法官认为在隐私权之外还存在形象权（the right of publicity），每个人对其形象价值享有权利，权利人可以自己行使权利，也可以排他性许可或独占性许可他人行使权利，而不再受到传统隐私权的限制。本案中，弗兰克法官首次将知名形象的"二次开发"利用所创造的经济利益价值认定为一种独占性的无形财产。② 他认为，只有在赋予名人以排他性授权来阻止广告商使用自己照片时，形象权才能够为名人带来相应的经济利益。③ 形象权能够弥补隐私权的不足，对名人的形象价值给予充分保护。该判例虽首次承认形象权，但仅局限于对自然人肖像的商业利用，随后美国的形象权经历了扩张性的发展阶段，保护范围扩展至人格性形象、非人格性形象和表演者形象。④

3. 商品化权应运而生

美国的形象权起初仅是对自然人形象价值的保护，美国知识产权学者尼莫（Nimmer）对形象权的发展起到重要的推动作用，他认为形象权是权利人对其所创造和获得的形象价值的控制权。形象权不仅保护自然人形象，还应扩展到非人格性形象，即动物、无生命的客体、公司和其他组织都可能具有形象价值，都应当受到形象权的保护。⑤ 尼莫首次将表演者形象纳入形象权保护范围中，引起了美国司法界和学术界的关注与讨论。

日本从 20 世纪 70 年代开始引进形象权的理论，在美国形象权理论对日本的影响下，商品化权应运而生。作为动漫创作大国的日本，文化产业非常发达，关于漫画、动画人物角色形象的侵权纠纷屡见不鲜。日本将美国的形象权的保护对象从自然人扩张到作品中的虚构人物角色，并重新命名为商品化权（merchandizing rights）。⑥ 商品化权概念此后进入我国的台湾地区，之后中国大陆的学者也对此展开了研究。

【知识链接 6-2 知名虚拟人物的商品化权】

（二）人格权商业化的论争

关于人格权商业化的性质，在理论上争论比较大，一直存在不同观点。⑦ 归纳起来主要有以下几种观点：

---

① Haelan Laboratories, Inc. v. Topps Chewing Gum, Inc., 202 F. 2d 866 (2d Cir. 1953).
② 黄菲. 角色商品化权制度研究 [D]. 华中师范大学，2013：3-4.
③ Haelan Laboratories, Inc. v. Topps Chewing Gum, Inc., 202 F. 2d 866 (2d Cir. 1953).
④ 马波. 美国形象权法律制度研究 [M]. 北京：知识产权出版社，2012：12.
⑤ Melville B. Nimmer. The Right of Publicity [J]. Law & Contemporary Problems，1954（203）.
⑥ 马波. 美国形象权法律制度研究 [M]. 北京：知识产权出版社，2012：42.
⑦ 赵宾，李林启，张艳. 人格权商品化法律问题研究 [M]. 北京：知识产权出版社，2009：96-99.

其一，商事人格权说。商事人格权，即能够进行商业利用已经商业化的人格权，是指公民、法人为维护其人格中兼具经济利益因素在内的、具有商业价值的特定人格利益——商事人格利益而享有的一种民（商）事权利。商事人格权是主要存在于商事领域的人格权，是人格权制度在商事领域的延伸。商事人格权主要包括法人的商誉、商号、商事秘密、商事信用等。该观点认为传统的人格权制度主要是为了保障人格之完整性与不可侵犯性，即着重于保护非财产性的人格利益。然而，随着社会的发展变化，在普通的人格利益之外，又分离形成了一种包含经济利益在内的相对独立的人格利益——商事人格利益。① 人格权发展成为维护商事人格利益的、兼具人格权属性和财产价值的商事人格权。它是人格权的商事化，反映的是自然人和法人在现代市场经济活动中其人格要素商品化、利益多元化的社会现实，反映了人格权在商品社会中的发展变化。② 为适应商业活动的需要，这些人格权必须具有一定的可转让性与继承性。自然人的姓名、肖像乃至声音等人格标识用于商业目的时产生的人格利益即是商事人格利益。

其二，财产权说。财产权说认为不论是外在于主体，还是内在地与主体相结合，只要能够满足主体的某种需要，都应当被视为一种财产。对于人格权商业化，法律保护的是自然人身份中的商业性价值或是财产权益。人格权商业化已经脱离了人格的基本框架，更倾向于一种财产权利。正如人的器官是人体一部分，人格原本是人的基本属性，人若将器官捐赠出来，器官则称为物品；同样地，某些特定的人格利益在市场经济中逐渐强化了经济价值而弱化了与人的紧密联系之后，就会成为财产权。公众人物或知名人士的姓名或肖像具有号召力与影响力，可以使那些对本人感兴趣的公众做或不做某种行为。这种号召力非常适合于推销商品或服务，因而被用于商业活动。这样，一个自然人的姓名和肖像就不再属于纯粹的人身属性，而具有了财产性质。当被用于商业活动时，就不再是他的人格利益，而体现出来的则是他的人格因素所具有之商业价值。实际上，对于使用者而言，他们所利用的是某个人的姓名、肖像等的影响力，这种影响越大，其商业价值就越高。一个公众人物的姓名、肖像，即表明了他的人格属于隐私权范畴，又体现了其劳动的财产价值属于人格权商品化范畴，具有双重属性。人格权商业化要保护的，就是这种财产价值而非自然人的人格要素。

其三，新型人格权说。新型人格权说认为，人格权商品化与隐私权以及姓名权、肖像权等人格权具有千丝万缕的联系。在市场经济环境下，传统人格权法已不能满足市场主体商业开发利用人格利益的要求。人格权商品化是适应经济社会的现实需求，为克服传统人格权法在人格利益保护上的局限而产生发展起来的，属于新型人格权。其仍然是人格权的内容属于人格权体系的范畴，在逻辑上它是与具体人格权、一般人格权相并列的一种权利。此说主张权利人自己或授权他人对特定的人格要素进行商业利用也属于人格权的权能之一；当他人擅自将权利人的人格要素用于商业活动时，权利人可以具体人格权受到侵害为由请求法律的救济。

---

① 程合红. 商事人格权论——人格权的经济利益内涵及实现与保护 [M]. 北京：中国人民大学出版社，2002：15.

② 程合红. 商事人格权刍议 [J]. 中国法学，2000（5）：86-97.

其四，新型知识产权说。知识产权是一种开放的权利体系，版权、专利权和商标权构成了传统知识产权的主要部分，而随着科学的进步与文化的发展，一些新的权利诸如商业秘密权、特许经营权等不断涌现，人格权商业化也是顺应时代发展的潮流而产生的。目前，在法学理论界把这些新的权利类型归于知识产权的范畴，用新型知识产权来概括并加以调整。人格权商业化具备知识产权的共有特性。首先，人格权商品化客体表现为一种声誉；这种声誉的本质是一种无形财产，属于财产内容。这是因为一方面财产的本质在于能带来一定的物质利益，可以通过转让等方式实现其价值，人格权商品化可以由其主体将具备一定声誉的人格标识的商业性使用授权他人行使来加以实现；另一方面作为人格权商品化客体的声誉内含了比社会平均劳动量更多的劳动。其次，对人格标识商业化利用的权利是独占性权利，具有专有性；其权利主体在一定条件下通过授权他人使用而加以实现，有权禁止任何未经许可的商业性使用行为。再次，人格权商业化具有严格的地域性，它同其他知识产权一样是按一个国家或地区的法律产生的，否则它不可能成为一种专有权利。最后，人格权商业化具有时间性。通常认为，此种权利的保护期应当是该人物终生加死后一定期限（即按照著作权的保护期限来规制和保护）。

（三）人格权商业化本质之探析

1. 人格权商业化的保护范围

随着人格权商业化保护范围的扩张，我国理论界对其分类略有不同。根据人格权商业化保护对象的不同，学者们进行深入研究与广泛讨论，形成三种主要学说，分别是狭义说、广义说和折衷说。

狭义说的观点，人格权商业化保护的对象仅仅局限于真实人物形象或者虚构角色形象。有的学者将形象权仅限于真实人物形象权，认为形象权是一种仅仅与真实的自然人相关的财产权。公司、合伙组织等法人，以及文学性的虚构人物、包括卡通形象，都不具有形象权。[①] 而有些学者则认为，形象人格权商品化实际上是虚构角色的人格权商业化，它是指"带有商业目的将虚构角色及其一部分或全部的确认因素进行使用以促进商品或服务销售的权利"。[②]

广义说的观点，将保护对象扩展到一切可以商业化的对象，包括真实人物、虚构角色以及其他可商品化的标记、符号、作品片段等。这类权利被称为"人格权商业化"。[③] 广义说无疑对人格权商品化的界定范围过宽，从而使不具有形象特征的标记、符号纳入人格权商业化保护，似有不妥。

折衷说的观点，将保护对象界定为具有实质性的人格特征因素的形象和虚构性的艺术特征因素形象，其共同特点是它们都是与生命特征相联系的形象，可以分为真实人物形象与虚拟角色形象。[④]

---

① 李明德．美国形象权法研究［J］．环球法律评论，2003，25（4）：480.

② 彭雪梅．商品化权的法律保护［J］．著作权，2001（5）：18-20.

③ 刘春霖．商品化权论［J］．西北大学学报（哲社版），1994（4）：55.

④ 吴汉东．形象的商品化与商品化的形象权［J］．法学，2004（10）：77.

2. 人格权商业化的本质：人格要素标识的商业化

人格权的商业化、人格利益的商业化、人格要素标识的商业化实际上是不同的表述，其隐含的内容并非一致。

自然人的人格权，既然是人身权的重要组成内容，就不可以被商业化。而人格权商品化的特征却恰恰是可以随意转让。因此人格权的商业化所隐含的"买卖人格权"的深层含义悖于法律原理，在理论上是不能被认同的，也有违公序良俗。

作为人格权客体的人格利益在法律上表现为多个层次，第一层次为生物形态人格利益，它以权利主体的人身为载体及核心，主要包括生命、健康和身体部分机能的安全利益。第二层次为社会形态人格利益，它是自然人与他人或社会发生联系的需求，具体包括标识需求（姓名、名称、肖像）、评价需求（名誉、荣誉）、感情需求（相安、相属、相爱）以及发展条件需求（机会平等）。第三层次为心理形态人格利益，它是以人的精神活动为核心，包括情绪的安定、思维的有规律性、意志决定和表达自由等。① 自然人的人格要素包括生命、身体、健康等物质要素和名誉、荣誉、隐私、自由、姓名、肖像、声音等精神要素。法人的人格要素包括名称、名誉、荣誉和法人形象。有些人格要素通常是以一定指代符号表现出来的，比如，自然人的肖像可以通过照片、雕塑，姓名可以通过文字，声音可以通过录音等形式表现出来，法人的名称（商号）可以通过文字，形象可以通过文字、图形等表现出来，上述用以指代人格要素的符号就是我们所说的"人格要素标识"。② 人格要素标识商业化利用指自然人的姓名、肖像、声音等要素符号，以及法人的名称（商号）、形象等要素符号可以进行商业化利用。上述人格要素标识实际上表现为标表型人格要素标识。人格要素与人格利益的关系是，私法主体对其人格要素享有人格利益。同时司法实践表明，被二次开发利用的往往就是人格要素标识。

显然，理论上研究的可被转化的仅仅为第二层次为社会形态人格利益之标识。可见，人格权商业化的表述是不正确的，人格利益的商业化之表述也是不准确的，正确的表达应当是人格要素标识的商业化。

（四）对人格权商业化的批判

我们是否有必要采用学界所盛行的"人格权商业化"甚或"商事人格权"制度的学说？首先回到问题的根本——人格权真的能商业化吗？自然人的某些权益确实能够商业化以实现营利的目的，例如允许他人将自己的姓名注册为商标使用，但这不是人格权的商业化而是特定人格要素利益的商业化，此时特定人格利益已经转化，体现出来的不再是人格利益而是商业利益了——商标的经济利益。故，仿冒该商标的行为不再是侵犯姓名权，而是侵犯了注册商标的专用权。如果说"人格权商业化"在自然人领域勉强可自圆其说，那么在法人领域则根本没有存在的土壤。因为法人的三种利益——名称、商誉、商业秘密本身就是财产性的东西，而且都在商业化过程中表现为财产。因此，不仅法人的人格权不存在，法人的人格权商业化也是一个伪命题或者为避免法人人格权理论不足而产生的一种

---

①　申政武. 论人格权及人格损害的赔偿［J］. 中国社会科学，1990（2）：54-55.

②　祝建军. 人格要素标识商业化利用的法律规制［M］. 北京：法律出版社，2009：19.

新称呼而已。没有人会说财产的财产化。如果说某种特定的人格利益可能被商业化的话，也就意味着另外一些人格利益是无法被商业化的。这个问题在自然人身上得到了验证，而在法人身上却无从体现。因为法人没有不可以商业化的人格利益要素。

美国的商品化权理论有其本国的产生和发展路径，我国虽未有商品化权制度，但是对于商业化的人格利益，已经有了法律制度予以规范，没有必要借用美国的商品化权理论或制度。当标表型人格权的要素在特定情况下转入商业领域时，将受到其他法律制度之保护。例如，姓名、肖像转化为了知识产权中的商标权，或者商号权而加以保护。若其他主体在经济活动中冒用之，则不再构成对人格权的侵犯，而是转化为对知识产权的侵犯，或可以利用反不正当竞争法加以救济。此时，这些要素虽然仍是人格权的客体，但有更为具体和合适的法律加以规制，不再纳入人格权的考量范围。可见，自然人的姓名、肖像等人格标志的商业化使用后，并不因为该商业化的适用而失去自然人本身的姓名权和肖像权。只不过是在不同的领域（知识产权领域）受到另外一个法律制度的保护而已。

【案例链接 6-1　法人人格权侵权纠纷】①

四、网络人格权

（一）网络对传统社会关系的挑战

中国传统社会关系是典型的以血缘、亲缘、地缘为纽带而连接起来的人际交互关系网络，在很大程度上是自然、自发及自觉形成的一种普遍且必然的熟人关系为主的社会。②"熟人社会"以经验事实为基础，体现了中国传统社会关系结构的基本特征。③

中国传统社会关系是每个人私人联系的叠加，相应的社会范围是私人联系所构成的网络，因此在很大程度上，中国传统社会里的社会道德也只在私人联系的圈子之内发生意义。由私人联系构成一张张关系网，覆盖了中国传统的熟人社会，而每一张网所能盖住的范围都是不同的。社会人际关系的广泛和深入程度，成为判别社会资源的重要标准。进而，伦理次序，圈子文化，人情面子，追求"做人"与"相处"的关系法则，成为了传统社会关系的典型特征，使得一个个熟人的圈子被凝结成紧密的生活与伦理共同体。

人类自 21 世纪进入了知识经济时代，随着电子计算机和网络的普及，传统社会关系受到了巨大的挑战，网络社会越来越繁杂。通常地理解，通过网络（主要是指互联网）

---

① 中国人民解放军警卫第一师仪仗大队与深圳市信禾工艺品有限公司名称权、肖像权、名誉权侵权纠纷上诉案——三军仪仗队的形象和名称拥有哪种权利？［EB/OL］.［2018-09-09］. 北大法宝：http://www. pkulaw. cn/case/pfnl_1970324838411224. html？keywords.

② 吕承文，田东东. 熟人社会的基本特征及其升级改造［J］. 重庆社会科学，2011（11）：37-40.

③ 费孝通. 乡土中国［M］. 北京：人民出版社，2016：7.

联系在一起的各种关系聚合的社会系统，就是网络社会，网络社会是在以互联网为核心的信息技术作用下，人类社会进入的一个新的社会阶段或社会形式。① "网络社会"作为一个特殊的社会形态逐渐在思想观念、行为模式等方面对人们产生了重大的影响。"熟人社会"的运行规则在网络社会中被虚拟性和隐匿性所瓦解，血缘、亲缘、地缘难以约束网络社会的参与者。网络社会从其建立之初就是以技术为基础的，这就决定了网络社会的一切活动都能够被技术采集，被掌握技术的人观看，技术成为核心的关系纽带，取代了血缘、地缘、亲缘在社会关系中的作用。例如，在网络社会信息就变得尤其珍贵，由于即时通讯工具等技术的应用，网络社会已经变成了一个"信息集散地"，社会成员的一举一动和相互交往比以往更加透明。人肉搜索就是利用网络技术产生的一种网络搜索引擎模式，这种人找人、人问人、人碰人的关系网络社区活动使得社会主体的信息暴露在陌生人面前，每个人的信息已经飞越了熟人社会的围墙进入到了公众视野。再如，网络的快速复制和传播，抄袭类的侵权变得相当容易却使得著作权在网络社会的保护变得越发困难。

（二）网络人格权的提出

1. 网络环境下人格权的独立保护模式

有观点认为，需要在人格权法中专门规定网络环境下人格权的独立保护模式，其理由主要有:② 第一，主体具有一定的虚拟性。与现实世界所不同的是，在网络世界中，我们所面对的不是真实和可以辨识的个人，而是作为个人代号的网名、IP 地址等符号或数字。第二，损害的易发性。在网络环境中，侵害他人权益的行为十分容易发生。第三，侵害客体的特殊性。网络环境下的人格权具有集合性，侵害行为通常构成对多种人格权益的侵害，而并非仅是某一单项的人格权益。第四，侵害方式在技术上的特殊性。这一方面表现在侵权行为具有隐蔽性、侵权地域具有不确定性，另一方面则表现在网络的技术性越来越强，使得对人格权的侵害更为复杂。第五，损害后果易扩散性。网络无边界、受众却具有无限性、网络的超地域性，只要侵权言论一旦发表，就可以为全球用户所知晓；如果是诽谤性的不实言论，就会在大范围内造成对受害人名誉权的严重侵犯。第六，网络侵犯人格权的后果更为严重。由于互联网具有多维、多向、无国界、开放性等特点，通过网络手段侵害他人人格权，一旦特定信息在网上公布，则迅速地传播流转，影响极为广泛，损害后果无法准确确定，甚至可以说，会导致难以预测的后果。所以在网络环境中的侵权行为，其侵害后果具有不可逆转性，即使可以在一定范围内消除影响，但往往不易完全恢复原状。通过赔礼道歉等方式并不能及时、完全地消除损害后果，恢复到权利未受侵害的状态。

2. 网络虚拟人格的提法

有观点认为网络的隐匿性造成自然人与虚拟人格的一定程度分离，网络虚拟人格是网络服务合同派生的人格权，通过互联网产生的权利都是由债权产生的，但具体来讲也可以分为债权派生的绝对权和债权派生的相对权，例如与虚拟人格有关的名誉权、隐私权为绝

---

① 丁春燕. 网络社会法律规制论［M］. 北京：中国政法大学出版社，2016：3.

② 王利明. 论网络环境下人格权的保护［J］. 中国地质大学学报（社会科学版），2012（2）：3.

对权，再如与网购买卖双方之间的权利为相对权。①

自然人、法人等民事主体实施网络行为的账号（网络用户名），属于实体社会中民事主体身份的延伸。虚拟社会具有相对独立性，因为虚拟主体与实体社会中的主体一定不是一一对应的，部分实名认证的用户可以指向现实社会中具体的个人，例如网络游戏里的用户角色，对其人格权的侵犯不能投射到现实社会，其用户即使感情上受到伤害，也没有发生侵权责任构成要件中的实际损害。诽谤言论在域外被浏览、评论、转发次数较多，但域内较少，甚至本人的亲友圈、社交圈鲜有人知，则认定为并没有造成损害结果。实体社会自然人具有的人格权中与生命体特征有关的利益是虚拟人格不具备的，这点与胎儿、死者、法人等类似，通常认为虚拟人格具备的人格利益包括姓名权、肖像权、名誉权、荣誉权、隐私权等。

无论是网络环境下人格权独立保护模式还是网络虚拟人格的提法，实质都是将该种人格权与传统人格权区分开来，形成一种新型人格权，或称之为网络人格权。

（三）网络人格权观点的错误以及纠正

网络社会对传统社会关系形成了巨大挑战，网络技术造成的隐匿性和虚拟性使得网络侵权异于过去现实生活中的侵权，但是这些差异仅仅是工具性的，例如我们面对的是虚拟的 IP 符号、网名，民事权利的享有者、民事责任的承担者仍然是自然人、法人等，网络虚拟人格无法作为也没有必要作为民事主体，更无须求助于网络人格权的概念。

不可否认，某种人格利益在网络环境下，其表现形式、保护方式等具有特殊性。但网络环境下的人格权本身也是实体性的权利，其侵害行为虽然是在虚拟空间发生，但其损害后果却是实际存在的，并会对权利人造成现实的损害。从这个角度来看，现实生活中的人格权和网络环境下的人格权是没有本质区别的。这也再次表明，网络环境下的人格权并非是人格权的新类型，也并非产生了新的人格利益，因此，使用网络人格权的设权性的名目并不合适。若仅仅因为网络环境的特殊性，而另起炉灶创设"网络人格权"这一概念而独立于传统的人格权，那么在逻辑上似乎就会出现类似于"网络债权""网络物权"乃至"网络人身权""网络知识产权"等似是而非的所谓新概念。甚至，值得质疑的是，是否有需要创设一个与传统民法平行的"网络民法"体系？显然这是极其不负责任也是不切合实际的。

诚然，我们不能忽视网络技术对人格权保护所带来的冲击，但是网络环境下主体并没有发生变化，更不存在需要创设新主体之必要。我们可以借鉴著作权法制度创新之做法，面对网络技术的发展使得侵犯著作权更为容易、损害后果更易于扩散，传统的著作权保护规则不足以应对网络侵权，如何平衡网络服务提供商的责任与促进科技发展成为一个难题，此时"避风港规则"应运而生。我们可以从"避风港规则"的发展路径中寻找有借鉴意义的解决网络环境下人格权保护特殊规则。

---

① 李佳伦. 网络虚拟人格对民法典中民事主体制度的突破 [J]. 法学论坛，2017（5）：52-59.

五、宪法性人格权

（一）人格权的属性

民法调整平等主体之间的人身关系和财产关系，人格权是处于人身权利体系之中的，从本质属性上来看其属于民事私权是毫无问题的。诚然，人格权与物权、债权相比，其有自己的一些基本特性，但这些特性并不影响其所处的民事私权领域。作为私权，就应当尊重私权处分和意思自治，尽管在某些情况下人格权的私权处分性受到一定的限制。

提出人格权属于公权，乃至提出所谓的公法性、宪法性人格权的观点，都无视了人格权作为私权属性这一客观事实。

（二）人格权在民事权利体系中的地位

民法调整平等主体之间的人身关系和财产关系，人身权处于第一位，而人格权又处于人身权的第一位，故而可以说人格权在整个民事权利体系之中处于首要的地位。对于人格权在民事权力体系之中的地位分析，也可进一步证实了人格权属于私权之结论。

（三）私权受法律保护的多元性

私权理当受到私法的保护，但私法不仅仅限于受到私法的保护。一个侵权行为，从直接的损害结果上看是对受害者的侵扰；但从社会秩序维护的角度分析，同一行为也会造成不良的社会影响；而从管理的角度看，还可能违反了相关的管理规定。因此，一个侵权行为可能造成不同的后果，行为人可能要承担民事责任之同时还要承担行政责任乃至刑事责任。

即使从民事责任追究的角度来看，对人格权保护的法律法规以及法条有很多，我们不能从某个法律有关于人格权保护的规定，就简单地将人格权归类于该领域，称为"某某性人格权"。例如，在劳动法或者劳动合同法之中有关于人格权保护的某些条款，我们不会因此将人格权称之为"劳动性人格权"，也不会因为行政法之中有尊重人的尊严的规定而将人格权称为"行政性人格权"，更不会因为诉讼法之中有相关尊重诉讼当事人尊严的规定而将人格权归类为"诉讼性人格权"。如果按照这个逻辑，人格权的权利体系就因法条归类这种外观形象而被肢解，人格权就成为了既有宪法性、行政性、刑事性的属性，也有传统民事性的属性，甚至还出现了所谓的诉讼性人格权。

可能有人认为，既然人格权是民事权利体系中首要的权利，那么这么重要的权利就不能仅仅在民事司法领域得到保护，必须要上升至宪法性权利来进行保护才得以满足。重要的是相对于民事权利其他种类而言的，它具有相对性，但这种相对性并不能成为将人格权法从民法领域中"拿出来"并使之失去在民法中原有地位的理由。

从思维逻辑的角度分析，如果存在"宪法性人格权"的话，那么也有可能存在"宪法性物权""宪法性债权""宪法性知识产权""宪法性其他民事权利"。这种不问青红皂白地将民事权利前缀"宪法性"是极其不严肃的，表面上是抬高某种民事权利的地位，实则从民事领域的归属角度彻底否定了该种民事权利。

　　明确理论研究中的误区，是为了更透彻、更深入地理解人格权的理论。人格权是具体的权利，而权利能力是享有权利和承担义务的主体资格，尽管两者产生的时间和截止点是相同的，但却绝对并非是同一概念，不可混淆。法人只是为了社会发展、经济需要拟制出来的"人"，其并无心理、精神、情感等因素，没有人格权。在商业活动中，某些特定的标表型人格因素进入商业领域后会转化为知识产权等，在商业领域所发生的侵权不再适用人格权的理论和制度予以保障，而是转接到了知识产权或商业竞争的领域对相应的权利予以保护。但并不能由此而创设一个所谓的"商事人格权"与所谓的传统的人格权予以对应。网络环境下无疑对传统的民法理论和制度产生一定的挑战，但无论如何，只不过是人格权法理论和制度在新的社会环境中的有了发展和完善之条件，并非产生一个新型的网络人格权。人格权的保护制度在不断地发展和完善，首先必须要厘清相关的理论体系以及解决理论之争，否则，不但无法解决实际的新问题，还会导致整个理论和制度的紊乱。

第七讲 侵犯人格权的责任
——侵权样态及责任形式

人格权是自出生开始不论自然人的年龄、身份、地位都平等享有的权利。作为民事权利，人格权在我国法律体制中特别是在民事法律关系中扮演着十分重要的角色，而侵犯人格权的行为样态（形式）则是多种多样的，不同的侵权行为人应当根据实际情况承担不同之侵权责任。

一、侵犯人格权的行为样态

（一）人格权的划分

1. 一般人格权

一般人格权主要表现为自然人的人格独立①和人格尊严、人格平等、生命安全和人格自由的权利。② 一般人格权是人格权的概括性表述，凡是涉及人格利益而应当受法律保护的权利，都属于一般人格权。

（1）人格独立

人格独立的实质内容，表现为民事主体在人格上都是独立的主体，在法律面前任何民事主体都享有平等的主体资格，任何主体都不是可以控制他人的主人也不是受别人支配的对象。人格独立表明人人都是自己的主人，有依法并按照自己的意思决定相关实务和处理相关问题的权利，人人都有捍卫个人独立性的权利。它包括民事主体的人格不受他人支配，民事主体的人格不受他人的干涉，民事主体的人格不受他人的控制。

（2）人格平等

人格平等的实质内容，表现为自然人作为民事主体在人格上一律平等，在法律面前任何民事主体都享有平等的主体资格，同样受到法律的保护而不受他人的支配、干涉和控制。人格平等不等同于权利能力的平等，而是作为一种实体上的权利本身是平等的，因而从这个意义上看无所谓名人的隐私权小于一般人的隐私权之说，其差异仅仅在于哪些信息列入隐私信息有所区别而已。不论是肢体健全、身体健康，还是有残疾、有生理或有心理疾病等的人，任何人都应得到同样的基本尊重，作为一种生理人格都是平等的，任何人的生命都应该得到同样的尊重，这是最基本的人性准则。任何人的无论身处何种不同的社会

---

① 杨立新. 中国人格权法立法报告 [M]. 北京：知识产权出版社，2005：241.
② 王利明. 民法典·人格权法重大疑难问题研究 [M]. 北京：中国法制出版社，2007：598.

角色以及承担何种工作乃至没有工作，都应该得到同样的尊重。

（3）人格尊严

人格尊严是指民事主体作为一个"人"所应有的最起码的社会地位，并且应受到社会和他人最起码之尊重。实质上，人格尊严就是把人真正地当成"人"来看待。因此，无论自然人的职业、职务、政治立场、宗教信仰、文化程度、财产状况、民族、种族、性别、财富拥有、社会地位等因素有何差别，其人格尊严都是相同的，绝无高低贵贱之分。人格尊严是一种主观认识与客观评价之结合，具体表现为：

第一，人格尊严是一种人的观念，是自然人对自身价值的认识。这种认识基于其社会地位和自身价值，它来源于自身的本质属性并表现为自己的观念认识。因而，人格尊严具有主观的因素。

第二，人格尊严具有客观因素。这种客观因素是他人、社会对特定民事主体作为人之尊重，是一种对人的价值的评价，但却与名誉这种社会评价不同，是对人的最起码的做人的资格的评价，评价的内容不是褒贬，而是对人的最起码的尊重，是把人真正作为一个人所应获得之尊重。因而无论人的各种状况、状态有何差异，但对其尊严的评价却无任何不同。

第三，人格尊严是人的主观认识和客观评价的结合。它既包括自我认识的主观因素，也包括社会和他人的客观评价和尊重。这两种因素结合在一起才构成了完善的人格尊严。

（4）生命安全

生命安全，是自然人保障其生命得以正常延续而不受非法干预的权利。人的权利以人的生命存在为基本前提，如果一个人连生存都成为了问题，其他所谓的权利也就犹如空中楼阁般失去了基础和意义。

人的生命只有一次，失去生命任何方式均无法弥补，因此生命是珍贵的和无价的。生命同时又是脆弱的，正所谓"天有不测之风云，人有旦夕之祸福"，任何人都无法预测明天和控制未来，昨天还在一起把酒言欢的朋友，由于某个意外可能今天已然是阴阳两隔。生命有时脆弱到犹如一缕轻纱，一点点伤害都可能导致其破损乃至终结。任何危及他人生命安全的行为，都是违法的。我们应当敬畏和尊重生命，依法保障他人的生命安全并依法维护自己的生命安全不受侵害。

（5）人格自由

一般人格权中的人格自由，是私法上抽象的自由。它不是泛指主体的行为自由和意志自由，也不是指财产自由、契约自由，而是经过高度概括、高度抽象的人格不受约束、不受控制的状态。它既是指人格的自由地位，也是指人格的自由权利，是民事主体自主参加社会活动、享有权利、行使权利的基本前提和基础。权利主体丧失人格自由，就无法行使任何权利，无法从事任何的社会活动。人格自由是自然人所享有一切具体自由权的基础和根源。作为一般人格权内容的人格自由，包括保持人格的自由和发展人格的自由。

2. 具体人格权

（1）生命权、身体权、健康权等物质性的人格权

公民的身体健康不容非法侵害。否则受害人有权要求加害人给予物质赔偿，甚至予以另外的刑事处分。虽然在《德国民法典》中，生命、身体、健康和自由属于"权利"之

外为应受德国侵权法保护的"利益"，但在晚近的发展中，各国或通过判例、或通过立法，均肯定了生命权、身体权、健康权或自由权等物质性的具体人格权。

（2）姓名权、肖像权等标表型人格权

姓名权、肖像权之类标表型的人格权是较早进入到侵权责任法保护范围内的权利，在当代的人格权法律体系中具有独特的价值地位。特别是发展到今天，基于有偿的商事目的而利用人的肖像或姓名，成为民法中保护肖像权、姓名权的一个重要内容。在侵害人格权的一般案件中，通常导致精神损害赔偿。而在侵害肖像权、姓名权的情况下，所侵害的人格权客体具有财产价值的成分。因此，在计算侵害上述人格权所造成的损害时，应当考虑采用诸如以不当得利返还、填补受害人的财产损害等计算方式确定对权利人的经济赔偿。对于商品化权利的遭受侵害，则可依照知识产权的侵权赔偿来计算。

（3）名誉权、隐私权等尊严型的人格权

尊严和名誉是传统侵权法的核心保护内容。以书面或者口头形式有辱他人的尊严或者降低其名誉，属于侵害名誉和侵害尊严的典型侵权行为。隐私权目前已经成为侵权责任法保护的"人格法益"中的又一个核心领域。2001年最高人民法院有关精神损害赔偿的司法解释中，已将隐私明确规定为一项具体"法益"。《民法典》第110条则首次在法律上明确规定了隐私权。对于该类型侵权行为，主要是以停止侵害、恢复名誉的方式减少伤害并对受害者进行精神抚慰。

（4）信用权、荣誉权等信息型人格权

信用权和荣誉权具有一定的特殊性，其既包含了主体一定的身份之特殊性因素，也体现了其实质性成果的肯定，还带有一定信息以及该信息正确运用能给权利主体带来更好的人格利益甚至经济利益。对于该类人格权所遭受的侵害，权利人往往表现为遭受社会相关部门、人员不正确的认识乃至不正当的对待，严重的还会丧失掉一个发展机会甚至对今后产生了无法弥补之实际损失。

（5）自由权等自由型人格权

自由权不仅包括了身体的行为自由，还包括了内在的思想自由和对相关事务的处分自由。任何非法限制人身自由的行为都是侵犯了他人的自由权，严重的可能构成非法拘禁罪；而在思想上强制他人，强迫其自认其罪或者胁迫其书写认罪书、检讨书、强制性洗脑等，都是不同程度地侵犯了他人的自由权；对于未成年人施予违法或有违公序良俗的灌输，使其朝着向上、向善相反之方向发展的引导或者强迫其实施非法、有违公序良俗之行为，又或者对之施予不良的影响，则损害了未成年人精神纯正发展之利益。

（二）侵权行为的样态

由于人格权划分标准的多样化以及社会发展所导致侵权行为样态的多变，无法以列举的方式穷尽列举所有的侵权行为，但根据侵权责任的承担，大致可以分为对物质性人格权的侵权和对精神性人格权的侵权两大类。但无论哪一种类型的侵权，侵权人均须无条件立即停止侵权。对物质性人格权的侵权，一般可对侵权行为所造成的实际损害判令侵权行为人予以实际填补性赔偿；而对于精神性人格权的侵权，则可以通过恢复名誉、消除影响、给予精神性抚慰的方式体现其侵权责任。

1. 对身体的有形伤害

有形伤害，是指非法损伤他人身体内、外部的行为，包括两种情形：一是破坏人体组织的完整性；二是损坏人体器官的正常机能。侵权行为可导致损害健康，伤害身体的后果，严重亦可致人死亡。因此，对公民的身体内、外部健康造成损害或不法地剥夺他人生命的行为都视为对生命权、健康权、身体权的侵犯。造成实际损害的，应当依法进行实际损害的赔偿，还应对权利人生前抚养、赡养、扶养他人之费用列入损害赔偿的范围。

2. 歪曲人格标识

人格标识是民事主体以特定标志来表示其个性特征的人身识别因素，如自然人的肖像、姓名、形象、声音，法人或其他组织的名称等。肖像与姓名的利益是自然人专有的人格利益，他人不得干涉和侵犯。肖像权还是一种标识性人格权，具有基层性，基本作用在于以外貌形象标识人格，而姓名权则是通过文字符号所表现的标识人格。人格形象不受歪曲是个人决定如何自我表现的权利。歪曲人格标识的行为应当立即停止，如果造成权利人经济损失的或者使用者有经济利益获得的，应当实际赔偿，如造成权利人精神损害的还应予以精神抚慰。

3. 侵犯自由

人身自由与信仰自由权均是公民最起码、最基本的权利，表现为公民按照自己的意志和利益进行行动和思维的权利。对人身自由的侵犯通常表现为限制行为自由及限制身体自由，如非法拘禁及非法搜查。非法拘禁是指违反法律规定，以拘留、监禁等方法剥夺或者限制公民人身自由的行为；非法搜查公民身体是指司法机关违反法定程序，或依法不享有搜查权的机关、组织或个人，对公民强行搜身的行为。对于信仰自由，无论是国际法还是国内法，都已取得这样的共识：宗教信仰自由是每个人从出生到死亡一直伴随其终生的一项基本的精神自由权利，任何为所有人谋求正义的政府都有责任保护其国民的这项基本权利，而不论其种族、性别、国籍、宗教信条或国家等差异性，公民的这一权利永远不得被任何政府以任何形式加以剥夺或禁止。我国《宪法》第 36 条规定："中华人民共和国公民有宗教信仰自由。任何国家机关、社会团体和个人不得强制公民信仰宗教或者不信仰宗教，不得歧视信仰宗教的公民和不信仰宗教的公民。国家保护正常的宗教活动。"这一规定是我国法律体系中对公民内心自由所做的具有最高法律效力的保护。

4. 对精神的无形损害

精神损害赔偿是民事主体因其人身权利受到不法侵害，使其人格利益和身份利益受到损害或遭受精神痛苦等无形损害，包括生理、心理以及超出生理、心理范围的无形损害，如肉体痛苦、精神痛苦以及丧失既有的公众信誉等，损害最常见的表现为侮辱、诽谤、名誉损害或侵犯隐私。

二、人格权请求权

人格权请求权是基于人格权而产生的权利，它不是人格权本身，而是一种手段性权利。它的功能是预防、保全母体权利即人格权不受非法妨害。人格权请求权实际上具有服务的功能，这种请求权的实质和目的仅仅是回复人格权的圆满状态，在请求对方不作为的情况下而尊重他人的人格权，则是保持人格权的圆满状态，使人格权主体能够反对特定的人，即非法干扰者，从而使人格权相应的状态重新恢复。①

行使人格权请求权的前提是民事主体的人格权受到妨害。这里需要区分妨害、损害和侵害三种不同之情形。妨害和损害适用于不同的救济制度，妨害是行使人格权请求权的要件，损害是提起侵权损害赔偿之诉的要件。简单地说，妨害是没有构成损害的侵害，而侵害可以涵盖妨害和损害，构成二者的上位概念。有学者运用语义分析得出结论：侵害行为（infringe-ment）是侵权行为（tort）的上位概念。在一般意义上，侵权行为的范围要窄一些，只覆盖了负有损害赔偿责任的侵权行为。而侵害行为的覆盖面就较宽，除了侵权行为外，还涵盖了一切侵犯他人权利或利益的行为。从字面上看，只要"进入"了他人的"圈子"，即只要有了侵入的事实，侵害行为即可确定，而不以主观状态、实际上有损害结果为前提。但侵害行为的赔偿，则要考察侵权行为人的过失、实际损害结果等要件。②据此，只要人格权受到侵害，即使该妨碍没有造成实际的损害结果，也可以行使人格权请求权，因为已经符合了对人格权造成妨害这一条件；进一步地分析，当已经构成侵权行为时，当事人仍然可以行使人格权请求权，这种情况下发生的是人格权请求权和侵权请求权之聚合。我国侵权法理论和实践一直认为侵权行为的效力包括排除妨害和停止妨害等人格权请求权的内容，就是因为人格权请求权属于侵权请求权救济的前一阶段。

人格权请求权的基本性质是请求权，是对于相对应的民事主体请求为一定行为或者不为一定行为的权利。所谓相对应的民事主体，指人格权请求权的义务人，义务人对于人格权人实施妨害行为，或者有妨害行为之虞，其义务主体身份即确定，与人格权人从绝对的关系变为相对的关系，因而产生了对其请求权。义务人的义务也就特定化，从绝对的义务转变为相对的义务，需要对特定的权利人承担为一定行为或者不为一定行为的义务。当然，这并不意味着所有的民事主体都享有同样的人格权请求权，实践中还需要对不同的人格利益进行具体分析，进而确定不同人格权请求权的具体内容。

权利人可以向加害人直接行使请求权，也可以向人民法院起诉。请求权是一种实体权利，人格权请求权的权利人可以向加害人直接提出请求，加害人不履行义务的，权利人可以向人民法院提起诉讼。

（一）排除妨害请求权

排除妨害请求权是指民事主体的人格权有受到不法妨害之虞时，得向加害人或者人民法院请求加害人为或者不为一定行为以防止妨害人格权的权利状态和权利行使。排除妨害请求权的构成要件应当具备：第一，民事主体的人格权有受到妨害之虞；第二，加害人的妨害行为具有违法性；第三，加害人的违法行为和妨害事实之间具有因果关系。

排除妨碍请求相对人的抗辩事由有：第一，妨害情节轻微。权利人应该忍受轻微程度

---

① ［德］卡尔·拉伦茨. 德国民法通论［M］. 王晓晔，等译. 北京：法律出版社，2013：119-120.
② 郑成思. 中国侵权法理论的误区与进步——写在专利法再次修订与著作权法颁布 10 周年之际［J］. 人民司法，2000（10）：13.

的不舒适之感觉，轻微的损害不能获得司法的救济。① 人类共同生活在这个绿色的星球上，人与人之间不可能没有摩擦，如果法律允许民事主体动辄为鸡毛蒜皮的小事情诉诸法庭，有限的司法资源就难以发挥对整个社会的调控作用。第二，受害人自己有不当行为。例如，如果有证据证明受害人行窃，商场就可以在一定条件下对受害人的人身自由进行适当之限制并同时报警处理。第三，受害人允诺。第四，与公共利益相冲突。第五，人民法院的裁决不具有可操作性。第六，其他依据法律规定可以提供的正当事由。如果存在第四种和第五种抗辩事由的话，就发生了人格权请求权之诉向侵权请求权之诉的转化，该权利主体可以获得侵权法意义上的替代性赔偿。排除妨害请求权的效力在于：当权利人依据法律规定向加害人请求排除妨害时，加害人应该采取相关预防措施。当权利人依据法律规定向人民法院请求排除妨害时，符合条件的，由法院作出裁决，加害人应该履行妨害排除之义务，且排除妨害的费用由被告自己负担。如果被告不履行裁决，原告可以请求人民法院强制执行。在英美法上有相应的禁令制度，被告不执行法院的排除妨害禁令，将构成蔑视法庭的罪名从而会得到相应受之拘禁、查封财产或罚金之处罚。禁令对一项事情的禁止构成绝对的禁止，与当事人的意思没有关系。第三人知情而帮助或者煽动违反禁令者，也同样构成蔑视法庭之行为。但如果需要的话，应该给予被告一定时间的宽限期，以免利益过多地向原告倾斜。② 英美法的上述制度值得借鉴。由于排除妨害请求权得到法院支持的后果是被告的行为受到拘束，因此法律应该在授予原告排除妨害请求权的同时作出一定的限制。首先，原告向法院提起人格权请求权之诉必须提供一定的证据，必须有初步的证据证明有正当理由认为其人格权可能受到不法妨害。其次，如果排除妨害措施有可能给被告造成一定之损害，那么原告应该提供一定的担保。再次，排除妨害请求得到法院的支持以后，原告必须在一定期间内主动通过和解、调解、仲裁或者起诉等方式解决纠纷。如果原告未在该期间内主动解决纠纷，排除妨害措施因时间期满而自动失效。最后，如果行使人格权请求权存在过错，则应该赔偿因其过错所造成之损害，无过错或者轻微过错的可以不赔或者少赔。

（二）停止妨害请求权

停止妨碍请求权，是指民事主体的人格权受到不法妨害时，得向加害人或者人民法院请求加害人为或者不为一定行为以回复人格权的圆满状态之权利。停止妨害请求权的构成要件是：第一，民事主体的人格权受到不法妨害，该不法妨害可以是持续行为，也可以是可能再次发生的行为。第二，加害人的妨害行为具有违法性。第三，加害人的违法行为和妨害事实之间具有因果关系。

---

① ［德］克雷斯蒂安·冯·巴尔. 欧洲比较侵权行为法（下卷）［M］. 焦美华，译. 北京：法律出版社，2001：84.

② 沈达明. 衡平法初论［M］. 北京：对外经济贸易出版社，1997：295. 在英美法上，对于人格权已经受到妨害或者有妨害之虞的情况，一般采取禁令的保护方法。禁令是一种与损害赔偿、自力救济相对应的救济方法。英美法上的禁令（in junction），又称禁制令或禁止令或禁止命令，是禁止实行、或持续违法作为的法院命令。包括中间禁令和终局禁令，禁止的禁令和强制的禁令，预防的禁令等。

三、侵犯人格权的民事责任

侵犯自然人的人格权之民事责任，是指侵权人由于自己的过错，侵犯他人的人格权并给权利人造成损害时，应当负之民事法律责任。我国的《民法典》第 1179 条规定："侵害他人造成人身损害的，应当赔偿医疗费、护理费、交通费、营养费、住院伙食补助费等为治疗和康复支出的合理费用，以及因误工减少的收入。造成残疾的，还应当赔偿辅助器具费和残疾赔偿金；造成死亡的，还应当赔偿丧葬费和死亡赔偿金。"第 995 条规定："人格权受到侵害的，受害人有权依照本法和其他法律的规定请求行为人承担民事责任。受害人的停止侵害、排除妨碍、消除危险、消除影响、恢复名誉、赔礼道歉请求权，不适用诉讼时效的规定。"《民法通则》中共列举有十种民事责任形式：停止侵害；排除妨碍；消除危险；返还财产；恢复原状；修理、重作、更换；赔偿损失；支付违约金；消除影响、恢复名誉；赔礼道歉。《民法典》在《民法通则》的基础上增加了一种民事责任"继续履行"，而且增加了在见义勇为情况下受到损害且在没有侵权人、侵权人逃逸或者无力承担民事责任的情况下，受害人请求补偿的，受益人"应当"给予适当补偿；对于因自愿实施紧急救助行为造成受助人损害的，救助人不承担民事责任。事实上，对于侵犯人格权而适用的民事责任并非对应的就是上述十一种责任形态，因为有的责任形态是专属于违约责任的承担方式，如继续履行、支付违约金、修理、重作、更换，还有的专属于物权侵权行为的如消除危险、返还财产。

我国的民事责任可分为财产（金钱）责任与非财产（精神）责任两大类。《民法通则》第 134 条和《侵权责任法》第 15 条所规定的八种民事责任亦可分为财产责任与非财产责任，前者包括停止侵害、排除妨碍、消除危险、返还财产、恢复原状和赔偿损失，后者包括赔礼道歉和消除影响、恢复名誉。此种二元民事责任体系使得受害人既可以获得财产补偿，在有必要时还可获得精神慰藉。

对于人格权侵权而适用的责任，主要有：停止侵害，排除妨碍，消除危险，赔偿损失，消除影响、恢复名誉，赔礼道歉。

（一）停止侵害

无论是侵犯具体的人格权还是侵犯一般人格权，任何侵犯他人人格权的行为均不得以任何理由而得以延续。这是为维护权利人权利也是为维护正常的社会秩序所必需的。通常情况下，人格权遭受侵害有三个阶段：一是将要发生阶段，此时权利人可通过行使排除妨碍、停止妨碍请求权而谋求排除权利可能将要遭受的侵害。二是侵权正在进行而且将要延续，此时权利人可要求侵权人或者请求公权力机关决定又或者要求法院判决无条件立即停止侵权行为。三是侵权已经结束，权利人可通过法律途径获得权利遭受侵害后之救济。

（二）排除妨碍

权利人享有人格权，该权利和物权、债权、知识产权一样理当得到社会、组织以及他人之尊重，任何妨碍权利人行使权利的行为均属于侵权行为，权利人得请求侵权行为人停止侵权或者要求公权力机关决定或司法机关判决予以排除。

（三）消除危险

当存有威胁权利人生命、身体、健康安全情形时，权利人可请求相关人员或机关排除该非法危险因素，以使人格权处于正常状态。

（四）赔偿损失

金钱赔偿一般作为侵害人格权的主要责任承担方式，金钱赔偿以填平原则为依据，主要目的在于赔偿受害人因被侵权而导致的损失，其并无惩罚之性质。

1. 实际损失赔偿

实际损失，是指因侵犯人格权的行为所导致权利人的实际经济损失，包括了客观上的实际支出和应当在今后应有的支出。例如，侵害他人生命权导致他人死亡的，死者的医疗费、住院费、丧葬费等为实际支出，而死者生前有需要抚养、扶养、赡养的人一定时间内的相应费用为今后应有的支出。无论哪一种支出，都是可以客观计算的，因而纳入到实际损失赔偿额之内。

损失的衡量即为侵权前的状态减去侵权后的状态所进行的比较，计算所受损害与所失利益之和。所受损害指既有利益的损害，所失利益指财产应增加而未增加的损害如误工损失，也包括了不应减少而减少的支出如医药费等支出。金钱赔偿更容易进行衡量，并且执行快捷，因而作为主要的责任承担方式。

2. 精神损害补偿

我国《侵权责任法》首次在立法层面上使用"精神损害赔偿金"之表达，通过其第22条的规定，确立了精神损害赔偿制度。在此之前，1986年的《民法通则》第120条规定，姓名、名誉等权利被侵害的，可以请求"赔偿损失"，解释论上认为其中包括精神损失。其后，最高人民法院在一系列司法解释中不断完善精神损害赔偿制度，尤其是2001年的《关于确定民事侵权精神损害赔偿责任若干问题的解释》，更是作出了详尽的规定。

《侵权责任法》实施之前，姓名权、名誉权、肖像权、荣誉权被侵害的，根据《民法通则》的规定，可发生精神损害赔偿请求权；后经司法解释的大幅度扩张后，生命、健康、身体、隐私、亲属权等，几乎所有的人身权益被侵害，均可发生精神损害赔偿请求权，并已扩展到纪念物品（人格物）之侵害[1]。《侵权责任法》第22条规定："侵害他人人身权益，造成他人严重精神损害的，被侵权人可以请求精神损害赔偿。"该条规定具有弹性，"人身权益"可以将所有的人格权益、身份权益包括进去，设定的唯一限制条件是精神损害的严重性，而损害"严重"与否，又取决于案件的事实以及法官的自由裁量。《民法典》第996条规定："因当事人一方的违约行为，损害对方人格权并造成严重精神损害，受损害方选择请求其承担违约责任的，不影响受损害方请求精神损害赔偿。"

首先，"人身权益"可以包括所有的人格权益和身份权益，这些权益被侵害并导致严重精神损害时，无论是由于过错还是无过错侵权导致，并不影响请求权的发生。人格权

---

[1]　2001年最高人民法院《关于确定民事侵权精神损害赔偿责任若干问题的解释》第1~4条。

益包括精神性人格权益和物质性人格权益。精神性人格权益被侵害时，首先发生的便是精神损害，此时抚慰金请求权就发生了。物质性人格权益主要是生命、身体、健康等权益，受到侵害时会导致物质和精神损害，尽管未导致永久性损伤的身体、健康之害，同样可能发生严重的精神损害后果，此时亦可能产生赔偿之结果。

对于抚慰金请求权应以精神损害达到一定程度为条件，我国《侵权责任法》第 22 条确立了精神损害的"严重性"程度的要求。之前的司法解释也曾规定了"严重性"的条件，实践中的许多判决，法院均以精神损害未达到严重程度而不支持原告提出的抚慰金之请求。现行法之下，"严重性"要求，宜从相反的方面作出解释为"轻微损害不赔"之规则。

"严重"要件的理论基础有二：一是侵权法古已有之的"忽略轻微损害"规则，二是现代侵权法中的"水闸理论"（floodgate theory）①。二者之目的都在于协调侵权法的两种核心价值，即权利保护与行动自由。依此，因他人造成的轻微精神不适、沮丧等情绪是我们每天都可能遭遇到的，它构成了我们日常生活的一部分，应当自我承受和消解。如果我们追究轻微损害的赔偿，那么就可能导致大量的诉讼冲破"水闸"，让法不堪重负，从而扭曲了健全社会的人际关系的调节机制。

客观上，实际损害是可以量化计算的，而精神损害则是难以直接量化计算的，故而在术语的使用上宜将精神损害与实际损害的赔偿责任予以区分，实际损害使用"赔偿"有实际损害赔偿原则和"填平理论"予以支撑。对于精神性损害，相应地使用"补偿"较为合适，尽管可以通过法定赔偿额以及法官根据个案进行自由裁量，但毕竟精神属于无价和难以直接量化计算的东西，这种抚慰性质的金钱再多也无法与精神价值等值，因而使用"补偿"就能够较好地区别直接计算和酌定衡量，也可减少公众对法官判决确定之数额究竟是多还是少的指责。

3. 精神损害补偿数额的确定

精神损害补偿不同于一般的民事侵权，受害人精神上受到的损害不能完全用金钱来衡量；同时也因为侵权的具体情况不同（受害人的精神损害程度不同、各地的经济状况、加害人的经济负担能力不同），精神损害补偿不可能有一个固定统一的具体数额，补偿数额难以在法条中予以明确规定。这也导致了在审理精神损害补偿案件中，因缺乏客观实在可操作的评定标准，要么法官确定的补偿金额远远低于受害人的精神损害诉求额，难以起到精神损害赔偿的抚慰和惩戒作用，甚至连受害人的诉讼成本和求治费用都不能弥补；要么会给当事人带来"提出的精神损害赔偿金额越高胜诉概率越大与获偿越多的假象"，为表面上的"只讨个说法"而漫天要价提供了空间。事实上，精神损害补偿数额的确定，不仅取决于各国的经济水平、法治程度、司法成本，还受到各国历史文化传统、心理医学发展状况等因素的制约。因此，确定精神损害补偿金额时应把握以下几点：

第一，各地区应限定损害补偿的相对标准以及最高额度。我国地域广阔，各地的经济状况均不相同，由此决定各地区的经济承受能力不一致，因此各地区所采取的补偿标准也不可能完全相同。人均收入较高的地区，可制定较高的补偿标准，人均收入较低的地区，

---

① 李昊. 纯经济上损失赔偿制度研究 [M]. 北京：北京大学出版社，2004：53.

则制定较低的标准。标准既要体现地方性，又要考虑补偿数额的相对统一性，地区应以省级区域为界。为防止当事人在此方面的漫天要价以及相对限定法官的自由裁量权，制定最高的补偿额度是有必要的，因为任何诉讼都不应成为原告获利的渠道，提起精神损害补偿之目的是维护自身的人格利益，而不是获取额外之利益。这与欧美以及其他国家的做法是相一致的。例如，江苏省高院建议该省精神损害赔偿的最高额度为 10 万元。而不同地区根据被侵害的权利不同，也可相应设定不同补偿标准和最高限额。而标准则随社会经济的发展，可逐步提高。

第二，不同类型的侵权，补偿标准相应也不同。侵害生命权是性质最严重的侵害，所核定的补偿标准以及最高限额应是最高的。而侵犯健康权的性质也一般比除侵害生命权之外的其他侵害要严重，对其所核定的补偿标准以及最高限额也一般应低于侵害生命权而高于其他侵害，对于侵害人的具体赔偿，应根据不同的伤残等级进行确定，伤残等级越高，补偿额度也应越高，当伤残等级达到最高级别时，精神损失费应等同于生命权被侵害进行计算。而对于其他侵权则不宜区别不同的补偿标准和最高限度，法官可根据具体的案情酌定。

第三，法官在审理具体案件进行自由裁量时，应把握以下原则：

（1）慰抚为主，补助、惩罚为辅的原则。精神损害补偿数额的多少应以足以使受害人得到安慰为中心来确定。在有些情况下单纯的抚慰不足以安慰受害人"则应由加害人支付惩罚性赔偿金"以求得受害人的心理平衡。这就决定了补偿的数额一般不宜过高，要适当留给对侵权行为惩罚性赔偿一定的空间范围。

（2）综合衡量原则。《最高人民法院关于确定民事侵权精神损害赔偿责任若干问题的解释》第 10 条规定了确定精神损害赔偿金额的因素：①侵权人的过错程度，法律另有规定的除外；②侵害的手段、场合、行为方式等具体情节；③侵权行为所造成的后果；④侵权人的获利情况；⑤侵权人承担责任的经济能力；⑥受诉法院所在地平均生活水平。但由于在侵权过程中，受害人自己也有过错的，应根据过失相抵的原则，酌情减免侵权人的补偿额度；第 11 条也作了规定，受害人对损害事实和损害后果的发生有过错的，可以根据其过错程度减轻或者免除侵权人的精神损害赔偿责任。总的来说，包括三点：一是侵权人的实际情况。包括侵权人的主观过错、侵害情节、侵权后果、侵权后态度、所获利益及其承担责任的经济能力等。对于故意实施的侵权行为，或侵权行为手段恶劣、侵权后不思悔改、侵权后获取大额非法利益，以及经济条件较好、具备相应责任承担能力的侵权人的侵权行为，可考虑从重处罚。二是受害人实际情况。包括受害人遭受精神损害程度、受害人的性别和年龄等自然状况、受害人的家庭状况和经济水平、受害人有无过错等。一般应由受害人就其所受伤害部位及程度、后遗症部位及程度、将来的不安或烦恼等进行举证，证明其遭受损害的各种表现及其程度。再根据受害人个体体质的差异，性别和年龄的不同，以及受害人本人的经济收支情况及其在家庭中的经济负担、对其他成员和家庭的贡献等，具体确定精神损害的金钱赔偿范围，在法律上界定较为合理的执行标准，实现受害人精神利益损害的最大补偿。三是当地实际生活水平。我国还处在社会主义初级阶段，经济不是很发达，公民的实际收入状态仍属偏低。如果一味满足受害人的高额补偿要求，既便判决下来恐怕也难以执行。所以精神损害补偿数额的测算要在双方实际生活水平中考量，根据精神损害补偿案件的具体情节，侵权人和受害人的实际情况，结合当地居民实际生活水平，选择一个平衡点，划定一个合理区间（必要时可由法官自由裁量），确定一个既能对受害人有效抚慰、又能对侵害人进行有力惩戒的具体补偿数额，给自然人所遭受的精神痛苦、精神补偿一个相对公平的结果。

（五）赔礼道歉

生活经验告诉我们，金钱并不能抚平一切伤痕，"只为讨个说法"的"秋菊"们大有人在。虽然现代的精神损害赔偿制度已经将精神损失补偿金钱化了，但这不过是不得已而为之的举措。金钱虽贵为"一般等价物"，但人类情感为个体的内在感知，是无法被真正"等价"的，更不能被用来交换。金钱虽然可能使人的生活变得更为舒服，但并不能真正、彻底地消除人之精神伤害和痛苦。基于此，主要应用于人格权损害领域的赔礼道歉责任，作为一项与现代精神损害制度不同的、真正的非财产之责任方式，对于科学健全且逻辑自洽的民事责任体系而言，是不可或缺的。

长期以来，我国在法律制定上强调使用经济手段实现规范和奖惩之功能，在一定程度上忽视了法律的伦理和教育功能。金钱赔偿是市场规则，但民法规则绝非全部都是市场规则。民法是财产与人身之合成法，强调以人为本和关注人的全面发展，特别是精神层面需要的民法的伦理性更加不容忽视。改革开放以来，我们已经遍尝经济至上所带来的恶果并已深受其害，诸如健康食品、洁净水源和蓝天白云等人之基本外部生活条件已然成为了奢侈品，正所谓"金山银山不如绿水青山"。完善社会主义市场经济应当弘扬作为市场经济基本法制保障的民法之伦理性，以弥补纯粹经济市场规则所带来的缺陷。在民事责任上确立非金钱赔偿责任，否定金钱能摆平一切的狂妄念想，使加害人履行必要的人身伦理责任，并使其反思自己的不良行为和良心遭受谴责，实属必要之举。作为民事责任，赔礼道歉是人格权被侵害有效之补救措施，非金钱价值所能衡量和替代，在性质上属于恢复原状而非赔偿损失的非财产责任，但该精神抚慰却无法被强制执行。赔礼道歉源自以恻隐之心和羞耻之心为基础的人之良心。良心自由是当今世界各国所保护的、经过国际性人权公约确认的公民之基本人权。在基本法中规定赔礼道歉的民事责任形式，是我国的首创。

1. 我国关于赔礼道歉之立法与实践

在我国现行立法中，于1986年通过的《民法通则》首次确立了赔礼道歉民事责任的形式，该法于第六章"民事责任"中第四节单独规定了"承担民事责任的方式"，第134条规定"承担民事责任的方式主要有：（一）停止侵害；（二）排除妨碍；（三）消除危险；（四）返还财产；（五）恢复原状；（六）修理、重作、更换；（七）赔偿损失；（八）支付违约金；（九）消除影响、恢复名誉；（十）赔礼道歉。以上承担民事责任的方式，可以单独适用，也可以合并适用。"赔礼道歉为十种民事责任承担方式之一。《侵权责任法》第15条规定了"承担侵权责任的方式主要有：（一）停止侵害；（二）排除妨碍；（三）消除危险；（四）返还财产；（五）恢复原状；（六）赔偿损失；（七）赔礼道歉；（八）消除影响、恢复名誉。以上承担侵权责任的方式，可以单独适用，也可以合并适用。"《民法通则》对于赔礼道歉的责任形式之规定，首开赔礼道歉法律明文化之先例。该法第120条明确规定，姓名权、名称权、肖像权、名誉权等受到侵害的，权利人有权要求承担停止侵害、赔礼道歉、赔偿损失等民事责任。根据参与起草《民法通则》的专家回忆，之所以将赔礼道歉规定为民事责任承担的一种方式，主要是总结了革命老区的经验，认为"民事纠纷有些就是一口气，赔礼道歉也就解决了，作为民事责任提高到法律高度，有利于解决实际中存在的这种问题"①。民法学界对于《民法通则》的这一做法也给予了积极评价，认为其有利于缓和矛盾、切实保护受害人的权利，符合我国的民族文化传统，是民间调处纠纷经验的法律化、制度化②。此后，赔礼道歉的责任方式先后在《消费者权益保护法》《著作权法》《国家赔偿法》《治安管理处罚法》《侵权责任法》等法律中得以重申。

然而，也有观点提出质疑，认为法律应符合天地良心，法律可鼓励赔礼道歉而不是强制赔礼道歉。法律可以惩罚人的行为，但不可以惩罚和强制人的思想和内心，更不可以强制人开口说话（承认错误、赔礼道歉）。刊登"谢罪广告"或"道歉启事"不可能"恢复原状"或"恢复名誉"。在侵权一方当事人坚持不作出赔礼道歉的情况下，即使判决其赔礼道歉也在客观上无法得以强制执行。此时，法院固然可以考虑刊载澄清声明或将判决书予以登报公布，以求实现消除影响、恢复名誉之客观效果，登报费用则由侵权方当事人承担。但刊载澄清声明或判决书登报实属消除影响、恢复名誉的另一种手段，其与赔礼道歉存在本质的区别，不可将二者简单画等号。现实生活中强迫写检讨书、保证书等，违背了思想自由和良心自由，更是对人格的一种侮辱。刑法可以惩罚人的行为，但尚且不强迫杀人放火者认罪道歉，也就更不应该强迫侮辱诽谤的民事过错方赔礼道歉。法律既不能强迫加害者赔礼道歉，也不能强制受害人接受道歉。把道义上的赔礼道歉升格为国家强制力下实施的法律上的法律责任，是对人的尊严之否定和羞辱，侵犯了公民的人格权，违反了思想自由和良心自由，违背了基本人权，混淆了法律与道德的界限。

由于赔礼道歉带有深刻的道德烙印，在《侵权责任法》立法过程中各个学者持不同的观点。有学者认为赔礼道歉表明侵权人认识到其行为的不当，同时也表达了对受害人人格尊严之尊重，本身可以发挥一种抚慰的功能，可以澄清是非曲直，表明了加害人为自省而付出的努力，这在一定程度上可以平抑和减缓诽谤和侮辱行为给受害人造成的损害，促进当事人之间的和睦相处③。但也有人指出强令加害人为受害人消除影响、恢复名誉和赔礼道歉，侵害了加害人的消极言论自由，即违反良心、思想、信仰自由的精神。④ 还有人认为，判决加害人向受害人赔礼道歉无法强制执行，应废弃此种法律责任形式。⑤

司法实践中，《最高人民法院关于审理名誉权案件若干问题的解答》第10、11条规定了赔礼道歉的承担与执行方式；《最高人民法院关于确定民事侵权精神损害赔偿责任若干问题的解释》第8条规定，侵权致人精神损害的情形可以适用赔礼道歉的责任方式。

---

① 顾昂然，王家福，江平. 中华人民共和国民法通则讲座［M］. 北京：中国法制出版社，2000：200.

② 金平. 民法通则教程［M］. 重庆：重庆出版社，1987：124.

③ 王利明. 人格权法研究［M］. 北京：中国人民大学出版社，2012：138.

④ 柳经纬. 我国民法典应设立债法总则的几个问题［J］. 中国法学，2007（4）：11.

⑤ 冀宗儒. 论赔礼道歉作为民事救济的局限性［J］. 人民司法，2005（9）：62.

在《最高人民法院公报》自 1985 年以来刊登的有关人格权的 18 件判决中，有 16 件判处或责令加害人消除影响，为受害人恢复名誉并向受害人赔礼道歉①。

【知识链接 7-1　如何看待强制的"赔礼道歉"?】

【案例链接 7-1　邱少华诉孙杰、某某某（中国）饮料有限公司一般人格权纠纷案】②

2. 比较法上关于赔礼道歉之规定

（1）东方国家肯定赔礼道歉责任方式的传统

东方国家素有重视"面子"，珍视名誉的传统，多数国家和地区均设有名誉权救济的特殊责任方式——恢复名誉的适当处分，实务上通常表现为刊登道歉、谢罪广告等。长期以来，恢复名誉一直都是名誉权损害中最为常见的诉讼请求，许多受害者甚至选择名义上或象征性赔偿而体现其诉讼并非是追求经济利益，但赔礼道歉的诉求常常是不能妥协之底线。

《日本民法典》第 723 条规定："侵害他人名誉者，法院得因被害人的请求命令加害人赔偿损失，或者判令赔偿损失的同时，命令加害人为回复原状之适当处分。"对于该条之解释适用，所谓"回复原状之适当处分"，通常指在报纸上刊载"谢罪广告"③。根据日本民法起草者之一的梅谦次郎教授的观点，所谓的"适当处分"可以包括道歉广告、当庭道歉、交付道歉信、侵害名誉的撤回等，但实践中最为盛行的主要是道歉广告。根据实践经验，道歉广告通常都是指定刊载的报刊版面，并规定刊载的周期、文字的大小、使用的语言等具体方式，由加害人向受害人承认名誉损害的事实，并刊登以道歉为主要内容的文章。④ 通常情形下，道歉广告的主要内容由确立名誉侵权责任成立的判决书加以指定，且得依替代执行方法加以强制执行。

同处东亚的韩国民法借鉴日本上述立法例，于民法典第 764 条规定，侵害他人名誉的，法院除要求损害赔偿外，"尚得依被害人之请求，命其为恢复名誉之适当处分"。实践中，强制赔礼道歉被认为属于"恢复名誉之适用处分"。

（2）西方国家对赔礼道歉责任方式的借鉴

与东方国家强调人的社会属性以及道德教化不同，西方国家通常强调个人意志、内心信念自主，不认可赔礼道歉作为恢复名誉的救济方式。相较于东方国家在恢复名誉中掺杂

---

①　张红. 不表意自由与人格权保护 [J]. 中国社会科学，2013（7）：110.

②　罗沙，熊琳. 邱少云烈士之弟起诉孙杰、加多宝公司一般人格权纠纷案一审宣判 [EB/OL].［2018-09-17］. 新华网，http://www.xinhuanet.com/legal/2016/09/20/c_1119591088.htm.

③　［日］几代通. 对侵害名誉者命道歉启事之判决 [J]. 庄柏林，译. 台北：法学丛刊. 1959（4）：3；于敏. 日本侵权行为法 [M]. 北京：法律出版社，2006：144.

④　［日］五十岚清. 人格权法 [M]. 铃木贤，葛敏，译. 北京：北京大学出版社，2009：58.

了诸多道德因素，西方国家更倾向于通过公布判决、撤回报道等方式以求受到损害的名誉恢复原状。

德国民法并未规定名誉损害的赔偿责任或补救措施，名誉被损可请求经济上的损害赔偿，也可类推适用《德国民法典》第 12 条第 2 款、第 862 条第 1 款第 1 项及第 1004 条第 1 款第 2 项，判令加害人回复原状。回复名誉原状的方法除公布法院判决外，最常见的是对所谓侵害名誉虚假陈述的撤回（Widerruf）。① 但此种撤回仅适用于事实陈述的撤回，不适用于意见表达的撤回，对于意见表达，法院不得命其撤回。由此可见，对于事实陈述不真实或者错误的，可依法判令其撤回；但是在不构成诽谤的情况下，对于事实的主观认识和表达，则法院不能令其改变。

英国法关于名誉被毁损的救济方法，法院不得命加害人为谢罪广告或撤回、取消陈述的广告，但加害人自动为此行为时，可作为减免损害赔偿之事由考虑。美国法也不承认撤销令，但加害人自发为撤回取消侵害名誉的事实陈述时，可作为损害赔偿（包括惩罚性赔偿金）之减免事由。之所以不强制加害人撤回，是担心如果强制个人作出违反其意志的陈述，会引起禁锢言论自由的争议。但在同属英美法系的加拿大，情况却迥异，近年来加拿大两省专门就道歉的效力立法，并鼓励政府、官员、公众大行道歉之风，以促进民事纠纷尽快完结。先是 2006 年加拿大不列颠哥伦比亚省议会以成文法专门通过的《道歉法案》（*Apology Act of* 2006 *British Columbia*，S. B. C. 2006，C19），继而是 2007 年萨斯喀温省也在其证据法中就道歉的效力作出专条的立法（*Evidence Amendment Act*，*Saskatchewan*，S. S. 2007，C24）。此外，立法者们还酝酿通过一部《统一道歉法案》，以期适用于全加拿大的民事法领域，② 赔礼道歉对于民事纠纷的解决将发挥越来越重要的作用。

中国和加拿大明确规定赔礼道歉作为民事责任；日本、韩国等民法规定"回复名誉之适当处分"；德国有强令刊登撤回不实陈述的做法，也可以理解为是一种程度轻微的道歉。但在英、美国家的法院，虽不得强令赔礼道歉，但如侵权行为人主动赔礼道歉，则可酌定减轻实际的赔偿责任。由此可见，赔礼道歉这一发源于中华传统礼制文化的民事责任制度，不仅在东方国家和地区的立法中获得了一定的认同，在司法实践中也得到了一定的运用，而且在部分西方国家也开始在立法方面孕育、萌芽并接受和移植。

3. 关于赔礼道歉是否违背根本人权的争议

赔礼道歉的责任方式要求被告作出悔罪的意思表示，而这种意思表示可能与被告内心的真实意愿有所差异。法院判决赔礼道歉是强制加害人向受害人承认错误并表示悔改，是公权力为保护人格权而对不表意自由作出的限制。为保护一种基本权利（人格权）而限制另一种基本权利（言论自由），属于基本人权冲突的问题。

客观地分析，赔礼道歉行为应源于合理的伦理的判断、感情及其意志，是一种行为人从心底里发出的自发行为，这种表白才是社会的美德。如果是从外部强制而作出，那么对不认罪（错）的当事人而言是对其内心世界的侵害和扭曲。尽管根据赔礼道歉程度内心

---

① 张红. 不表意自由与人格权保护——以赔礼道歉民事责任为中心 [J]. 中国社会科学，2013（7）. 20.

② 郝维华. 加拿大—中国道歉法的比较分析 [J]. 比较法研究，2011（6）：20.

受到污辱的感觉不尽相同，但赔礼道歉中包括的内容如不是自己内心世界真意的话，有可能给个人的自尊心带来伤害。特别是赔礼道歉广告是以自己的名义在新闻、杂志等媒体上向社会公布违背自己意志的意思表示。

从比较法上看，只有韩国宪法法院判令该国民法第 764 条赔礼道歉规定系属违反宪法第 19 条所规定的良心自由而遭废弃。① 因为作为对国民基本权利限制的谢罪广告"手段的选择非但不适合目的的达成，且其程度亦将过重而逾越韩国宪法第 37 条第 2 款规定的比例原则的界限"。日本虽然也有一定的争议，但最高法院在判决中作出了合宪的解释，只是在实务中对该责任方式的适用更为谨慎。日本的某项判决指出："如果受到损害的名誉已经恢复或名誉损害得到足够经济赔偿的时候，或名誉损害行为的反社会程度轻微、伤害较小时，可以认为不责令刊登道歉广告。"② 在日本的司法实务中，对于道歉广告的谨慎态度已使得其适用范围大大缩减，主要局限于"性质比较恶劣"的名誉诽谤案件，而且多流于形式。在我国的台湾地区，大法官会议通过第 656 号解释，肯定了道歉声明作为一种"恢复名誉适当处分"的合"宪"性，并附加了合"宪"性解释的限制条件，即不得涉及人格尊严之侮辱。③ 该解释的核心在于，为了恢复受害者名誉而强制要求加害人作出道歉声明，是否逾越了必要比例而侵害加害人不表意的自由。

这种赔礼道歉形式在诉讼性质上是相当于形式讼诉，其内容是由国家机关决定的。但从外部表现的行为看，被歪曲为似乎是当事人真实的意思表示，而且是以自己的名义进行的。同时，在谢罪广告过程中无论是自然人还是法人，人格自由发展的人格权被侵害，可能导致人格上的变异和不健全的结果。从这种意义上，谢罪广告的做法侵害了谢罪人的人格尊严与价值以及以此为基础的人格权。

有关赔礼道歉责任方式是否合适的争议，并不存在唯一、确切的答案。关键是该种责任方式是否符合本国社会传统文化与现代法制观念的根本基础。既然赔礼道歉在实践中得到了如此广泛的适用，在一定程度上说明它符合绝大多数人的社会观念。由于加害行为伤害的不仅是无辜的受害人之权益，还包括加害人的良心的丧失或者泯灭，通过强制赔礼道歉尽可能地唤醒侵权人的良心，这在某种意义上说也是对侵权人尊严的恢复而非侵犯。以一般人的立场观之，承认犯错并向他人道歉非但不是对人格尊严的侮辱，反而可能是对其社会评价之提升有好处。德国总理默克尔、俄罗斯总理普京等 20 位国家领导人以及数百名波兰民众于 2009 年 9 月 1 日下午出席了在北部维斯特普拉特半岛④举行的纪念"二战"欧洲战事爆发 70 周年仪式。仪式上，默克尔致辞说："我在这里向二战罹难者致敬，因为承认应为此负责任是我们的义务。"可见，赔礼道歉，不仅仅在人们的日常生活上，而

① 韩大元. 韩国宪法法院关于赔礼道歉广告处分违宪的判决 [J]. 判解研究，2002（1）：199-201.

② [日] 五十岚清. 人格权法 [M]. 铃木贤，葛敏译. 北京：北京大学出版社，2009：200.

③ 释字第 656 号解释："所谓恢复名誉之适当处分，如属以判决命加害人公开道歉，而未涉及加害人自我羞辱等损及人性尊严之情事者，即未违背'宪法'第二十三条比例原则，而不抵触'宪法'对不表意自由之保障。"

④ 1939 年 9 月 1 日凌晨 4 时 45 分，德国法西斯军队向维斯特普拉特半岛上的波兰军队突然发起攻击，从而点燃了"二战"欧洲战场的战火。

且在政治活动中乃至法律制度上，均有其存在和适用之土壤。但是，在民事法责任的适用方式上，可以借鉴其他国家对于赔礼道歉的适用加以限制，对于性质较为恶劣或者仅给予金钱损害赔偿将无法使受害人获得充分救济时，强制适用赔礼道歉的责任是必要的。

事实上，不仅赔礼道歉责任无法被强制执行，其他民事责任也存在不能被强制执行的可能性。对于赔偿损失和承担违约金这样的金钱赔偿责任，如果被执行人无财产可供执行，那么判决书也只能起到宣示正义之效果，胜诉方无法获得实际补偿。当然，如果被执行人增加了资产，在执行时效的范围内即应当恢复执行。此外，返还原物以原物存在为前提，恢复原状、修理、重作、更换等以事实上可能以及费用的经济性为前提。因此，对于"一种无力强制执行的责任形式是否还能称之为责任"的提问，回答是肯定的。强制"可能是心理性质的，也可能是有形的，直接产生作用的，或间接产生作用的"。① 如果法律对赔礼道歉无能为力，那么这种法律责任规定出来就变成了一句空话，权利人所遭受的精神损害也难以抚平。

赔礼道歉难以被强制执行，仅指被告不愿意主动履行或者无法通过申请法院强制执行来体现，而非真正指法院无法处理。从目前的实务操作来看，针对侵权者"赔偿可以，道歉绝不"的拒绝配合状态下，法院通常会有区别且有针对性地采取以下不同的措施：（1）加害人愿意主动口头道歉、书写道歉或道歉声明，其内容由法院审定后，由法院发布。这种情况在加害人配合的情况下，一般可以实现。（2）如果上述方法无法奏效，法院只能以加害人的名义登报向受害人道歉。这实际上并非是加害人的道歉，而是法院"代表"或"代替"加害人道歉，而事实上内心之道歉是无法被"代表"或"代替"的。（3）法院登报公布判决书或相关内容，登报费用由侵害人承担。② 但是此种方式在法理上难以立足。除涉及国家秘密、商业秘密、个人隐私和保护未成年人等少数特殊情况的案件审理不公开外，判决书在法治国家中都应当公开。故针对赔礼道歉的强制执行采取登报公布判决书是对判决书的第二次公布，既然已经有了网上公布这个渠道，那么这第二次公布又如何能起到赔礼道歉的效果呢。义务人针对第二次公布，只是多出了一份登报费，与其应当承担的赔礼道歉义务没有关系。而且，公布判决书只能起到澄清事实的作用，与道歉无关。（4）对于在庭审中明确表示拒绝赔礼道歉的，在判决中增加精神损害赔偿数额。③ 但赔礼道歉是针对精神损害的精神慰抚，与精神损害的金钱慰抚方式本质不同，否则就没有其被单独立法规定之必要了。

对于赔礼道歉的强制执行，有学者提出通过发表谴责声明的方式替代强制执行赔礼道

---

① ［德］马克斯·韦伯. 经济与社会（上）［M］. 林荣远，译. 北京：商务印书馆，1997：347.

② 安徽省高级人民法院"（2006）皖民三终字第0008号"《民事判决书》，文摘周刊报社与焦友龙侵犯著作权纠纷上诉案所列："（二）文摘周刊报社于判决生效之日起三十日内在《新安晚报》上刊登向焦友龙赔礼道歉的声明（逾期不执行，本院将在报纸上公布本判决内容，相关费用由文摘周刊报社承担）。"

③ 有学者认为，赔礼道歉具有类似于精神损害赔偿的作用，当赔礼道歉无法实现时，可以加重精神损害赔偿额度来代替。崔建远. 债法总则与中国民法典的制定——兼论赔礼道歉、恢复名誉、消除影响的定位［J］. 清华大学学报，2003（4）：69-70.

歉。① 但细究起来，无论间接执行、替代执行还是赔偿执行，皆非赔礼道歉义务人的主动表现，不是一种心悦诚服之表意行为。由受害人发表谴责声明仍然是受害人单方意思表示，是一种变相的"以牙还牙，以眼还眼"的反制方式，与赔礼道歉系发自加害人内心而由其亲自表达之立法初衷相去甚远。

良知是社会正义之必要土壤，也是个人追求良好的外在形象之源泉和动力，更是内心向善、向上的必备条件；而名誉则是社会对个人的良好评价，展现了个人良好的外在形象。当一个人的形象因其先前恶行而被破坏后，为了重塑形象，其必须首先反省并向受害者致歉，之后再将功补过，以求向善。如果我们的法律能朝着这个方向发展，道歉将变得更为主动，道歉所要达到的安抚被害人的作用将更容易实现，加害人欲通过道歉追求的内心忏悔更容易表达。赔礼道歉作为一种"无强制力的法律责任"，可为加害人真心悔过提供压力以及正当性。如果庭审已经查实加害人的言论构成侮辱或者诽谤，且判决要求加害人赔礼道歉，但加害人拒绝赔礼道歉，则该项公开的判决就是对加害人无穷无尽的谴责，直至其主动道歉为止。理想的社会状态需要主动的道歉，需要谦卑的内心压抑，需要知错就改的道德指引，需要体现出任何人都应该有向善、向上发展之内心动力。和解有利于共识的达成，社会健康、持续发展需要在和解的氛围中不断达成新的共识。法律在惩恶的同时也应体现出扬善。赔礼道歉虽是一项不可被强制执行的责任，却是对不洁灵魂的"洗涤剂"，当一项判决对加害人的良知、负罪感唤醒之时，就是该种无法被强制的责任"强制力"实现之时。由此可见，赔礼道歉体现了"微言大义"的责任。

【知识链接 7-2　赔礼道歉不可强制执行】

（六）消除影响、恢复名誉

消除影响、恢复名誉并列作为一种承担民事责任的方式，是指违法行为人侵害他人的人身权利，损害其名誉、荣誉时，受害人有权要求加害人在影响所及范围内以公开的形式承认侵害过错、澄清事实、消除所造成的不良影响，以恢复权利人未受损害时社会对其品行、才能或信用的良好评价的责任措施。

消除影响、恢复名誉作为一种民事责任形式，对应的是侵犯人格权的名誉、荣誉、信用权的行为。只有侵权人的行为导致权利人的名誉受损，使不明真相的人对权利人造成错误的认识，从而导致了权利人社会评价的不当降低，此时才有侵权人承担消除不良影响以恢复权利人应有名誉之责任。通常，在合同领域的违约行为，或者一般的侵犯物质性人格权的侵权行为之中，不会造成权利人的名誉受损，故而也不会适用消除影响、恢复名誉之民事责任。

---

① 葛云松.民法上的赔礼道歉责任及其强制执行 [J].法学研究，2011（2）：122.

四、免责事由

免责事由是指减轻或免除行为人责任的事件、情形和理由之统称。侵权民事责任的免责事由，又称为侵权民事责任的抗辩事由，是指侵权行为人针对权利人要求承担侵权民事责任的请求而提出的，证明作为原告的权利人之诉讼请求不能成立或不能完全成立之事实。侵犯人格权的免责事由，须符合以下条件：第一，免责事由须是客观存在、已经发生的事实。第二，免责事由，是对抗对方当事人行使请求权的客观事实。第三，一定的免责事由总是以一定的归责原则和责任构成要件为前提的。

（一）不可抗力

《民法典》第187条规定，不可抗力是不能预见、不能避免且不能克服的客观情况。不可抗力是指当事人不能预见、不能避免并不能克服的客观现象，既包括自然现象，如地震、洪水、台风、火山爆发等，也包括某些社会现象，如战争、暴乱等。不可抗力对于行为人来说已超过了其能够预见、防范之限度，行为人主观上并无过错。因不可抗力或者造成他人人格利益受损的，不承担民事责任，法律另有规定的除外。

（二）正当防卫

正当防卫，是指根据法律规定，为了保护公共利益、自身或他人的合法利益，对于正在进行非法侵害的人给予适当的还击（损害），以排除或减轻违法行为可能造成的损害。正当防卫行为是合法行为，因此，《民法典》第181条规定："因正当防卫造成损害的，不承担民事责任。正当防卫超过必要的限度，造成不应有的损害的，正当防卫人应当承担适当的民事责任。"正当防卫的构成应具备以下几个条件：（1）防卫的目的是为了保护自己或他人的合法利益或社会公共利益。防卫目的之正当性是正当防卫的前提条件。（2）防卫的时间条件是侵害行为正在实施。（3）防卫的对象只能是加害人。正当防卫的目的是为了排除或阻止不法侵害，只有针对加害人才能达到目的，因此不允许对加害人之外的人进行所谓的防卫。如果加害行为来自动物，对动物进行反击也构成正当防卫。（4）正当防卫不应超过必要之限度。正当防卫以能够阻止加害行为为限度，如果超过了这一限度，对加害人造成了过重之损害，则构成防卫过当。防卫过当而造成不应有之损害的，应当承担相应的民事责任。

（三）紧急避险

紧急避险，是指在危险情况下，为了使社会公共利益、自身或他人的合法权益免受更大的损害，在迫不得已的情况下采取的致他人或本人损害的行为。紧急避险行为应具备以下几个条件：（1）必须有正在发生的危险，威胁到本人、他人的利益或社会公共利益。（2）除了采取紧急避险的方式外，没有其他可以排除危险的方式。（3）紧急避险行为不应超过必要的限度。所谓必要的限度，一般是指因紧急避险造成损害的利益应小于被保护的利益。《民法典》第182条规定："因紧急避险造成损害的，由引起险情发生的人承担民事责任。危险由自然原因引起的，紧急避险人不承担民事责任，可以给予适当补偿。紧急避险采取措施不当或者超过必要的限度，造成不应有的损害的，紧急避险人应当承担适当的民事责任。"在人格平等的前提下，任何人均不得以"紧急避险"为由侵害或舍弃他人的性命来保全自己或其他特定人的生命。亦即，人的生命只能是紧急避险的保护对象而不能成为紧急避险所要舍弃的对象。

（四）自觉自愿

民事侵权应当承担相应的责任，但在一些特殊情况下行为人可以免责，这样可以更好地维护当事人的利益。受害人同意的自觉自愿，是指受害人事先能够预知可能发生某种对自己损害的后果，在不违反法律和社会公共利益之前提下明确表示愿意自行承担该有可能发生的损害结果之意思表示。这种意思表示的构成要件包括：（1）有同意承担损害后果之内容；（2）意思表示应采取明示的方式，不能以默示方式推定；（3）有可能发生之损害后果，不应违背社会公共利益与法律；（4）受害人的同意应当在损害发生前作出，损害发生后受害人同意免除加害人的责任，只是一种责任的事后免除方式，不同于受害人同意之行为。

五、新闻侵害人格权的抗辩事由

新闻自由和人格权保护之间是博弈的关系。新闻侵害人格权造成的损害，加害人理所当然要承担民事责任。由于新闻媒体肩负着履行舆论监督、满足公众知情权等使命。因此，必须考虑新闻传播的特点和社会价值，在明确新闻侵害人格权要承担责任的基础上确立相应之抗辩事由，从而给予新闻媒体更广阔的播报平台，保障新闻自由的实现，促进新闻舆论监督职能的发挥，实现言论出版自由和批评自由，维护社会公共利益以促进社会的和谐发展。在诉讼中，抗辩事由可以保护正当的新闻行为不受相对人滥用诉讼权利的侵害，以平衡双方的诉讼利益。

赋予新闻传媒以人格权侵权的抗辩，其法律依据在于：《宪法》第35条、第41条分别规定："中华人民共和国公民有言论、出版、集会、结社、游行、示威的自由。""中华人民共和国公民对于任何国家机关和国家工作人员，有提出批评和建议的权利……"可见，新闻自由作为言论出版自由的一部分，是为公共利益服务的，必须给予应有之保护。

（一）报道内容符合新闻性、真实性

1993年最高人民法院发布的《关于审理名誉权案件若干问题的解答》第8条规定了三种情况："文章反映的问题基本真实，没有侮辱他人人格的内容的，不应认定为侵害他人名誉权。文章反映的问题虽基本属实，但有侮辱他人人格的内容，使他人名誉受到损害的，应认定为侵害他人名誉权。文章的基本内容失实，使他人名誉受到损害的，应认定为侵害他人名誉权。"这是司法解释对"真实性"作为抗辩事由的原则性规定。但是实践中如何认定新闻内容"基本真实"或"严重失实"仍然缺乏评判的标准。

在判断"真实性"的时候，应当根据新闻规律的特点来界定，首先要求"来源真

实"，新闻媒体或记者对于要报道的事实来源应该是客观存在的，不是凭空捏造或者以讹传讹的，一般来说要求有明确合理的消息来源（当事人直接提供或权威机关提供）或者作者亲身经历、实地调查等。其次要求"确信真实"，即作者应该以一个谨慎勤勉的合理思维，冷静地站在客观的立场去观察分析所涉及的事实，并注意搜集和保存相关的证据进行必要的核实。最后要求"平静叙述"，即在编写的过程中运用应尽量使用描述性字词而非带有强烈主观色彩的用词，尽可能多地使用事实陈述而非价值评判的表达。只要新闻媒体和作者不存在主观过错，其报道具有真实性时，通常会获得相应之抗辩权。

（二）权威消息来源

权威消息来源，为有限特权的适用。在英美等国侵权法中，媒体享有不同种类的特许权，权威消息来源即是其中之一的抗辩权。只要新闻媒体能够准确地指向权威机关所提供的新闻素材，即使其所报道的内容不真实或与事实有重大的出入，也不构成新闻侵权，新闻媒体仅负更正之义务。[①]

1998 年最高人民法院《关于审理名誉权案件若干问题的解释》第 6 条规定："新闻单位根据国家机关依职权制作的公开的文书和实施的公开的职权行为所作的报道，其报道客观准确的，不应当认定为侵害他人名誉权；其报道失实，或者前述文书和职权行为已公开纠正而拒绝更正报道，致使他人名誉受到损害的，应当认定为侵害他人名誉权。"在我国，权威消息来源仅限于"国家机关依职权制作的公开的文书和实施的公开的职权行为"，其范围还是比较狭窄的。国家机关，指的是国家立法机关、行政机关和司法机关，其他非国家机关如社会团体、事业单位不能作为权威消息来源中的"权威机关"，但也并非国家机关的所有的消息来源都可归属于"权威消息"来源。以作为权威消息来源，只有国家机关"依职权制作的公开的文书和实施的公开的职权行为"才能作为抗辩的事由，例如法院的判决和裁定，行政机关的行政决定。如果不是对外"公开"的而是内部保密的或者传播范围仅限内部交流的，新闻媒体同样不享有特许权。

"权威消息"来源的新闻具有确信性，如果发生差错，或者事过境迁，发生变化，新闻单位是不可能预见的，因此没有过失，不应对差错的后果承担法律责任。媒体准确报道权威消息来源提供的新闻材料可不负诽谤责任，如有出入，媒体只负更正义务。但是，尽管有权威的来源，新闻媒体在报道前仍有相应的审查义务和谨慎义务。

（三）客观公正评论

公正评论，是指新闻媒体和作者对当前发生的新闻事实、结合社会关注的热点或者与公共利益息息相关的问题进行讨论，善意地发表其观点、看法或提出批评意见。公正评论是国际诽谤法上公认的新闻侵权免责的法律原则之一。报道事实和发表评论是新闻报道中最主要的两项任务，然而事实和评论有根本的区别，新闻事实必须尽最大限度符合客观事实，首先应当是客观的；新闻评论却是主客观相结合的且主观性显得更强，作者在评论当

---

① 刘迪. 现代西方新闻法制概述［M］. 北京：中国法制出版社，1998：221.

中必然会带有个人喜恶，以个人所认同的价值观标准去衡量事物，然事实只有一个，而评论、看法、观点却有不同种。根据英美法的实践，评论者欲证明自己符合公正评论原则而得以免责，须符合以下三个条件：

第一，依据事实真实。新闻评论能否做到公正，与基础事实的真假有着密切的联系。"真实性"的确定，不应以"客观真实"为标准，新闻报道追求时效性，且新闻机关的调查能力有限，纯粹的评论侧重的是作者对于某种社会现象的看法，由此对于真实性的要求，应当综合考虑主客观方面的要求，允许一定"安全失实区"的存在。① 首先，评论客观上有真实的消息来源，评论者旨在通过对于事件的分析以表达自己的观点和立场。其次，新闻评论的消息来源往往比较复杂，来源真实并不意味着与真实情况完全吻合，因此评论者主观上必须是立足于相信事情的真实，而没有主观恶意地加以歪曲。

【案例链接 7-2　央视"毒毛巾"案】②

第二，评论所涉及内容必须是与公共利益有关的。公共利益是公正评论的应有之意，包括评论任何国家机关、社会团体、事业单位、各党派以及公民个人与社会公共利益攸关的各种举措和行为，还有公共事件、灾难事件等。

第三，评论者主观无恶意。只有在表达者评论的动机应当是为了促进社会事务的良性发展，法官断案时才能有利益衡量的基础。在 1906 年的 "Thomas v. BraEBury, Agnew & Co., Ltd. and another" 一案中，判决明确指出恶意可以使公正评论抗辩无效。③ 理查法官归纳了如下原则：首先，诚实的确信可用以判断公正的界限。其次，被恶意扭曲的评论对于评论人来说不可能是公正的。最后，证明评论者是恶意评论的证据是可采纳的。一般认为，诽谤法的恶意意味着敌意和诽谤动机，其认定标准在于有无使评论"扭曲"。例如，《北京晚报》曾经报道《苍蝇聚车间，污水遍地流，某酱菜厂卫生不合格受处罚》。该酱菜厂起诉报社构成新闻侵权责任，理由之一是记者在一同检查卫生时在现场仅仅捉到五只苍蝇，就批评为"苍蝇聚车间"，显然与事实不符。报社答辩，三者即为聚，因此"苍蝇聚车间"的事实基本属实。法院支持了报社的合法抗辩。

---

① 周林彬，方斯远. 论新闻侵权中的公正评论原则 [J]. 当代法学，2008（1）：20.

② "毒毛巾"厂状告央视报道续：不服判决再申诉 [EB/OL]. [2018-08-10]. 搜狐新闻，http://news.sohu.com/20080507/n256714091.shtml.

③ Thomas v. BraEBury, Agnew & Co., Ltd. and another COURT OF APPEAL [1904—1907] A11 ER REP 220；[1904-07] A11 ER REP 220. 本案中，原告起诉被告对其所著的书进行的批判构成诽谤，被告以公正评论抗辩主张免责，并认为如果撇开外在的证据，仅仅从文章本身来看，其并没有招致公正评论的界限被逾越的诉讼，那么实际恶意的证明并不能对被告的免责造成任何影响，但是主审法官 Sir Richard Henn Collins MR 认为，被告这一观点是"可怕的"。因为其隐含着这样一种观念，即公正评论是一种绝对的抗辩，而且必须以一种抽象的标准来衡量。这一标准很大程度上独立于作者的观念、动机及其与被批评文章作者的私人关系。然而，实际的情况是，在普通法中，"恶意从来都是公正评论抗辩需要考虑的要素"。

(四) 连续性报道

一个连续性的报道,要以最终报道为准,可能开始时有的话说得不全面或者不好听乃至不准确,但是最后都纠正过来了,就应该是一个正常的报道。在《中华人民共和国侵权责任法草案专家建议稿》第66条中,曾经规定了连续报道的抗辩事由:"连续报道,最终报道内容真实、合法。"①

连续报道是新闻侵权抗辩事由中的完全抗辩,符合连续报道要求的新闻报道,可以对抗新闻侵权请求权,不构成新闻侵权责任。上海市静安区人民法院于2002年12月18日作出了"不予支持"原告范某某的诉讼请求的一审判决。② 法院认为,传媒必须遵守新闻出版法规,刊载新闻报道必须真实、准确、公正。不得刊载虚假、失实报道,更不能侵害他人名誉权。同时,传媒有行使新闻报道自由的舆论监督权。法律既要保护公民的名誉权,又要依法支持新闻单位行使舆论监督权。"这是根据新闻传播做的求证式报道,且被告经过一系列的报道后,最终又及时地以《真相大白:范志毅没有涉嫌赌球》为题为原告澄清了传闻,给社会公众以真相,端正了视听。被告的系列报道是有机的、连续的,它客观地反映了事件的全部情况,是一组完整的连续报道","被告的报道没有造成原告社会评价的降低",因此不构成侵权。③

连续报道,应当符合以下条件:(1) 前导报道的消息来源不是一个肯定的事实,而是一个推测或者传闻的事实,报道时应当明确其报道的事实是不具有肯定性的事实。如果前导报道时即采取肯定性的态度进行报道,则该报道构成侵权,即使后续进行了新的报道,也不能构成连续报道,仅作为事实更正。(2) 后续报道是及时的,应当保证与新闻事件的进展保持基本上的同步,不能有过长时间的拖延。(3) 连续报道的最终结论是肯定性的、真实的,不涉及侵害被报道人的人格权问题。(4) 媒体报道时应具有善良目的,态度实事求是,为事件真实而进行公正报道,不具有侵权之直接或间接的故意。(5) 连续报道的各次报道在版面上处理适当,即版面语言使用适当,不得将否定性的报道使用突出的版面,肯定性的报道使用非突出的版面。

如果在一个连续性的报道中,媒体故意利用这种形式,先对被报道对象进行恶意报道和评论,然后再用后续报道慢慢地补回来,恶意追求的是前导报道所造成的损害后果,这样的"连续"不构成可抗辩之连续报道,应承担新闻侵权责任。

(五) 被报道人 (受害人) 同意

被报道人同意,是指受害人允许新闻媒体报道与其有关的新闻消息,对该消息的公开造成的损害后果不得要求新闻媒体承担责任。民事权利具有可放弃性,受害人对有关其人格利益的内容同意公布,应当预见到将会产生的后果,其自愿放弃权利是处分权能之体

---

① 杨立新. 中华人民共和国侵权责任法草案建议稿及说明 [M]. 北京:法律出版社,2007:18.

② 曾恒清. 范志毅 "赌球" 侵权案 国内首次认定 "公众人物" 概念 [EB/OL]. [2018-08-12]. 新浪网, http://sports.sina.com.cn/b/2005-06-27/02171635073.shtml.

③ 上海市静安区人民法院 "(2002) 静民一 (民) 初字第1776号"《民事判决书》。

现，新闻媒体对此无过错，受害人不能在同意公布有关信息后又出尔反尔起诉新闻媒体侵权，这将会影响新闻媒体正常的运作，扰乱社会秩序。受害人同意，必须符合以下几个条件：

第一，必须具有完全民事行为能力。同意是一种意思表示，这种意思表示要求行为人有完全民事行为能力。因此，限制民事行为能力人或无民事行为能力人要经过其监护人的同意才能作出同意新闻媒体报道之意思表示。

第二，出于自愿。当事人应在未受任何胁迫或欺诈之下进行意思的表达，如果是在威逼利诱之下作出的同意则不具有法律效力。

第三，必须同意。受害人表示同意必须是事前明确告知新闻媒体允许其公开的，或者当新闻媒体征求其意见时以口头或书面形式表示同意。在采访的过程中，新闻媒体要取得受害人同意方能公开新闻内容，否则就可能构成侵权。

第四，受善良风俗的限制。并不是所有的内容只要经过受害人同意就可以公开，如果新闻报道涉及的内容违背社会公序良俗、违反公共道德乃至法律的，受害人不能同意公开。例如，受害人从事黄色事业并愿意公开其交易过程，但由于公开这个过程有伤风化，因而新闻媒体亦不得公开。

立法具有相对的稳定性，而社会关系的复杂多变使得法律规定往往难以将所有的问题一览无遗，因此就有了一般人格权的兜底性规定。对人格权侵权的行为样态也是随社会环境的发展变化而呈现出多样化之态势，但任何对人格权的侵权行为在民事责任的承担方面，无非就是适用《民法典》所规定之11种责任形态，尽管相关的民事责任可以单独适用或者并用，但真正能够适用于人格权侵权的并非是全部的责任种类，尤其是赔礼道歉这种特殊的责任形态，其承担有一定的前提条件和具体的方式。对侵犯人格权的行为样态以及责任形式的研究，不但要考虑到其他国家的立法和司法，更多的还要立足于本国的国情以及考虑到历史文化传统。事实上，就人格权的侵犯而言，特别是在人的尊严这一部分，并非是以诉讼或者判决金钱赔偿就可以化解一切矛盾的。故此，除了考虑法条的制定外，还应该更多地让公民们了解到尊重他人的人格权之意义和价值。

第八讲 生 命 权
——一切权利之基础

人需要拥有生命才能享受到生命所带来的任何其他利益，因此生命就是人享有其他一切权利的基础。身体发肤受之父母，生命是崇高的、无价的，没有高低贵贱之分，亦无相比之下优先与后序之说，它不能被他人非法剥夺，也不能被自己任意抛弃、更无法转让。自然人享有的保持其生命得以延续和保证其生命不受外界侵害所享有的权利就是生命权。生命权是人格权中最基本的权利，它以自然人的性命维持和安全利益为内容，任何人的生命权未经法定程序，不得任意剥夺。

由于生命权作为人格权基础的重要性，2017 年 3 月 15 日颁布的《民法总则》第 110 条规定，自然人享有生命权、身体权、健康权、姓名权、肖像权、名誉权、荣誉权、隐私权、婚姻自主权等权利。《民法典》第 1002 条不但明确规定了生命权，而且将生命权放在了所有具体人格权的首位，由此亦可见生命权的重要性以及法律对生命权保护的重视。

一、生命与生命利益

（一）生命

1. 生命的界定

谈及生命权，首先要谈到生命权的基础——生命。生命，是由核酸、蛋白质等生物大分子所组成的生物体，不断进行着物质、信息和能量交换的一种综合运动形式。从生物学角度来看，生命是动植物的存续状态，是蛋白质的存在，也可以说是有生命物质的存活状态[1]。法律上所称之生命，是自然人的生命，不包括动植物以及人以外其他动物的生命。因为法律上的生命指的是自然人的人格利益，是个人享有一切权利的基础；而且法律上的主体唯一的就是人而从来不会扩展到其他的生物。19 世纪下半期，恩格斯根据当时生物学研究成果，提出："生命是蛋白体的存在方式，这种存在方式本质上就在于这些蛋白体的化学组成部分的不断的自我更新。"[2] "生命的起源必然是通过化学的途径实现的。生命主要是由核酸、蛋白质大分子组成的，以细胞为最基本单位的复合体系的存在方式。这种复合体系的组成部分，不断通过自我调节控制，在同体外环境进行的物质、能量、信息

---

[1] 王利明. 人格权法研究 [M]. 北京：中国人民大学出版社，2005：303.

[2] 马克思恩格斯选集（第 3 卷）[M]. 北京：人民出版社，1972：120.

的交换过程中，实现自我更新、自我保存、自我复制、自我组织。"①

【知识链接 8-1　蛋白质与生命的关系】

生命起源源远流长，生命的出现意义深远，崇高且伟大。生命，是指生物体所具有的活动能力。但法律意义上的生命仅指自然人的生命，是人体维持生存的基本的物质活动能力，不包括人以外的动植物以及微生物等的生命。

【知识链接 8-2　关于生命起源的不同观点】

【知识链接 8-3　达尔文的进化论】

2. 生命的开始

在法律上就自然人的个体而言，生命主体的确认始于出生。罗马法规定的出生的条件有四个：胎儿与母体完全分离；须为活体；须具有生存能力；须具有一般的人形，如是畸形，则被认为是怪胎。由于当时迷信观念盛行，认为怪胎是不祥之兆，将祸国殃民，因而家长可杀死畸形婴儿。如《十二铜表法》第 4 表第 1 条规定："对畸形怪状的婴儿，立即杀之。"②

关于出生时间的界定有不同的学说：全部露出说，认为以胎儿身体全部脱离母体之时为出生时间；断带说，认为以剪断脐带之时为出生时间；初啼说，认为以婴儿第一声啼哭之时为出生时间；独立呼吸说，认为胎儿脱离母体后能独立呼吸为出生的时间。前三种理论各有不足之处，例如全部露出说欠"生"的要素；断带说则未免时间太迟；初啼说也因个体差异，啼哭有早有晚，并且哑儿不哭；第四种理论，即独立呼吸说为通说，它符合出生必须具备的两个条件，即一必须是"出"，脱离母体；二必须是"生"，是活体，即能够独立呼吸，至于出生的方式（剖腹或正常生产）以及存活时间，则在所不问。

3. 生命的终止

生命终于死亡。死亡指没有生命特征，是机体生命活动的终止。死亡是生命过程的一个重要阶段，是生命的必然结果和归宿。人和高等动物的死亡分为因生理衰老而发生的生理死亡或自然死亡；因病而致的病理死亡；因受物理、化学或其他因素所致的意外死亡三种。死亡是一个过程，病理生理学上分为三个阶段：（1）濒死期：脑干以上各种神经中枢明显抑制，机体所有机能深度减弱，仍有微弱呼吸与心跳，机体代谢发生严重改变而未

---

① 金炳华. 马克思主义哲学大辞典［M］. 上海：上海辞书出版社，2003：471.
② 周枏. 罗马法原论［M］. 北京：商务印书馆，1996：117-119.

完全停止。（2）临床死亡：心跳和呼吸停止，反射完全消失，还保持着微弱的代谢过程，经抢救有复苏的可能。（3）生物学死亡：整个机体的重要生理功能停止并进入不可恢复状态。先是大脑皮层，然后整个中枢神经系统发生不可逆变化，以后全身各个器官和组织的机能相继发生分解。① 而在法学上对何谓死亡的界定虽根据医学上的知识作为基础，但仍出现以下几种不同的观点：一种是呼吸停止说，认为呼吸永久性不可逆的停止时，即为死亡；另一种是综合判断说，以心脏鼓动与自发性的呼吸不可逆的停止，以及瞳孔放大为综合的判断标准，亦即以三征候说来判断人的死亡；其他的还有择一特征说，认为呼吸停止、脉搏停止或瞳孔放大，只要其中之一出现不可逆的停止时，即为死亡。在上述各种说法之间，以三征候说为通说。②

综上，生命个体通常要经历出生、成长和死亡的阶段。生命具有不可逆转和不可替代性，中国社会一直就有"人死不能复生"之语，而康德在《法的形而上学原理》中也说道人的生命"没有什么法律的替代品或替代物"。③ 法学上所称之生命，是指自然人的生命，是人体维持其生存的基本的物质活动能力。④ 自然人的生命是自然人得以存在的体现，是公民享有权利和承担义务的前提和基础，是自然人的最高人格利益。其他生物有生物意义上的"生命"，但是相对于人这一法律主体来说，动物就是客体，就不是法律意义上的"生命"，因此动物并不享有生命权。

（二）生命利益

生命利益，在法律上具有其特殊的含义，它是指作为法律主体存在的自然人的最高人格利益。⑤ 无论在政治还是人文环境中，人始终都是核心。生命利益高于一切，只有重视了人这个本体，才能有更多的力量来重视这个社会。而在社会大生产和分工日益精细的今天，人作为人，有时却无法享有作为生命存在之优越感，反而迫于生计而不断压榨乃至放弃掉自身的生命利益。随着越来越多的过劳死和猝死的案例出现在公众视野中，我们不禁要问，是什么利益让生命为其让路？

【案例链接8-1 与"猝死"相关之案件】⑥

---

① 林荫亚，萧俊等.医学人文科学词汇精解［M］.上海：第二军医大学出版社，2002：16-17.

② 黄丁全.医疗、法律与生命伦理［M］.北京：法律出版社，2004：31-32.

③ ［德］康德.法的行而上学原理［M］.北京：商务印书馆，1991：166.

④ 魏振瀛.民法［M］.北京：北京大学出版社，2000：642.

⑤ 王利明.人格权法研究［M］.北京：中国人民大学出版社，2005：303.

⑥ （2013）东二法民一初字第1370号《民事判决书》［EB/OL］.［2018-09-10］.中国裁判文书网，http：//wenshu.court.gov.cn/content/content? DocID = db6defcb-6fe0-4ff5-a810-9878b359ad1d&KeyWord =%E5%BE%90%E8%BE%BE%E7%A7%91.

二、生命权

(一) 生命权的含义

有的学者认为，生命权有广义和狭义之分。广义的生命权其实是指人生活中的各种权利，包括人的政治、经济、文化、教育等权利的各个方面，狭义的生命权则专指法律保障下任何人的生命不被无理剥夺的权利，西方某些学者称之为不被杀害或不受被害威胁的权利。[1] 广义的生命权含义难以将生命权与人权划分开，因此本书采取的是狭义的生命权的概念。任何人的生命权未经法定程序，不得任意剥夺。

关于生命权的定义，从刑法学角度是指自然人具有的保护和维持其生命，不受任何非法侵害的权利，是故意杀人罪侵犯的直接客体。剥夺他人生命的行为，应当负杀人罪的刑事责任。[2] 从民事法律的角度来看，生命权是自然人作为人的存在、作为权利主体的前提条件，也是公民行使其他民事权利的基础。生命的存在和生命权的享有，是每个人的最高人身利益。因此，保全生命不受非法侵害是每一个公民最重要的人身权利。

生命权是人权中最基本的权利。生命属于人的根本利益，这使得维护人之生命安全成为法律的根本任务之一。确认和维护自然人的生命权，保障生命不受非法剥夺，保障生命在受到各种威胁时能得到积极之维护，从而维护人的生命活动之延续，是生命权的重要内容。当生命存在危险时公民可以根据情况选择自我防卫 (私力救济) 和请求国家和社会的帮助 (公力救济)，一个制度健全的国家有义务给其公民应有的生命安全保障。任何人的生命得拒绝非正义的侵犯，非经法律程序不得剥夺。

【案例链接 8-2　种族灭绝的罪行案件】[3]

(二) 生命权的主体

生命权的主体是自然人，而不包括人以外的动物和植物。

早期的奴隶社会把奴隶当做私有物，可以任意买卖和屠杀。我国早期的封建社会强调三纲五常的伦理观念时，也有 "君叫臣死，臣不得不死，父叫子亡，子不得不亡" 的人伦理念，从而使得对生命摧残和践踏有了合法的托辞。人类文明发展到如今，人们越来越关注人作为人本身应该有的权利。《民法通则》第 98 条规定 "公民享有生命健康权"。这里的公民是指享有民事权利的自然人，即《民法通则》第 9 条所说的 "公民从出生时起

---

① 刘长秋. 我国生命法的现状及其体系的构建与完善 [J]. 上海交通大学学报 (社科版), 2002：23.

② 孙膺杰, 吴振兴. 刑事法学大辞典 [M]. 延吉：延边大学出版社, 1989：186-187.

③ 朱成山, 卢彦名. 二战中的国际大屠杀与民众受难 [J]. 东北亚论坛, 2014 (5)：3-5.

到死亡时止，具有民事权利能力，依法享有民事权利，承担民事义务"。《民法典》第110条也规定"自然人享有生命权"。两部法律规定的自然人享有生命权的时间均是始于出生，终于死亡。

胎儿是否为生命权的主体，在民法界争议一直比较大。胎儿生命权否定说认为胎儿不具有民事权利能力，则胎儿当然不享有生命权。"胎儿虽具有生物意义上的生命，但不是法律意义上的生命。法律上的生命仅指出生后自然人的生命，胎儿并未出生，胎儿不是民事权利主体，不享有民事权利，不享有生命权。"①

胎儿生命权肯定说认为，胎儿已具有生命形式，从尊重生命和实现人类自身全面保护的需要，应当肯定胎儿生命权。民事主体理论在不断发展，赋予胎儿民事权利能力也不是没有可能。而对于否定说提出的涉及的伦理和价值选择和司法实践障碍，在民事主体框架内，可以通过立法技术予以弥补。肯定说强调人是目的，法律是手段，现行法律制度中的障碍不能成为否定保护胎儿生命利益的理由，并形成了保护胎儿生命的"权利能力说""法益说""侵权责任说"。② 客观上，应对胎儿的生命利益予以保护，只是这种保护也是有限度的保护，不能与已经出生的婴儿同等保护。否定说虽然提出了胎儿生命利益保护所面临的众多问题，但这并不能成为反驳胎儿生命权存在的理由。《民法典》第16条就规定，"涉及遗产继承、接受赠与等胎儿利益保护的，胎儿视为具有民事权利能力"。

（三）生命权的内容

一般认为生命权的内容是以自然人的生命利益为客体的权利。在生命权的内容问题上有三种观点：第一种，认为生命权人有权享有自己的生命利益的生命享有权、以安全利益为内容生命维护权、生命利益的有限支配权。③ 第二种，认为生命权的内容包括自卫权和请求权。第三种，认为生命权的内容包括生命安全维护权、司法保护权和生命利益支配权。

生命权的内容，实际上指的是生命权的保护领域，即生命权保护应包括那些领域，哪些具体权利构成生命权的权利体系。维护生命和安全利益，实质为生命权的一项基本内容，要维持生命应以安全为必要，只有保护生命安全，防止生命被非法剥夺，才能维持生命利益。自卫权并不是独立的生命权的内容，而是生命安全维护权之体现。司法请求权属于维护生命和安全利益的派生权利，是基本权利的必有内容。因此，生命权的内容为生命延续权、生命防卫权和有限的生命利益支配权。

（四）生命权的行使

生命权的行使，是对生命权内容的保护，是否有效的保护生命权的内容是生命权能否得到保障的直接考量值，也是生命权的保护依据。生命权是否有效行使，是对生命质量的有效考量。

---

① 郑俊志. 论出生前的侵害 [J]. 法治与社会，2007（6）：49.
② 郑玲玲. 胎儿生命权探析 [M]. 北京：中国政法大学社，2011：5-6.
③ 王利明. 人格权法研究 [M]. 北京：中国人民大学出版社，2005（1）：318-319.

1. 生命延续权

当生命受到威胁或迫害等状况时，公民有权请求国家、政府、社会的救助以保障生命安全免受侵犯。国家有义务保护公民免受不法侵害，通过国家公权力机关来惩治侵权人，通过国家机器来保护人们的日常生活，使生命安全免受打扰。当公民因为疾病、自然灾害或是不可抗力有现实生命危险时，可以请求国家的医疗和社会保障机构给予保护，从而有效地保护生命，不至于失去生命安全保障。可见，生命延续权，是在生命受到侵害、妨碍或是威胁时，权利人可以行使的权利，当权利处于完整状态是不需要行使的。

2. 生命防卫权

人作为高级动物的同时，当生命遭遇危险时本能地会进行规避或是防卫。而在法律上，赋予了自然人以正当防卫权。自然人的生命，有防止被他人干扰的权利，当生命遭受侵犯时自然人为保全生命权，有权实施紧急避险、正当防卫，即便由此对他人的财产权、生命权以外的人身权造成侵害，也可在民法、刑法上构成免责事由。享有防卫权的基础是因为生命的至高无上性，但在保护自己的生命免受不法侵害时也要对他人的生命予以尊重。生命安全维护权还包括了请求权，当有危及生命的危险发生时，权利人有请求消除危险的权利。

3. 有限的生命利益支配权

作为生命权的主体，个人对其生命利益享有有限的支配权，但这并不意味着自然人对自己的生命可以任意处置。自然人只可以有限地处置自己的生命利益，如参加高度危险赛事的人对自己的生命安全就是有限的处置。在理论上有人认为如果承认自然人有生命利益支配权，那么保留死刑的国家，死刑犯的生命是不是交给了国家支配？反之如果不承认生命利益支配权，那些消防战士、人民警察的生命随时可能因为履行公职而牺牲。还有每年庞大的自杀群体，这些生命因为自身思想原因随时可能消失，如何看待他们的特殊行为？否认生命利益支配权，将使生命权的内容不完整，也与生命权作为独立的人格权的地位不符。但此种生命利益支配权是有限的支配权，而不是自我对生命限度的无限支配，以至于随意放弃自己的生命，或是牺牲社会和他人利益。

【事件链接 8-1　产妇跳楼事件】①

（五）生命权的限制

生命权具有不可克减性的特点。所谓可克减性，是指权利可以在一定情况下受到一定限制，甚至在特定情况下可以暂时停止行使，或者在其与其他权利发生冲突时，优先保护其他权利。② 自然人生命的至高无上性，要求国家、社会、他人在一般情况下不得加以限

---

① 央视还原"陕西榆林产妇坠楼"事件！在场人员一一回应 [EB/OL]. [2018-08-12]. 中国网，http://media.china.com.cn/cmyw/2017-11-25/1177572.html.

② 王利明. 人格权法研究 [M]. 北京：中国人民大学出版社，2005：307.

制。限制生命权就是对其权利的限制，但实际生活中生命权的价值又表现为一种相对性，在必要时也受到一定的限制，而这种限制只能限定在不得已和必要的限度之内。因此生命权并非是绝对优先的，且受害人同意也是无效的。

因为生命权的主体是自然人，而自然人的个人属性和社会属性决定了其对生命权的行使并不是绝对优先的或者无限制的。当自然人在触犯国家刑法禁止性规定，在有死刑的国家中，国家有权对触犯特定刑法的严重罪犯通过法定程序剥夺其生命。我国《刑法修正案（九）》相对于《刑法修正案（八）》减少了 9 个死刑的罪名，现在保留的是 46 个死刑罪名。死刑的存废之争一直没有停止。除罪犯的生命权可以通过国家立法来设置刑罚剥夺外，不同的生命权之间也不具备优先性，亦不存在多数与少数的比例取舍。处于危难时，不能说年轻人的生命就比老年人的生命要优先获得救援，也无法将一个人的生命与几个人的生命进行数量上的比较而决定取舍，每一个人的生命权都是弥足珍贵和至高无上的，每一个生命权都是平等的。

受害人同意无效，是指受害人对生命权作出处分，让别人来了结自己的生命的意思表示和行为无效。而受害人同意通常是指受害人事先明确作出愿意承担某种损害结果的表示。受害人同意在一般的民事责任方面，通常被看成是受害人处分自己权利的行为，是"允诺阻却违法"原则的体现。在瑞士，受害人同意是一般免责事由，《瑞士债务法》第 44 条规定：受害人同意加害行为的或者其应负责的情势加剧损害的产生或恶化，或者因该情势致使赔偿义务人处于困境的，法官可以减轻赔偿义务或全部免责。① 此处的受害人同意无效，就是排除了自然人有委托他人处分自己生命的权利。由此而延伸至安乐死是否合法的问题。

【案例链接 8-3 洞穴奇案】②

三、与生命权有关的焦点问题

（一）死刑的存废之争

死刑，又称生命刑，在中国古代也称为极刑，它是以剥夺罪犯的生命为手段之刑罚。中国封建社会完善后的五刑为"笞、杖、徒、流、死"，其中的"死"就是剥夺犯罪人的生命的刑罚。与当前死刑保留的国家中的死刑相比，死刑执行方式各有所异。现在死刑的执行方式有枪决或是注射，没有了古代诸如车裂、腰斩、凌迟、斩首之残酷，然而结果是一样的，都是剥夺犯罪人的生命。对生命的剥夺引发的死刑存废之争，自法国大革命以后

---

① 魏振瀛，徐学鹿，郭明瑞. 北京大学法学百科全书·民法学［M］. 北京：北京大学出版社，2004：854-855.

② ［法］朗·富勒. 洞穴奇案［J］. 哈佛法律评论，1949（4）：616-645.

已存在几个世纪。死刑自其产生后，在几千年的人类刑罚史上一直占据了刑罚体系的主导地位，同时也一直受到人类理性的不断拷问、质疑和求证。

从世界各地的死刑政策来看，死刑的存废各地不同。如《欧洲联盟基本权利宪章》第 2 条明定禁止执行死刑，以保障公民的基本权利。美国 32 个州和联邦政府保留死刑，其余的州和首都华盛顿哥伦比亚特区已废除死刑。

死刑保留论认为：死刑作为国家刑罚之中最严苛的刑罚，其威慑作用可以震慑那些挑战国家严重罪行的人，有利于国家秩序的维护，有利于社会公共利益的保护。因此，死刑是国家为预防犯罪必不可少的手段。错杀与滥杀是死刑之利的必要牺牲，死刑防止了私刑的泛滥，有利于维护社会安定。总之，死刑的效益大于其他刑罚，选择保留死刑是一种以小害换取大利的正当选择。虽然死刑本身尽管是一种恶行，但这种恶行是一种必要的恶行，它能达到以暴制暴和以恶制恶之目的。

死刑废除论认为：人的生命是至高无上的，人作为社会的最活跃的社会主体，始终应该是社会治理之目的，而不是社会治理的手段。死刑不是实现预防犯罪必要的手段，死刑对犯罪分子不足以产生威吓和抑制作用。杀人犯或是穷凶极恶的罪犯都是抱着以死相拼的决心去犯罪。人不畏死，奈何以死惧之。刑罚的目的是通过犯罪和刑罚使犯罪分子充分认识自己所犯之罪，经过改造培养自觉性和责任心，尽早回归社会，教育那些有犯罪之心的人不敢犯罪。死刑剥夺罪犯生命断绝了犯罪分子悔过自新之路，牺牲了刑罚的教育功能。国家有保护公民的职能和义务，权利的让与也不是把自己的生命交给国家剥夺。西方国家的终生监禁和中国的无期徒刑，剥夺终身自由也对罪行极其严重的犯罪分子有了教育、惩罚和足够的威慑作用。

【案例链接 8-4　南京"4·2"特大杀人、抢劫案】①②

（二）自杀

1. 自杀的界定

自杀，是行为人在完全具有意识和完全能控制自己行为的情况下，主观上完全自愿地以某种方式结束自己生命的行为。在中国传统文化的影响下，国人文化理念是慎谈与死相关的字眼。研究自杀问题之目的，是要强调生命与尊严有关，要让短暂的生命更好地存在。

各国由于历史、文化的差异，对于自杀这种复杂的社会现象，有不同的认识。有观点认为，公民个人应有在特定情节之下结束自己生命的权利；有观点则对自杀持否定的态度，认为自杀是不道德的行为，应当运用法律禁止的行为。有的国家则对自杀持支持的态

①　帅勇. 南京检方昨公布 30 件大要案［N］. 南京日报，2008-10-23：B04.
②　刘炎迅. 普方的中国"遗产"：教育能够成就人的一生［EB/OL］.［2018-08-13］. 凤凰网，http：//news. ifeng. com/shendu/zgxwzk/detail_2013_01/11/21079103_1. shtml.

度，在日本，根据其传统文化，人们认为在某种特定情况下自杀是道义行为，应予以鼓励，如产生于中世纪的武士剖腹自杀，被看做是一种法治和仪式惯例。从宗教方面看，对自杀行为的态度也不一。在罗马帝国时期的中上层阶级中占统治地位的宗教哲学斯多噶主义主张拥护绝大多数自杀行为，把自杀看做勇敢的人们为自由和尊严而斗争的最后堡垒。有的基督徒认为自杀是殉教和归天的途径，是道德和值得称赞的行为，妇女为避免被强奸就该以自杀保持自己的圣洁。在现代社会中，人们把自杀当作为犯罪的观念发生了改变，逐渐从刑法归罪中加以废除。因此，在各国刑法典中，自杀一般不构成犯罪，只是在英美法系中个别立法仍将自杀规定为犯罪，如当今只有印度才把自杀未遂者作为罪犯加以惩罚。在中国，现行法律不认定自杀是犯罪行为，但如果自杀是由于他人的强迫、诱骗等非自觉因素造成的则应当追究强迫者、诱骗者等行为人的刑事责任。①

有人不禁要问究竟自杀是合法的还是非法的。其实，自杀问题所隐含的复杂性，远不是简单地以合法、非法划分就能够解决问题的。表面上看，法无禁止则自由，自杀似乎属于个人处置自己生命的自决表现，不便追究刑事责任；但从实质上分析，无论是伦理道德还是法律都不能也绝不可以鼓励、认可其合法性。因此，我们只能说自杀不具有合法性。

2. 自杀的分类

自杀的分类根据研究者的立场、目的不同而各异。杜尔凯姆将自杀分为利己型自杀、利他型自杀和反常型自杀；美国国立精神卫生研究院自杀预防研究中心则把自杀分为完成的自杀、自杀未遂和自杀观念。我国的学者将其从法律上分为畏罪自杀、自杀犯罪、教唆型自杀、被迫型自杀、英雄型自杀；从动机上分为追求型自杀、抗争型自杀、逃避型自杀、内疚型自杀、呼助型自杀、洗涮性自杀、绝望性自杀、威胁性自杀；从自杀方式分为自缢、跳楼、触电、卧轨、服毒、剖腹、自刎、自溺、自毙等方式。自杀者的心态是复杂的，与其自杀的原因有密切的关系。②

3. 自杀的原因

关于自杀形成的原因，西方学者提出了许多的理论观点，主要有遗传学、人类学的自杀理论，精神病学的自杀理论，社会学派的自杀理论，社会文化决定理论等。我国的学者认为，自杀涉及一些心理、生理乃至遗传素质和人类学等方面的因素，但这并不能完全地解释清楚当今西方世界自杀率如此之高的现象，其根本原因在于社会原因，在于资本主义制度本身的经济基础和意识形态；而且，自杀现象的主要原因是社会环境不良、个人适应不良、缺乏社会支持。自杀行为是不良社会环境与个人适应不良相互作用的结果。

4. 自杀的危害

每个人都有求生的本能，自杀的人放弃生命想必也是极端绝望和痛苦的，自杀对他人的心理冲击无疑是相当大的。自杀的人，通常是有行为能力人，是对其基本权利和义务一

---

① 杨春洗，康树华，杨殿升. 北京大学法学百科全书·刑法学 [M]. 北京：北京大学出版社，2001：1086；甘肃康乐县通报"杨改兰案"调查处置情况 [EB/OL]. [2018-08-12]. 人民网，http：//sx. people. com. cn/n2/2016/0917/c352664-29010714. html.

② 杨春洗，康树华，杨殿升. 北京大学法学百科全书·刑法学 [M]. 北京：北京大学出版社，2001：1086.

种抛弃，这是极度不负责任的。一个人成长、成才凝聚了个人和家庭乃至社会的众多心血，每个人都负有对自己、家庭和社会不可推卸的责任。自杀无疑就是对自己、家庭和社会责任的逃避，也在某种程度上加重他人和社会之负担。由于目前自杀报道的过分吸引读者眼球效应的缘故，自杀模仿者出现，这无疑更加剧了人类的信任危机和伦理道德规范的危机。自杀给亲属朋友带来的消极影响难以估量，并由此带来的创伤会有潜伏性的危害，甚至有可能会产生连锁反应。一个时代造就了一类人群，结构性和社会性的力量塑造了他们独有之心理特征。古代被认为再正常不过的教师拿戒尺打学生的手心，过去小学时代教师从讲台上将粉笔头扔向趴在桌子上睡觉的学生，现在已经不允许再出现了。一次再正常不过的大学校园内核心课程上课的点名，可能致使教师面临着被滚烫开水浇灌之风险。① 高速的生产线、大量的工人、不断的加班、严苛的管理，这一切都只是为了捞取产业链上微薄的加工利润，而"代工"的现实必将换来难以承受之痛。自 2010 年 1 月 23 日富士康员工第一跳起至 2010 年 11 月 5 日，富士康已发生 14 起跳楼事件，引起社会各界乃至全球的关注。尽管富士康公司与员工签订了"不自杀协议"，即使负责人再三鞠躬，也无法保证今后该公司不会再有人自杀。

【案例链接 8-5 某县特大杀人、自杀案】②

5. 自杀的预防

自杀不仅带来严重的家庭环境的失衡，也间接导致社会财富的减少，不利于精神世界的构建。各国针对自杀采取了不同的方法，但大多是以预防为主，通过心理辅导和及时的救治帮助降低自杀率。

世界卫生组织提供的数据显示，全球自杀率为 14.5/10 万人左右，每年大约有 100 万人死于自杀。据统计，我国每年约有 25 万人死于自杀，自杀未遂的人数约为 200 万。自杀已经成为我国人群的第五大死因，是 15～34 岁的青壮年人群的首位死因。③ 国际自杀预防协会和世界卫生组织 2003 年发起的一个全球性活动日。每年的 9 月 10 日为"世界预防自杀日"，从而引起公众对自杀的关注，呼吁各国政府、预防自杀协会和机构、当地社区、医务工作者以及志愿者们，加入到当天的各项地方性行动中，共同提高公众对自杀问题重要性以及降低自杀率的意识。

---

① 澎湃．华东政法通报女生开水泼教授：教师遭不法伤害［EB/OL］．［2018-08-11］．腾讯网，https：//new.qq.com/cmsn/20141113/20141113071082.

② 吴章勇．农妇杀 4 子案追踪：村主任解释为何取消杨家低保［EB/OL］．［2018-08-11］．中国青年网，http://news.youth.cn/gn/201609/t20160911_8644443.htm.2018-08-13.

③ 卫生计生节日纪念日宣传相关制度［EB/OL］．［2018-09-01］．卫生部官网，http://www.nhfpc.gov.cn/zjyfzsr/gzjd/201409/5b42196178034e489f9d748e506e6acf.shtml.

【知识链接 8-4　世界预防自杀日的主题】

（三）安乐死

1. 安乐死的概念及历史由来

安乐死（Euthanasia）一词源于希腊文，意思是"幸福"地死亡。它包括两层含义，一是安乐地无痛苦死亡；二是无痛致死术。概念传到了中国被称为安乐死。

安乐死，是指患有不治之症的病人在垂危状态下，由于精神和躯体的极端痛苦，在病人和其亲友的要求下，经医生认可，用人道方法使病人在无痛苦状态中结束生命的过程。

目前我国没有安乐死的立法规定，但是学界和医学界一直在研究安乐死。关于安乐死的概念也没有统一的定义，但普遍认为安乐死源于希腊，现指病人患有绝对不治之症，且已濒临死亡，痛苦难忍，本人或家属要求由医生停止治疗或采用无痛苦的技术，使其安然地死去。①

《中国大百科全书》则定义为：安乐死指对于现代医学无可挽救的逼近死亡的病人，医生在患者本人真诚委托的前提下，为减少病人难以忍受的痛苦，可以采取措施提前结束病人的生命。②

有学者将安乐死定义为：所谓安乐死，又称安死术，是指病人患有痛苦不堪的疾病无法治疗，且濒临死亡，为了减轻其死亡前的痛苦，基于患者本人的请求或者同意，采用适当的方法，促使其提早死亡的行为。③

从以上概念可以看出，安乐死的主体是指患了绝症、濒临死亡的病人，因难以忍受肉体及精神上的剧烈痛苦，经本人的要求，医生为解除病人之痛苦，采取措施使病人安乐地死去的方式，以提前结束其生命以维护其做人的最后尊严而不得已采取的行为。

2. 国内外安乐死的立法现状

安乐死在我国没有相应之立法。第二次世界大战以后，随着医学科学技术的进步和人们对死亡认识的深入，到了20世纪70年代，安乐死又重新成为世界各国的热门话题，各个国家的关于安乐死的法律态度也不尽相同。一些国家的民众都在争取有一个合理的安乐死法案，以便人们在面对死亡时可以有选择。

荷兰安乐死的正式立法也是经过了曲折的斗争才确立的。荷兰议会历经数十年提案、议案的反反复复，终于在2000年11月28日以104票对40票通过了一项安乐死法案，使荷兰成为第一个准许安乐死的国家，荷兰上议院将按例认可这项法案，使它正式生效。④

1995年6月16日，澳大利亚北部地区议会通过世界上第一个"安乐死法"，批准实

① 陈光中，丁慕英，刘文等 . 中华法学大辞典·诉讼法学卷［M］. 北京：中国检察出版社，1995：3.

② 冯建妹 . 中国大百科全书［M］. 南京：南京大学出版社，1994：37-38.

③ 马克昌 . 犯罪通论［M］. 武汉：武汉大学出版社，2005：832.

④ 孟宪武 . 临终关怀［M］. 天津：天津科学技术出版社，2002：40.

行符合特定条件的安乐死，1996 年 7 月 1 日正式生效。从北部地方开始，类似法案被传播到其他省份。不过 9 个月后，澳大利亚参议院宣布废除"安乐死法"，安乐死在澳大利亚重新成为非法行为。

2000 年 10 月 26 日，瑞士苏黎世市政府通过决定，自 2001 年 1 月 1 日起允许为养老院中选择以"安乐死"方式自行结束生命的老人提供协助。这一规定本身所涉及的只是苏黎世的 23 家养老院。

比利时议会众议院于 2002 年 5 月 16 日通过一项法案，允许医生在特殊情况下对病人实行安乐死，从而成为继荷兰之后第二个使安乐死合法化的国家。

除此之外的其他国家都把安乐死看做是犯罪行为，但是量刑较轻。例如在德国，经过修改的刑法，实施安乐死者不被判作谋杀，也不按照谋杀处罚。

尽管 1969 年英国提出了安乐死法案，但是法案没有通过。

在我国立法逐渐完善的过程中，关于安乐死的研究就一直争议不断，合法和不合法之争一直存在，也就是没有达到一致的认同或是社会发展的程度不允许，导致我国的安乐死一直在理论层面进行。

赞成说认为：安乐死应该合法化，作为一种死亡方式它给予病人最后的尊严，让极度痛苦的病人安宁地死去以减轻家庭的精神和经济负担，对社会的总体财富也是有利的。人是有自由意志的主体，有意志和有权利选择有利于自己的死亡方式。为了尊重人的这种选择自由，安乐死应该合法化，是一个国家人道主义的体现。

反对说认为：从宏观上来讲生命，作为生命权的保护对象。非因法定事由，任何人不得剥夺。我国安乐死实施的条件和时机还不成熟与完备，安乐死问题立法缺乏宪法和法律依据，法制体系总体不完善；不同地区间经济水平发展不平衡，医疗卫生与社会保障体系不健全，医疗科技水平不均和研究能力有明显差别，死亡标准和安乐死判断标准难以确定；民众对安乐死的本质认识需要一个漫长的过程，甚至可以说是完全不能接受。从微观角度来看我国目前安乐死，是一种被动死亡的方式，极易成为谋杀的手段；针对濒临死亡、无法救治请求安乐死的病人，是否应该真实地遵循其意愿；医生的职责是救死扶伤，如果采取安乐死的手段，那么医学领域难以进步。

【案例链接 8-6 安乐死案件】①

3. 安乐死的实施条件

安乐死是否合法是问题的基础，如果有在肯定安乐死合法的前提下，还应符合相应之条件。反对安乐死的主要理由是担心有人借安乐死对他人实施谋杀，其实是不了解安乐死实施必须符合相应的条件要求。

———————————

① 山东省武城县人民法院"（2015）武刑初字第 10 号"《刑事判决书》[EB/OL]. [2018-08-12]. 中国裁判文书网，http://wenshu.court.gov.cn/content/content? DocID = 86652076-af64-4934-87c2-249886a9ef92&KeyWord=%E5%AE%89%E4%B9%90%E6%AD%BB.

实施安乐死，需同时符合以下的条件：第一，从现代医学知识和技术上看，病人患不治之症并已临近死亡，而且必须经过会诊而得出该结论。第二，病人极端痛苦，不堪忍受。第三，为解除病人死前之痛苦，而不是为满足亲属或者其他组织的某种要求又或者为实现某种目的、利益之需。第四，必须有病人神志清醒时的真诚嘱托或同意，且签署该授权书后一定时间（通常是 7 天的等待期）后方得实施，而且病患者有随时的撤销权。第五，必须由医师执行，执行前仍需征询确认病患者的意见。第六，必须采用社会伦理规范所认可之妥当方法。第七，相关人员在场监督（病人的亲属或朋友、法院工作人员、公证人员必须在场，任何一方中途不得随意离开）。

客观现实中，被动的安乐死在医疗中则会出现，例如停止救治措施等。纵观国际立法的惯例和趋势，安乐死合法化的立法过程是艰难且漫长，但是无论合法还是不合法，我们都要具有保护生命、保护生命权的意识，善待每一个生命。

（四）临终关怀

1. 临终关怀的定义

临终关怀，是一种特殊的卫生保健服务，指由多学科多方面的专业人员组成的临终关怀的团队，为当前医疗条件下尚无治愈希望的临终病人及其家属提供全面的舒缓治疗，以使临终病人缓解极端的病痛，维护临终病人的尊严，得以舒适安宁地度过人生最后旅程。① 临终关怀词源的英语是"Hospice"，原意是"小旅馆"、"救济院"的意思，中世纪的欧洲使用此词，是指设立在修道院附近为朝圣者和旅行者提供中途休息和获得给养的场所，当这些人因为病重濒临死亡时会得到教士和修女的治疗和照顾，死亡之后也会有妥善的安排。

临终关怀作为一种特殊的缓和疗护服务项目，主要对象是目前医学条件下尚无救治希望的病人，在中国初步发展的主要对象是一些老人，目的是缓解临终病人的痛苦，维护病人的生存尊严，减少对病痛的恐惧。尤其是在安乐死未得到合法化的国家中，推行临终关怀是一种对生命的尊重，也是一种对极其痛苦病人的照顾。临终关怀体现的是人道主义和社会文明的进步。

2. 我国临终关怀现状

姑息医学与临终关怀社会工作服务诞生在当代英国，是英国社会对人类文明、现代健康照顾和福利制度的开创性贡献。1967 年 7 月，现代临终关怀机构与服务诞生于英国希登汉（Sydeaham），名为圣克里斯多福的临终关怀院（St. Christopher Hospice）由西希里·桑德斯（Dr. Dame Cicely Saunders）博士和许多热心奉献人士经过多年筹划、准备后成立，成为世界现代临终关怀元年。桑德斯博士也因此被举世公认为是"临终关怀之母"。桑德斯创立临终关怀机构与服务之后，欧美各国，以及日本、中国台湾等地反应迅速，很快演变为一场声势浩大的国际性临终关怀运动。例如，1983 年，美国已将"临终关怀"列入医疗保险报销项目之中。1987 年 7 月，美国国家临终关怀组织的权威统计资料表明，临终关怀机构已由 1974 年的 1 所激增至 1987 年的 1683 所。姑息医学和临终关

---

① 孟宪武. 临终关怀 [M]. 天津：天津科学技术出版社，2002：1.

怀服务的出现标志着现代卫生保体系框架最终正式形成。①

1978—1987 年既是英国版姑息医学与临终关怀理念、理论、服务介绍、引进中国时期，又是中国临床医护"治疗式"临终关怀服务孕育萌芽和探索起步阶段，吸收引进特征明显。1988—2000 年是中国姑息医学理论思考、学术研究和全国各地临床姑息医学探索阶段。最主要特征是理论政策研究全面铺开，临床服务实践、机构组织建设和各地探索全面起步。

1988 年是中国大陆姑息医学与临终关怀元年，标志中国特色姑息医学与临终关怀时代的来临，主要标志性事件有三，首先，1988 年 7 月 5—8 日，由中国社会科学院哲学研究所、中华医学会、中国自然辩证法研究会、中国法学会、上海医科大学人文社科部等单位发起的"安乐死的社会、伦理和法律学术研讨会"在上海举行。这次会议是我国第一次全国性安乐死专题讨论会，是第一次多学科、跨学科、焦点集中、议题深入和具有较大社会影响的研讨安乐死问题的专门会议，与会代表围绕安乐死这一复杂而又敏感的问题，从医学、社会、经济、伦理、法律等各方面进行了热烈而缜密的讨论，具有划时代和里程碑意义，标志安乐死与临终关怀成为学术议题。其次，1988 年 7 月 15 日，在美国纽约州库克大学美籍华人黄天中教授的倡议和资助下，当时的天津医学院率先创立了天津医学院临终关怀研究中心。天津医学院临终关怀研究中心的成立具有重大历史意义：临终关怀成为中国大陆约定俗成的核心概念；中国临终关怀学术研究与研究机构由分散、个人化兴趣爱好转变为全国性和开放性学术交流平台建设；研究中心成为中国与世界临终关怀对话交流国家平台。最后，1988 年 10 月，为了解决退休职工的住院难和"临终护理难"的特殊问题，南汇县（现为上海南汇区）结核病防治院在上海市退休职工管理委员会的倡议和资助下，利用原有医疗设备、房舍和已有的医疗护理技术力量，正式创办"上海市退休职工南汇护理院"。该院是全国第一家以收容退休职工中晚期病人为主要对象的医院，该院具有医疗、护理和生活照顾设施，是一所能为病故老人提供丧葬一条龙服务的"临终关怀型"医院，从此拉开了上海市和全国舒缓疗护（临终关怀）服务历史序幕，具有划时代和里程碑历史意义。这标志中国临终关怀临床服务实践已在中国上海起步，具有标志性历史意义。②

2000 年以来，中国特色现代临终关怀服务体系范围、内容和体系框架基本形成，临终关怀社会工作服务的形成和发展成为最具福利性质、最具社会服务意义的时代特征。

2011—2015 年是中国临终关怀服务体系历史发展进程中重要转折时期，是量变到质变，是局部性、结构性变迁到体系性、整体性变迁时期，其主要时代特征是临终关怀首次成为地方政府专门政策和"由下而上"制度创新议题，由此拉开了中国特色现代临终关怀服务体系、政策框架和制度建设的历史序幕，意义重大深远。

不可否认，随着临终关怀开始在大城市推广，我国的社会工作也在轰轰烈烈的发展。越来越多的志愿者投入到社会工作之中，为饱受疾病摧残的病人和越来越多的老年群体提

---

① 刘继同，袁敏. 中国大陆临终关怀服务体系的历史、现状、问题与前瞻 [J]. 社会工作，2016（2）：34-42.

② 孟宪武. 全国安乐死学术讨论会纪略 [J]. 道德与文明，1988（5）：6.

供更多的物质和精神帮助。但是这些活动更多的是在北京、上海、广州这些大城市开始试点，其需要复合型的人才和更多的物资帮助，这需要国家的帮助也需要社会群体的援助。

3. 安乐死与临终关怀和谐的统一

安乐死和临终关怀是有区别的，临终关怀照顾的是临终病人，是为了其有尊严的存活，而安乐死是为了使那些身心遭受极度痛苦的临终病人通过安乐死结束痛苦的过程。临终关怀是贯穿人将死的始终，通常是 3—6 个月，而安乐死是经过一定程序，实施安乐死被动结束病人生命的过程。通俗来讲，临终关怀是让临终病人自然死亡，安乐死是让病人被动死亡。

二者的接受程度不同。安乐死在世界上倡导很多年，但是始终不被广泛接受。但是临终关怀在法律、道德、宗教各方面可以被人接受和欢迎，由此也就可以看出为什么临终关怀蓬勃发展，而安乐死却止步不前。

二者的协调统一可以让更多的人受益。① 临终关怀所需要的人工成本，消耗了大量的医学和人力资源，尤其是在中国目前经济发展尚不发达的情况下，更多的身患绝症的患者是不能得到临终关怀的照顾，又不能求助于安乐死，最终在病魔的折磨下，挣扎而痛苦地死去，这与现代文明不符合，也与人们基本的人格尊严保护相违背。

4. 临终关怀与安乐死的选择

临终关怀与安乐死是可以选择的，前提还是安乐死的合法化。每个人都有权选择生的权利，也有求死的权利。一些经济困难又遭受身心痛苦折磨的绝症患者，可以选择安乐死；相反，那些通过临终关怀能减轻部分痛苦，又能支付得起临终关怀的费用，可以选择临终关怀。可以确定的是，二者可以替代选择。只是在拥有高度文明、经济发达的社会的前提下，通过社会倡导，能选择临终关怀还是最好的。

5. 生前预嘱

生前预嘱，是人在精神状态正常、身体相对健康的情况下签署一个文件，说明在不可治愈的伤病末期或临终时，自己需要或不需要哪种医疗护理的指示文件，以实现有尊严地死亡。

大限将至时，是选择插管、上呼吸机等竭尽全力地去挽救生命，还是放弃一切生命维持措施，有尊严、无痛苦地死亡？选择"尊严死"，是对生命的尊重，还是对家人、对自己的残忍呢？若"尊严死"合法化，是会让社会更和谐，还是会造成权利滥用，医疗纠纷不断呢？

北京市卫生局认为"生前预嘱"在我国并无法律明确支持或禁止，目前尚处民间推广阶段，卫生行政部门将"观察"其效果和发展，并对 2013 年生前预嘱推广协会的运行进行业务指导和监督管理。

（五）见死不救

见死不救属于道德调整范畴，基于国内法治基础和传统理念，目前没有纳入法律的调整范围。近年来，关于见死不救的事例比比皆是，这些事件的发生，不断地在探测国人的

---

① 孟宪武. 临终关怀［M］. 天津：天津科学技术出版社，2002：40-41.

道德底线，也在拷问我们的良心所在。也由此引发了对见死不救是否应该入刑的讨论。有人认为应该入刑，只有那样才可以惩罚见死不救的冷漠人。也有人认为，见义勇为、救死扶伤是每个人的道德义务，与个人的思想意识形态密切相关，不能纳入法律调整的范畴。

【事件链接 8-2　见死不救的事件】①

　　与见死不救对应的是见义勇为。二者都属于道德领域，只是前者是被抨击的对象，后者是倡导的社会风尚；但二者都是风险性行为。虽然见死不救让自己远离当事人的生死是非之地，但是道德的谴责足以让其痛苦②；见义勇为固然被法律、道德提倡，但其往往会冒着生命、健康受损的危险，还有被诬告的风险。这与整个社会的基础道德建设有一定关系。见死不救只是在道德层面被抨击，随着时间的流逝，人们会淡忘。虽然见义勇为作为倡导性的风尚，但是如果是英雄"流血又流泪"，那么整个社会还会有更多的见死不救。

　　因此，必须要完善"见义勇为"的补偿、免责制度，减少见死不救或是见危不救情形。近年来国家和地方越来越重视见义勇为的后续补偿和奖励制度，见义勇为与见死不救或见危不救是一对矛盾关系，当整个社会风尚鼓励和支持保障见义勇为的人，那么见死不救的人就会越来越少。《民法典》规定了"好人法"条款，为见义勇为者免除了后顾之忧。

（六）死亡赔偿

1. 损害赔偿的性质

　　死亡赔偿是对生命消逝的一种经济性填补，但是并不意味着生命价值可以与折算为金钱的损害赔偿之间画等号，赔偿金体现为弥补相关费用的支出与未来可得利益的丧失，而不是对生命的恢复。法律无法在生命价值与财产价值之间建立等式，生命损害只能以更趋近于生命的价值进行赔偿。

　　但是，实践中出现的问题就是死亡费用的支出可能远低于致残，这在表面上造成了法律责任的失衡状态。如果离开了刑法等公法上的责任，加害人致人死亡所受惩罚要比"仅"致人重伤少得多。

2. 死亡赔偿的范围

　　关于死亡赔偿范围，学界的争议不是很大。侵害公民生命导致受害人死亡，通常出现一些直接的财产损失，加害人应对直接财产损失进行赔偿。这些财产损失通常包括以下几项：丧葬费；医疗费、误工收入、护理人员等费用；对受抚养人的生活费之支付；死亡赔

---

　　① 黄丽娟. 见死不救，法律的可为与不可为——从小悦悦事件说起 [J]. 广东石油化工学院学报，2012（5）：22.

　　② 汶川大地震教师"范跑跑"之后这十年，中国道德观念经历了怎样变迁？[EB/OL]. [2018-08-28]. 搜狐网，http：//www.sohu.com/a/231316354_176210；范跑跑 pk 郭跳跳 [EB/OL]. [2018-08-28]. 优酷网，https：//v.youku.com/v_show/id_XMTQxMjE1NzI4.html？debug=flv.

偿金或抚慰金。① 有学者认为,一般赔偿范围的具体内容为:一是医疗费赔偿。医疗费包括诊查费、治疗费、化验费、检查费、药费、住院费等医治人身伤害的费用。二是受害人误工工资赔偿。三是护理人员误工工资赔偿。四是转院治疗的交通费、住宿费赔偿。五是伙食补助费和营养费赔偿。②

【知识链接 8-5　与人身损害赔偿有关的规定】

按照全面赔偿原则,损害赔偿应尽量采取主观标准计算损害。然而生命权的主观价值是无穷大的,评估无穷大的主观价值显然超越了法律的限度。客观标准不能真实全面反映生命的主观价值。而为达到提高诉讼效率、降低诉讼成本等目的,存在以客观标准确定生命损害赔偿的概括化、抽象化的趋势。

由于计算的依据通常与当地的生活水平或者生活标准有关,现实中会出现"同命不同价"的现象。

【案例链接 8-7　同命不同价的案件】③

3. 死亡赔偿请求权主体

行使死亡赔偿请求权的肯定不是死者,而是第三人。生命权间接价值确定机制存在着间接性、非全面性。绝大多数国家都不承认对生命本身进行赔偿,实际上是以赔偿生命的名义进行对第三人的补偿。第三人请求权的目的不是"以钱赔命",而在于维护继承利益或受扶养利益的可期待利益。多数立法案例不主张对继承利益与扶养利益一并赔偿,请求权竞合理论抑制第三人获得双重利益,从而使本来无价的生命赔偿还不得不进行折扣。"扶养丧失说"或"继承丧失说",都难免依"死者的身份重估价值"之弊,引发"同命不同价"等争论。为避免第三人请求损害赔偿范围的无限扩大,从"诉讼闸门"等理论出发,侵权法基本上将第三人限定于死者的近亲属或家庭成员而不涉及其他社会领域,使得本就不全面的生命权价值评估方式更加不充分。

生命权是公民其他所有民事权利的基础,没有生命也就没有生命权。对生命权的保护程度是对一个国家人权治理的标杆,也是个人作为权利主体的保障之体现。生命权的保护不仅仅是消极的不予以剥夺,更重要的是如何在生命的始终给予更好的保护。如何有效地减少抑郁症等精神疾病对人的精神健康的折磨,提高生命的质量,减少自杀;如何让临终

---

① 张新宝. 中国侵权行为法(第二版)[M]. 北京:中国社会科学出版社,1998:280-285.
② 王利明,杨立新. 侵权行为法[M]. 北京:法律出版社,1996:351-352.
③ 生命的"贵贱"不应该让户籍定价[EB/OL]. [2018-08-13]. 东营网,http://news.dong-yingnews.cn/system/2015/05/25/010545038.shtml.

的病人或是被疾病摧残无法、无力救治的病人安详、有尊严地离去，让生命的颜色在人生的末尾不至于暗淡；如何减少现实生活中见死不救、见危不救的现象，让每一朵生命之花都能得到呵护；生命的价值是同等的，在同一事故中，如何安慰好逝者的灵魂，避免在同一蓝天下同命不同价的现象产生等，这些是整个社会在发展过程中需要去探索解决的问题。生命只有一次，加强对生命权的保护，需要法律法规的完善，也需要社会价值观的引导，更需要整个社会团体对生命有足够的重视。

第九讲 健 康 权

——人本应如何活着

　　健康是人所处的一种良好且平衡的状态，综合了人的生理和心理的多个方面，也是每个人生存和发展之必需。对健康的追求意味着对个人继续生存质量的期望，更是对物质和精神的双重期待。

　　健康权是人的基本权利之一，不因种族、宗教、政治信仰等而异。在我国，《民法典》对自然人享有的健康权进行了概括性的规定，然而对健康权的法律保护并不仅止于此，《职业病防治法》《药品管理法》《食品安全法》《传染病防治法》等，实际上都体现了国家法律对健康法益系统周延的保护。

　　自然人对自己的生理和心理所享有的健康利益，一方面有权要求他人尊重自己的健康利益，另一方面又意味着对此种健康利益的保护和实现。同时，健康权又与其他权利息息相关，它们共同为人的生存和发展提供了保障，但又与其他权利有一定的差异，不容混淆。因此，正确地认识健康权的内涵及其实现和保障方式，有助于我们更好地维护自身的健康利益。

一、健康

（一）健康的定义

　　健康，是指一个人在身体、精神和社会等方面都处于良好的状态。

　　传统的健康观念，是身体机能处于正常运作状态，没有疾病。而世界卫生组织于1946年所给出的定义为："健康是指不仅为疾病或虚弱之消除，而是体格、精神与社会之完全健康状态。"整体的健康观认为，一个人的健康是一种综合的平衡状态，应当包括躯体健康、心理健康、心灵健康、社会健康、智力健康、道德健康、环境健康等。健康不仅是人的基本权利，更是人生的第一财富。可见，健康是指一个人面临生理、心理、社会、经济、环境以及精神等各方面的挑战时，都能适应及自我管理的良好状态。

【知识链接 9-1　健康的标准】

【知识链接 9-2　亚健康】

（二）中国传统文化中的健康

萨维尼曾经说过，"一个民族的法律，是这个民族发展的历史所决定的产物"。所谓"工欲善其事，必先利其器"，要了解健康权作为人之基本权利，我们必先了解具有几千年悠久历史的中华民族传统文化中的健康观念，汲取其中具有现实意义的部分，从而完善我国健康权之立法。

传统中国哲学中，健康是身体、心智及大自然互相影响的状态，主要体现在具有主导地位的儒道家之中，如儒家的"三纲五常①"、道家的"无为而治②"，以及儒、道、释都曾提出了"天人合一③"。

1.《论语·乡党》

食不厌精，脍不厌细。食饐而餲，鱼馁而肉败，不食。色恶，不食。臭恶，不食。失饪，不食。不时，不食。割不正，不食。不得其酱，不食。肉虽多，不使胜食气。惟酒无量，不及乱。沽酒市脯不食。不撤姜食。不多食。（吃饭越干净细致越好，鱼肉越切细越好。粮食腐烂、鱼肉不新鲜都不能吃。食物的颜色不好、气味不正、没有烧好，都不要吃。不到吃饭时间不吃。切得乱七八糟的肉不吃。调味不当，也不要吃。肉虽可以多吃，量却不要超过主食。酒没有固定的限量，但切不可喝醉。不吃从外买来的酒肉。每餐吃些姜。不多吃。）孔子认为良好的饮食习惯是达至身体健康的主要因素。时至今日，中国人仍然保存这个传统观念，强调进补以调理身体，务求达至身体健康，延年益寿。

2.《中庸·素位章》

君子素其位而行，不愿乎其外。素富贵，行乎富贵；素贫贱，行乎贫贱；素夷狄，行乎夷狄；素患难，行乎患难。君子无入而不自得焉。（芸芸众生，无论地位高低、能力大小，总有些问题是无法解决的，也总有些事情无法做到，总有达不成、达不到。人生总有限定，总有失败，总有不如意，只有平静安然地接受那最后必然的结果，不耿耿于怀，这样，才能在精神上知足常乐。）

3.《论语·子路》

子适卫，冉有仆。子曰："庶矣哉！"冉有曰："既庶矣。又何加焉？"曰："富之。"曰："既富矣，又何加焉？"曰："教之。"

孔子到卫国，子有替他驾车。孔子说："好稠密的人口啊！"子有说："人多了，又该做什么？"孔子说："使他们富起来。"子有说："富了后，又该做什么？"孔子说："使他

---

① 三纲：君为臣纲，父为子纲，夫为妻纲。五常：仁、义、礼、智、信。

② "无为而治"思想强调的是社会的和谐与自然，与民休养生息而不扰民，从而促进社会的稳定与经济的发展。

③ "天人合一"或称"天人合德""天人相应"，是中国古代的一种哲学思想，儒、道、释（佛教）三家均有阐述。其基本思想是人类的生理、伦理、政治等社会现象是自然的直接反映。

们受教育。"孔子重教化，但更着重人们的健康，孔子认为人健康起来能丰衣足食是教化的前提，指出若人不健康，那应该从何谈起呢？可见，生活富足使人们健康是个人及社会发展的基础。

中国传统中人们与大自然的关系是和谐共处的，"天人合一"、庄子"上与造物者同游"，人与大自然配合，两者相融人才会健康，这样的生活才是人所追求的。这种人与自然的和谐相处，具体表现如中国农历干支地支对农历二十四节气和现在所谓的四季气候的相互计算、中医观念中重于身体变化与大自然的配合。中国自古至今强调的是人与自然关系的和谐共济。

（三）维护健康的关键

维护健康四大基石是均衡饮食、适量运动、戒烟限酒以及心情舒畅。

1. 均衡饮食

均衡饮食，包括多种食物以提供适量的热量和各种营养素。健康人士每日所需的热量会因应年龄、性别、体重和活动量等因素而有所不同。食物的多元化为均衡饮食提供了可能。人类日常的饮食含有七大营养素，分别是碳水化合物、蛋白质、脂肪、矿物质、纤维、维生素和水。这七大营养素的摄取量必须平衡，否则就会引起身体不适，出现肥胖、营养不良或各种因为缺乏某种特定元素而产生的疾病。世界卫生组织及联合国粮农组织建议，每日摄取的热量应最少有55%来自碳水化合物，而10%~15%应来自蛋白质，脂肪的摄取量应限制在每日热量总摄取量的15%~30%，而饱和脂肪的摄取量则不应超过每日所需热量的10%，胆固醇的每日摄取量应以300毫克为限，盐的每日摄取量则不应超过5克。进食足够分量的蔬果亦是健康饮食内重要的一环。世界卫生组织建议每天最少食用400克的蔬果（约为5份蔬果）以预防例如心脏病、高血压、脑血管病、糖尿病及部分癌症等各种疾病。

2. 适量运动

适量运动，定期进行体能活动可改善心肺功能，减低患上多种慢性疾病的风险，亦有助保持理想体重及保持骨骼、肌肉和关节的健康；亦可纾缓压力，促进心理健康。缺乏体能活动是多种疾病的其中一个主要高危因素，包括心脏病、脑血管病、糖尿病、高血压，部分癌症及肥胖。

3. 戒烟限酒

在各种可预防致死原因之中，吸烟占最大部分。吸烟增大了患肺癌的机会，而肺癌是死亡率高且治疗困难的普遍癌症。戒烟是指吸烟者戒除吸用尼古丁的毒瘾，亦是目前世界各国一项主要健康议题。戒烟能减少因吸烟而患上各种致命疾病的机会。

关于酒，即使饮用少量的酒精都会影响健康，其中包括：（1）营养失调；（2）超重（因酒精含高热量）；（3）消化系统疾病，如食道炎、慢性胃炎和胃溃疡等；（4）损害肝脏（肝炎、肝硬化，甚至肝癌）；（5）高血压和损害心脏；（6）癌症，例如口腔癌、咽喉癌、喉癌、食道癌和结肠直肠癌；（7）酒瘾。另外，暴饮会增加罹患酒精中毒、意外损伤、自杀及不安全性行为等风险，每多喝一杯酒，相关的风险都会随之上升，因为增加酒精摄取量会逐渐削弱思考和判断能力。

4. 心情舒畅

日常生活中遇到的很多问题，小至交通挤塞，大至家庭、工作或社交关系等，都足以形成精神压力。虽然适量的压力可以成为我们做事的推动力，但过度强烈或持续性的精神压力，会诱发一连串的心理或生理问题。人们应尝试以积极乐观的处事态度看待每一件事情，不能只往坏方面去想。认识自己的长处和短处，不要勉强自己做一些超乎本身能力的工作。多参与有益身心的活动，不但可以扩宽自己的生活圈子，而且有助松弛身心。遇到烦恼时，不妨打开心窗，向伴侣、家人和朋友倾诉。韶光易逝，容颜易老。自古以来就有"幸福，不过是一种心态"的说法，看清人生的意义，则生活中的很多事情便都无须纠结。

二、健康权的界定

（一）健康权的定义

不同学者对有关健康的法律学解释有以下几种：

1. 生理健康说

此说认为，"健康则系生理之机能"，不包括心理机能。即健康就是人体生理机能的一般完善状况。①

2. 肉体、精神健康说

此说认为，健康既包括肉体上的功能完好，也包括精神上的功能完好。"不独肉体上健康之侵害，精神上健康之侵害，即引起精神系统之病的状态，亦为健康权之侵害。例如出卖腐肉或私用毒药以害人健康，因名誉毁损或恐吓而引起精神衰弱。"②

3. 生理、心理健康说

此说认为，"健康是指身体的生理机能的正常运转以及心理状态的良好状态，包括生理健康和心理健康"。"侵害生理健康，就是指使受害人生理机能发生不良状态，不能正常运转，甚至引起某些生理机能的丧失"；侵害公民的心理健康，"其后果是造成被害人心理上的痛苦"。③

在上述三种学说中，生理、心理健康说较为合理。

因而，健康权，是指自然人所享有的要求他人尊重其正常的生理机能和心理机能的权利。健康权的客体是自然人正常的生理机能和心理机能。

正常的生理机能，是指人体器官发育良好、功能健全、运转自如。

正常的心理机能，是指自然人的感觉、思维或者精神活动能够正常进行。心理健康属于人的客观事实或称之为精神的范畴，对于心理健康这种精神上的伤害，可采用精神损害赔偿进行保护。

---

① 何孝元. 损害赔偿之研究 [M]. 台北：商务印书馆，1982：135.
② 史尚宽. 债法总论 [M]. 台北：荣泰印书馆，1978：143.
③ 王利明. 人格权法新论 [M]. 长春：吉林人民出版社，1994：303.

（二）健康权的性质及特征

首先，从健康权的主体来看，健康权是一项基本人权，人之为人都应当受到健康权的保护，其主体非常广泛。其次，从健康权的权利内容来看，它包括两个要素：一是身体机能的正常运作；二是心理状态良好。最后，从健康权的内容属性来看，健康权在生理健康方面表现为人体的生理机能正常运作和功能的正常发挥，而不是以人体的整体构造为客体。

（三）概念比较

《民法通则》第98条规定："公民享有生命健康权。"通说认为，生命权、健康权和身体权为三个不同的独立的物质性人格权。所以《民法通则》中的生命健康权是泛指生命权、健康权和身体权，该条规定将三种不同的人格权规定在同一条款内，造成了独立概念的不清晰。而《民法典》第110条则将该三种权利分别进行了单独的列举，该条规定："自然人享有生命权、身体权、健康权、姓名权、肖像权、名誉权、荣誉权、隐私权、婚姻自主权等权利。"由此可见，健康权与生命权、身体权十分密切，但三者毕竟是不同的物质性人格权，必须将三个不同的概念作出定义和比较，以准确地界定健康权之含义。

1. 健康权与生命权

健康权与生命权在性质上都属于物质性人格权，两者的联系在于生命权是健康权的基础，没有生命权就没有健康权的存在，同时生命权的延续也有赖于健康权的存在，两者相伴相存。

但两者之间也存在明显的区别：第一，两者的权利客体不同，损害这两种人格权的构成要件以及损害后果也是不同的。健康权以权利人的生理健康和心理健康为客体，而生命权则以权利人的生命为客体，且侵害他人健康权在程度上并未达至使人丧失生命之地步。第二，在遭受侵害时的请求权主体不同。在健康权遭受侵害的情况下，往往由权利人本人请求行为人赔偿损失，而侵害生命权的情形，因权利人已经死亡而无法提出请求，只能由其近亲属提出请求。第三，损害赔偿的标准不同。在侵害健康权的情形下，权利人有权请求行为人赔偿实际损失，而生命权遭受侵害时，其损害赔偿的标准多由法律作出规定。[①]第四，二者的人权属性不同，生命权属于自由权的范畴，由《公民权利和政治权利国际公约》规定；而健康权属于社会权的范畴，由《经济、社会与文化权利国际公约》规定。相应地，作为宪法上的基本权利，它们的性质不同，生命权主要是一种消极权利，侧重要求国家不得侵害，而健康权主要是一种积极权利，强调国家尊重、保护和实现的积极义务。[②]

2. 健康权与身体权

健康权与身体权都是物质性人格权，两者密切结合，没有身体，生命和健康也不会存在。在通常情况下，侵害身体权可能会导致对健康权的侵害，对健康权的侵害往往表现为

---

① 王利明.人格权法［M］.北京：中国人民大学出版社，2015：152.

② 上官丕亮.宪法与生命——生命权的宪法保障研究［M］.北京：法律出版社，2010：15.

对身体安全或完整性的破坏。但是，两者并不完全等同。第一，两者的客体不同。健康权以权利人的生理健康和心理健康为客体，而身体权则以身体的完整和安全利益为客体，即身体权维护的是自然人整个肉体的完整并能支配其躯体四肢及器官等，体现的利益是公民身体组织的完整性，健康权体现的利益是公民肌体功能的完善性。第二，二者之间可以适当分离。侵害身体权不一定导致自然人健康的损害，反之亦然。① 第三，身体权具有处分的权能，权利人可以在一定范围内行使其处分权，并不一定会损害其健康。第四，对健康权的侵害和对身体权的侵害在后果上并不完全一致。② 需要注意的是，身体内部机能障碍或精神损害与外在表现形态的破坏是不同的。

3. 健康权与劳动权

健康权与劳动权劳动权以一定的生理机能和心理机能的良好运作为基础，侵害他人健康权的行为，大多导致被害人因此丧失或者减弱行使劳动权的能力，但是，健康权与劳动权并不是完全重合的。第一，劳动权与健康权不是一个层次的概念。劳动权除了以身体健康和心理健康为一定的基础，同时还包括了经验、知识、信誉等因素。第二，劳动权是一种综合性的权利，是由包括就业权、获得报酬权、休息权、安全保障权等一系列权利在内构成的一个权利系统，我国既从宪法层面规定公民有劳动的权利，也从具体的劳动法层面规定了劳动者的各项具体权利。第三，劳动权更是一种生存权、发展权，是公民获得财产维持自身一定生活水平的权利，也是公民自我实现自我价值和自我完善的方式。

（四）健康权在西方国家演变的主要过程

健康源自两个领域：医学和公共卫生。医学关注个体的健康，公共卫生关注群体的健康。传统社会认为健康属于私人空间，不属于公共领域，但是社会因素对疾病的发生和发展的影响早就引起了医学家们的注意。古希腊名医希波克拉底（公元前450—前377年）就注意到生活环境与健康的关系，要求医生熟悉患者的生活环境和生活方式，他认为"知道是什么样的人患病比知道这个人患什么病更重要"，"医生医治的不仅是疾病，更重要的是患者"。古罗马医生盖伦（公元130—200年）重视社会心理因素的治病作用，强调了人体健康与心理因素之间的关系。阿拉伯医学家阿维森纳（980—1037年）认为土壤和水源可以传播疾病，而精神感情活动对机体健康也有影响。限于当时的社会经济条件以及医学科技水平，古代的医学家们对人类健康、疾病与社会因素之间的关系还缺乏客观的科学论据来证实他们的认识，医学活动基本上是患者与医生间的个人医疗行为。

18世纪欧洲产业革命兴起后，手工业生产方式逐步被大工业生产所代替，生产的社会化促进了医学的社会化进程。资本主义早期发展带来社会生产状况的恶化，促进了人们进一步认识到医学的社会问题，即人类疾病和健康与社会条件密切相关。瑞士医生帕拉塞尔苏斯（1490—1541年）考察了铜银矿山工人的职业病，发表了"水银病"一文。德国医学家弗兰克（1745—1821年）提出居民悲惨生活是产生疾病温床的观点，他在《全国医学监督体制》一书中提出了用医学监督计划使政府采取措施来保护个人和公众健康的

① 杨立新. 人身权法轮 [M]. 北京：人民法院出版社，2002：405.
② 王利明. 人格权法 [M]. 北京：中国人民大学出版社，2015：169.

主张。这种认为健康、疾病与社会因素密切相关的观点，在公共卫生和社会医学发展阶段具有里程碑的作用，这种国家和社会应对人民健康负责的观点，在当时具有启蒙作用。

到 19 世纪初期，欧洲社会霍乱、热病大流行，迫使人们注意水源、食品、环境等卫生状况的改善，人们对健康的内涵有了新的认识。1842 年，英国公共卫生改革奠基人艾德温·查德威克所主持的调查报告《关于英国劳动阶级的卫生状况的总报告》指出，恶劣的健康状况导致贫穷。1845 年，恩格斯在他的《英国工人阶级状况》中指出，疾病是资本家以安全为代价追求利润的直接结果。同时他还尖锐地指出了环境与健康的关系以及社会公正与健康的关系。他更明确地指出了社会和政府在人口健康中的作用。1848 年英国《公共卫生法案》的颁布和国家卫生委员会的成立，正式确立了维护公民健康的国家责任。在英国的公共卫生改革的影响下，德国卫生改革运动倡导人鲁道夫维尔萧提出"政治只不过是广义的医学"主张，要求从社会政治、经济等方面解决工业化带来的一系列健康问题。诺尔曼提出人民有健康权、政府有责任保障人民享受此种权利，为健康保障奠定了思想基础。1883 年，德国颁布了世界第一个医疗保障法律——《企业工人疾病保险法》，标志着个人、社会、国家共同承担风险的新型医疗保障制度的诞生。1917 年苏联成立以后，依托社会主义制度建立了全民医疗制度，政府直接举办医院，为全民提供廉价的医疗服务。

第二次世界大战之后，公共卫生问题和国家对公民健康权实现的积极责任受到普遍关注。1946 年，世界卫生组织首次将健康权纳入其宪章序言而备受世人的瞩目，两年后，联合国《世界人权宣言》的发布，正式确立健康权作为基本人权的地位。1948 年英国首相艾德礼宣布英国成为了第一个福利国家。在英国的影响下，1950—1960 年欧洲国家普遍建立了社会福利制度。1966 年，第 21 届联合国大会通过的《经济、社会和文化权利国际公约》第 12 条对健康权作了最广泛的承认。此后，其他一些国际和区域条约以及大多数国家的宪法和法律都对健康权的保障作出了规定。进入 20 世纪 90 年代后，越来越多的国家把健康公平和健康的社会决定因素作为一个直接而重要的政策关注点，致力于实现健康平等，制定健康公平和社会公正的新政策。

（五）在国际人权公约中规定的健康权内容

在国际上规定健康权的公约有以下几个：

1.《世界人权宣言》

第 25 条规定："人人有权享受为维持他本人和家属的健康和福利所需的生活水准，包括食物、衣着、住房、医疗和必要的社会服务；在遭到失业、疾病、残废、守寡、衰老或在其他不能控制的情况下丧失谋生能力时，有权享受保障。"

2.《世界卫生组织宪章》

在其序言中规定："享受最高而能获致之健康标准，为人之基本权利之一。不因种族、宗教、政治信仰、经济或社会情境各异和有所区别。"

3.《经济、社会和文化权利国际公约》

第 12 条第 1 款规定："本公约缔约国承认人人有权享有能达到的最高的体质和心理健康的标准。"

经济、社会、文化权利委员会在第 14 号一般性意见之中，规定享有能达到的最高健康标准为"健康是行使其他人权不可或缺的一项基本人权。每个人都有权享有能够达到的、有益于体面生活的最高标准的健康"。

委员会还对健康权作出了进一步的解释，认为第 12 条第 1 款的规定不仅包括及时和适当的卫生保健，而且也包括决定健康的基本因素，如使用安全和洁净的饮水，享有适当的卫生条件、充足的安全食物、营养和住房供应、符合卫生的职业和环境条件，和获得卫生方面的教育和信息，包括性和生育卫生的教育和信息。同时，应该享有的权利包括参加卫生保护制度的权利，该套制度能够为人民提供平等的机会，享有可达到的最高水平的健康。

4. 《经济、社会和文化权利国际公约》

第 12 条第 2 款规定："本公约缔约国为充分实现这一种权利而采取的步骤应包括为达到下列目标所需的步骤：（甲）减低死胎率和婴儿死亡率，和使儿童得到健康的发育；（乙）改善环境卫生和工业卫生的各个方面；（丙）预防、治疗和控制传染病、风土病、职业病以及其他疾病；（丁）创造保证人人患病时能得到医疗照顾的条件。"本条第 2 款主要提及的是产妇、儿童和生育卫生权；享有健康的自然和工作场所环境的权利；预防、治疗和控制疾病的权利；享受卫生设施、物资和服务的权利。

【知识链接 9-3　猝死】

【知识链接 9-4　世界卫生组织精神卫生综合行动计划】①

三、健康权的内容

健康权的内容包括健康享有权、健康保有权和健康收益权。

（一）健康享有权

健康享有权，是权利人享有保持、发展其自身健康的权利。

健康享有权是健康权的首要内容和基本权利，是健康权其他权能的基础，是权利人保持和发展自身健康、提升自己的生活质量、追求其正常的生理机能和心理机能的权利。保持、发展自己的健康，就是通过体育运动、健康饮食、合理作息等方面提高自身的健康水平，使自己的健康保持完好的状态。健康享有权不仅是权利人个人所享有的权利，同时还带有部分社会利益性质，具有提高人们生活水平和质量的意义。

---

① 2013—2020 年精神卫生综合行动计划［EB/OL］.［2018-08-13］. 世界卫生组织，http：//apps. who. int/gb/ebwha/pdf_files/WHA66/A66_R8-ch. pdf？ ua = 1.

（二）健康保有权

健康保有权，是指权利人享有对身体健康的支配权利，在生理机能或心理机能出现不正常状态下，即健康状况下降的时候，有请求医疗、接受医治的权利，使健康状况达到完好的状态或者恢复到原有状态。健康保有权的行使，不受任何他人的非法干涉或强制。

接受治疗以及放弃治疗是一个问题的两个方面，只要在不违反法律和公共道德基础上的就应当予以尊重。如自愿接受人体医学试验或绝症末期自愿签订的不用呼吸机以维持其生命，由于不违反法律和公共道德，也不影响其他人的权益，则应当予以尊重，这是个人对自己健康保有权的自由处分问题。

强制性治疗是指当权利人的健康遭受严重损害处于不醒的昏迷状态，再不治疗就会危及其生命，医疗机关应以健康权或人性道德为原则对其进行强制性治疗。强制性治疗应当与强制治疗（传染病）和强制戒毒等措施作出区别对待。强制治疗（传染病）和强制戒毒等措施尽管违背了权利人的意思，但因适法（为了公共利益）而阻却了违法性。强制治疗（传染病）是对于出现严重传染病（如沙士和性病）病人及与其接触或疑似被传染的人而言的，在必要时，国家机关可对他们进行隔离强制治疗，如到医院隔离病房检查、采取预防措施、治疗、指定特定区域实施管制或隔离等必要的措施。强制隔离戒毒是2008 年 6 月 1 日起施行的《中华人民共和国禁毒法》所规定的戒毒措施之一。强制隔离戒毒决定由公安机关下达，属行政强制措施。强制隔离戒毒的执行目前则分别由公安机关和司法行政机关负责。强制隔离戒毒制度统一并取代了此前由公安机关负责的强制戒毒和司法行政机关负责的劳动教养戒毒，它和自愿戒毒共同构成了现阶段中华人民共和国戒毒措施的基本体系。强制治疗、强制戒毒等强制性改善自然人健康状况的行政措施，不是对健康权这种支配权的强制干涉和侵犯，而是维护个人健康和公共利益的必要手段。① 当中往往涉及国家利益或公共利益，采用强制的行政措施以保护其他人的健康权。

《传染病防治法》规定，医疗机构发现甲类传染病时，对疑似病人，确诊前在指定场所单独隔离治疗；对医疗机构内的病人、病原携带者、疑似病人的密切接触者，在指定场所进行医学观察和采取其他必要的预防措施。拒绝隔离治疗或者隔离期未满擅自脱离隔离治疗的，可以由公安机关协助医疗机构采取强制隔离治疗措施。

【事件链接 9-1　家属拒绝签字为患者接受治疗】②

（三）健康受益权

健康受益权主要体现在自然人享有健康的生理机能并以此为基础具有劳动能力，从事

① 杨立新. 人身权法论（第三版）[M]. 北京：人民法院出版社，2006：419.

② 男子拒签字致孕妇死亡事件调查 [EB/OL]. [2018-08-13]. 新浪新闻，http：//news. sina. com. cn/c/2007-12-03/233214441411. shtml.

劳动而获得的对价。一个人具有劳动能力的前提条件是健康，劳动能力以自然人的生理机能的完善和正常运作为前提，劳动能力受到侵害就意味着健康权受到侵害，所以劳动能力并非独立的人格权，它属于健康权内容中的重要体现，应当属于健康权的客体。劳动能力集创造物质财富和精神财富、脑力和体力于一体；在一定程度上体现为从业能力、生活上的职业能力。由此可见，健康权是创造财富的基础，健康是财富前面诸多零的"1"。

劳动条件和劳动保护直接关系到劳动者的身心健康。职业性有害因素对劳动者健康所引起的影响统称为职业性损害。劳动保护权又称职业安全与卫生权，是指劳动者在劳动过程中有获得在安全健康的工作环境、获得职业防护措施和职业病患者得到经济救助和治疗的权利。例如，在发生系列性员工坠楼事件后，与富士康工作关系密切的苹果公司就开始实施一系列保护劳动者的制度，如提出了"劳工权益与人权：工人权益，就是基本人权"、"环境、健康与安全：尊重我们工作和生活的环境"口号等，并将成果发布在其官方网站上。劳动保护是劳动权的重要组成部分，一般认为属于劳动法的研究范畴。劳动环境和条件以及劳动保护措施直接关系到公民的健康，因此，保护公民健康必须加强劳动保护，劳动保护权与健康权密切相关。

【事件链接 9-2　要快乐地度过充满困难的一生】①

（四）健康保护请求权

健康保护请求权，是指当权利人的健康权受不法侵害时，可依法享有保护并获得救济的权利，当中包括健康权请求权和侵权请求权。健康权具有对世性、绝对性，其他人均有不得侵害他人健康权的义务，若违反此义务，侵害他人健康权致他人的生理机能或心理机能受损，权利人有权依法请求侵权人承担相应的民事责任。

【事件链接 9-3　黑心食品】②③

【事件链接 9-4　美国密歇根州弗林特市铅水危机】④

---

① 任正非. 要快乐地度过充满困难的一生［EB/OL］.［2018-08-13］. 搜狐网，http://www.sohu.com/a/71766915_169232.

② 安徽阜阳"大头娃娃"命运追叙 劣质奶粉留证十年［EB/OL］.［2018-08-13］. 搜狐网，http://baobao.sohu.com/20131025/n388889025.shtml.

③ 奶粉界再遭大曝光，你家孩子吃的奶粉上黑名单了吗？［EB/OL］.［2018-08-13］. 搜狐网，http://www.sohu.com/a/114942391_377382.

④ 美国一城市深陷"铅水"危机 官员渎职致雪上加霜［EB/OL］.［2018-08-13］. 央广网，http://china.cnr.cn/xwwgf/20160428/t20160428_522015561.shtml.

四、侵害健康权的赔偿责任

健康权一旦受到侵害，不仅会影响到其正常的生活、生产活动，还可能会进一步危及生命。因此，作为一项具体人格权，侵害健康权的行为具有可归责性，行为人应当据此承担赔偿责任。

（一）侵害健康权赔偿责任的归责原则及构成要件

德国法学家耶林曾说："不是损害而是过错使侵害者负有赔偿责任。"侵害健康权赔偿责任的应适用我国侵权责任法中的过错责任原则作为基本归责原则，以过错推定原则和无过错责任原则为辅。在一般情况下，适用过错责任原则，过错责任原则是指造成损害并不必然承担赔偿责任，必须看行为人是否有过错，有过错有责任，无过错无责任。须满足四大要件：一是行为人实施了某一行为；二是行为人行为有过错；三是受害人的民事权益受到损害；四是行为人的行为与受害人的损害之间有因果关系。这样，行为人就应该承担故意或过失的侵权责任。适用过错推定原则是指须在具备上述过错责任原则四大要件下实行过错推定，倒置举证责任。适用无过错责任原则确认的是侵害健康权行为责任，不需具备主观过错的要件。

（二）侵害健康权的违法行为

1. 作为和不作为

作为的侵害健康权行为如饭店使用地沟油、出售有问题的肉类等。不作为的侵害健康权行为如在施工期间应该采取预防措施或提示而不采取，有导致他人健康权受损的危险。

2. 直接行为和间接行为

直接行为，是指行为人自己实施侵害他人健康权的行为，如殴打他人。间接行为，是指行为人通过其他间接或者非暴力的方式侵害他人健康权的行为，如环境污染、医疗事故、产品质量缺陷等。

（三）对侵害健康权的赔偿

1. 财产损害赔偿

《民法通则》第 119 条规定："侵害公民身体造成伤害的，应当赔偿医疗费、因误工减少的收入、残废者生活补助费等费用；造成死亡的，并应当支付丧葬费、死者生前扶养的人必要的生活费等费用。"

最高人民法院《关于审理人身损害赔偿案件适用法律若干问题的解释》第 17 条对赔偿费用进行了进一步的具体规定，有以下三种情况：（1）受害人遭受人身损害，因就医治疗支出的各项费用以及因误工减少的收入，包括医疗费、误工费、护理费、交通费、住宿费、住院伙食补助费、必要的营养费，赔偿义务人应当予以赔偿。（2）受害人因伤致残的，其因增加生活上需要所支出的必要费用以及因丧失劳动能力导致的收入损失，包括残疾赔偿金、残疾辅助器具费、被扶养人生活费，以及因康复护理、继续治疗实际发生的必要的康复费、护理费、后续治疗费，赔偿义务人也应当予以赔偿。（3）受害人死亡的，赔偿义务人除应当根据抢救治疗情况赔偿上述第一项的相关费用外，还应当赔偿丧葬费、被扶养人生活费、死亡补偿费以及受害人亲属办理丧葬事宜支出的交通费、住宿费和误工损失等其他合理费用。

《民法典》第 1179 条也对侵害他人人身的行为进行了规定："侵害他人造成人身损害的，应当赔偿医疗费、护理费、交通费、营养费、住院伙食补助费等为治疗和康复支出的合理费用，以及因误工减少的收入。造成残疾的，还应当赔偿辅助器具费和残疾赔偿金；造成死亡的，还应当赔偿丧葬费和死亡赔偿金。"

2. 精神损害赔偿

《最高人民法院关于确定民事侵权精神损害赔偿责任若干问题的解释》明确规定，自然人因健康权遭受非法侵害，向人民法院起诉请求赔偿精神损害的，人民法院应当依法予以受理。

《民法典》第 1183 条规定："侵害自然人人身权益造成严重精神损害的，被侵权人有权请求精神损害赔偿。因故意或者重大过失侵害自然人具有人身意义的特定物造成严重精神损害的，被侵权人有权请求精神损害赔偿。"

【案例链接 9-1　高某某诉南京地铁集团有限公司健康权纠纷案】①

五、基于私生活与公序良俗的考量

1959 年和 1967 年通过的沃尔芬等委员会向英国国会提交的有关立法建议称：不应继续把同性恋及卖淫作为犯罪惩罚，但应当禁止公开卖淫。理由有二：一是刑法的作用是维护公共秩序和体面，私下自愿行为不构成对公共秩序和体面的危害；二是"法应当给予个人就私人道德问题作出选择和行动的自由"。

对有害行为人自身健康而无损公共利益和他人之行为，国家有无干涉的权力？回答是肯定的。人格权是一种民事权利，而任何的民事权利都不是无边界以及不受任何限制的。诚然，国家公权力对私权的以及处分要给与充分的尊重，不轻易介入干预。

同性恋、卖淫行为已经超出了纯粹的私人活动空间或者领域之范围，它不仅与法律有关，还与伦理道德、社会秩序、他人权利义务、行政管理等方面有着千丝万缕且难以割舍的关系。如果承认同性恋，必然会涉及婚姻、继承、亲属关系等方面的问题。哪怕是患病拒绝治疗、接受治疗以及接受治疗的具体机构和时间等大多属于可个人自由处置的问题，但是如果患上了传染病或者染上了对社会有害的恶习（如吸毒）等，则不仅仅是自己如何活着或者想以什么方式活着的简单问题了，国家通过立法、政府通过制定政策乃至行政

---

① 高子玉诉南京地铁集团有限公司健康权纠纷案 ［EB/OL］．［2018-08-13］．最高人民法院网，http://gongbao.court.gov.cn/details/da13802258b5745de1317ef7061a36.html.

机关通过直接具体的行政活动就会干预到个人的行为。

【知识链接 9-5　同性恋】

【案例链接 9-2　中国第一宗同性恋结婚纠纷案】①

　　健康权是以人为本的一项人的基本权利，是每个人因其与生俱来就享有的权利，是人们生活和发展的基础权利，也是满足生理、心理、社会、经济、环境以及精神等各方面最起码的、最低需求的权利。认识健康权必须从人类历史、社会发展着手，研究我国的健康权更应该重视中华文化传统对健康的认知，并结合现今法律的规定和社会的状况加以研究，同时也不应忽视在日常生活中出现的新闻、事件或社会话题，对其加以探索及思考。虽然健康的内涵较为广泛从而引致对健康的不同解读，但是健康权的内容和特点是比较清晰的，健康权和其他权利之间既有联系又有区别，正确区分健康权和相关权利，才能够更好地保障自然人享有的健康权。健康权包括健康享有权、健康保有权、健康收益权和健康保护请求权。侵害健康权的行为，如果符合一定的归责原则和构成要件，意味着行为人要承担赔偿责任，这是法律赋予健康权的事后救济。

　　对健康权的深入研究有助于确立健康权在人格权法中的重要地位，更有助于健康权在民法典编纂过程中的完善和细化。

---

　　①　中国同性恋婚姻登记第一案长沙开庭并宣判［EB/OL］．［2018-09-09］．凤凰网，http：//phtv.ifeng.com/a/20160414/41594561_0.shtml.

第十讲 身 体 权

——爱惜自己与尊重他人

现代医学技术的发展使得人们能更加深入地了解自己的身体，这也促使人们越来越重视身体及健康的重要性。身体不仅是生命活动的物质载体，也是作为公民参与社会活动的载体，其重要意义不言而喻。

身体权是权利人维护自身身体完全完整以及支配器官、肢体及组织的权利。身体权作为人格权的一种，是生而为人应当享有的权利之一，对身体权的保护彰显了人格尊严、人格平等、人身安全和人格自由等。作为最基本的人格权的重要组成部分，理应得到民法的全面保护。

一、身体

身体，是指人类或动物的整个生理组织体，有时特指躯干和四肢。法律意义上的身体，是专指自然人的身体。人体主要由头、颈、躯干、双臂及双腿等部分组成，其中还包括呼吸、心血管、神经系统和其他内脏，它们均由细胞构成。我们的身体，就像一个小宇宙，虽然你和自己的身体朝夕相处，但或许对自己的身体并不完全了解。

人体结构的基本单位是细胞。细胞之间存在着非细胞结构的物质，称为细胞间质。五脏六腑，是人体各内脏的总称。心、肝、脾、肺、肾，叫五脏；小肠、胆、胃、大肠、膀胱、三焦，叫六腑。心是人体生命活动的主宰，肝有贮藏血液和调节器血量的功能，脾有主营养物质的消化、吸收并运输全身的功能，肺"管呼吸，主气"，肾有"藏精""生髓""主骨"的功能；小肠主要功能是接受食物后分别清浊，胆分泌胆汁而有助于消化食物，胃受纳食物再经脾将营养输出以供养全身，大肠的功能是传导糟粕之物最终通过肛门排出体外，膀胱主要是贮藏和排泄尿液。

【知识链接 10-1 中国古代作品中的"身体"】

二、身体权概述

随着社会经济的发展和人们生活水平的提高，人们对身体的重要性越来越重视，也越来越希望自己的安全、尊严和自身价值能够得到法律的保护。身体权作为一种基本的人格权理应得到应有的重视和法律保护。身体作为生命的物质载体，是生命得以产生和延续的最基本条件，没有了身体，我们的生命便失去了依托。

（一） 身体权的概念

身体权，是指自然人保持其身体组织完整并支配其肢体、器官和其他身体组织并保护自己的身体不受他人非法侵犯的权利。

身体权的主体只能是自然人，法人和其他组织不能为身体权的主体。身体权的客体是自然人的人身，是自然人身体完全、完整的利益。身体权体现在身体权人有权支配自己身体的组成部分，是自然人对自己的身体所具有的完全性的支配权。

我国台湾地区的学者最早提出了"身体权"的概念。① 相关学者在其著作中也提出了身体权的定义。② 台湾地区的学者大多认同身体权是以保持身体完全为内容的权利，而身体完全是指人之整个肉体的完整。③ 我国民法学者提出的身体权概念的通说，即"身体权是自然人维护其身体完全并支配其肢体、器官和其他组织的具体人格权"。④ 但是，即使在持通说的学者之间就如何阐释身体权的概念仍存在较大争议。一方面，部分学者将面唾他人、当头浇粪、强行接吻等行为视为破坏身体完整性的行为，其理论依据是，身体的完整性包括身体的实质性完整和身体的形式性完整；⑤ 抚摸他人身体的性骚扰行为也会构成对他人身体权的侵害。⑥ 另一方面，有学者认为身体权保护的主要目的仅在于抵御他人的不法伤害，不属于支配权⑦；另有部分学者虽然赞同身体权的支配权说，但认为身体权的行使不仅表现为权利人对自己的身体组成部分享有自主支配的自由，还表现为卖淫以及从事人体模特职业（包括手指、脚、臀、乳房等身体局部特定部位的模特）等人体形象的商业利用行为。⑧

（二） 身体权保护的历史发展

1. 我国古代对身体权的保护

我国古代，在传统的礼法规制下，人的身体在绝大多数程度上并非属于自己，主要属于家长、家族和国家。⑨ 所谓"身体发肤，受之父母，不敢毁损，孝之始也"。在这种伦理背景下中，个人的身体从来就不属于自己，而是属于家长、再扩展归属于家族、宗族。

我国古代立法民刑不分，侵害他人人身的行为主要是采用刑事制裁的方式对受害人提

① 龙显铭. 私法上人格权之保护 [M]. 台北：台湾中华书局，1958：4-5.
② 史尚宽. 债法总论 [M]. 台北：荣泰印书馆，1978：140.
③ 王泽鉴. 人格权法 [M]. 台北：三民书局，2012：123.
④ 杨立新. 人格权法 [M]. 北京：法律出版社，2011：391.
⑤ 杨立新. 人格权法 [M]. 北京：中国法制出版社，2011：400.
⑥ 王利明. 人格权法研究 [M]. 北京：中国人民大学出版社，2005：361.
⑦ 尹田. 自然人具体人格权的法律探讨 [J]. 河南财经政法大学学报，2004（3）：17-23.
⑧ 马俊驹. 人格和人格权理论讲稿 [M]. 北京：法律出版社，2007：452-453.
⑨ 方潇. 中国传统礼法规制下的身体归属及其在近代的法律转向 [J]. 环球法律评论，2009（6）：25.

供保护，而忽视受害人的利益补偿。例如，秦律将伤害分为斗伤、贼伤，啮断人鼻，若耳、若指、若唇者，一律处以耐刑，缚而尽拔其须眉，处完城旦舂刑。对于持械斗殴伤人者，处刑较徒手重；为吏伤人，加重处罚。① 再如，《唐律疏议》第 21 卷第 302 条规定："凡因相争而打人，处笞四十。打伤以及用其他器物打人的，处杖六十；伤及拔头发一寸以上，处杖八十。如血从耳朵、眼睛流出及因内伤吐血的，各加重二等处罚。"②

2. 大陆法系国家对身体权的保护

罗马法时期私法繁荣，但也只是在私法中规定对人私犯，称之为侵害行为③或侵辱④，并未区分生命权、身体权和健康权的不同。这一点与我国古代立法相似。

德国是世界上最早确立身体权的国家。《德国民法典》第 823 条最先对身体权作出规定，并与生命权、健康权等权利并列："因故意或过失不法侵害他人的生命、身体、健康、自由、所有权或其他权利者，对被害人负损害赔偿义务。"此后，《瑞士债务法典》第 46 条、《奥地利民法》第 1325 条、《日本民法典》第 710 条，以及我国历史上的两次民律草案和正式颁行的国民政府民法，都正式确认了公民身体权为独立的民事权利，并对侵害身体权的行为规定予以民事法律制裁，对于公民身体权予以严格的民法保护。"国民政府民法"第 18 条规定："人格受侵害时，得请求法院除去其侵害；有受侵害之虞时，得请求防止之。""前项情形，以法律有特别规定者为限，得请求损害赔偿或慰抚金。"⑤据该条立法理由称，此处的人格包括身体权在内。该法第 193 条规定："不法侵害他人身体或健康者，对于被害人因此丧失或减少劳动能力，或增加生活上之需要时，应负损害赔偿责任。""前项损害赔偿，法院得因当事人之声请，定为支付定期金。但须命加害人提出担保。"第 195 条第 1 款前段规定："不法侵害他人之身体、健康、名誉或自由者，被害人虽非财产上之损害，亦得请求赔偿相当之金额。"这三个条文，从总则到分则，从财产损害赔偿到非财产损害赔偿，规定得十分完整，构成了对身体权的完整保护。

（三）身体权的性质

在人格权法的领域中，我国学者对于身体权的性质问题的文献与人格权性质的相关文献基本是重合的，这些著作均较为详细地论证了包括身体权在内的人格权兼具宪法基本权利和民事权利的性质。⑥ 身体权不但是宪法赋予公民的基本权利之一，也是私法上所保护

① 夏成福. 论伤害致人死亡犯罪的认定 [J]. 刑事法判解，2005（8）：36.

② 钱大群. 唐律疏议新注 [M]. 南京：南京师范大学出版社，2007：659-660.

③ [古罗马] 查士丁尼. 法学总论———法学阶梯 [M]. 张企泰，译. 北京：商务印书馆，1989：201-203.

④ [意] 彼德罗·彭梵得. 罗马法教科书 [M]. 黄凤，译. 北京：中国政法大学出版社，1992：404-405.

⑤ 范家强. 一般人格权若干法律问题研究 [J]. 法学，1999（8）：60.

⑥ 参见王利明. 人格权法 [M] 北京：中国人民大学出版社，2005；马特，袁雪石. 人格权法教程 [M] 北京：中国人民大学出版社，2007；张红. 人格权总论 [M]. 北京：北京大学出版社，2012；马俊驹. 人格和人格权理论讲稿 [M] 北京：法律出版社，2009；周云涛. 论宪法人格权与民法人格权——以德国法为中心的考察 [M]. 北京：中国人民大学出版社，2010.

的权利。前者旨在保护公民免受国家强制力的损害；后者旨在调整民事主体之间发生冲突和损害的情形。① 但值得指出的是，无论在哪一个法律中对身体权有保护性的规定，在本质上身体权仍属于物质性人格权，为私权。

（四）身体权与相关权利的关系

生命、健康和身体，是自然人的人格赖以存在的物质载体，对于人的存在和发展具有极为重要的意义，所以，生命权、健康权和身体权这些物质性人格权，是人的最基本、最重要的权利。对这些权利的侵害，是对人的最严重的侵害，很可能造成无法挽回的局面，如患上无法治愈的疾病、造成残疾，甚至丧失性命。要明确人的价值、突出人的法律地位，就要更好地保护这些权利，当权利遭受侵害后就应当予以充分之救济。

身体权为公民的基本人格权之一，在人格权的体系中，属于具体人格权里面的物质性人格权。与其并列的还有生命权和健康权。生命权、健康权、身体权彼此独立，各自不能被其他概念包含，但相互之间又存在着客观的联系。

1. 身体权与生命权

生命权为不受他人之妨害，而对于生命之安全，享受利益之权利②，它的客体是自然人的生命。生命依附于身体而存在，身体依赖于生命的存在而存活。有日本学者主张，生命权为身体权的一部分，认为生活之身体为身体权成立的要素之身体的保护，当然包括生命之保护在内，盖所谓保护身体，乃谓保护生活之身体，而使生命绝止，系侵害身体之最者故也。③ 然而，生命权和身体权固然有密切联系，但两者仍应各自独立，各自不能被包含。因为，两者具有不同的权利客体。身体权的客体是身体；生命权的客体是生命。身体权维护的是身体的完整性，而生命权维护的是人的生命的存续。"然身体权因创伤而受侵害，生命权则非有死亡发生，不能认为受侵害，故二者应分别视之。"④

2. 身体权与健康权

身体权是否为一项独立的具体人格权，我国学界至今说法不一。通说认为，"身体权是自然人维护其身体完全并支配其肢体、器官和其他组织的具体人格权"⑤，是一项独立于健康权的具体人格权。但仍有学者或主张对健康权作扩大解释，使其包含身体权的内容⑥，或主张对身体权作扩大解释，将健康权纳入到身体权的范畴。⑦

身体权与健康权的界线不是那么清楚。当我们受到来自外界的伤害，我们怎么判断这个行为是侵犯了我们的身体权还是健康权呢？

私法上区分身体权和健康权的设计存在着严重的理论重叠，造成在实践中两者难以区

---

① 姚辉，周云涛. 人格权：何以可能 [J]. 法学杂志，2007（5）：12.

② 何孝元. 损害赔偿之研究 [M]. 台北：商务印书馆，1982：124.

③ [日] 鸠山秀夫. 日本债权法各论 [M]. 东京：岩波书店，1922：817.

④ 龙显铭. 私法上人格权之保护 [M]. 台北：台湾中华书局，1948：42.

⑤ 杨立新. 人格权法 [M]. 北京：法律出版社，2011：391.

⑥ 唐德华. 最高人民法院《关于确定民事侵权精神损害赔偿责任若干问题的解释》的理解与适用 [M]. 北京：人民法院出版社，2001：28.

⑦ 顾长河. 身体权与健康权的区分困局与概念重构 [J]. 商业研究，2013（5）：211-216.

分的困局，这种困局源于在私法解释选择环节过分地脱离客观事实。如何界定身体权和健康权的关系？对此，目前主要有两种不同的解释方案，即"包含说"和"独立说"。在包含说中，学者们或主张对健康权做扩张解释，使其包含身体权的内容。① 或者如同部分学者所认为，应在理论上建立人身完整权，甚至是一个大的身体权概念使其包含健康权的内容。② 持独立说的学者则主张，身体权和健康权是相互独立的人格权，此说为目前学界通说。

作为我国民法学界通说的身体权与健康权区分的理论与学说，学者对身体权与健康权两者的差异归结为"身体权以身体的整体为客体，体现的利益是公民身体组织、器官的完整性和完全性；而健康权的客体是健康，体现的利益是公民肌体功能和安全运作及其完善性"。③ 我国台湾地区的学者也认为身体权和健康权都应是独立的权利，并指出，"身体，指人之整个肉体的完整，包括体外的躯体与四肢，体内的器官及牙齿等"；"健康是指人之生命过程的功能，与其相对者，系疾病，因此关于健康的侵害，应依当前医学加以评定"。④ 侵犯健康权是使人体内部机能障碍或精神损害。而侵犯身体权是使我们对身体组织失去完整性和支配。

身体为生命和健康所附着的载体。无身体也就无所谓生命、健康，无生命之躯体则为尸体。⑤ 从理论上讲，区别健康权与身体权并不困难，当自然人身体的完整性、完全性受到损害时，即可认定受害人的身体权遭受了侵害；而自然人的身体机能受损，则可以认定受害人的健康权遭到了损害。但是在实务中，人们常常发现，导致他人肉体组织完整性遭到破坏的情形，往往也会导致他人生理机能的完善性遭到破坏。因此，一些国家的立法认为身体权包括健康权，即只规定身体权而不规定健康权。按照目前通说对身体权与健康权的定义，身体权与健康权不能混同，相互不能包含对方。行为人对于他人身体作出侵害行为（不包含造成死亡结果）时，会导致三种结果的发生：一是只构成侵犯身体权，二是只侵犯健康权，三是既侵犯身体权又侵犯健康权。

行为人分别实施三种不同的侵害行为可能产生三种结果。第一，行为人对受害人实施了具有身体接触的殴打行为，但没有造成严重损害健康结果，受害人只是在肉体和精神上感到疼痛，而这种疼痛对受害人的健康系统并没有影响，这种情况应该被认定为对身体权的侵犯。第二，行为人实施没有实际接触受害人身体的侵害行为，没有侵犯受害人身体的完整性和完全性，而这种行为最后导致受害人的健康受到严重的伤害，这种情况应该被认定为对健康权的侵犯。第三，行为人对被害人实施侵害行为，最后造成了受害人身体的残疾和健康的严重损害，这种情况既侵犯受害人的身体权，亦侵犯其健康权。所以，身体权与健康权所适用的情况是不一样的，无论是扩大身体权的概念，将健康权涵盖，抑或是将

① 唐德华. 最高人民法院《关于确定民事侵权精神损害赔偿责任若干问题的解释》的理解与适用 [M]. 北京：人民法院出版社，2001：28.
② 张民安，龚赛红. 因侵犯他人人身完整权而承担的侵权责任 [J]. 中外法学，2002 (6)：706.
③ 杨立新. 人身权法 [M]. 北京：中国检察出版社，1996：346.
④ 王泽鉴. 人格权法 [M]. 北京：三民书局，2012：123.
⑤ 史尚宽. 债法总论 [M]. 台北：荣泰印书馆，1978：140.

健康权的概念扩大到包含身体权，都是不合适的。

我国《民法典》第五章第 110 条规定："自然人享有生命权、身体权、健康权、姓名权、肖像权、名誉权、荣誉权、隐私权、婚姻自主权等权利。"可以看到其中将身体权和健康权作为两种权利并列性地规定下来，支持了我国民法学界通说的观点。

但按照过去《侵权责任法》第 2 条的表述，仅明确规定了健康权而忽略了身体权。法律不能在最大限度保护我们的身体免受他人非法侵扰。应当明确，身体权与健康权所保护的客体不一样，在立法中不应只对健康权作出规定而忽略身体权的重要性。《民法典》第 1003 条规定："自然人享有身体权。自然人的身体完整和行为自由受法律保护。任何组织或者个人不得侵害他人的身体权。"

《德国民法典》第 823 条规定："因故意或者过失不法侵害他人生命、身体、健康、自由、所有权或者其他权利者，对他人因此而产生的损害负赔偿义务。"德国著名民法学者梅迪库斯则认为，该条当中的侵害身体意味着"对身体完好无损性的精神上的干涉"，健康侵害意味着"使人（身体）生病"①。对此，也有德国学者持不同看法，认为"身体伤害指的是人的外在表现形态的破坏，典型的就是伤口；而健康损害则是指导致了身体内部机能的障碍或精神上的损害"②。

据此，可以判断德国学者对身体和健康区分的标准并不统一。结合以上法条，比较我国和德国两国学者对身体和健康概念的理解，可以发现存有差异。依据《德国民法典》第 823 条中生命、身体、健康的序位，通常情况下侵害身体完整比身体健康更为严重。依照身体和健康规范竞合时，按照以重吸轻的原则，应认定为侵害身体，而不是健康。

有学者认为，立法者仅规定"生命""健康"而无"身体"，但从其立法意图看，这里的"健康"实际上包括了身体权和健康权两项权利，而且从司法实践看，对身体权的重视程度远甚于健康权。因此，身体权和健康权应作为并列的两种人格权予以保护。③

3. 身体权与名誉权

确认侵害身体权的损害事实，还要与侵害名誉权的侮辱行为区别开来。在目前的民法理论中，将侮辱一律归结为侵害名誉权责任的构成要件。应当将侮辱人格的损害事实与侮辱身体的损害事实区分开。单纯对人格尊严和名誉进行侮辱，是侵害一般人格权和名誉权的损害事实；以受害人的身体为对象进行侮辱者，造成的损害是侵害身体权的损害事实。通过新闻媒体的曝光，我们不时能够在网络上看到一些侮辱人格的暴力视频，比如"原配当众脱下小三衣服并殴打"之类的新闻。④ 在此类事件发生后，人们往往会认定为是侵害名誉权。因为在众目睽睽之下被脱掉衣服造成严重的羞耻感，行为人的根本目的是羞辱

---

① 姚辉. 人格权法论 [M]. 北京：中国人民大学出版社，2011：174.

② [德] 克雷斯蒂安·冯·巴尔. 欧洲比较侵权行为法（下卷）[M]. 焦美华，译. 北京：法律出版社，2004：77.

③ 施天涛. 生命健康权的损害赔偿新论 [J]. 政治与法律，1991（5）：9.

④ 原配当街脱小三衣服打骂侮辱，打人者归案 [ED/OL]. [2018-09-17]. 搜狐视频，http://tv.sohu.com/20120420/n341156350.shtml；原配当街暴打小三，打得小三直求救 [ED/OL]. [2018-09-17]. 凤凰网视频，http://v.ifeng.com/video_6231446.shtml.

受害人，对受害人的心理伤害是最明显的，被认定为侵犯名誉权是毫无疑问的。但在该类型事件中，行为人强行除脱受害人的衣物，破坏了权利人对于身体的外观形式完整，本身就是一种侵害身体权的行为。在上面的例子中，如果抛开公众环境这个因素，除脱受害人衣物并对其实施殴打的行为只发生在一个私密的空间，该行为也会对受害人造成心理上的伤害，行为人的根本目的也是为了羞辱受害人，但在这种情况下就不能认定为侵犯名誉权，而只是侵犯身体权的行为。

三、身体权的内容

身体权以身体及其利益为客体，表现为：（1）保持身体组织的完整权，排除他人的不法侵害。（2）支配权，其身体组织（肢体、器官、血液等）的构成部分不得转让。传统理论并不认身体权中包含公民对自己肢体、器官和其他组织的支配权，只承认身体完整性不得破坏，不得将身体的组成部分予以转让。而医学的进步推动了伦理观念的转变，也为身体权注入了新的内容。身体器官的移植、血液的有偿或无偿奉献，都是自然人行使身体权的方式。（3）损害赔偿请求权，任何权利在受到损害时都得依法寻求赔偿。

关于镶装、配置的人工制作的残缺身体部分的代替物能不能作为身体的组成部分，应当区别情况，不能一概而论。已经成为躯体不可分离的一部分的、无法拆卸的，应属于身体，而可以自由装卸的则不属于身体。① 这是一个比较准确的界定，但还应该加以细化，还可以对自由装卸作更详细的解释。对自由装卸加以限制，即使可以自由装卸，但需专业医学人员依照严格的医学操作规程进行，否则可造成健康损害或生命丧失的工人装置，亦应视为身体的组成部分，如固定的身体引流管等。自由装卸是指普通人可以自由装卸，而非指专业人员的自由装卸。

（一）保持身体完整权

保持身体完整权，是指自然人对自己的身体的完整性，享有保持的权利，禁止任何人侵害身体，破坏身体的完整性。身体的完整性，包含两个含义：第一是身体的实质性完整，是指身体的实质组成部分不得残缺；第二是身体的外观形式的完整性，是指身体的组成部分不得非法接触。任何人非法侵害自然人的身体，造成了身体的实质性完整的损害，或者形式上的完整性的损害，都是侵害了自然人的身体权。身体实质性完整的维护，就是禁止他人非经本人同意而取得其身体的组成部分。这种身体的实质性完整，当然是包括身体的全部。但是，在身体权的范围内，最主要的是指不涉及健康的身体组成部分。例如，未经本人同意的强制抽血、强制纹身等，就是侵害身体权的表现。

身体的形式完整性的维护，就是权利人有权保持自己的身体不被非法接触。在我国国民意识中，身体权的观念稍微欠缺，对于接触身体不认为侵权行为。比如说在一些公共场合，排队的时候人与人之间几乎"亲密无间"，后面的人生怕距离远一点就会被其他人插

① 王利明. 人格权法新论［M］. 长春：吉林人民出版社，1994：303.

队，而前面的人也抱着这种想法紧紧地靠着其前面的人，一直无休止地往前挤。在这种环境下，人们根本无暇顾及自己的身体权有没有被侵犯，从而也不会换位思考自己的行为是不是冒犯了他人。因此，有必要对身体权的概念进行宣传，使国民增强对身体权尤其是身体形式完整性的认识，保护好自己的身体不受非法侵害。

（二）身体支配权

身体支配权，是指自然人对自己的身体组成部分在法律准许的情况下，有适当的支配权，对自己的身体组成部分进行适当的处置。

身体权的客体是自然人的人身，是自然人身体完全、完整的利益。在传统理论上，身体权不包含自然人对其肢体、器官和其他身体组织的支配权。但随着科学技术的进步和法学理论的发展，我们可以通过一些医学手段将自己身体的某些组成部分转让给别人，比如说捐血、肝脏移植、皮肤移植等。在符合法律规定及社会伦理道德认同的前提下，身体权人有权支配自己身体的组成部分。

现实中，人们对自己身体组成部分的支配包括如理发、美容、献血、捐献器官甚至自残身体等行为。身体权除了表现为对自己身体完全性、完整性的维护权外，还表现为自然人对自己身体组成部分的肢体、器官以及其他组织的支配权。

首先，自然人对自己的血液、体液、毛发等附属部分有处置的权利，可依照自己的意志进行支配。例如义务献血、捐献脊髓救助他人，这是将自己的身体组成部分予以支配、奉献社会，将自己的精液献给精子库而为人工授精提供资源。这些都是对自己身体组成部分的支配。

其次，具有完全民事行为能力的自然人对自己的器官，也可以有限度地捐献给他人从而救助他人的生命。这也是行使身体权的行为。例如，将自己的肾脏捐献给他人进行器官移植是极为高尚的行为，是正当行使身体权的行为。

最后，生前留下遗嘱，承诺死后将自己的遗体或者角膜捐献给医疗机构、医疗教学机构和眼库，进行医学研究教学或者为他人救治疾病。这些也都是对自己身体组成部分的合理支配，是合法地行使身体权的行为。

值得注意的是，自然人支配自己的身体组成部分，包括身体的附属部分和器官，应当合法并符合社会善良风俗。那种自愿捐献、救助他人的行为，是值得赞扬的。但是出于营利目的，进行非法的器官买卖、非法卖血等行为，超出了身体合理支配权的范围，法律是禁止的。

【事件链接 10-1 未成年人卖肾买 iPad】①

---

① 黑中介医护人员被控故意伤害罪［EB/OL］.［2018-08-26］. 新浪网，http：//news. sina. com. cn/o/2012-08-10/131924945000. shtml.

四、保护身体权的相关规定

（一）《宪法》关于身体利益保护的规定

《宪法》第 37 条第 3 款规定："禁止非法拘禁和以其他方法非法剥夺或者限制公民的人身自由，禁止非法搜查公民的身体。"虽然我国 1952 年的宪法就已确立了对公民人身自由、人格尊严进行保护的精神，但有关人格权的规定在民事立法中却没有得到体现。在特定的历史期间，受到"极左思潮"的影响，对个人人格尊严践踏的行为泛滥，如殴打、"剃阴阳头"等侮辱人格、蔑视人权的行为普遍存在，给人们造成了极大损害。正是鉴于对这种暴力行为的反省，改革开放以后，立法机关开始重视对人格权的保护。

（二）《刑法》对身体利益保护的规定

《刑法》第四章所规定的侵犯公民人身权利、民主权利罪中，规定了许多保护身体利益的内容。

其中第 234 条规定："故意伤害他人身体的，处三年以下有期徒刑、拘役或者管制。犯前款罪，致人重伤的，处三年以上十年以下有期徒刑；致人死亡或者以特别残忍手段致人重伤造成严重残疾的，处十年以上有期徒刑、无期徒刑或者死刑。本法另有规定的，依照规定。"

"组织他人出卖人体器官的，处五年以下有期徒刑，并处罚金；情节严重的，处五年以上有期徒刑，并处罚金或者没收财产。未经本人同意摘取其器官，或者摘取不满十八周岁的人的器官，或者强迫、欺骗他人捐献器官的，依照本法第 234 条、第 232 条的规定定罪处罚。"

《刑法》第 235 条规定："过失伤害他人致人重伤的，处三年以下有期徒刑或者拘役。本法另有规定的，依照规定。"

（三）《民法通则》和《民法典》对身体权的规定

《民法通则》中未明确规定身体权，仅仅规定了健康权。但是，《民法通则》第 119 条规定："侵害公民身体造成伤害的，应当赔偿医疗费、因误工减少的收入、残疾者生活补助费等费用；造成死亡的，并应当支付丧葬费、死者生前扶养的人必要的生活费等费用。"

《民法典》将身体权明确地规定下来。使得侵害身体权的被侵权人有权请求侵权人承担侵权责任。在第五章民事权利第 110 条规定："自然人享有生命权、身体权、健康权、姓名权、肖像权、名誉权、荣誉权、隐私权、婚姻自主权等权利。法人、非法人组织享有名称权、名誉权、荣誉权等权利。"第 120 条规定："民事权益受到侵害的，被侵权人有权请求侵权人承担侵权责任。"《民法典》第 1003 条更是明确规定："自然人享有身体权。自然人的身体完整和行动自由受法律保护。任何组织或者个人不得侵害他人的身体权。"

（四）侵权责任法对身体权规定的不足

《侵权责任法》第 2 条第 2 款规定："本法所称民事权益，包括生命权、健康权……等人身、财产权益。"第 16 条规定："侵害他人造成人身损害的，应当赔偿医疗费、护理费、交通费等为治疗和康复支出的合理费用，以及因误工减少的收入。造成残疾的，还应当赔偿残疾生活辅助具费和残疾赔偿金。造成死亡的，还应当赔偿丧葬费和死亡赔偿金。"从上述法律条文中，我们可以看出：第一，《侵权责任法》把人的生命权、健康权作为首要被保护的权利，但并没有把身体权与生命权、健康权并列作规定。第二，在造成人身损害的情况下，可以请求赔偿损失和合理的费用。但若公民的身体遭到侵害，没有影响到其健康或者生命的时候，就无法得到《侵权责任法》的保护。

（五）最高人民法院的司法解释

最高人民法院《关于贯彻执行〈中华人民共和国民法通则〉若干问题的意见（试行）》第 146 条规定："侵害他人身体致使其丧失全部或者部分劳动能力的，赔偿的生活补助费一般应补足到不低于当地居民基本生活费的标准。"其第 147 条规定："侵害他人身体致人死亡或者丧失劳动能力的，依靠受害人实际扶养而又没有其他生活来源的人要求侵害人支付必要生活费的，应当予以支持，其数额根据实际情况确定。"目前我国法律对身体权的损害赔偿，局限在财产损害赔偿方面，对于非财产损害的救济方面并没有规定的。但是，对于身体权的侵害不一定会产生实际的财产损失，更多的是对于精神上的损害。赔偿的前提是造成实际的伤害，如果只侵害他人的身体权，但没有造成实际的伤害结果的，对应如何赔偿没有规定。

最高人民法院《关于确定民事侵权精神损害赔偿责任若干问题的解释》第 1 条规定："自然人因下列人格权利遭受非法侵害，向人民法院起诉请求赔偿精神损害的，人民法院应当依法受理：（一）生命权、健康权、身体权；（二）姓名权、肖像权、名誉权、荣誉权；（三）人格尊严权、人身自由权。"

精神损害是非财产损害的一部分，是指权利人所遭受的肉体疼痛和精神痛苦。侵害身体权行为会导致受害人的肢体、器官等的完好性被破坏、功能丧失或者降低，甚至残疾、丧失劳动能力，同时也会导致受害人在精神、心理、情感方面的不利后果，包括肉体疼痛和精神痛苦（如恐惧、悲伤、愤怒、绝望、羞耻等）。但身体权人所遭受的精神损害不以肉体疼痛为必要，一些针对人体没有痛觉神经的身体组织而实施的侵权行为，并不会造成权利人的痛楚，而是导致权利人遭受人格屈辱和精神痛苦。

生命、健康、身体在有关国家和地区立法中是同时并列受到保护的独立人格权利。实践中，如强制纹身、强制抽血、偷剪发辫、致人肢体残疾等，均属侵害他人身体权，即使对健康权作扩张解释也难以概括侵害身体权的各种类型。

司法解释明确提出了身体权是独立人格权并规定了身体权的精神损害赔偿，虽然是一种进步，但仅仅从司法解释上作出对身体权的表述，而没有在民事立法上明确规定身体权的定义和对身体权的保护措施，这不能完整地保护到身体权利。身体权是一项与生俱来的权利，作为生命和健康的载体，在立法上明确身体权的相关规定是十分必要的。

五、侵犯身体权的行为

（一）非法搜查身体

身体的完全性、完整性，体现在公民对自己身体支配的观念上，公民是否接受对自己身体的检查，原则上受公民自己意志所支配，这种对自己身体支配的观念，体现了公民对自己身体形式完整的追求。

非法搜查身体，是指无权搜查或者有权搜查的机关或个人，违反法律规定，擅自对公民身体进行搜查的行为。《宪法》第 37 条第 3 款规定："禁止非法拘禁和以其他方法非法剥夺或者限制公民的人身自由，禁止非法搜查公民的身体。"《宪法》中明确规定了不能非法搜查公民的身体，就是维护公民身体的形式完整。而依法搜查是职务授权行为，具有了阻却违法之效力。

非法搜查的主体，可能是公、检、法机关，也可能是其他机关、组织或个人。国家机关有对公民搜查的权力，但如果其未履行法定手续而擅自搜查他人身体，则构成非法搜查行为。没有搜查权的组织或个人，只要对他人身体进行搜查，就构成非法搜查身体。非法搜查公民身体，故意、过失均可构成，一般以故意居多，非法搜查公民身体，严重的可构成刑事犯罪。特定情况下会分别构成刑法、民法两个领域的责任，应按照《民法典》第 187 条"民事主体因同一行为应当承担民事责任、行政责任和刑事责任的，承担行政责任或者刑事责任不影响承担民事责任；民事主体的财产不足以支付的，优先用于承担民事责任"的规定处理。

【知识链接 10-2 "检查"与"搜查"】

【事件链接 10-2 演唱会"搜身纠纷"】①

（二）非法侵扰身体

非法侵扰身体，是行为人对公民身体以外力进行非法干扰的行为，是对公民维护自己身体安全以及支配权的侵害。通常表现为带有一定程度的威胁、恐吓的内容，但未对身体造成实际伤害。

英美法中的 assault，通常译作侵犯他人身体、企图伤害、侮辱或凌辱，就是指非法侵扰公民身体。当损害他人的故意或威胁与实施该行为的现实，且其暴力展示行为足够给予

---

① 粉丝抗议安检时被摸，EXO 台湾演唱会主办方道歉［EB/OL］.［2018-08-28］. 凤凰资讯网，http：//news. ifeng. com/a/20150618/44000576_0. shtml.

受害人以恐惧或预料到即时的身体损害时，这就构成了非法侵扰身体行为。这种行为并不要求具备对他人实际的触摸、打击或身体伤害，有时也指一种特定的恐吓。在侵扰罪中，如果被告的外在行为构成威胁且其具有伤害的企图，那么受害人即使在此种侵权行为中未受实质性损害，但制造人身攻击是一种非法企图，因此在某些判例中还将其划分为一级侵扰、二级侵扰甚至三级侵扰。①

非法侵扰身体，是行为人对公民身体以外力进行非法干扰，是对公民维护自己身体安全以及支配权的侵害。这种行为往往有威胁、恐吓的内容，但并未对身体造成实际伤害。例如，面唾他人、当头浇粪等②。行为人通过一种相当于企图殴打和威胁的行为，使他人处于遭受直接殴打的恐惧或忧虑之中，通常也被认为非法侵扰身体行为，这种行为就是可以诉讼的胁迫。③

谈到非法侵扰身体的问题，不得不联系到性骚扰的问题。作为一个现代社会中频繁出现的问题，已经逐渐引起了社会的关注，不少女性对于这个话题很敏感。"性骚扰"这个词对大多数国家来说是个外来词语，在出现这个词语之前各国对性骚扰此类的行为有自己的称呼，比如我国过去所说的耍流氓、猥亵妇女等类似的表述。性骚扰的界定与各国文化和妇女地位紧密相联，由于各国的历史、文化的差异，并没有形成一致的定义。各国根据本国的传统文化和现实妇女地位状况的不同而对性骚扰定义的内涵和外延的认定会不同，因此各国各地区在该定义上有分歧和不同的侧重点，表现在对于性骚扰发生的具体场合、具体行为方式、产生的后果的规定都是有差别的。在大多数西方国家，由于男女平等的观念和社会开放的程度等原因，性骚扰大多数时候被界定在有上下和强弱关系的环境中，骚扰的行为界定大多更为直接与性相关。比如美国均等就业机会委员会关于性骚扰的定义为："不受欢迎的亲近、性要求，以及其他基于性的言语或身体的侵扰行为，而屈从或拒绝会直接或间接地到受害人的就业，不合理地干涉到受害人的工作或导致胁迫、敌意或攻击性的工作环境。"④对于性骚扰，人们比较多关注的是工作场所的性骚扰问题，而甚少关注公共场所的性骚扰。公共场所作为人流密集的地方，出现性骚扰的情况比工作场所要多，实际上是最容易发生性骚扰事件的地方。社会中竟然会有"特殊爱好"这样的一个QQ"顶友群"，"顶"便是他的爱好，所谓"顶"，就是指男性用性器官或手对女性进行骚扰。群友们甚至还在这里或晒"成果"，或交流经验。⑤

【事件链接 10-3　公共场所性骚扰事件】⑥　

①　Black's Law Dictionary Fifth Edition［M］. West Publishing Co. 1979：105.

②　史尚宽. 债法总论［M］. 台北：荣泰印书馆，1978：142.

③　李锡鹤. 侵权行为两论［J］. 华东政法大学学报，2002（2）：35-41.

④　吴宗宪. 性骚扰行为探讨［J］. 江苏警官学校学报，2004（3）：9.

⑤　"地铁骚扰族"组群"交流"，自曝女性越不吭声他们越嚣张［EB/OL］.［2018-08-28］. 凤凰财经，http：//finance.ifeng.com/a/20170717/15534010_0.shtml.

⑥　男子当街对女性露下体做猥琐动作［EB/OL］.［2018-08-13］. 中国青年网，http：//news.youth.cn/sh/201801/t20180103_11233263.htm.

（三）对身体组织之不疼痛的破坏

任何人侵害他人身体，使其身体组织遭受破坏，都是违法行为。一般认为对身体组织的破坏，只要不造成严重的痛处，不认为是对健康权的侵害，而认为是对身体权的侵害。根据这种标准，构成对身体的侵害行为。

针对人体没有痛觉神经的身体组成（头发、眉毛、体毛、指甲等）而实施的行为，尽管不会造成痛楚，也不影响健康，但对一个身体外观所造成的影响，则是十分严重的。

对有痛觉神经的身体组织进行破坏，只要不是造成严重的痛楚、不破坏健康，也被认为是对身体权的侵害。例如，没有碰到牙神经的牙齿损伤，强行抽取他人适量的血液等，也是对身体权的侵害。

对于固定于身体组成部分而不能自由卸取的人工装置部分，如使假牙、假肢造成损害的，应认为是对身体组织的不疼痛破坏，为侵害身体行为。特殊人群如妇女、老年、儿童，需要特殊的关爱，尤其是幼儿园的幼儿，对其虐待也是严重的侵权行为。

【事件链接 10-4　携程幼儿园教师虐待幼儿事件】①

（四）不破坏身体组织的殴打

"相争为斗，相击为殴"，② 殴打是侵害身体、健康权最重要的行为之一。当殴打致受害人的身体组织功能不能完善发挥的时候，就是侵害健康权，当殴打已经进行尚未造成上述后果的时候，就是侵害身体权。

古代有"见血为伤"的说法，现代则有区别重伤、轻伤、轻微伤鉴定标准。重伤鉴定标准，主要适用于刑事法律领域，是确定重伤害罪、轻伤害罪的鉴定标准，对于确定是否破坏身体健康，不适用该鉴定标准。

无法律根据对他人施用暴力就是非法殴打他人，就是侵害身体权。非法殴打他人的侵权行为导致损害赔偿义务产生，无须其他条件，甚至不需要肿、淤血等外观条件才构成。

（五）因违反不作为义务所生之侵害身体

传统的侵权法领域强调，以积极主动的行为对他人造成损害才承担侵权责任。但随着社会的发展以及社会秩序和伦理道德的需要，各国立法开始逐渐追究不作为的侵权责任。不作为侵权已经成为了各国侵权法上重要的组成部分。

道路管理人怠于修缮道路使路人受伤，设备管理人怠于检查设备使他人负伤，医师施手术后怠于除去绷带因而使之化脓等，均为违反义务之不作为所生之侵害身体行为。

---

① 殴打、喂芥末！携程幼儿园老师涉嫌虐童［EB/OL］.［2018-08-13］. 新浪网，http：//news.sina. com. cn/o/2017-11-08/doc-ifynsait6449268. shtml.

② 《宋刑统·斗讼律》"斗殴故殴杀条"。

违反义务的不作为所产生的身体侵害，均为侵害身体，根据后果而有所不同，仍要以是否破坏公民肌体组织功能完善作为区分标准（未造成伤害后果的，为侵害身体权；造成身体机能伤害的，为侵害健康权）。

通常而言，人们就其所从事的积极行为或所导致的损害他人承担民事侵权责任，而不对他所没有积极从事的行为或没有加以阻止的行为承担民事侵权责任。《法国民法典》第1383条明确规定侵权人不仅要对其作为所产生的损害承担侵权损害赔偿责任，而且还要对其因为过失或疏忽所产生的损害承担侵权损害赔偿责任。我国台湾学者认为，不作为之成立侵权行为，须以作为义务的存在为前提条件，基于契约而负担作为义务而不作为。①

【事件链接 10-5　自动门故障致男童受伤】②

（六）不当之外科手术

施行手术系为保全生命或身体之重要部分而所作的较小之牺牲，目的正当，故具有合法性。但手术须征得患者或其法定代理人之同意而行。如不合法的手术或目的非法，又或者手术施行过度，致侵害患者之身体者，属身体之侵害；如对女性公民施行阑尾切除术而伤及生殖系统，造成一定的损伤但未失生殖机能，为身体权的侵害。

侵害身体权的行为，行为人的主观方面应当是过失。如借手术之故意伤害，则构成故意伤害罪。

【案例链接 10-1　错换手术】③④

【案例链接 10-2　不当检查侵害身体】⑤

---

① 王泽鉴. 民法学说与判例研究（第五册）[M]. 北京：中国政法大学出版社，2002：157.

② 自动旋转门"咬"住4岁男孩脚 [EB/OL].　[2018-08-28]. 网易新闻网，http://news. 163. com/16/0727/14/BT03TR1T00014Q4P. html.

③ 重建医患关系——潍坊医学院附属医院回访见闻 [EB/OL].　[2018-08-28]. 大众网，http://www. dzwww. com/zt/qlwb/news/200711/t20071124_2913972. htm.

④ 女孩左腿手术右腿挨刀事件追踪：医院赔偿20万 [EB/OL].　[2018-08-28]. 人民网，http://legal. people. com. cn/n/2013/0507/c188502-21393058. html.

⑤ 未婚女子妇检时被医生捅破处女膜 [EB/OL].　[2018-08-28]. 网易新闻网，http://news. 163. com/09/0401/03/55PL3SSD00011229. html.

【事件链接 10-6　强行手术】①

目前，我国在身体权方面的相关立法较少。虽然新出台的《民法典》将身体权作为一项独立的权利进行规定，但是并没有更为具体与详细的规定。这显然无法对身体权进行全面的保护，也无法应对器官捐献等现实问题。

如何能够全面地保护公民的身体权成为当前急需解决的问题。首先，应增加有关支配权的相关规定，例如：扩大身体权的客体。其次，应从侵权责任制度方面增加规定身体权的相关内容，例如完善精神损害赔偿的相关制度，将因身体权遭受侵害而产生的精神损害纳入到精神损害赔偿的范畴等。这样不仅与《民法典》保持一致，也能更好地应对现实生活中出现的问题。最后，身体是我们每一个公民健康地存活的物质基础，我们不仅要爱惜和善待自己的身体，也要尊重他人的身体。

---

① 杨芳. 医院强行动手术救命，再度引发生命权之争议［EB/OL］.［2018-08-28］. 搜狐网，http：//health. sohu. com/20101206/n278115437. shtml.

第十一讲 姓 名 权

——生错了命还是改错了名？

姓名是人们在社会中必不可少的符号与标识，它是人在社会人文交流必需的信息表达、交流、传播的一种工具。姓名是中华名文化的脉承之一，自古以来，华夏子孙都是以姓氏为家族延续的标志。通过姓氏，人们可以追溯宗族的起源和代际的传承。现代人报出自己的姓名，旁人就会知晓其父亲或母亲的姓氏，同姓之间就有了一些共同话题，而一些罕见姓氏还可能牵系着历史的变迁。而名字是长辈赐给下一代的标识，代表了长辈的期待，是时代思想意境的一种表达。尽管雨果曾经说过"名字本身有什么呢？我们叫做玫瑰的那种花，换个其他名字闻起来也一样芬芳"，但无论是人还是物品，必须要有一个名字，否则就无法对其称谓。

一、姓名概述

（一）姓氏的源流

"姓"，体现为"女"与"生"字之结合，表明是"女人所生"。《说文解字》解释："姓，人所生也。古之神圣母，感天而生子，从女，丛生，生亦声。"即人之所生，为某特定女人所生之子女，具有相同血缘关系的族群，乃以不同的称号或标志作为区别，此称号就是所谓的"姓"，所以一般同姓者，应是相同血缘关系的始祖所生之后代。① 但随着历史的演进，人口不断流通迁移，姓摆脱了地缘的依托，逐渐成为虚化符号，与家族血缘的联系不再那么紧密。

"氏"发展至今已经逐渐淡化与姓融为一体。姓与氏的关系，在《通志·氏族略》中有所说明："三代以前，姓氏分而为二，男子称氏，妇人称姓。"姓和氏最早是并存使用，但是氏逐渐丧失其功能后与姓合二为一，其间界限也不再进行明确区分。"实义的氏是间接通过姓族，直接依据身份贵贱来划定的地位集团，它后来发展成为'明贵贱'的标识，并在丧失这一功能后，与符号化的姓合一，彼此混言不分。"②

姓的起源目前有图腾说、母系说、赐姓说等，氏的起源目前主要是地缘说。中国人对自己的姓氏有着不可言喻的情感。中华姓氏的起源，直溯到距今大约5000多年伏羲氏时期。先祖伏羲他始画八卦，教人捕畜牧，以充庖厨。这是中国历史上第一个开始有姓的

---

① 何晓明. 姓名与中国文化 [M]. 北京：人民出版社，2001：9.
② 纳日碧力戈. 姓名论 [M]. 北京：社会科学文献出版社，2002：39.

人，而且自伏羲氏开始"正姓氏，别婚姻"。在古代社会，姓氏的主要作用有两个：一是维系血缘亲属关系，同姓同族，自古以来，华夏子孙以姓氏为家族延续的标志；二是通过姓别婚姻体现氏别贵贱。家族地位与国家政治密不可分，遵循着严格的等级制度。根据文献记载，现存的姓共有5600多个。由此可见，中国姓氏文化源远流长、内容丰富。姓氏的形成各有不同的历史过程，同姓不一定是同源（如刘姓就有五处起源），异姓也可能是同出一宗（如古、吴两姓本是同源，都是古公的后裔）。

中国人在三皇五帝以前（距今五千年）就有了姓，由于处在母族社会，人们只知有母而不知有父。所以，"姓"为"女"所"生"就说明姓是与母亲有关的。到了夏、商、周的时候，人们有姓也有氏："姓"是从居住的村落或者所属的部落名称而来；"氏"则是从君主所封的地、所赐的爵位、所任的官职或者死后按照功绩追加的称号而来。因而，贵族有姓、名也有氏；而平民则只有姓、名，却没有氏。古时候也有习惯：同"氏"的男女可以通婚，而同"姓"的则不可以通婚。

（二）名的意义

姓名由姓和名组成，姓一般来自祖先家族，名则由长辈命定。名字，则是在一个群体之中个体区别于他人的称谓。为子女命名自古代就十分讲究，《左传》中记载了申繻命名的五法六规（五法指子女以出生时身上记号、德行、外貌特征、借物、与长辈生辰类同命名；六规指命名的忌讳有六种情形，分别是国名、官名、山川、疾病、牲畜、礼器玉帛）。在现代社会，名字的文化传统得以延续，取名同样是极为重要的事情，很多长辈引经据典、煞费苦心，只为给子女取一好名。

名字是长辈赐名给下一代的标识，是时代思想意境的一种表达，例如在中华人民共和国成立初期，我国出现了大批带有政治意味的人名。据从公安部身份证号码查询服务中心获悉，全国有40万人叫"国庆"，96万人名字叫"建国"，其中1960—1969年出生的人名叫"建国"的最多，达到了29万多人。[①] 20世纪60年代则有"抗美""反帝""文革""卫红"；70年代单名开始增多，如"牛""宏""红""威"等；到80年代后仿英文名的取名方式盛行，如"莉斯""杰"等。一个响亮、优雅、有品位的名字，便于名主的社会交往，提高名主的亲和力，增强名主的人际关系，促进名主的事业发展。古人云："赐子千金，不如教子一艺；教子一艺，不如赐子好名。"甚至还有人说"不怕生错命，就怕改错名"，也体现了人们对名字的重视。

（三）姓名的概念

姓名，由姓和名组成，俗称名字，是指自然人的姓氏和名字，作为区别于其他公民的外在标志和代号。

广义的姓名包括曾用名、笔名、艺名、乳名、化名、别名等。

曾用名，是曾经使用过而现在不再使用的姓名。笔名，常常是文人墨客依据自己的喜

---

① 郝涛. 全国96万人名叫建国，其中60年代出生者最多［EB/OL］.［2018-08-28］. 新浪新闻中心，http：//news. sina. com. cn/s/2007-09-30/233714008554. shtml.

好在其作品上署的别名。艺名，即艺人演出时用的别名，如"六小龄童"，象征着一个人的职业、地位和身份。乳名，也叫奶名、小名、小字，是一个人在孩童时期的名字，长大以后一般不用，除非长辈对晚辈偶尔呼之。化名，是指为了掩饰身份使他人不知道其真实姓名而所使用假的名字。别名，是指在正式或规范的姓名以外的其他名称，例如人们将一姓张个子高的人称为"高佬强"或者绰号式的称呼为"麻杆"（意为干瘦）。

姓名，是人类为区分个体，给每个个体给定的特定名称符号，是通过语言文字信息区别人群个体差异的标志。法律上的姓名，是用以区别他人的一种语言上的标志，将人予以个别化，变现于外，以确定其人的同一性。同一性及个别化系姓名的两种主要功能，为法律所要保护的利益，使权利人使用其姓名的权利不受他人争执、否认、不被冒用而发生同一性及归属上的混淆。①

【事件链接 11-1　姚晨来了】②

【知识链接 11-1　中国姓氏知多少】

【知识链接 11-2　"字"与"号"】

【知识链接 11-3　避名讳】

二、姓名权的界定

（一）姓名权的概念及属性

姓名通常以文字符号的形式呈现，在与自然人结合长期使用的过程中成为了特定人的人格象征并作为人格利益的组成部分，因此姓名本身就代表着一种人格利益。③

姓名权，即自然人对其姓名享有的权利。姓名权的具体权能，包括了公民决定、使用和依照规定改变自己姓名并要求他人尊重自己姓名的权利。④　在民法上，姓名权究竟属于

---

① 王泽鉴．人格权法［M］．北京：北京大学出版社，2013：116.
② 南理工新生报到上演名字大穿越，新生叫唐诗元曲［EB/OL］．［2018-08-28］．中国新闻网，http://www.chinanews.com/edu/2012/09-05/4158691.shtml.
③ 王利明．人格权法［M］．北京：中国人民大学出版社，2009：188.
④ 王利明．人格权法［M］．北京：中国人民大学出版社，2009：188.

何种权利存在争议，国外民法学者主要提出了所有权说、无形财产权说、亲属权说、人格权说这几种观点。所有权说的提出者是德国学者魏尔德，他认为姓名权是权利人基于其姓名而享有的权利，可对抗第三人任意行使，因此具有所有权的性质。斯陶伯提出姓名权实质上是一种无形财产权，因为姓名权无有形的财产标的，仅在某种情况下可发生经济价值，并可以对其进行处分，故为无形财产权。① 亲属权观点的提出者是莫迭尔，该观点认为姓名权多发生于亲属关系，所以姓名权为亲属权的一部分。一个具体的姓名就是一个具体的身份，一个具体的姓名就意味着身份关系上的具体权利、义务。人格权观点认为姓名作为一种区别于他人的符号，在与自然人结合的使用过程中形成了与生命、自由、名誉等维持人个体性权益无异的人格利益，因此姓名权是一种人格权。

所有权观点强调了姓名权的对世性，但姓名是一种人格利益而不是财产利益，与所有权保护的法益不同，因此姓名权不是所有权。姓名存在商品化现象，但并不是所有的姓名都可能成为商品标志而产生经济价值，且姓名权的商业价值来自于姓名名主其本身带来的精神价值，与姓名这一客体是分离的，其本源是精神利益。姓名权本身不可收益、转让和处分，因此将其归属于无形财产权并不恰当。将姓名权归结为亲属权这一身份权，只强调了姓名中姓的部分，而名的取得变更等与亲属关系并不紧密，可见姓名权并不属于亲属权。姓名权应当属于人格权，自然人的姓名在使用的过程中，成为了区别名主的外在标志和符号，形成了独立的人格利益，其与肖像等个体性人格利益相同，属于人格权的一种。

（二）姓名权的主体

姓名权的主体是自然人，法人及其他非法人团体没有姓名权；但法人或其他非法人团体的名称，受到相应的法律保护。自然人死亡后是否享有姓名权，学界存在争议。然而，姓名的专属性决定了自然人在死亡后不能决定、使用或者改变其姓名，故不能享有姓名权带来的利益。自然人死亡后其名誉受到法律保护，他人若有侵害姓名权行为，此时应归于名誉权的保护。此外，姓名权常与著作权人身权中的署名权有关联。未经同意，在他人的作品上署上自己的名字侵犯了作者的署名权，而在自己的作品上署上他人的名字则侵犯了名主的姓名权。②

（三）姓名权的客体

姓名权的客体是姓名。姓名并不限于公民在户籍机关正式登记的本名，还包括别名、艺名、笔名、乳名等。一般认为，本名经过在户籍机关的正式登记即可纳入姓名权保护范围，而别名、艺名、笔名、乳名等必须具有一定知名度，足以代表名主本人才可作为姓名权客体进行保护。

---

① Stobbe, HanEBuch dse Deutschen Privatrechts, S. 820.
② 吴冠中诉上海朵云轩、香港永成古玩有限公司出售假冒其署名的美术作品纠纷案［EB/OL］．［2018-08-28］．最高人民法院网，http：//gongbao. court. gov. cn/Details/373ef9439f33503b4a2e58e50ca7c9. html.

【事件链接 11-2　美国公民的身份被盗 】①

三、姓名权的内容

我国《民法典》第 1012 条规定："自然人享有姓名权，有权依法决定、使用变更或者许可他人使用自己的姓名，但是不得违背公序良俗。"姓名权包含以下内容：

（一）命名权

命名权，又称姓名设定权，是指自然人决定自己姓名的权利，任何人无权干涉。决定自己的姓名，一方面是决定自己在户籍机关登记的本名，另一方面是决定自己除本名外的别名，如笔名、艺名等。命名权是姓名权的权力根源，是对自己人格的不可或缺之利益，是姓名取得、保持、变更等阶段的保证。自然人在未具有意思能力之前，其姓名的决定权往往由其监护人行使。自然人的姓，原则上不能选择。如果自然人依法重新选择姓氏，法律也不应干涉。但女子结婚后在自己的姓名之外再加上丈夫的姓，尽管属于当事人自己的意志决定问题，但在户籍登记上显然就会存在问题。姓名一般都是自然人出生时由其父母确定，并非是对自我命名权的否定，是父母亲实施亲权的代理行为。自然人成年后，可通过姓名变更手续予以变更。自我命名权的另一个表现，是自然人选择自己别名的权利，可根据自己意愿确定登记姓名以外的笔名、艺名以及其他相应的名字，任何人都不得加以干涉。

1. 国内外关于命名权的规定

因为公民出生时不具备完全民事行为能力，其最初的姓名是由其监护人代为行使的。根据我国《户口登记条例》第 7 条的规定，婴儿出生后 1 个月内，由户主、亲属、抚养人或者邻居向婴儿常住地户口登记机关申报出生登记。姓名一经户口登记机关核准登记并记入户籍档案，就成为公民的正式姓名，不得随意更改。公民姓氏分为出生姓氏和婚姻姓氏。出生姓氏依血统关系而取得，我国《民法典》第 1015 条规定："自然人应当随父姓或者母姓，但是有下列情形之一的，可以在父姓和母姓之外选取姓氏：（一）选取其他直系长辈血亲的姓氏；（二）因由法定扶养人以外的人扶养而选取扶养人姓氏；（三）有不违背公序良俗的其他正当理由。少数民族自然人的姓氏可以遵从本民族的文化传统和风俗习惯。"

婚姻姓氏则基于婚姻双方的意思表示由双方自愿共同确定，德国以及我国台湾、香港等国家和地区采用此种姓氏，如《德国民法典》第 1616 条规定了子女以其父母的婚姻姓氏为出生姓氏。姓名决定权包括决定别名的权利。具体表现在公民可以根据自己的意志和愿望，给自己确定除了户籍档案上正式姓名外的诸如笔名、艺名等，任何人不得干涉。

---

① 美 2650 万老兵面临身份被盗危险［EB/OL］. ［2018-08-28］. 新浪新闻，http：//news. sina. com. cn/o/2006-05-24/06209007867s. shtml.

《意大利民法典》第 9 条规定了当自然人所使用的笔名与姓名具有同等的重要性时，可以取得法律的保护。

2. 命名权的限制

姓名的自由决定，受一定的限制。例如，某人为儿子起名"王二万"（以纪念超生被罚款二万元），还有起名字为"C""秦始皇"等。尽管从"法无禁止则自由"的角度来看是自由的，但姓名仍应遵循一定的规则。我国《婚姻法》第 22 条规定的："子女可以随父姓，可以随母姓"，立足于此条规定之基础上，自然人能否选择自己单独起一个姓？目前学界对此问题存在争议，赞成的认为自主决定姓名是自然人的权利，只要不违法公序良俗，就可以自由选择；认为姓名决定应该受到限制的学者认为，姓名是维系血缘家族关系的纽带，传承了我国历史悠久的姓名文化，不应该随意篡改；此外，还有人认为将姓名选择规制在一定范围内，便于我国户籍机关进行管理。根据户籍登记资料，我国姓名呈现多样化、复杂化。难读的姓名例如徐德垚、鲁仿成、徐丹頔、蔡宇宬、陈燚如、邓羿駚、王翀等，这些字让一般人抓耳挠腮而难以读出正确的发音。还有许多容易根据读音产生误解的奇怪的名字，如史珍香、刘产、赖月京、魏生津、范剑、范统、朱逸群、秦寿生、庞光、杜琦燕、矫厚根、沈京兵等。

2007 年公安部面向社会大众征集意见的《姓名登记条例（初稿）》规定子女采用父母双方姓氏时，可以按照双姓起名，但不算作复姓。该条例中同时还规定，为了防止滥用姓名权以及频繁变更名字现象的发生，年满十八周岁的公民申请办理名字变更登记的，以一次为限。该条例还规定，出具虚假证明材料申请办理姓名登记或者姓名变更登记的，由户口登记机关给予警告，并处 500 元以下罚款。骗取姓名登记或者姓名变更登记的，处 800 元以下罚款。

（二）改名权

改名权，又称姓名变更权，是指自然人按照法律规定改变自己姓名的权利。

1. 国内外有关姓名变更权的具体内容

根据我国《户口登记条例》第 18 条的规定，目前在户籍管理工作实践中，未满 18 周岁的人需要变更姓名时，由本人或者父母、收养人向户口登记机关申请变更登记。被收养或被认领人年龄较大的须征得本人同意。18 周岁以上的人需要变更现有姓名的时候，由本人向户口登记机关申请变更登记。

《俄罗斯联邦民法典》第 19 条规定了公民在出生时获得的姓名以及姓名的变更，均要按户籍登记办法进行登记。关于姓名变更的原因我国现行法律未做明确规定。国外规定得比较详细。如《越南社会主义共和国民法典》第 29 条规定了个人在六种情况下有权请求国家机关确认变更姓名，而《埃塞俄比亚民法典》第 42 条则规定公民变更其姓必须有充足的理由。

在我国户籍管理工作中，姓氏变更主要由以下情况引起：（1）因收养关系引起的姓氏变更。《收养法》第 24 条规定："养子女可随养父或者养母的姓，经当事人协商一致，也可以保留原姓。"（2）因父母离婚引起的姓氏变更。根据 1981 年 8 月最高人民法院《关于变更子女姓氏问题的复函》和 1993 年 1 月最高人民法院《关于人民法院审理离婚案件处理子女抚养问题的若干具体意见》第19条规定的精神，父母离婚后，其子女姓氏变更应按以下原则处理：一是子女已具备相应的意思表达能力的，可根据其子女本人意愿，允许子女申请将姓氏由原父（母）姓变更为原母（父）姓；二是经原父母双方协商同意，未成年子女姓氏可由原父（母）姓变更为原（母）父姓，亦可改为现继父（母）姓。但如果原父母双方未经协商或协商不一致，父或母一方擅自将子女姓氏由原父（母）姓改为原（母）父姓或现继父（母）姓氏的，应责令其恢复原姓氏。对此，公安部2002年5月《关于父母离婚后子女姓名变更有关问题的批复》也予以明确规定，即对于离婚双方未经协商或协商未达成一致意见而其中一方要求变更子女姓名的，公安机关可以拒绝受理；对一方因向公安机关隐瞒离婚事实，而对子女姓名变更的，若另一方请求恢复其子女原姓名且离婚双方协商不成，公安机关应予以恢复。

另外，有下列情形之一的，可以申请办理名字变更登记：同时在同一单位工作或者在同一学校学习姓名相同的；与社会知名人士姓名相同的；与声名狼藉人员姓名相同的；与被通缉的犯罪嫌疑人姓名相同的；名字粗俗、怪异的；名字难认、难写的；名字可能造成性别混淆或误解的；公民出家或者出家人还俗，变更为法名、道名或者原姓名的；因其他特殊原因的。

关于姓名变更权行使的例外，我国1958年4月公安部《关于执行户口登记条例的初步意见》规定，依法被剥夺政治权利的分子和正在受刑事处分的分子，以及被劳动教养的人，一律不准变更姓名。另外，我国《宪法》规定，公民在行使自由和权利的时候，不得损害国家的、社会的、集体的利益和其他公民的合法的自由和权利。《民法通则》亦规定民事活动应当尊重社会公德，不得损害社会公共利益。这也对公民姓名变更权的行使作出了一定限制。

另外，根据《关于执行户口登记条例的初步意见》，有下列情形之一的，不予办理姓名变更登记：（1）因故意犯罪或违法行为曾经被处以有期徒刑以上刑事处罚或者劳动教养的；（2）正在接受刑事案件或者治安案件调查的；（3）民事案件尚未审结或者尚未执行完毕的；（4）行政案件尚未审结或者行政处罚尚未执行完结的；（5）个人信用有严重不良记录的；（6）公民担任法定代表人（董事长、总经理、经理）时，因故意行为造成单位信用有严重不良记录的；（7）户口登记机关认定不宜变更的其他情形。

2. 姓名变更的法律程序问题

我国《民法典》第1012条规定公民有权"依法"更改自己姓名的权利，从而对公民的姓名更改权作出了一定限制。应该说，这种限制是很有必要的。因为公民姓名的更改看似事小，但却牵涉到全社会，随意更改姓名容易造成民商事关系的混乱，破坏社会安定之秩序，也容易为出于不正当动机和目的之某些人加以非法利用。但是，该条并未明确指出其所依据为何、应由何机关设定。在我国目前的实践中，由于地区发展不平衡，各地对于成年人的更名一般都有严格掌握的内部要求，有的要求由本人向户籍登记机关提出书面申请，并且要有充分理由，还须报经领导审批；有的在职职工变更姓名，须持有本单位人事部门所开的同意证明等。但是，各省市的公安或者民政部门的所谓的解释、细则是否符合《民法典》所指的"依法"？地方政府部门是否真的有权限制公民姓名更改权？法院裁判此类案件的准绳又何在呢？

首先，从立法本意上看，《民法通则》只是原则上规定了公民更改姓名不能影响社会公共利益，《户口登记条例》也仅仅规定公民变更姓名应向户口登记机关申请而已，别无其他"特殊理由"之类的措辞。因而，其立法本意是在不影响公共利益的前提下最大限度地尊重公民的更改姓名的权利，尊重公民的自由选择和人身权益，是"以人为本"在法律上的体现。其次，根据我国《立法法》第8条的规定，民事基本制度方面的事项只能制定法律，即只有全国人民代表大会和全国人民代表大会常务委员会有此等权利，其他任何机构无权干涉公民对其私权利的处分，即作为干涉依据的法律之位阶必须高于或至少相同于《民法通则》，否则，任何对于姓名变更权的干涉或限制都很难说是合法的。因此，对公民变更姓名权利的限制必须由立法机关通过法律解释进行，其限制的广度和范围必须在充分评估公共利益和私人利益的基础上加以确定，找到二者最佳的平衡点，而地方政府通过规定、细则等方式随意限制公民的变更姓名权利是不合适的。最后，以事实为依据、以法律为准绳是法律的基本原则。法院裁判法律没有明确规定的事项不得以行政机关的解释或细则为依据，否则容易导致司法权过于行政化，滋生地方保护主义。

（三）使用权

姓名的使用权，是指自然人对自己的姓名的专有使用权。使用自己的姓名是自然人姓名权的重要内容，自然人在民事活动中，除法律另有规定的，可以使用本名，也可以使用自己的笔名、艺名或化名等。任何组织与个人都不得强迫自然人使用或不使用某一姓名。姓名使用权作为一种自然专有的权利，他人不得故意使用别人的姓名。现实中重名，使用自己的姓名并不构成对他人姓名权的侵犯。重名也称姓名的平行，即数人合法取得同一姓名，各人都有权使用自己的姓名，也都是正当行使权利，但是故意混同的除外。

1. 国内外有关姓名使用权的具体内容

公民在民事活动中，除法律另有规定外，可以使用自己的本名、笔名、艺名或化名等以表明自己的身份，任何人不得干涉。《越南社会主义共和国民法典》第1283条规定了使用化名、笔名以不损害他人的合法权利和利益为前提。

公民有不使用自己姓名的权利，同时也有权要求他人正确使用自己的姓名。姓名使用权是一种专有使用权，某公民使用某一姓名，在原则上其他公民不得使用同一姓名，但重名的除外。重名也称姓名的平行，是一种数人合法取得相同姓名的现象。在重名的情况下，各人都有权使用自己的姓名，也都是正当行使自己权利的表现，但不得故意混同。在某些情况下，公民必须使用其正式的姓名，如在有关书面文件和证件上签字等。这也是对公民姓名使用权能行使的限制。

作为人格权的姓名权在一般情况下是禁止转让的。《加拿大魁北克省民法典》第3条就规定了姓名受尊重的权利是不能够让与的。但由于姓名权利的特殊性，尤其是在商业社会，如果姓名权人能进行商业开发而为其带来财富，在不违背社会公德的情况下也可许可他人使用，但该种许可通常限于商业领域，严格要求身份属性的不得通过许可姓名使用权进行冒名顶替。

【案例链接 11-1 关于冒名顶替的民事法律责任】

2. 姓名的商业化使用

姓名也可以许可他人使用。名人的姓名往往蕴涵着巨大的商业价值。因为名人奋斗的历史通常能给人以巨大的激励，人们爱屋及乌的心理使姓名成了名人的象征，因而姓名如果进入商业领域作为商业标识使用也就具有了一定的经济价值。例如，"李宁"牌运动服、"乔丹"牌运动鞋等。这种姓名使用权的许可使用方式可以通过以姓名入股或者支付事业报酬等方式实现。这其实体现了姓名作为一种标识的财产性。姓名所体现的利益本质上为精神利益。在现代社会中，姓名权的精神利益也可能带来一定的经济利益，如利用著名作家的笔名发表作品，可以赚取稿费，利用著名演艺员的艺名以提高票房价值等。

四、侵犯姓名权的表现

根据《民法通则》第 99 条的规定，自然人享有姓名权，禁止他人干涉、盗用、假冒。由此可见，侵害姓名权的行为主要表现为以下几种：

（一）干涉他人决定、使用、改变姓名

干涉他人行使姓名权，是指针对他人姓名而实施某种积极的行为干涉他人正常的姓名使用。采取某种不作为方式对待他人行使姓名权的行为，不视为干涉行为。① 对他人行使姓名权进行无理干预，阻碍他人姓名权的行使，实践中有以下几种情形：第一，干涉被监护人决定和使用其姓名。第二，干涉养子女决定、使用和变更姓名权。自然人被他人收养以后，从收养方的姓氏是符合法律规定的。但养子女一旦成人，即为完全民事行为能力人，应有权决定自己的姓名。若养子女在成年后要求改变自己的姓名，只要符合户籍管理的规定应予准许，任何人包括养父母均不得干涉。第三，干涉他人使用与自己相同的姓名。在我国，只要自然人不是出于某种不正当目的而取与他人相同的名来故意造成姓名权冲突，则任何人无权干涉自然人取名。

【案例链接 11-2 哪个王朔？】②

（二）盗用他人姓名

盗用他人姓名，主要表现为未经他人同意或授权，擅自以他人的名义实施某种活动，

---

① 王利明. 人格权法［M］. 北京：中国人民大学出版社，2009：194.

② 晏扬. 此"王朔"非彼"王朔"［EB/OL］.［2018-08-28］. 人民网，http://news.jnzc.net/society/200609/144537.shtml.

或者从事不利于姓名权人、社会公共利益的行为。

【案例链接 11-3　哥哥将弟弟告上法庭争讨姓名权】①

【案例链接 11-4　一农民追讨姓名权】②

（三）冒用他人姓名

冒用他人姓名是指冒名顶替，即行为人完全以姓名人的身份从事活动。由于完全以姓名权人的身份进行活动，故其危害往往甚于盗用他人姓名。盗用主要指盗取某人姓名，自己不一定就是姓名者本人。

【案例链接 11-5　假冒吴冠中书画拍卖案】③

（四）不使用他人姓名

姓名乃区分自然人之文字符号，应当使用他人之姓名而不予使用时，亦构成侵害姓名权。

（五）对他人姓名侮辱性使用

姓名是一个自然人在社会中区别他人的代号，必须正确使用。如果以损毁他人名誉而将他人姓名进行不当使用，则构成侵犯他人的姓名权。例如，在他人的姓名上画红色的叉叉（在过去判决死刑的被执行死刑犯的布告上就有此类做法）、将带有他人姓名的纸张或者其他载体放在地上践踏，或者在书写他人姓名的玩偶身上插针④、将自己的宠物命名为

①　王勇. 接替父亲上班不够年龄，弟弟冒用哥哥姓名、身份证 18 年，捍卫姓名权哥哥告弟弟［EB/OL］.［2018-08-28］. 新浪新闻中心，http：//news. sina. com. cn/o/2006-09-13/091610006814s. shtml.

②　魏笑琛. 新洲一农民追讨姓名权［EB/OL］.［2018-08-28］. 荆楚在线，http：//www. cnhubei. com/200402/ca415342. htm.

③　吴冠中诉上海朵云轩、香港永成古玩有限公司出售假冒其署名的美术作品纠纷案［EB/OL］.［2018-08-28］. 最高人民法院网，http：//gongbao. court. gov. cn/Details/373ef9439f33503b4a2e58 e50ca7c9. html.

④　"巫毒娃娃"死灰复燃，初中生用玩偶诅咒眼中钉［EB/OL］.［2018-08-28］. 中安教育网，http：//edu. anhuinews. com/system/2007/03/19/001693639. shtml.

自己所讨厌的人名①并当众呼喊其名并对宠物进行殴打等。

【案例链接 11-6　股东仿冒签名纠纷案】②

五、户籍管理中的姓名问题

（一）姓名权户籍立法的必要性

户籍管理，是户口登记机关依据有关法规，按户逐人记载居民有关身份、居住地和亲属关系等事项，以确认公民身份、亲属关系和法定住址的一项重要管理制度，也是国家行政管理的重要组成部分。户籍管理是通过户口登记来完成的，而户口登记中最基本也是最重要的一项内容，就是对公民姓名的登记。公民是否可以任意起姓名，姓名登记后是否可以随意更改等一系列问题，都必然与户籍管理发生联系。

在我国，有关姓名的规定主要见于《民法通则》《婚姻法》《收养法》以及个别的司法解释之中。而在公安机关户籍管理工作中，关于姓名权的法规也仅见于《中华人民共和国户口登记条例》的原则性规定。由于没有系统、规范的姓名权法规，不仅给有关姓名权法律的实施和遵守带来诸多障碍，而且也引发了许多的纠纷。当前，由于姓名权立法的不完善，导致的主要问题有：

1. 诱发家庭纠纷

曾有这么一个案例，在一个独生子女家庭，孩子出生后，爷爷、奶奶、外公、外婆分别为四个不同的姓，孩子的父母都是几代单传。孩子跟谁姓的问题引发了三家人的矛盾。妈妈认为自己"十月怀胎"、历经艰辛，理应随母姓；爸爸则认为孩子随父姓天经地义，子随母姓在族人面前抬不起头来；孩子的祖父母以及外祖父母各方为此争执不下。孩子爸爸一时性起，导致了家庭惨剧的发生。③ "一姓之差"，导致家破人亡，不能说不让人触目惊心。

2. 冒名顶替，侵犯公民的姓名权和受教育权

1999 年山东省枣庄市发生了轰动全国的陈某某侵犯齐某某受教育权利案。④ 经法院两审终审判决，陈某某等相关责任人和单位承担 9 万多元的民事赔偿。山东省还有类似的

---

① 居民用仇人名字为狗取名 被判构成侵犯姓名权 ［EB/OL］. ［2018-08-28］. 腾讯网，https：// new. qq. com/cmsn/20150422/20150422025404.

② 公司管理中侵犯股东姓名权的法律纠纷 ［EB/OL］. ［2018-08-28］. 法律网，http：//www. 66law. cn/topic2010/xmqdxgalfx/42766. shtml.

③ 陈爱国. 浅谈姓名权的户籍立法问题 ［J］. 山东公安专科学校学报，2004 (4)：76.

④ 冒名上学案引爆受教育权之争 ［EB/OL］. ［2018-08-28］. 四川报业集团文摘周报，http：// digest. scol. com. cn/2001/09/03/80214952. html.

冒用他人姓名升学的事件。① 参加考试者一旦被冒名顶替，被冒名者往往丧失了人生转折的发展机会，其应有的受教育权也将受到侵害。

3. 引发行政诉讼

由于相关规定不详细，公民确定姓名时会与户籍管理机关机关产生理解上的不一致而导致纠纷。例如，2002 年 9 月 26 日，北京市某中学退休教师王先生到石景山公安分局八角派出所要求将自己的姓名改为"奥古辜耶"。由于该公安分局不同意其变更姓名的申请，王先生于当年 11 月以行政违法为由向石景山区人民法院提起诉讼，要求公安局批准其更改姓名。在诉讼过程中，该分局批准了王先生变更姓名的申请，王先生才向法院申请撤诉。② 近年来，有关于姓名确定、变更而提起的行政诉讼逐渐增多。

4. 逃避法律责任

一些不法分子因更名改姓后"人间蒸发"而意图逃脱法律的制裁。例如，2000 年 6 月，安徽省合肥市的张某因涉嫌合同诈骗罪被公安机关执行取保候审。就在公安机关继续侦查中，张某为逃避打击蓄意编造种种理由到户口所在地派出所申请变更了姓名，并办理了新的居民身份证，致使张某"隐姓埋名"而逍遥法外。该派出所在总结教训的书面材料中写道："这固然与我们把关不严有直接的责任，但也与目前公安机关缺乏姓名变更方面的法律法规不无关系。"③

（二）姓名登记的相关问题及立法建议

根据我国户籍管理的传统，姓名权立法应属于户籍管理法律制度的一部分。其内容应包括总则、姓名决定、使用和变更的原则以及侵犯姓名权的法律责任、附则等。

1. 关于姓名登记的客体问题

户籍管理的基本目的在于证明公民身份，保障公民权利，这其中当然包括公民的姓名权。户籍管理的实质是民事登记，所以，户籍登记中的姓名自然是姓名权的客体。中国人的姓名，由姓和名所组成，而在户籍登记和公民身份证件上显示的应当是正式的姓名和曾用名，至于公民的别名如字、号、笔名、艺名等则不在户籍登记之中显示。

尽管姓名权保护的客体是广义的姓名，即不仅包括公民在户籍登记机关正式登记的姓名和在公民身份证件上显示的正式姓名，还应包括公民使用的能够用来确定和代表其个人特征的其他姓名。但是，在进行户籍登记时，姓名登记的客体则仅限于公民对外正式使用的姓名（含曾用名）。至于公民个人对外使用的笔名和艺名等，则不列入户籍登记的范围，当发生民事纠纷时依照相应的规定处理。

首先，姓名权是一种人格权。人格权不仅具有权利的特征，而且还往往表现为一种义务。只有自然人的正式姓名才能充分体现这一权利的特征，才能直接表现其人格。因为自

① 邢婷，刘言. 被冒名顶替上学 12 年，校方初步查明两名教师涉案 [EB/OL]. [2018-08-28]. 新浪新闻，http://edu.sina.com.cn/gaokao/2017-12-07/doc-ifypikwu3921922.shtml.

② 赵中鹏，起古怪名字自己做主，53 岁教师获准改名奥古辜耶 [EB/OL]. [2018-08-28]. 搜狐网，http://news.sohu.com/58/40/news204754058.shtml.

③ 刘文学. 取姓既是私事也是公事 [J]. 中国人大，2014（22）：31.

然人在生存期间，必有正式姓名与其相伴始终。正式姓名的登记，既是权利也是义务；既不能放弃，也不能随意更改。然而，自然人的非正式姓名则可以随时更改和放弃，而且很多人也根本就没有笔名、艺名等假名。所以，将正式姓名纳入户籍登记的客体是必然的。

其次，姓名权具有专属性。作为姓名权客体的姓名应当是专属于某一自然人的文字符号和标记。而在法律上判断这种姓名专属性的基本标准，就是履行了登记手续而载于户籍表册中的正式姓名。无须登记的艺名、笔名等则不具有法律上的排他性，因而也就不能反映姓名权的专属性特征。事实上，有些人常常具有几个甚至十几个笔名，而其中某个笔名用过一次随即弃之不用的情况屡见不鲜。因而，这样的笔名何以谈得上具有什么专属性。

最后，"权利的实质为法律所保障的自由"①。在我国众多的民法著述中，阐述姓名权的含义时，常常表述为有权决定和使用自己的本名，还有权决定、使用自己的别名、笔名、艺名等。甚至有学者明确指出，别名、笔名同真名一样具有法律效力。权利是一种自由，但这种自由必须是为法律所保障的自由。不可否认，公民确实可以自由决定和使用自己的别名和假名，但是却难以认为这种自由亦一定为法律所保障。这就如同未注册商标可以自由使用，但是这种自由得不到法律专有性的保障，因而难以称之为权利的道理一样。在私法上，有法谚为"法不禁止即自由"，但不能说这种自由即为权利。笔名、艺名如同化名一样，同属自然人的假名，如果经一定时间的适用而形成固定之对应性，可产生一定的利益。② 对于笔名、艺名所产生的纠纷，可依照公序良俗和反不正当竞争予以保护。

在特定情况下，笔名和艺名由于长期为某人所固定使用并为社会所公认，这就在事实上使该名字具有了一定的人身专属性，法律对此所产生的法益应当予以保障。不过，即使在这种情况下，由于其人身专属性都是基于文字、戏剧等作品而产生的，因而该权利并非任何自然人都可以享有。换言之，该类权利也决非作为人格权之一种的姓名权，而只能属于著作权中诸如署名权之类法益的范畴，但也不能够成为户籍登记中的姓名权的客体。

姓名登记的客体应当限定为狭义的姓名（正式姓名），别名以及笔名、艺名等假名任何自然人均可自由决定和使用，但不予以登记。

2. 关于公民的命名权问题

姓名权首要的权能是姓名设定权（命名权），是指自然人决定自己姓名的权利。关于姓名的设定权，在户籍管理中有以下几个问题值得探讨：

（1）设姓是否应有所限制

在我国户籍登记的实践中，有时会有这样的情况发生：有的父母给孩子进行姓名登记时，户籍民警发现孩子既不随父姓也不随母姓，认为违反法律规定而不予登记，导致发生行政诉讼。有不少人认为，户籍民警不予登记是错误的。《婚姻法》第22条规定："子女可以随父姓，可以随母姓。"有些学者认为在解释上，《婚姻法》的这一规定是任意性规范，应当理解为子女既可以随父姓，也可以随母姓，还可以谁的姓也不随。但是，从文意上分析，这是典型的二选一的任意性规范，主要理由如下：

---

① 郑立，王作堂. 民法学［M］. 北京：北京大学出版社，1995：591.
② 徐武生，徐铁岩. 对户籍立法中姓名权的若干问题的思考［J］. 中国人民公安大学学报，2000（2）：89.

首先，姓与名不同。姓氏是自然人血缘家族关系的反映，自然人原则上没有选择权或只是在法律规定的范围内享有选择权；而名字只是一种区别于他人的标记，原则上一般不设过多的限制。如果自然人可以任意用姓，甚至于另择文字创设新姓，实质上无异于废姓，从而混淆姓与名的区别。从当今世界各国立法来看，几乎都有用姓的立法。如日本《户籍法》第18条规定：子女只能使用父母、父或母的姓氏。苏联《婚姻和家庭法典》第158条规定：未成年子女的姓随父母双方姓的改变而改变。尽管规定不尽相同，但都肯定姓是关于血缘家族关系的反映，因而都没有姓可以不受任何限制的规定。在我国，姓氏文化改革固然提倡男女平等，但这本身也意味着是在父姓和母姓的范围内用姓。此外，子女姓氏随父或随母是对我国传统姓氏文化的继承和改革，体现了父母子女之间的血缘、亲权关系和父母男女平等的原则，符合中华民族的传统和习惯。

其次，《婚姻法》第22条的规定是一种授权性规范，但授权的同时也意味着划定了权利的边界。公民固然可以在父姓和母姓中任意择姓，亦只能是在父母姓氏范围内择一用姓。否则，《婚姻法》自可明定子女可不随父姓或母姓，显然，这不是《婚姻法》的立法意图。《婚姻法》这一规定只是为了破除人们在用姓问题上男女不平等的陋习。

最后，法律要求人们用姓随父或随母，是对我国传统姓氏文化的继承和改革，体现了父母子女间的血缘家族的联系，体现了社会主义男女平等的原则。在相当长的历史时期内，这样的用姓制度符合我国民族和文化的特点。

【案例链接11-7　"北雁云依"案】①

尽管全国人民代表大会常务委员会已经于2014年11月作出了《关于〈中华人民共和国民法通则〉第99条第1款、〈中华人民共和国婚姻法〉第22条的解释》，明确了"公民依法享有姓名权。公民行使姓名权，还应当尊重社会公德，不得损害社会公共利益。公民原则上应当随父姓或者母姓。有下列情形之一的，可以在父姓和母姓之外选取姓氏：（一）选取其他直系长辈血亲的姓氏；（二）因由法定扶养人以外的人扶养而选取扶养人姓氏；（三）有不违反公序良俗的其他正当理由。少数民族公民的姓氏可以从本民族的文化传统和风俗习惯"；但为了避免再度对《婚姻法》第22条"子女可以随父姓，可以随母姓"的规定产生理解上的歧义，防止因对子女姓氏的决定引起争议，在将来涉及公民姓名的户籍立法方面应对子女只能随父姓或母姓予以明确规定，而且要借鉴我国对民族成分确认的做法，对现有约定成俗的姓氏予以规范、确认，以方便自然人用姓。对子女拟采用父母之外的第三姓案，除非有特别的理由且不违背公序良俗，否则法律不应予以支持。而且，复姓应遵循历史文化传统，不得随意另起复姓或者以父母之姓相加构成的所谓复姓作为自己姓氏。《民法典》第1015条规定的"自然人应当随父姓或者母姓"在今后的具体适用中，也难保证不会有人对此提出自己的解读。

（2）自然人命名是否应有所限制

---

①　最高人民法院发布第17批指导性案例［N］. 人民法院报，2017-11-25：03.

　　从我国现行的法律规定来看，自然人的命名没有任何限制。但是，世界上许多国家的户籍或民事法规，对于自然人的命名均有不同程度的限制。例如，《日本户籍法》规定，"子女的名字必须使用通用易认的字"；《巴西民事登记法》规定，"户籍官员对申报人申报的古怪名字可予以抵制，不作登记"；阿根廷规定不许给婴儿取古怪、荒唐、不道德或反映政治、意识形态的名字；捷克法律规定不许男性使用女性名字，不许以姓代名或取活着的兄弟姐妹的名字。此外，波兰、智利等国关于人的命名，也有不同的限制性的规定①。

　　在我国，自然人的命名由于没有任何限制，因此就有使某人出于某种不正当的目的而取与他人相同名字的可能。例如，如果某人与名人、伟人同姓，给其子女取与名人、伟人相同之名，是否可以登记？又如，命名如果明显有伤社会风化，能否予以登记？这些问题从完善姓名权法制建设的角度来看，都需要认真进行探讨。在我国，既然对商标的设计、地名的命名以及法人的名称设定已有诸多限制，对于自然人的命名也应当有原则性的限制。

【案例链接 11-8　赵 C 更名案】②

　　根据 2001 年 6 月公安部对广东省公安厅户政部门《关于对中国公民姓名用字有关问题的答复》的精神，对自然人的名字用字按照以下原则处理：第一，使用简化字。除姓氏可以保留原有的异体字外，自然人的名字应使用国务院公布的汉字简化字（民族自治地区可使用本民族的文字或选用一种当地通用的民族文字）。第二，名字的字数不加强制性限制，但以使用便利为原则。考虑到我国民族众多，有关风俗习惯各异等诸多情形，尊重公民个人的选择，名字的字数一般不加以限制，但应当考虑使用的便利性。第三，使用汉译姓名。对回内地定居的港澳台同胞及华侨，在姓名登记时，应填写汉字译写的姓名，如本人要求填写外文姓名的，可同时填写，但不得填写中外文夹杂的姓名。第四，对自然人的用名应有明确的禁止性规定。如取名时名字不得使用繁体字、异体字和冷僻字，不得与名人或伟人重名，不得有伤社会风化、违背社会公德、公共利益，不得出于不正当目的等。第五，尽早制定出台户籍管理的法规以及指引性意见。如《人名用字表》等，这是解决人名用字矛盾的根本途径。③ 制定《人名用字表》并不侵犯公民的姓名权。

　　民主和自由都是相对的，权利不能滥用。任何公民在行使自身权利之同时均须遵守法律、尊重社会公共利益和社会公共秩序。我国已经制定了《国家通用语言文字法》，第 3

---

　　① 公安部户政管理局. 国外民事登记和户籍管理法规 [M]. 北京：群众出版社, 1996.5.

　　② 中国姓名权第一案终审达成庭上和解 "赵 C" 要改名 [EB/OL]. [2018-08-28]. 中国新闻网, http：//www.chinanews.com/sh/news/2009/02-27/1580916.shtml.

　　③ 教育部、国家语言工作委员会于 2003 年 6 月已启动了人名规范的系列项目，其中一项就是制定《人名用字表》。相关部门正和公安户籍等部门的专家开展这项工作。《人名用字表》研制工作完成后，将广泛征求社会各界的意见，然后按照法定程序，予以公布。制定《人名用字表》不侵犯姓名权 [EB/OL]. [2018-08-28]. 人民网, http：//past.people.com.cn/GB/shehui/47/20030612/1015832.html.

条规定："国家推广普通话，推行规范汉字。"这表明生产生活中的一切语言文字行为都要符合国家颁布的语言文字规范标准。人名用字同样也应当纳入规范化和标准化的轨道。当《人名用字表》实施之后，取名用字可以成为一个有效的指引。

（3）姓名设定权的时限和程序问题

由于自然人出生时无明确的意思能力，其最初的姓名决定权是由其监护人代为行使的。根据《户口登记条例》第7条的规定，婴儿出生后1个月以内，由户主、亲属、抚养人或者邻居向婴儿常住地户口登记机关申报出生登记。姓名一经户口登记机关核准登记并记入户籍档案，就成为该人的正式姓名。当然，这并不妨碍自然人在具有意思能力后，依法行使变更自己姓名的权利。《户口登记条例》在姓名设定权的时限和程序方面的规定已经比较完善，可在今后的户籍立法中直接予以确认。

姓名权作为一种重要的人格权，应当受到法律的保护。而姓名权的保护首先是公民的命名权要得到保护，其次才是姓名的使用、更改等权利的保护。法无禁止则自由，但姓名不仅仅是公民个人的私事，还涉及户籍管理等行政性问题，甚至还要考虑到民族历史文化传统以及自身的一些特点，还要慎重对待和处理有关的技术、程序等相关问题。全面地考虑公民私权和国家、社会管理、传统文化、民族习俗等方面的因素，妥善解决相关的冲突，人格权的法律制度才能最终维护和谐有序的社会并促进其健康发展。

第十二讲 肖 像 权
——不以丑化为侵权之前提

尽管"人不可貌相",但"人活一张脸",以人的脸部特征为主要表现的肖像和名誉一样被人们所重视。保护肖像权是尊重与人格权的必然要求。随着摄影和传播技术的普及和发展,在市场经济活动的迅速繁荣下,有关肖像权的纠纷有所增加,因而依法解决肖像权侵权的问题就显得迫在眉睫。

一、肖像

(一) 对肖像的界定

肖像作为肖像权的客体,无论是法理上还是实务中,厘清肖像的概念,对于理解肖像权具有重要的意义。一般而言,肖像是美术意义或摄影上的一个概念,是指通过绘画、摄影、文字等艺术手段,使人物形象在物质载体下再现的一种观赏造型作品。

在法律上,肖像专指基于其肖像而享有的人格权益,是自然人以其面部为中心的形态和神态,并可通过绘画、照相、雕塑等各种艺术形式在物质载体上再现的综合视角形象。学者们对此给出的界定并不完全一致,如"法学中的肖像指自然人形象的再现或者说与本人人体分离的形象";[1] "肖像是指通过绘画、照相、雕塑、录像、电影艺术等形式使公民外貌在物质载体上再现的视觉形象";[2] "肖像是指以一定的物质形式再现出来的自然人的形象"[3],等等。[4]

(二) 肖像之特征

肖像是艺术地再现自然人的外貌形象,应当具有以下几个特征:

1. 人物形象的再现性

肖,本指五体之末端,即人身从本体出发,向外伸展肢体后肢体末端变小变细直到消

---

① 江平. 民法学 [M]. 北京:中国政法大学出版社,2000:292.

② 杨立新. 人身权法论(修订版)中卷 [M]. 北京:人民法院出版社,2002:531.

③ 魏振瀛. 民法学 [M]. 北京:北京大学出版社,2001:651.

④ 有少部分观点则认为,肖像就是自然人人身的外部形象本身,即使脱离了载体,同样是一个客观存在之物,如隋彭生在《论肖像权的客体》一文中就专门对此作出了阐释,他认为"肖像权的客体是自然人人身的外部形象"。参见隋彭生. 论肖像权的客体 [J]. 中国法学,2005(1):48.

失的部分；像，是比照人物所制成之形象。两者合起来，就是指从细小的方面所体现出一个人与他人有所不同的外观形象。这种外观形象，必须符合以下要求：首先，必须是通过一定的表现形式来反映出特定自然人的图像；其次，以自然人的姿态、容貌、表情等细微方面为主要特征；最后，真实可辨，熟知的人一看就知道对应者是谁。

2. 主体及可辨认性

自然人的肖像在图片中，应占整个图像中被凸显的主体地位，被作为特定对象来表现，而不是作为陪衬体。

早在1993年6月，吐鲁番市某食品饮料厂为了使吐鲁番的桑葚原料优势变为产品优势，对桑葚进行了深加工而生产出了桑葚饮料。为向顾客宣传桑葚的形状、色泽和采摘方法，饮料厂从新疆人民出版社、香港五洲出版社1987年联合公开出版发行的《中国新疆吐鲁番》画册上选择了一幅表现采桑葚的彩色照片印在了桑葚果汁外包装礼品盒上。该照片画面上有四棵大桑树，树后有一间土木结构的房屋，有五名成年男女面朝着不同方向站着，其中两名怀抱婴儿抬头向上注视头上的桑葚；另有两名对面站着，表现出手拉白布做接桑葚的姿态。画面上人物的面部均看不清或看不见。原告认为，被告侵犯了他们的肖像权，尤其是当纸盒被当做垃圾到处乱扔时，使原告产生了精神上的痛苦。原告据此将被告饮料厂告上法庭，理由是被告侵犯了原告的肖像权。法院经审理后最终认为，饮料总厂生产的桑葚果汁包装盒上的彩色图片上的人物均系远距离、陪衬性的影像，人物的面部，有的看不清，有的看不见，原告认为该照片系他们的肖像，证据不足，最终没有支持原告的诉请。[①]

即使是有自然人在画面之中，但当摄影作出技术性处理时，人物已经被虚化，聚焦突出的是桑葚果实，自然人已经成为了果实的陪衬而非主体。

3. 物之承载性

肖像被艺术地再现之时，应该是具体地、独立地被固定在某一特定的物质载体上（如相纸、电视屏幕、报刊杂志等），它是来源于肖像权人又独立于肖像权人的客观视觉形象，能够为人所支配、控制和处分，并具有一定的财产利益。

肖像是肖像权的客体，表现了自然人特有的人格利益。人物肖像所谓的"财产利益"并非产生于自然人外貌特征本身，而是基于肖像产生的人格利益所派生的，给予自然人的肖像以法律上的保护，实际上就是对该肖像背后所蕴含的人格利益的保护。基于肖像产生的人格利益不仅包括精神利益，更派生出了财产利益。

4. 面部形象性

肖像必须清晰地反映出自然人的面部特征，这是通常情况，但是在某些特定情形下，尽管未完全反映出自然人的完整的脸部，但也具有高度的可辨识性。

在判断一个图像是否构成肖像时，是否坚持面部性的特征，也成了实务中的一个难题。例如，某病患者曾在某医院激光医疗中心就脸部先天的青黑色斑痕进行治疗，治疗效果良好。此后，病患者发现某出版社在其出版发行的《北京交通旅游图》上刊登该医院

---

① 参见新疆维吾尔自治区吐鲁番地区中级人民法院"（1996）吐地法终民字第39号"《民事判决书》。

的广告。该广告使用了其治疗脸部斑痕前后的照片作为病案。病患者向法院提起诉讼，认为出版社和医院已经侵犯了其肖像权。法院审理后认为，肖像的特征，除肖像与原形人在客观上相互独立成为能让人力支配的物品外，再就是具有完整、清晰、直观、可辨的形象再现性或称形象标识性。此处所指之形象，是指原形人相貌综合特征给他人形成的、能引起一般人产生与原形人有关的思想或感情活动的视觉效果。案件所涉的照片，只有脸上的鼻子和嘴部分，不是完整的特定人形象，照片不能反映特定人相貌的综合特征，不能引起一般人产生与特定人有关的思想或感情活动，因此不是法律意义上的肖像。① 同样，在2017 年孙某肖像权一案中，原告孙某称被告某某公司在其开办的宣传网站中刊登的文章中未经其同意擅自将其照片用作插图，且在涉嫌侵权页面中有多处某某公司的服务宣传及相关广告等。但一审法院和二审法院均认为原告提交的公证书中所显示的配图无法看到涉案照片人物的左侧眼睛及额头，法院无法认定该照片中的人物肖像为由而予以驳回。

而在 2012 年任达华案中，海南省海口市中级人民法院在判决书中写道："公民的肖像权是指公民对于自己的照片、画像、录像、塑像等具有物质载体的视感影像依法享有的不受侵犯的权利。这就是说，肖像权对身体的部位并无具体指定，只要能够让人从视觉形象上感知此为具体的某个人即为肖像权含义。"②

强调肖像的"面部性"特征符合肖像的特征。但是，案件的复杂程度远远超乎我们的头脑想象，没有一个绝对的标准可以套用。关键在于必须抓住肖像的作用以及特征。面部并非是唯一可以识别主体的部分，因而有些案件在处理中逐步转向采用"可识别性"标准，不再强调完整的特定人形象。虽然对面部完整性进行分析，但是最后归结于是否具有可识别性。实际上，在 1979 年国外已有采用可识别性标准的判决。在 BGH GRUR1979，732，733—Fuβballtor 案③中，原告为知名足球守门员，被告以一张自原告背后拍摄的照片，为其电视机做广告。法院认为，尽管讼争的照片并没有体现出原告的容貌，但从其体格、举止及发型，可辨认出原告，符合《艺术著作权法》第 22 条肖像的概念。从这个角度出发，面部性并不是认定肖像的必不可少因素。目前在理论界，多数学者也更倾向于采取可识别性标准来判断一个图像是否属于肖像。这种观点认为肖像的核心要素是可辨识。"肖像固以人之面部特征为主要内容，但应从宽解释，凡足以呈现个人外部形象者，均包括在内，例如拍摄某模特众所周知之美腿作商品广告，当可辨识其人时亦得构成对肖像权之侵害。"④ "肖像概念的核心在于可识别性，即借助一定表现形式呈现可使他人识别出本人。这些形式中最具可识别性的是容貌，但不以此为限。"⑤

面部性特征只能用来判断一部分肖像。这些肖像所固定的人物形象由于知名度较小，社会影响力较小，因此必须通过完整的面部形象才能够确定地、清晰地与本人建立起固定

① 叶璇诉安贞医院、交通出版社广告公司肖像权纠纷案 [EB/OL]. [2018-09-10]. 北大法宝，http：//pkulaw. cn/case/payz_a25051f3312b07f35862df5ecf1497c1d05ba7cf1e77447c. html？match＝Exact.

② 参见海南省海口市 "（2012）海中法民三初字第 178 号"《民事判决书》.

③ BGH GRUR1979，732，733-Fuβballtor.

④ 王泽鉴. 人格权保护的课题与展望（三）——人格权的具体化及保护范围 [J]. 比较法学，2009（1）：1.

⑤ 张红. 肖像权保护中的利益平衡 [J]. 中国法学，2014（1）：269.

而唯一的联系。然而对于具有非常高知名度或者社会影响力的人，其局部的五官或除面部以外的特征已经足以使公众辨认出其真实身份，此时如仍固守"面部性"特征恐怕难以更好地保障肖像权人的权利。

二、肖像权

肖像权，是指自然人以自己的肖像所体现的利益为内容，对自己的肖像享有制作、使用并排斥他人侵害的权利。肖像权是自然人对自己通过造型艺术或者其他形式，在客观物质载体上再现自己的形象所拥有的不可侵犯的专有人格权。

在我国，有关肖像权的规定主要见于《民法典》第 1018 条规定："自然人享有肖像权，有权依法制作、使用、公开或者许可他人使用自己的肖像。"

肖像权作为人格权，属于绝对权和支配权。权利主体享有对客体直接支配同时排斥他人干涉的权利，这在肖像权的三个权利内容中反映得较为明显。一般认为，肖像权包含以下几个权能：

（一）肖像制作专有权

肖像制作专有权，是指自我制作肖像或许可、禁止他人制作肖像的权利。肖像权人可以根据自己的需要或他人、社会的需要，自己有权决定自我制作肖像或由他人制作自己的肖像，他人均不得干涉。同时，肖像权人有权禁止他人未经自己的同意或授权，擅自制作自己的肖像。非法制作他人的肖像，构成侵权行为。只要是未经许可制作他人肖像，就已经构成侵权，而不问是否有丑化、歪曲的行为。

肖像制作是一个过程，如果从作品的创作角度分析还是一个艺术创作的脑力劳动过程。随着技术设备的改进，制作一个人的肖像可能变得越来越简单。例如，通过摄像机而将人的肖像记录在胶片上或存储在数字记忆芯片中。问题是，现实生活中，相机的主人在拍照时不小心将路人放在自己的取景框中拍摄下来的行为是否构成了对被拍摄者的肖像侵权。对于这样的问题应做具体的分析。第一，任何人在拍摄自然景观或者人物肖像时，都有义务顾及他人的感受和权利，未经许可不得拍摄他人。第二，在广角拍摄时，难免会将一些路人纳入到取景框中，只要不是以其作为主体、有意识地拍照，路人应有一定的容忍度。第三，在不可避免的状态下所纳入到拍摄照片的人像，拍摄者和使用者均不得将未经同意的被拍者单独出来非法使用。

（二）肖像使用专有权

肖像使用专有权，是指肖像权人享有对肖像的使用、支配，并通过使用取得精神上的满足和财产上的收益，有许可或禁止他人使用、同意或者不同意在客观物质媒介上和空间里再现自己形象的权利。肖像一旦固定在一定的物质载体上，独立于世便可为人们作为物品所支配、利用，但享有使用专有权的只能是肖像权人。自然人有权以任何方式使用自己的肖像，并通过使用取得精神上的满足和财产上的收益，他人不得干涉（但不得违反法律禁止性规定和公序良俗）。

【案例链接 12-1 马拉多纳肖像权维权诉讼】①

【案例链接 12-2 肖像权被侵犯，乔丹要与中国企业打官司】②

（三）肖像利益维护权

自然人有权禁止他人对自己的肖像进行毁损、玷污、丑化和歪曲（含美化）。自然人有同意或不同意在客观物质媒介和空间里再现自己形象的权利。歪曲他人肖像的行为构成侵权，但侵犯他人肖像权并不以歪曲为前提。

【案例链接 12-3 梦露死后遗留的肖像权之争】③

【案例链接 12-4 环球小姐状告整形医院侵犯肖像权，索赔 40 万】④

在现代社会，肖像的使用手段愈发花样百出，而获取别人的肖像也愈发容易了。尤其是在互联网时代，随意输入一个人名进行搜索，就有可能会出现各式各样的肖像。在这种社会背景之下，侵犯肖像权的行为层出不穷。侵犯肖像权的行为是否以丑化权利人肖像为前提？侵犯肖像权的行为是否必须以营利为目的？

【案例链接 12-5 非营利性使用不构成侵权?】⑤

---

① 马拉多纳打赢肖像权官司［EB/OL］．［2018-09-10］．凤凰网，http：//news. ifeng. com/gundong/ detail_2013_06/18/26497472_0. shtml.

② 肖像权被侵犯，乔丹要与中国企业打官司［EB/OL］．［2018-09-10］．搜狐网，http：//sports. sohu. com/20050615/n225946000. shtml.

③ 梦露 800 万美元肖像权属于谁［EB/OL］．［2018-09-10］．新浪网，http：//news. sina. com. cn/ w/2006-05-07/03358857547s. shtml. 2018-08-28 访问.

④ 环球小姐状告整形医院侵犯肖像权，索赔 40 万［EB/OL］．［2018-09-10］．搜狐网，http：// news. sohu. com/20060819/n244879613. shtml. 2018-08-29 访问.

⑤ 参见《最高人民法院公报》2007 年第 2 期（总第 124 期）。

【案例链接 12-6　美化就不构成侵权了吗?】①

　　显而易见,侵犯肖像权的行为,并非须以营利为目的。"营利性使用"在商业领域属于大多数的侵犯肖像权的利益驱动因素,也是审判中要辨别清楚动机和确定赔偿额的基本前提,但却不是侵犯肖像权的构成要件。而营利性适用的样态千变万化,主要有以下几种:以他人的肖像直接做商品广告;以他人的肖像直接作为商品的包装装潢;以他人的肖像做书籍等的装潢、封面;将他人的肖像用于展览橱窗或者其他营利性的陈列活动;将他人的肖像用于商品或服务的商标或者标记等。② 未经肖像权人许可,营利性地使用其肖像必然构成对权利人肖像权的侵犯。

　　考察《民法通则》中的营利性要件时不难发现,1986 年前《民法通则》制定之时,正逢改革开放初期,我们面对一个刚刚开放的市场,重要的任务就是打击各类市场乱象以维护市场秩序,因此着重于惩罚非法的营利性行为。在这样的社会环境之下,难免首先考虑营利性要件。但必须认识到,肖像权作为人格权的一种,应该首先考量其人格因素而非财产因素。若将营利性作为侵犯肖像权的必要构成要件,则会产生本末倒置之感,是一种明显的人格的商品化。

　　随着时代的发展,如今获得肖像的成本越来越低,随意使用他人肖像的行为也越来越多。在这众多的行为中,固然有大部分具有营利之目的,但是还有很多人使用他人肖像并非是为了营利,比如非法制作和拥有他人肖像;侮辱、毁损他人肖像;未经本人同意非商业性利用他人肖像等。如果法律只规制营利性使用肖像的行为,那其余擅自使用他人肖像的非商业性行为,将无法受到法律规制,受害人将无法获得法律救济。而事实上,一些法官已经开始注意到这个问题,并未坚持以营利性为要件来认定被告构成侵权。例如,陈某某诉江西某某报社肖像权侵权案③中,被告于 1995 年 5 月 16 日在其第 1081 期扩大版第八版发表了题为《女科长失踪之谜——一起特大报复杀人抛尸案侦破纪实》的文章,在该文右下角刊登了两幅照片,一幅为女尸照片,另一幅为一女士生活照半身特写。然而,该女士生活照却是原告 60 年前中学时代的照片(该照片曾于 1988 年在《××画报》的《老妈妈陈××》一文中使用过)。被告因工作失误未经审查就使用了与报道内容毫无关联的原告之肖像,已然侵犯了原告的肖像权并使其精神受到损害。

三、肖像的合理使用

　　侵犯肖像权的抗辩事由有约定和法定的抗辩事由两种。约定的抗辩事由,只要意思真实一致,不违反法律强制性规定,就可以由双方当事人自行协商;法定的抗辩事由,又

---

①　参见广东省广州市白云区人民法院"(2000)云法民初字第 1470 号"《民事判决书》。

②　张红."以营利为目的"与肖像权侵权责任认定 [J]. 比较法研究,2012(3):68.

③　刘海涛. 中国新闻官司二十年:1987—2007 [M]. 北京:中国广播电视出版社,2007:388.

称为肖像的合理使用，我国现行法律暂未对其进行规定，因此类比《著作权法》第22条对著作权合理使用的规定，可定义肖像权的合理使用为：使用他人的肖像无须经其本人许可也无须向其支付报酬，在法律规定的范围内不构成侵权的制度。《民法典》第1020条规定了肖像权的合理使用有五大类情形：（1）为个人学习、艺术欣赏、课堂教学或者科学研究，在必要范围内使用肖像权人已经公开的肖像；（2）为实施新闻报道，不可避免地制作、使用、公开肖像权人的肖像；（3）为依法履行职责，国家机关在必要范围内制作、使用、公开肖像权人的肖像；（4）为展示特定公共环境，不可避免地制作、使用、公开肖像权人的肖像；（5）为维护公共利益或者肖像权人合法权益，制作、使用、公开肖像权人的肖像的其他行为。

（一）合理使用肖像的规则

1. 为公益，未造成不良后果

《最高人民法院关于上海科技报社和陈贯一与朱虹侵害肖像权上诉案的函》[1] 中提到，虽未经当事人的同意而擅自使用其照片，但是其目的是为了宣传医疗经验，对社会是有益的，且该行为并未造成严重不良后果，尚构不成侵害肖像权。但今后未经肖像权人同意的不得再使用其肖像。为公益事业并非是可以未经许可使用他人肖像的理由，问题是这种为公益是属于哪种具体的情形。例如，为了新闻报道而随意拍摄的照片，之中有某人的肖像，而报道是真实的，未对肖像权人造成任何不良的影响，此时新闻报道的使用就属于合理使用的范围。

2. 为介绍而据实整理

鲁迅之孙子女发现黄某某未征得其同意，擅自使用鲁迅肖像照片共114张，并配以文字解说，其以黄某某未经鲁迅近亲属同意擅自使用鲁迅照片侵犯了近亲属的民事权益为由诉至法院。法院审理认定被告作为北京鲁迅博物馆的研究馆员，利用博物馆的鲁迅藏品照片，通过对丰富历史资料的整合和以照片为佐证的学术研究方法，著成、出版《鲁迅像传》一书，向社会广大读者介绍鲁迅事迹、解读鲁迅精神，属于对死者肖像的合理使用，原告四人作为鲁迅的孙子女，宜负有容忍满足社会公众知情权、为社会公共利益的需要让渡部分个人利益的义务。[2]

社会现实中，为了管理需要，无论是公权力机关还是私的主体，都可能会在一定区域内设置相应的监控设施，这种做法尽管有人提出异议。但是，无可否认的一点，就是社会的监控必须要借助一定的技术性手段，这种拍摄通常不纳入到肖像权保护的范畴，更多的还是将之放在隐私权保护领域来讨论。

关于对"肖像权合理使用"的适用情形，从判决理由来看依赖的是法官的自由裁量权，例如认定属于肖像权合理使用的理由有为了宣传医疗经验、解读传扬名人精神、公司

---

[1] 最高人民法院（1990）民他字第28号复函：《最高人民法院关于上海科技报社和陈贯一与朱虹侵害肖像权上诉案的函》。

[2] 参见上海市黄浦区人民法院"（2014）黄浦民一初字号第1245号"《民事判决书》。

的正常管理活动、新闻媒体如实报道等，从判决书的用词来看法官是在不合理使用肖像所侵害的利益与使用肖像的方式、目的所产生的社会影响两者间寻找平衡点，在确定有利公共利益的情形下支持对肖像权的部分限制。在肖像被不正当使用情形不断发生但是又缺乏相关法律规定的情况下，法官的自由裁量起着至关重要的作用，我们无法确定每一次的自由裁量都能够实现有效的公平正义，但是实务中一些判决的理由、经验可以为今后的立法者完善相应的制度提供有价值之借鉴。

（二）合理使用肖像的条件

纵观国外立法大多用列举的方式规定了肖像权合理使用的范围，例如《意大利版权法》第 97 条、美国的《加利福尼亚州民法典》第 3344 条和第 900 条①都是采取列举的方式将肖像合理使用的范围进行一定的固定化，再结合法官的自由裁量从而对肖像权的合理使用制度进行规制，因此借鉴他国法律采取的列举方式加以明确、完善是明智的选择。

合理使用应当同时具备以下几个条件：一是来源合法；二是不得歪曲；三是非商业性使用。从实务的判决理由和学者著作中有关肖像权合理使用的观点出发，对肖像权合理使用的范围大致有：

1. 为了科学、文化发展需要之非商业使用

我们应当允许在教学过程中为弘扬民族精神、优良行为而使用某人肖像，为介绍国家领导人的最新理论而附带使用他们的肖像，或者为了个人学习而附带性使用到他人肖像等情形中肖像合理使用的存在。如果不承认其使用合理性的存在，那么可能会阻碍文化的传播速度及公众学习的积极性。利用已故名人的肖像，在著作中做必要的介绍，在文化传播过程中的合理使用是合法的。

2. 新闻报道中的合理使用

新闻报道，是记者对一件正在发生或者已经发生的事件进行陈述性描述，并通过一定的媒介传播开来。新闻报道离不开相关要素（人物、时间、地点、事情起因、经过、结果、意义）的展示，报道中将当事人的肖像附上可将事件与个人联系起来从而特定化，也会产生视觉冲击的效果。对于那些特别幸运者或不幸者、重大事件的当事人或者在场人，记者可以进行善意的拍照。如果记者对于每一件的新闻报道都需要征求当事人同意（甚至书面签字）才可使用其肖像进行结合性报道，就会与新闻的迅速性产生冲突。诚然，记者应当坚持《中国新闻工作者职业道德准则》相关规定进行报道，首先获得新闻的途径必须是合法的，不能采用偷拍、安置隐形摄像头照摄的方式获取他人肖像，其次不能将其肖像发布在毫无关联的新闻上（关联性指的是拍下照片所在的情形与记者报道新闻事件是相同的，或者虽说不能完全相同但至少是有联系的）。新闻的报道不能以偏概全、望文生义、为博取眼球胡编乱造。值得注意的是，对于在新闻报道中被拍摄的主体，

---

① 《意大利版权法》第 97 条规定："如肖像人为知名人士或在政府部门供职或因司法、治安需要，或因科学、教育、文化方面的理由，或涉及公众利益和发生在公众场所的事实、事件或与庆典有关，复制肖像不必经肖像人许可。"《加利福尼亚州民法典》第 3344 条和第 900 条规定，"与新闻、公共事务、体育广播和报道、政治活动相关联而使用他人的身份，属于形象权的例外"。

除非其为公共性或者知名人士，一般人如果其明确提出拒绝接受拍照或者表示其肖像的使用有限制性条件的，新闻报道者应当予以尊重。未经许可或者超出范围拍摄他人或使用他人的肖像，不但可能构成肖像侵权，还可能会涉嫌侵犯他人的隐私权、名誉权等。

3. 对公众人物肖像的合理使用

公众人物大体可以划分为政治家、影视明星、体育明星等，因其身份较为特殊，一般情况下其所从事的活动都与公共生活密切相关。例如访问外国的国家领导人、参加人民代表会议的代表、影视娱乐界的明星等，各媒体应尽其信息文化传播使者的义务对此进行报道以满足民众需要。这种限制只限定这类人与公共生活有关的场合以及行为，如果报道的是其个人生活私自使用其肖像的仍存在侵权之可能。

4. 国家机关为执行公务而强制使用

国家机关在执行公务过程中必要时使用当事人肖像的情形，例如在线上线下通缉犯人的情况下，还比如在宣告失踪、死亡时发出的公告或者其他司法实际需要使用当事人的肖像的情形。但是，公权力机关不得轻率地将某个人的肖像公布于国家机关官网上，而且使用须经合法程序且为必要。

5. 为了自然人本人的利益而使用

典型的就是寻人启事，寻找的对象一般是小孩或者是痴呆老人，他们本来就是属于无民事或者限制民事行为能力的人，不具有完全表达自己意思的能力，因此如果寻人启事上只有单一的文字描述，若不能将对象特定化给热心帮助的群众，这无疑会加大寻人的困难。因此在这种特定情况下对其肖像的使用是合理的。

不论是从利于文化、科学技术的发展，还是对新闻报道的认可，又或者是国家机关依法定程序权限进行司法活动的必要性，还是对于公众人物其自身固有的社会属性而言，对肖像权进行一定范围的限制确有必要。但是，所有的合理使用都有一定的界限，超过此限制必然产生侵权责任。现实社会复杂多变，上述情形未必能够将合理使用全然纳入，现实中还应赋予法官一定的自由裁量权，可在立法上以"其他情形"来兜底。

四、关于肖像的特殊问题

（一）演员剧照

剧照，是指演员在舞台、电视剧、电影等艺术作品中表演的照片。剧照是演员对扮演的角色形象之演绎，而其所扮演的人物可能是现实中原本存在的历史人物如历史上的英雄人物，也可能是编剧虚构的人物如齐天大圣孙悟空。表演者享有表明表演者身份的权利，电影作品和以类似摄制电影的方法创作的作品的著作权由制片者享有，那么表演者对其演绎角色的剧照亦享有署名权。但是，扮演某一角色之后，扮演者在此剧中其个人的肖像是否还单独存在？

1. 表演者对其剧照是否享有肖像权？

当一个人在日常生活中，他（她）就是他（她）自己，可以说其本身呈现的就是一个真实的自我，无论其如何翻手为云覆手为雨又或者是见人说人话、见鬼说鬼话，其肖像展现在社会的面前，人们会对之直接的认同或者否决。但是，当一个人成为了某一剧本特定角色的时候，其无论是外观形象还是内在的性格、秉性，所展现出来的已然不是其本身了，这犹如被另外的一个灵魂所附体了。但是，社会现实往往并非是这样的绝对两分就可以解决问题的，某些著名演员在扮演特定角色时尽管惟妙惟肖，但观众仍然可以知道扮演者是谁。

【案例链接 12-7　《茶馆》"秦二爷"扮演者肖像、名誉维权案】①

【案例链接 12-8　上下级别法院一二审判决之异】②

【案例链接 12-9　猴子变人还是人变猴子】③

【案例链接 12-10　扮演者与历史人物的肖像问题】④

按照只要能够通过外观辨别出表演者是谁的这一逻辑，进一步人们可能会延伸至即使是梅兰芳所表演的京剧，人们也可以通过其一举一动以及唱腔来分辨出是否梅兰芳本人，按照这一逻辑，其扮相的剧照也属于其肖像权的保护范围。

对于脸谱艺术等完全不能辨认出是表演者本人的剧照是否享受肖像权在此不作研究，谈论的是除去造型师、化妆师的装饰我们还是可以清楚将表演者与其现实生活中的形象联系起来的情形，虽说演员对角色的扮演在大部分情况下是不同于演员自身的形象，但是因不同的演员个体特征、对角色的理解把握不同就算是饰演相同的角色，还是会呈现出演员自我个性特征，角色形象与自然人之间具有一一对应的关系。因此，表演者对体现其个人特征的剧目形象是具有肖像权的，这个可以从上述五个案例中看出，不论是以前还是现在司法实务都坚持表演者对其演绎的剧目角色、剧照享有肖像权这一观点无太大争议。但是应该注意的是当讨论演员剧照中该人物名字、经历并不是真实存在的是编剧编造的，假如演员扮演的就是现实生活中存在过的人物，尤其是历史伟人的情形下，那么演员是否还享有扮演剧目角色的肖像权？

总结上述分析来看，如果扮演的是编剧虚构的人物，只要扮演者对角色的演绎使得观

---

① 北京市东城区人民法院"（2002）东民初字第 6226 号"《民事判决书》。

② 鲁钐山．赵本山被侵肖像权获赔 7 万 ［EB/OL］．［2018-09-10］．新浪新闻中心，http：//news. sina. com. cn/s/2006-04-15/14568705395s. shtml.

③ 参见北京市第一中级人民法院"（2013）一中民终字第 05303 号"《民事判决书》。

④ 参见内蒙古自治区呼和浩特市中级人民法院"（1997）呼法民二终字第 54 号"《民事判决书》。

众将其剧中角色与扮演者本人基本重叠时，那我们就可以得出表演者享有该剧目角色的肖像权，因此未经其许可又不是合理使用范围内的情形下当然构成肖像权侵权，表演者可以主张侵权赔偿。但是假如扮演的是真实的历史名人时，不论其表演如何生动，都不应当享有对该剧目角色的肖像权。

2. 制片人的著作权与演员的肖像权的冲突

根据《著作权法》第 15 条的规定，电影作品和以类似摄制电影的方法创作的作品的著作权由制片者享有，表演者享有表明其身份的权利。一般情况下表演者通过与制片者签订合同获取报酬，制片人通过对作品的放映而获得收益，看似互不干涉且是两全其美的状态。但是，内部的协调一致并不等同于外部没有任何的矛盾冲突。在诸多的涉及表演者肖像权诉讼中可以得出一个基本的认识，即表演者以自己个人肖像权而起诉，并没有多少以编剧维护著作权的名义起诉。究竟是肖像权维权会得到更多的赔偿额，还是剧照著作权维权会得到更多的利益救济？其实，制片人所享有的作品著作权和表演者的个人肖像权在一定情景中是存在冲突的。在产生冲突的情形下哪种权利更具有优先性？

（1）制片人的作品著作权与表演者个人的肖像权冲突的原因

制片人与表演者是合作关系，其对外利益是一致的，但内部利益却并不完全重合。每一个权利都是有边界的，越过该边界就会侵犯到他人的权利。

首先，两者针对的客体不同。制片人的著作权受保护的就是其制作的电影电视等作品，因此其著作权的行使必须与其作品有关，制片人使用表演者的剧照应当在使用作品的相关范围内，如果滥用于其他领域就会构成侵权；而肖像权保护的是一种人身利益，未经合法程序任何人都不得对其进行剥夺，因此只要反映出个体面貌的即享有肖像权，如果肖像权人通过合同形式将其部分肖像使用权让渡给他人行使时，肖像权人应该遵守相关约定不得侵犯他人的合法利益。

其次，两者保护时间段不同。根据著作权的有关规定，制片人的著作权是存在一定期限的，保护期限截止于作者死亡后第 50 年的 12 月 31 日止，但是肖像权始于出生终于死亡，因此两者可能存在一定的时间差，例如制片人不再享受著作权时，其后代继续使用的话就会侵犯表演者的肖像权。或者表演者死亡之后，其后代未经制片人许可擅自使用剧照从事其他行为，也会侵犯制片人的著作权。

最后，两者权利不同。肖像权的主要内容包括自然人有权自行使用肖像谋取利益，也有权授予他人使用本人的肖像从而获得报酬，在他人未经同意不合理使用其肖像的情况下，有权向法院请求救济获得赔偿。著作权包括人身权和财产权两部分，人身权包括有署名权、发表权、修改权、保护作品完整权，财产权为作品使用权和获得报酬权。归根结底，利益冲突是导致肖像权与制片人著作权矛盾的最大原因。

（2）制片人著作权与演员肖像权冲突的情形及解决措施

首先，当制片人使用演员的剧照投放到电影院、做成电视广告、制作成商场海报用于宣传其作品时，这种使用方式是不会侵犯到演员的肖像权的，因为双方在开拍之前所签订的合同中对此早已约定，表演者同意出演该影视作品角色，视为就其所扮演的角色理当可以在播放该影视作品的范围内以电影、电视的方式使用，视为表演者对其表演之劳动成果以一定形式之许可。而且，演员有义务配合制片人进行拍摄完成之后的宣传活动，如果这种情形构成侵权的话，制片人的宣传活动就根本无法进行，其著作权将受到极大的限制，也不利于促进创作的积极性，在现在大数据时代背景之下演员的阵容、作品宣传的力度在很大程度上决定了票房和收视率的多少，所以在这种情况下对表演者剧照的使用是有据可循的。

其次，当制片方将表演者的剧照作为纪念物品赠与他人时亦不会侵犯到表演者的肖像权。该行为不以营利为目的，亦未对剧照进行歪曲丑化，是作为一种作品推广的附带宣传行为。

最后，权利的双重性牵连。人物剧照既包含着演员所扮演的角色形象，又包含着制片者的著作权，著作权人在使用演员扮演的角色形象时不能超出与影视作品有关的范围而作其他商业用途，当制片方以合同的形式许可他人使用剧照为对方的产品或者服务进行宣传时，即构成共同侵权应承担连带责任。如表演者将剧照以营利为目的授予他人使用也构成对制片人著作权的侵犯。

在著作权与扮演角色形象权产生冲突的情形下，我们不能设定一个规则明确规定谁在先谁在后，而是应该从侵权的基本条件出发，应当由符合侵权行为、结果、过错、因果关系侵权构成要件一方承担侵权责任。但是在此之前应该鼓励双方进行约定的意思自治，即在开始拍摄的时候双方约定就剧照的使用范围和使用方式，或者是在制片人将剧照许可他人使用的同时征求表演者的同意并给与其一定的报酬，从而达到最理想的状态。但是假如双方当事人并没有对此达成一致意见的情况下，任何一方擅自进行无关联的商业使用时都应该对其侵权行为承担相应的赔偿责任。

（二）集体照片中的个人肖像权

集体肖像，是指多个人的肖像同时显示于同一载体上，区别于个人肖像而形成的一个不可分割的整体。集体肖像具有独立性又具有统一性。各权利人应就其个人之肖像享有独立权利，但是在表现形式上集体肖像是一个整体具有不可分割性，权利人在使用集体肖像中的个人肖像时不可避免地会使用到他人的肖像。集体肖像是一种特殊类型的肖像，现行法律还没有出现过"集体肖像"的字眼，而仅在学理上进行讨论。

1. "集体肖像权"的司法实务运用

根据《民法通则》的规定，仅有公民才能成为肖像权的主体，肖像权是个人固有的自然权利，具有个体性。这样一来，严格意义上的"集体肖像权"是不存在的。但是，从司法实务中分析审理的相关集体肖像被侵权事件的判决结果来看，实务界似乎先于理论研究向前走了一步，突破肖像权的个体性而作出了肯定"集体肖像权"的存在。

【案例链接 12-11　体育明星诉可口可乐公司侵犯肖像权】①

———————

① "肖像权"成为焦点，姚明与可口可乐公司起纷争［EB/OL］.［2018-09-10］. 搜狐网，http://sports. sohu. com/06/94/news209299406. shtml.

尽管某些案件出现了"集体肖像权"的概念，但却并非是标准的集体主张肖像权的案件。按照字面的理解，集体，应该是在照片之中的全部人员所提起的肖像权的指控，在案件中原告通常是其中的一个人，其主张在合照中的自己个人的肖像被未经许可使用了，这引起了学界对"集体肖像权"的注意。

在"集体肖像"出现后，接着又出现了"整体肖像利益"这样的一个概念，如果存在着整体肖像利益，那么究竟是归属于每一个肖像的主体（连带享有权利）还是全部肖像个体（按份享有权利）又或者是肖像全体人员所属的组织？如果承认法人有人格权的话，那么就绕不开法人肖像权的问题了。作为一个组织，有没有肖像？有没有形象？答案似乎是让人费解的，组织绝对不会有一个类似于自然人面目那样的肖像，但对于一个组织通常又有不同的对外影响，甚至还有一定的所谓的"性格"（其实是不同组织的不同行为类型）。一个单位没有照片，也没有可以通过物质载体承载的形象之固定化表现，有的仅仅是文字的表述。难道用"准"来表达组织的肖像权吗？其实，这个问题在知识产权领域已经得到了很好的解释，它属于一种公开权或者商品化权。毕竟，这种已经进入到商业化领域而产生的纠纷，再使用传统的肖像之人格权的理论和制度确实无法有效地解决问题了。

【案例链接 12-12　整体肖像利益?】①

其实，从涉及体育队员和相关协会签订的肖像权使用协议的角度来分析，相关组织代表国家依法行使与"国"字号运动队相关的一切国有资产的商业经营权。依据双方所签订的合同，协会有权许可他人使用上述肖像或者形象于商业活动中，这在世界性体育赛事之中的商业代理或者特许经营已经成为了一种惯例，也可纳入到知识产权领域予以考察，而非一定要生拉硬拽地放在个人肖像权之中来讨论和处理。

在成文法国家，如果置现有的《反不正当竞争法》而不顾，新创设一种所谓的"集体肖像利益"或者"集体肖像权"来保护相关方面的利益，无论是从技巧性还是从法律的大原则上来说，都是不妥的。

2. "集体肖像权"的学界争议

对于"集体肖像权"是否有存在的必要是有争议的。有观点认为集体肖像权是有必要存在的，仅存在个体肖像权而不存在集体肖像权是不妥当的。② 而也有人认为这种所谓集体肖像权的理论，没有法律依据，其实质是蔑视和剥夺了法律赋予肖像组成人员对其本人肖像所享有的人身权利。因为法律未认可非自然人享有肖像权，那么"集体肖像权"这个概念便无从谈起。③ 更何况"集体"本就是一个量的集合概念，集体不等于法人，

---

① 参见北京市第一中级人民法院"（2006）京一中民终字第 3240 号"《民事判决书》；（2008）第二中级人民法院"京中二民终字第 1505 号"《民事判决书》。

② 王利明. 人格权法研究 [M]. 北京：中国人民大学出版社，2005：469.

③ 张红：肖像权保护中的利益平衡 [J]. 中国法学，2014（1）：266.

集体人群不得以集体人格受到侵害为理由请求救济。① 理论上说，不存在集体物权、集体债权、集体人格权、集体知识产权，理当也不存在集体肖像权，也就无从谈起所谓的集体肖像利益。个人的肖像究竟是体现于单独的个人肖像照片之中，还是体现在集体照之中所显示的个人肖像并无本质上的差异。故，本质上不存在集体肖像权或者利益的问题。

显然，集体肖像权不存在。首先，法律规定的肖像权为自然人所独有，具有个体性，而所谓的集体肖像仅仅是肖像的存在之外观和可辨析的问题，根本不存在集体组织肖像覆盖了个体性，而且在法律上没有依据。当出现了一种新事物的时候，我们首先应该从现有制度出发找寻其解决途径，而不是以新事物的出现来为创设一种新概念、新制度寻找一个借口从而使现有的理论和制度发生混乱。

3. 个人肖像权在集体照片中的主张

对集体肖像使用的行为确实存在，但并不能得出集体肖像利益受损害之结论。任何未经许可而擅自将其与他人的合影用于照相馆橱窗的摆设或分拆使用他人肖像的行为，关键在于使用的前提和目的，有合法缘由的就应当得到支持，否则就应当禁止。

华赞诉美国中国项目咨询公司一案②法院给出的结论是：在集体照中，由于各肖像权人在照片中均享有独立的人格权，其转化（或派生）出的物质利益为全体肖像权人所共有，其肖像的权益被全体肖像权人的权益所涵盖，其个人特征难以在集体肖像中凸现，故丧失其人格权存在之基础。因此，原告一人对其肖像权的主张，不能反映全体肖像权人的利益。可见，案件的判决认定在集体照片里的个人不能单独主张侵权赔偿，因为个人的特征已经被集体照片中的全体利益所覆盖，只能由集体肖像中的全体人员同时提起侵权赔偿。但是这种否认个人在集体照片中权利主张的判决思路在现在的情形之下已经失去其合理性。而在张某某诉北京搜房科技发展有限公司肖像权、姓名权纠纷一案中，法院则认为尽管是为宣传《爸爸去哪儿》节目所进行的拍摄，但照片对其中每个人都有明确的指向性和可辨认性，原告作为照片的一部分，有权主张照片中其个人的肖像权。③ 可见，不同的法院对个人肖像权在集体照片的主张是不同的。

在特定情况下，个人在集体照中当然有权主张个人的肖像权。

首先，要辨析清楚集体照片与个人肖像的关系。在集体照中，每一个人的形象都清楚可见的情况下，那么集体照片中的每一个人都有权行使自己的肖像权，集体照中的人想要将集体照进行一定目的的使用时也须征求其他人的同意；集体照之外的第三人要想合理使用该集体照时也必须征求集体肖像中的每一个个体的同意；如果第三人的行为构成侵权的话，集体照中的每一个人都享有单独向侵权的第三人请求侵权赔偿之权利，诚然也可以一起向侵权者主张侵权责任。

其次，集体肖像中成员各容貌须清晰可见。如仅突出某个人形象的情况下，把某个人

① 王泽鉴. 人格权法［M］. 北京：北京大学出版社，2013：131-147.
② 华赞诉美国中国项目咨询公司将有其在内的合影照片印在资料上散发侵害肖像权案［EB/OL］.［2018-09-10］. http：//www. pkulaw. cn/case/pfnl_1970324836996547. html? keywords =％E5％8D％8E％E8％B5％9E&match = Exact.
③ 参见浙江省嘉兴市秀洲区人民法院"（2014）嘉秀民初字第 1063 号"《民事判决书》。

的肖像经过特殊处理从而给人感觉在整张照片中其处于主导地位，那么这个时候突出并不影响侵权的成立而是责任承担的参考因素，① 对受损害的程度以及损害赔偿金的多少有一定的影响作用，但是突出行为并不会影响其他个体肖像权的主张。第二种情况下是故意扭曲某个个体的形象，加胡子、大嘴唇等之类的丑化行为从而使得单个人的形象相对与其他成员而言显得特别突出，那么并未损害其他成员的形象以及名誉。

最后，集体照片中各个成员的肖像只有一个模糊的身影，如果不加仔细辨认很难认出谁是谁的情况下，则不构成肖像权的侵权。假如它又有一个大概的区间，可以大概确定为一定范围的人群，例如刚入学的时候拍了一张研究生的集体照，除了照片的最顶端显示某某学院某某级研究生集体照等清楚的字样外，每一个学生都有着一份朦胧美，即使自己的父母也是经过很认真辨认才能大概找出。假如这个时候有房地产商拿着这张照片做宣传说××楼盘××学子的理性选择，该房地产公司的使用行为没有合法的依据，但并不能作为构成集体肖像权侵权的理由。但盗用了该大学某学院的名称，在一定程度上是构成了不正当竞争，如果不当使用还可能构成对特定主体商誉的诋毁。

综上所述，我们遵从《民法典》对肖像权属于公民的有关规定，基于认定肖像权具有个体性的前提下，认为"集体肖像权"无存在的理论依据，通过对个人肖像在集体肖像中所受侵犯情形以及救济途径的分析，得出在现有的制度下我们完全可以解决集体肖像中个人肖像权被侵害的情形，无须"创设"一个似是而非的"集体肖像权"。法律并不是面面俱到的，我们对法律需要有耐心，当新问题出现时我们需先从现有法律出发解决新问题，而并不是急着去创设新概念新制度使得法律看起来很完善而实际上越来越混乱。只有我们确实对新问题束手无策的时候，创建一个新概念或者新制度也许才有客观的必要。

（三）已故先人之肖像问题

对于肖像权，我们一般讨论的是在世的自然人以自己的肖像所体现的利益为内容的专有人格权。但是，有些已故先人的肖像仍然具有很高的价值。对于已故先人的肖像，究竟是纳入著作权作为作品予以保护还是停留在肖像权上给予保护还是值得研究的。

已故先人的肖像，正常情况下应纳入著作权保护。如果对已故先人的肖像不恰当使用，造成对已故先人名誉歪曲的损害结果，则根据相应的法律规定处理。

【案例链接 12-13 先人的肖像权问题】②

---

① 张红. 肖像权保护中利益平衡 [J]. 中国法学，2014（1）：271.

② 死人有没有肖像权？鲁迅肖像权官司引发反响 [EB/OL]. ［2018-09-10］. 新浪新闻中心：http：//news. sina. com. cn/society/2000-09-28/131243. html.

(四) 对肖像权的扩张保护

只要能够在物质载体上呈现出自然人形象且可直接对应、能够辨析的形象都可纳入肖像之范畴，至于表现形式是传统的还是现代的，也无论是正常的还是以漫画方式表达的。具有对应性、可识别的漫画形象，以及通过文字描述可以识别为某一特定自然人主体的，也应纳入广义的肖像权保护之范畴。

【案例链接 12-14　漫画肖像权纠纷】①②

对于肖像权扩展到姓名、声音保护方面的问题，《民法典》第 1023 条规定："对姓名等的许可使用，参照适用肖像许可使用的有关规定。对自然人声音的保护，参照适用肖像权保护的有关规定。"一些国家对于声音，将其作为公开权予以保护。尽管可以通过肖像权的扩张解释来保护声音的问题，也可以通过肖像权的扩展来延伸至文字描写具有对应性的人物身上，但从肖像所具有的特性来分析，其已经脱离了面部、个性、载体、对应性和直观性等特点，而且这些纠纷往往涉及名誉诋毁的指控，因此，通过名誉权的制度来审查并予以保护已经足够，无须将之纳入到肖像权领域来讨论。

肖像是一个人与生俱来的标志，姓名尽管也是一种特殊标志，但是姓名可以相同而并存，尽管也有长相是非常相近的人（尤其是双胞胎），但是肖像无法雷同而且更具有自然属性和针对性。

对他人的肖像制作、使用（无论是丑化还是美化，且不问是否商业性使用）均须有合法的缘由，否则须经肖像权人的同意。无论是传统绘画式、摄影式的肖像，还是因现代技术手段进步而出现的类似于剪纸、漫画等形式的肖像均应纳入保护之范围。

---

① 葛优诉《非诚 3》侵犯肖像权胜诉，获赔 25 万元 [EB/OL]. [2018-09-10]. 腾讯娱乐：http://ent.qq.com/a/20150731/001972.htm.

② 参见北京知识产权法院 "（2016）京 0108 民初 19834 号"《民事判决书》。

第十三讲 隐 私 权

——保持社会稳定之必需

隐私权体现着人生而自由的基本价值。在社会文明进程加快发展的背景下，公民越发重视隐私问题，因而我国在法律上对隐私权也给予了更全面且严谨的保护。随着人们对个人的权利以及人格的尊严的重视程度的提高，不打听以及了解别人的隐私之习惯也在逐步地养成。而通过法律制度对公民的隐私权进行保护，无疑是法制进步的重要表现。

21 世纪以来，越来越多的人开始注重对网络隐私权保护关注。隐私权作为公民享有的人格权，是在当前法律建设中对人权保障的关键内容。我国在当前的法制建设深化阶段，加强隐私权的法律保护就显得尤为重要。隐私权强调对人的自然性以及独立性的保护，通过立法保障公民的隐私权是法治进步的重要体现。

在欧美国家，其对隐私权的重视程度相对较高，然而各自的方式又略有不同。在美国，其较为倾向于采用行业自律的方式来保护网络隐私，通过业界人士对个人资料管理方面的自我规范、自我约束，再通过《隐私权法》等保护个人隐私权的基本法，来达到使整个网络行业能够健康发展的目的。而欧盟国家则更加主张采取立法来对网络隐私权予以保护，通过严格而规范的法律制度对网络上的侵权行为进行制裁，同时还针对不同的侵权行为设定了不同的救济措施。

因此，生活中有关隐私权侵权的案件逐渐扩展到了虚拟的网络空间中，对隐私权进行保护是我国法治建设道路的重要一步。

一、隐私

（一）隐私之界定

将"隐私"一词拆分开来进行理解，所谓"隐"，是指隐蔽、不公开之范畴；而"私"，乃私人、自己的领域。因而隐私通常可以理解为个人、不愿公开的私事或秘密。"隐私"一词对应英文中的单词"privacy"，意为（不受干扰的）独处、秘密。早在中国古代就有"隐私"的说法，其本意为衣服所覆盖之处，转而为私藏起来的东西，自古就有"小人顽，女子无处不私"之说。近现代在法理学上，隐私，就是指隐秘而不准公开的信息之意。[①]

人格权法理论认为，隐私是一种与公共利益、群体利益无关的，当事人不愿他人知道

---

① 吕光. 大众传播与法律 [M]. 台北：台湾商务印书馆，1981：63.

或他人不便知道的信息，且引申至当事人不愿他人干涉或他人不便干涉的个人私事和当事人不愿他人侵入或他人不便侵入的个人领域。构成隐私有两个要件。一为"私"，二为"隐"。前者指纯粹是个人的，与公共利益、群体利益无关的事情，是隐私之本质；后者描述某个事情、某个信息不为人知的事实状态，包括：当事人不愿这种个人私事被他人知悉；按正常的心理和道德水准，这种个人隐私不便让他人知道，否则会对当事人产生不利的后果；这种个人私事当事人不愿或不便他人干涉；某些私人领域当事人不愿或不便他人侵入。①

（二）隐私之特征

1. 主体为自然人

只有自然人才可成为享有隐私的主体。企业法人的秘密属于商业秘密，通过《反不正当竞争法》进行保护；国家机关的秘密属于国家机密，通过《保守国家秘密法》进行保护。企业法人、国家机关的秘密不具有隐私所具有的与公共利益、群体利益无关的本质属性，不属于个人隐私的范畴，不能用隐私权保护的方法予以保护。

2. 客体是自然人的个人事务

作为隐私的客体，自然人的个人事务主要包括了个人信息和私人专属领域。个人事务区别于公共、群体、单位事务，是指个人不愿公开的情报、资料、数据等，属于抽象、无形的隐私；而个人专属领域，是指个人的隐密范围，如身体的隐蔽部位、日记内容和通信秘密以及居住场所等。《民法典》第 1032 条规定："稳私是自然人的私人生活安宁和不愿为他人知晓的私密空间、私密活动、私密信息。"

3. 内容之特定性

隐私的内容，是指特定个人对其事务、信息或领域秘而不宣、不愿他人探知或干涉的事实或行为。该事实或行为具有私人领域的特征，故而会产生将之隐蔽、不公开的需要。

4. 隐私具有客观性

无论隐私内容如何，是否违反道德或法律，也无论社会舆论或国家法律对隐私内容作出怎样的评价，隐私的内容总是客观存在的，不以他人是否承认或如何评价为转移。隐私的客观性告诉我们，隐私是客观真实的社会存在。社会舆论、国家法律或其他规则可以对特定隐私作否定性的评价，但无法否认它的存在。

【知识链接 13-1　私权领域拒绝公权的介入】②

"风能进，雨能进，国王不能进"这句被广为引用的名言，出自于英国的一位首相威廉·皮特用它来形容财产权对穷苦人的重要性和神圣性。原意为"即使是最穷的人，在他的小屋里也敢于对抗国王的权威。屋子可能很破旧，屋顶可能摇摇欲坠；风可以吹进这

---

① 杨立新. 人格权法 [M]. 北京：法律出版社，2015：258.

② Endnote 9，Privacy and the NII.

所房子，雨可以打进这所房子，但是国王不能踏进这所房子，他的千军万马也不敢跨过这间破房子的门槛"。

"风能进，雨能进，国王不能进"道出了一个基本常识，那就是公权力和私权利有明确的界限，必须恪守"井水不犯河水"的原则。诚然，并不是说公权力不能介入私人领域。公权力介入私人领域有一个原则，那就是在没有法律依据的情况下"非请莫入"。私人事务没有请求公权力救济，政府没有法律允许的缘由就不能介入。在国家和社会之间有着严格的分界线，当事人行使了请求权后，公权力才能进入私领域。

二、隐私信息

（一）隐私信息的概念

隐私信息，是指与公共利益、群体利益无关，个人不愿意他人知晓或他人不便知晓的隐秘而不公开的信息。隐私信息主要包括个人生理信息、身体、健康、财产、家庭、基因（基因歧视）、通信秘密、谈话和经历等信息。值得注意的是，非法、不道德的信息，不能绝对地被排斥在隐私之外。

网络技术的发展，使得隐私信息在网络上流传。为此，2013 年 11 月 26 日，联合国人权理事会通过由巴西、德国发起一项保护网络隐私权的决议草案，该草案呼吁联合国的所有成员方对大规模监控造成的侵害予以关注。自然人在网上享有的私人生活安宁、私人信息、私人空间和私人活动应依法受到保护，不被他人非法侵犯、知悉、搜集、复制、利用和公开，禁止在网上泄露与个人相关的敏感信息，包括事实、图像以及诽谤的意见等。

与网络有关的隐私信息主要包括：（1）个人登录的身份、姓名、年龄、住址、居民身份证号码、工作单位等身份和健康状况；（2）个人的信用和财产状况，包括信用卡、电子消费卡、上网卡、上网账号和密码、交易账号和密码等；（3）邮箱地址等通信信息；（4）与网络活动踪迹相关的信息，如 IP 地址、浏览踪迹、活动内容等。

（二）隐私信息的分类

根据隐私信息的不同种类、不同性质，可以将隐私信息进行如下的区分。

1. 绝对隐私信息与相对隐私信息

绝对隐私信息，是指纯个人的，与一切非本人的他人无关的信息（如年龄、身高、体重、心理疾病、女性三围等具体的个人人身性数据，以及个人嗜好、投资、收入、行踪等），是完全排除他人干预的信息。相对隐私信息，是指由于某种关系如家庭关系、夫妻关系、合同关系等与特定的他人相关的应为他们共同支配的共同保护的隐私信息。

2. 抽象隐私信息与具体隐私信息

抽象隐私信息，是指由一些数据、情报等形式（如日记内容、女性三围、通信秘密）所形成的隐私信息。具体隐私信息，是指内容能够以具体形状、行为等形式表现出来（如身体的隐蔽部位、婚外性行为、夫妻生活等）的隐私信息。

3. 合法隐私信息与非法隐私信息

合法隐私信息，是指不违反法律的隐秘、不公开的信息；① 非法隐私信息，是指违反基本的实体法的强行性规定及一般的公共道德的隐私信息，主要包括三类：严重违法（犯罪）的隐私信息、一般违法（违反民事法律或行政法律）的隐私信息、轻微违法的隐私信息。

【知识链接 13-2　人肉搜索】②

【事件链接 13-1　高跟鞋虐猫事件】③

三、隐私权

（一）隐私权的概念

隐私权，是指公民享有的私人生活安宁与私人信息依法受到保护，不被他人非法侵扰、知悉、搜集、利用和公开的一种人格权。④ 简而言之，隐私权就是指个人对其私人生活安宁、私生活秘密等享有的权利。权利主体享有隐私权，意味着对他人在何种程度上可以介入自己的私生活，对自己是否向他人公开隐私以及公开的范围和程度等具有决定权。

（二）隐私权的主体

隐私权的主体是自然人，该自然人包括本国公民、外国人以及无国籍人。关于法人是否享有隐私权，学界主要存在两种不同的观点。一种观点认为，法人享有隐私权或秘密权。以不正当方式获得秘密，或者将以正当方式获得的秘密不法地告知第三人和公众，都是对人格权的一种侵害，应当从人格权方面加以保护。⑤ 与此相对的另一种观点认为，隐私权的主体和秘密权的主体属于一脉相承的概念，隐私权的主体仅限于自然人。在许多国家和地区，民事立法都没有将秘密规定为一种人格权。商业秘密和隐私属于不同的概念。首先，隐私是与个人的精神利益相联系的概念，其涉及的是个人的私人生活安宁，并不符

---

① 《中国人权百科全书》中将隐私定义为：隐私即秘密，是指尚未公开的、合法的事实状态和一般情况。

② 王忆晴. 论"人肉搜索"的法律规制 ［J］. 法制与社会，2014（26）：72.

③ 高跟鞋踩杀小猫，女子虐猫图激怒网民 ［EB/OL］. ［2018-09-10］. 人民网，http：//env. people. com. cn/GB/1072/4156180. html.

④ 张新宝. 隐私权的法律保护 ［M］. 北京：群众出版社，1997：21.

⑤ 施启扬. 从个别人格权到一般人格权 ［J］. 台大法学论丛，1974（1）：141.

合法人等社会组织的需求。其次，法人有商业秘密和营业秘密，可以通过商业秘密法、反不正当竞争法等法律来保护，而无须通过隐私权给予保护。① 法人不应当享有人格权（包括隐私权）是当前学界主流的学说。

（三）隐私权的客体

隐私权的客体，是指隐私权的保护对象，其涉及的范围比较广泛。从广义上看，隐私权的客体亦是指自然人的个人事务。涉及具体的客体内容，根据不同的标准可以对其进行具体的区分，隐私权的客体通常可分为以下几种类型：

1. 私密信息

私密信息，是指私人不愿意公开的信息。只要私密信息不违反法律与社会公共道德，即属于受法律保护的隐私利益。通常，私密信息的范围比较广泛，包括个人的生理、身体、健康、财产、家庭、基因、通信秘密、谈话隐私和个人经历隐私信息等。凡是涉及个人不愿意为他人所知的信息，无论该信息的公开对权利人造成的影响是积极的还是消极的，也无论该信息是否具有商业价值，只要该信息不属于公共领域且本人不愿意公开的信息，就可纳入到隐私信息保护的范围。②

2. 私生活安宁

私生活安宁，是指自然人可以排除他人对自己生活安定和宁静的不当打扰。其由来可追溯到隐私权提出之初，美国学者布兰蒂斯和沃伦将隐私权界定为"生活的权利"和"独处的权利"。③ 保障个人私生活安宁就意味着个人享有对私人生活独处的、不受他人打扰的权利。即任何人不得非法干涉他人的私人生活、打扰他人的私生活安宁。私生活安宁主要包括日常的生活安宁、住宅的安宁以及通信的安宁等。

3. 私人空间

私人空间，也称为私人领域、个人领域，是指私人支配的空间场所。一方面是指以住宅等物理空间为代表的最为典型的空间形态，另一方面是指住宅空间之外的其他私人空间，比如行李、书包、口袋、网络空间和自己内心的某一个角落等。凡是私人支配的空间场所，无论是有形的还是无形虚拟的，都属于个人隐私的范畴。

4. 私生活自主

私生活自主，是指与隐私有关的个人私生活的自主决定，即个人能够选择自己的生活方式、决定自己的私人事务，比如自主的择业权、婚姻权等。隐私权的基础在于尊重个人的自主权，而它又是以公共和私人领域之间的区分作为基础的，个人只对自己的私人领域享有自主决定的权利，而对于公共空间，则不享有决定权。④ 故而，个人对于私生活事务

---

① 程合红. 商事人格权刍议［J］. 中国法学，2000（5）：89.

② 张新宝. 隐私权的法律保护［M］. 北京：群众出版社，2004：8-9.

③ 1960 年，根据布兰蒂斯和沃伦教授提出的隐私权概念，美国的普洛塞教授将隐私权的内容之一归纳为"保障个人生活安宁"。关于"独处的权利"，美国大法官 Fortas 根据案例，将其解释为"依照一个人的选择生活，除非有正当的法律规定，否则不受攻击、打扰、侵害"。参见 Time, Inc. v. Hill, 385U. S. 374, 1967：413.

④ Richard G. Turkington & Anita, L. Allen. Privacy（second edition）［M］. West Group, 2002.

的决定，只要不违反法律规定和不侵害他人权利，就不应当受到他人的干涉。

（四）隐私权的产生和发展

隐私权的概念和理论最早产生于美国。1890 年，美国路易斯·布兰蒂斯和萨默尔·沃伦两位法学家最先敏锐地捕捉到了这种新型的权利，在哈佛大学《法学评论》发表的一篇论文《隐私权》中提道，"保护个人的著作以及其他智慧或情感的产物之原则，是为隐私权"，指责新闻传播有时会侵犯"个人私生活的神圣界限"。这是隐私权概念的首次出现，点明了隐私权作为一种新型权利的本质。美国学者威廉·荷尔在他的《新闻法》一书中进一步指出，"未得承诺而盗用或非法利用一个人的容貌，公布一个人与公众无正当关系的私人事务，或错误地侵犯了一个人的私人行为，以致对一个人的普通情感产生侮辱或引起精神上的痛苦、羞耻或惭愧"，即为侵害隐私权，应当负相应的法律责任。经过几十年的研究、发展，隐私权理论在美国已经形成了相对完善的理论体系。①

隐私权的保护在国际法上也同样受到关注。联合国大会 1948 年通过的《世界人权宣言》第 12 条规定："任何人的私生活、家庭、住宅和通信不得任意干涉，他的荣誉和名誉不得加以攻击。" 1966 年联合国大会通过的《公民权利和政治权利国际公约》第 17 条也规定："刑事审判应该公开进行，但为了保护个人隐私，可以不公开审判。"

在中国，隐私权成为具体人格权的历史较短。科技手段和现代传媒的普及，使猎取他人隐私、满足好奇心理、达到商业及政治目的之不良社会现象已屡见不鲜，当前涉及隐私权的案例呈上升趋势。中国在民事基本法中明确规定隐私权的是在 2009 年 12 月通过的《侵权责任法》中，第 2 条第 2 款明确规定，将隐私权纳入该法的保护范围，确认隐私权为独立的人格权。在此之前，人民法院已广泛地受理隐私权纠纷引发的案件，"隐私"和"隐私权"的观念已深入人们的观念当中，只不过早时有关隐私权保护的规定主要集中在最高人民法院颁布的司法解释中。② 2017 年 10 月 1 日实施的《民法典》第 111 条规定："自然人的个人信息受法律保护。任何组织和个人需要获取他人个人信息的，应当依法取得并确保信息安全，不得非法收集、使用、加工、传输他人个人信息，不得非法买卖、提供或者公开他人个人信息。"也就是说，我国法律对隐私权的保护已有了法律规定。第 1032 条规定"自然人享有隐私权。任何组织或者个人不得以刺探、侵扰、泄露、公开等方式侵害他人的隐私权"；第 1033 条进一步规定了对隐私信息的法律保护。

【知识链接 13-3　隐私权的历史沿革】

---

① 杨立新. 人格权法［M］. 北京：法律出版社，2015：260.

② 最高人民法院于 1988 年 1 月 26 日公布实施的《关于贯彻执行〈中华人民共和国民法通则〉若干问题的意见（试行）》第 140 条的规定中首次提到了"隐私"，虽然该"隐私"概念的内涵可能仅指当时中国人传统观念中的与男女关系及性有关的"阴私"观念，远非美国创设"隐私权"制度时所指向的"隐私"法律理念和制度内涵，但是这一法律概念的提出仍然为中国隐私权保护制度的创设和发展提供了法律制度的框架。

（五）隐私权的内容

隐私权是一种具体的人格权，其基本内容包括以下四项权能：

1. 隐私隐瞒权

隐私隐瞒权，是指权利主体对于自己隐私进行隐瞒，不让其为人所知的权利。对于无关公共利益的隐私，权利人有权使其不受他人的非法披露和公开，禁止任何组织和个人非法窃取和披露。这种隐瞒不是不诚实的表现，而是维持自己的人格利益之需。如果权利人的隐私一旦泄露出去，将会有损于其人格尊严，丧失自身的人格利益。

2. 隐私利用权

隐私利用权，是指权利主体对自己的个人资讯进行积极利用，以满足自己精神、物质等方面需要的权利。这一类的利用是自我利用，而不是为他人所利用，该利用主要包括两方面：一方面是自己利用个人隐私，既包括权利人自己的利用，比如撰写传记、发表回忆录，或者利用自身的形象、形体进行绘画或摄影等，也包括允许他人利用隐私，比如向他人披露自己的经历，由他人整理出版等；另一方面则是允许他人收集个人资料，如允许征信、银行、保险公司等机构收集个人的信息，权利人也有权向这些机构申报自己的相关个人资料，并且对其个人资料享有知情、更正和删除的权利。随着人格利益商品化的发展，隐私利益越来越具有可商品化的特点，权利人可通过许可他人使用自己的隐私获取合理的报酬。因而，隐私的利用权能也会日益凸显。①

但隐私利用权的行使不得违反法律的强制性规定，也不得有悖于社会公共利益和善良风俗。违背法律和公序良俗利用自身隐私的行为属于违法的行为。比如利用自己身体的隐私部位制作淫秽物品，即应认定为非法利用隐私的违法行为。

3. 隐私支配权

隐私支配权，是指权利主体对于自己的隐私有权按照自己的意愿进行支配的权利。隐私支配权的主要内容包括：（1）公开部分隐私。公开个人隐私，应当按照权利主体的意愿决定公开的内容、方式和传播的范围。（2）准许他人对属于自己个人的活动和个人的领域进行察知。比如允许他人接触自己的私人物品，准许他人知悉自身的身体秘密等。（3）准许他人利用自己的隐私。比如允许他人使用自己的日记改编为电影剧本，许可他人将自身经历的记载改编成作品发表等。② 未经权利主体的许可而擅自使用其隐私信息，属于侵犯权利人隐私支配权的行为。

4. 隐私维护权

隐私维护权，是指权利主体对自己的隐私所享有的维护其不受侵犯的权利。隐私维护权通常只有在隐私权受到外来侵害时才发挥其作用，当权利主体的隐私受到侵害，权利人可以基于隐私维护权而提出相应的请求。隐私维护权具体体现在两个方面：一是在权利受到侵害的情况下，权利人实施自力救济。权利人向侵权人主张禁止其收集、散布个人隐私信息。二是在权利受到侵害时，有权请求司法机关予以保护。自然人有权在自己的电子邮

---

① 王利明. 人格权法研究 ［M］. 北京：中国人民大学出版社，2012：535-536.
② 杨立新. 人格权法 ［M］. 北京：法律出版社，2015：260.

箱或者云盘上设置自己的密码，他人不得利用技术措施破解该密码而进入，即使未将相关信息向外界披露，亦未有进一步的行动，只要破坏了该秘密阻拦技术措施而进入相关的领域，即构成对他人隐私之侵犯。

（六）隐私权与其他人格权

1. 隐私权与名誉权

名誉权，是指民事主体保有和维护就其自身属性和价值所获得的社会评价和自我评价的人格权利，也就是公民和法人对其名誉所享有的不受他人侵害的权利。隐私权与名誉权的关系极为密切，主要体现在四个方面：第一，二者在权利范畴上同属精神人格权；第二，二者在权利性质上均为绝对权、对世权，即权利主体为特定人，权利人以外的任何人均为权利人的义务人，不得非法侵犯其名誉权和隐私权；第三，有些侵犯隐私权的行为，也会对受害人的名誉造成一定的损害，从而构成侵权竞合或者吸收；第四，侵犯权利的后果有相同之处，即都会给受害人造成精神上的痛苦和心理上的伤害。[1]

尽管隐私权和名誉权存在许多相似之处，然而两者仍存在着诸多显著的区别：第一，从权利主体上看，隐私权只能为自然人所享有，而名誉权既可以为自然人所享有，亦可以为法人或其他组织所享有；第二，从权利内容上看，隐私权的内容是不愿或不便他人干涉的个人信息或私人事务等，而名誉权的内容则是对个人人格形象产生的一种社会评价；第三，从侵权方式上看，对隐私权的侵害可以是披露真实的内容，而非采用侮辱和诽谤的方式，而对名誉权的侵害通常采用侮辱、诽谤等方式，其宣扬的内容往往都是非真实或夸大的；第四，从侵权对权利人的影响来看，对隐私权的侵害并不一定造成社会评价的降低，有时通过舆论传播与炒作等的方法还有可能提高其社会关注度甚至评价，而对名誉权的侵害必然导致社会评价的降低。

2. 隐私权与肖像权

隐私权与肖像权具有极其密切的联系，在未把肖像权确立为独立的人格权类型的部分大陆法系国家，通常以侵犯隐私权来吸收侵害肖像权的认定。以加拿大《魁北克民法典》第36条规定为例："为了任何不属于公开的合法信息之目的，而使用他人的姓名、形象、肖像或是声音，构成侵害隐私权。"而在英美法系中，由于没有独立的人格权法，对隐私权的保护一般都是通过判例来进行的，根据普罗塞教授关于隐私权的定义，其中包括对肖像权的保护。[2] 隐私权和肖像权同属于精神性人格权的范畴，具有一定的包含关系——肖像可能会涉及权利人的隐私，比如权利人不愿公开的私人照片。他人若未经权利人的许可，将该照片擅自公开传播，既构成对权利人肖像权的侵害，也构成对权利人隐私权的侵害。

尽管隐私权和肖像权具有密切的联系，二者的区别仍是客观存在的：第一，从权利客

---

[1]　姜振颖. 名誉权与隐私权比较 ［J］. 河南工业大学学报，2005（1）：65-66.

[2]　美国《侵权行为法重述》（二版）采纳普罗塞教授关于隐私权的定义，很多美国法院的判例也将肖像权的保护纳入隐私权法中。在美国，Corliss V. E. W. Walker Co. 一案中，法官认为，隐私是个人对其形象所享有的一切权利。See Corliss V. E. W. Walker Co. , 64. F. 280. 282（C. C. D. Mass. 1984）.

体上看，隐私权的客体是个人的隐私信息和个人独处之状态，即个人不愿意告诉他人或不愿意为人所知的私人生活秘密，而肖像权的客体是肖像（形象）利益，是指个人对自身的肖像所享有的制作专有、使用专有以及禁止他人侵害的权利；第二，从侵权形态上看，侵害隐私权的表现形态多为偷窥、偷拍、非法披露他人私生活信息、骚扰等，而侵害肖像权的表现形态主要指未经他人同意而制作、复制、使用他人肖像，或以歪曲的方式利用他人肖像；第三，从侵权后果上看，侵害了权利人的隐私权往往很难恢复原状，一旦披露公开，为公众所知晓，就无法消除这类的违法状态，而侵害肖像权则能够通过销毁底片及其他违法肖像制品（载体）的方式恢复原状。①

四、隐私权的法律保护

（一）侵犯隐私权的构成要件

分析侵犯隐私权的构成要件，应当适用《侵权责任法》第 6 条第 1 款②对一般侵权责任的过错责任原则的规定，须具备违法行为、损害事实、因果关系以及过错这四个要件。

1. 侵犯隐私权的行为

《民法典》第 1033 条规定："除法律另有规定或者权利人明确同意外，任何组织或者个人不得实施下列行为：（一）以电话、短信、即时通讯工具、电子邮件、传单等方式侵扰他人的私人生活安宁；（二）进入、拍摄、窥视他人的住宅、宾馆房间等私密空间；（三）拍摄、窥视、窃听、公开他人的私密活动；（四）拍摄、窥视他人身体的私密部位；（五）处理他人的私密信息；（六）以其他方式侵害他人的隐私权。"

根据隐私权客体的分类，侵犯隐私权的行为主要可以分为如下的几种情形：

（1）非法披露个人信息

非法披露个人信息，最为典型的就是未经权利主体的许可，而非法披露其个人信息。公开、披露不仅仅包括向公众披露，也包括未经许可而非法收集他人的信息资料。③ 亦即披露不仅仅包括向公众暴露，只要违背了权利人的意愿使其个人信息被权利人以外的任何人所了解，就构成对权利人隐私的非法披露。非法披露他人信息可以采用多种方式，包括但不限于非法收集、存储、泄露、披露，以及非法偷录、偷拍等。因而，包括非法披露他人身体隐私（比如未经许可披露他人的裸体照片），非法披露他人通信隐私（比如私拆信件、偷看日记、刺探和公开私人文件内容），非法披露他人身份资料（比如未经许可，公开权利人姓名、肖像、住址和电话号码），非法披露他人历史资料（比如披露他人工作经历、恋爱过程），非法披露他人家庭信息（比如未经许可披露他人家庭财产、婚姻情况、子女状况、家庭生活情况）的行为，都属于非法披露他人个人信息的侵犯隐私权的行为。

---

① 王利明. 人格权法研究 ［M］. 北京：中国人民大学出版社，2012：510-511.

② 《中华人民共和国侵权责任法》第 6 条规定："行为人因过错侵害他人民事权益，应当承担侵权责任。根据法律规定推定行为人有过错，行为人不能证明自己没有过错的，应当承担侵权责任。"

③ 林建中. 隐私去概念初探——从美国法之观点切入 ［J］. 宪政时代，1997（23）：1.

（2）侵扰他人私生活安宁

侵扰他人私生活安宁，是指采取非法披露他人个人信息之外的方式对他人的生活进行侵扰，具体包括非法窥视、监视、跟踪他人，采用电话、短信、垃圾邮件骚扰他人以及不可量物的侵害。所谓不可量物的侵害，是指按照通常的计量手段无法加以精确测量的某些物质对他人产生侵害，如气体、音响、光线、尘埃、采石粉灰、火花、湿气、真菌类、噪音、电流、臭气、烟气、煤气以及光的有意图之侵入。① 现实中，大量垃圾短信的骚扰，就是对收信者私生活安宁的一种严重侵扰。

（3）非法侵入他人私人空间

私人空间不仅包括他人所有的住宅，还包括私人的工作场所、办公室、卫生间、更衣室等空间领域。值得注意的是，即使是在某些公共场所中，也有保护隐私权之需要。侵害私人空间行为主要包括非法搜查、擅自闯入他人的私人空间、采用非法方法探测他人的空间等。

2. 产生侵犯隐私权的损害事实

隐私的损害，表现为信息被刺探、被监视、被侵入、被公布、被搅扰、被干预等事实状态，此为隐私损害的基本形态。侵害个人隐私权，并非以造成实质性损害（不良影响）为要件，它损害的是"个人宁静的生活环境"或者"内心的平静"。因而，侵犯隐私权不必表现为实在的损害结果，只要隐私被损害的事实存在，即具备侵害隐私权的损害事实要件，就构成侵权责任。②

3. 行为与受损之间有因果关系

侵权法上的因果关系，一般是指侵权行为与损害结果间存在相当的客观联系，因果关系与损害后果之间存在不可分割的关系。具体至侵犯隐私权的因果关系比较容易判断，这是由于侵害隐私权的行为与损害事实之间存在直接的关联性，侵权行为直接地导致了损害结果的出现，根据社会一般人的经验和常识进行判断即可。

4. 侵犯隐私权人有主观过错

侵犯隐私权的行为属于一般侵权的范畴，故而其应适用过错责任原则，即侵害隐私权应以行为人存有主观过错为要件。这就是说，在隐私受到侵害的情况下，受害人要请求对方承担民事责任，不仅要证明对方有损害行为，而且要证明对方具有主观的故意过错。③

【事件链接 13-2 "死亡博客"事件】④

---

① 陈华彬. 德国相邻制度研究 [J]. 民商法论丛，1998（4）：27.

② 杨立新. 人格权法 [M]. 北京：法律出版社，2015：268.

③ 杨立新. 侵权行为法案例教程 [M]. 北京：知识出版社，2001：34-35.

④ 丁一鹤. 死亡博客案当事人解密白领自杀始末 [EB/OL]. [2018-09-10]. 新浪新闻中心，http：//news. sina. com. cn/s/2008-05-05/095115478651. shtml.

（二）侵犯隐私权的抗辩事由

对隐私权的各种限制都可能构成抗辩事由，因不同的侵害隐私权类型，侵害隐私权的抗辩事由主要包括以下几个方面：

1. 国家机关依法行使职权

国家机关根据法律的授权行使自身的职权时，能够对个人的隐私信息予以获取或者依法使用。例如，国家有关机关基于揭露犯罪和违法事实的需要而对某人的财产状况、家庭状况进行调查和了解，对涉嫌贪污犯罪和财产犯罪的行为以及犯罪行为人的活动进行监视等，都是出于公共利益的需要而对隐私信息的利用。① 但是值得注意的是，对国家机关行使职权了解个人隐私信息必须进行限制，国家机关行使权力时必须严格依法进行，遵守法治的原则。对于国家机关超出职权范围非法干预个人隐私权的行为，仍然属于侵权行为。

2. 公共利益之需

隐私权的立法宗旨在自然人有权隐瞒、维护自己的私生活秘密并予以法律的保护，防止任何人非法侵犯。但是，如果在隐私权保护中涉及公共利益时，则要以个别情况加以对待。由于保护隐私实质上保护的是一种稳定的社会公共秩序，因而隐私信息的界定范围会受到公共利益的限制。隐私的内容以真实性和隐秘性为主要特征，但这并不意味着有关隐私内容的判断可以完全抛开法律和道德规范。对任何违反法律和社会公共利益的行为，他人都有权予以揭露，但揭露和干预的方式方法一定要符合法律规定。隐私权在本质上是要保护纯粹个人的、与公共利益无关的事务。然而，在当前的社会中，个人事务与公共事务之间并不存在截然分明的界限。隐私，实际上是因人、因事而异的。② 故而，应特别关注隐私权与表达自由及报道自由等有益的社会活动之间关系的调和。以公共利益作为侵害隐私权的抗辩事由，应当必须具有公共利益目的，而非其他不正当之目的。在个人隐私与"公共兴趣"的矛盾中，首先应当保护个人隐私，不能因为迎合公众的兴趣就曝光他人的私生活，"公共兴趣"并不等于公共利益。反之而言，如若报道或相关曝光活动时出于维护民主社会"知情权"的需要，就成为侵害隐私权行为之抗辩事由，比如在"非典"期间，对疑似病人的医疗信息进行更多的收集和仅限管理和医疗机构的内部存储等。

"人肉搜索"只不过是一种技术性的搜索工具而已，为何目的以及如何使用这种工具，可能会产生完全不同的结果。虚假新闻和照片的事件逐一被揭露，"纸包子"③ "周

---

① 武艳芬等．浅谈隐私权被侵犯的法律救济 [J]．山西省政法管理干部学院学报，2004（3）：19.

② 姚辉．人格权法论 [M]．北京：中国人民大学出版社，2011：168-169.

③ "纸馅包子"事件是指一起记者自编自导的假新闻事件。2007 年 7 月 8 日晚 7 时，北京电视台生活频道（BTV-7）《透明度》栏目播出了一期名为《纸做的包子》的节目，称用废纸制作肉馅已经成了行内公开的秘密，并安排记者暗访这种现象，随后联系工商所做突击检查，节目最后还通过卫生执法人员提醒观众识别纸馅包子的方法。这则消息后经多家媒体转载转播，引起国内外舆论的广泛关注。后经证实是一则精心策划的假新闻。

老虎"① "刘羚羊"② "张白鸽"③ 不断浮出水面，这和网民利用网络搜索技术有一定的关系。

【事件链接 13-3 陕西假虎照片案】④

3. 对公众人物的相关报道

对公众人物的隐私信息范围进行限制，已经成为许多国家立法和判例所通行的做法。较平常人而言，公众人物更多地站在人们的视野当中，因而通常推定其默许媒体对其私人生活进行必要之报道。另外，对于官员之类的公众人物的隐私范围进行必要的限制，有助于充分发挥社会舆论监督的力量，能够在一定程度上起到防止政府官员腐败的作用。但值得注意的是，对公众人物的隐私进行必要的限制决不等于将公众人物绝对地排除在隐私权保护的范围之外。对于公众人物的核心隐私信息，如身体隐私、家庭住址等信息，仍然受到法律的保护。这是由于对公众人物的隐私进行必要限制的初衷在于满足社会公众的知情权和监督权，但是在限制其隐私信息范围时，不能将公众人物的所有隐私都给予公开，以迎合某些人的庸俗兴趣。

【事件链接 13-4 某绯闻女友诉《靠近》杂志案】⑤

4. 正当行使公众知情权

知情权，是指一个人依法知悉其应当知道的事情的权利。而公众知情权，则是泛指公众对于涉及社会上应当公开的事项有获知相关信息的权利。对于政府官员的某些政务信息，公众应享有相应的知情权，以加强对政府的管理和监督。私人正当行使知情权的行为，即便披露了某些当事人的隐私信息，也不能被认定为侵犯了隐私权。⑥ 比如，当公民在选举国家机关组成人员的时候，有权对候选人的相关信息（如履历以及表现）进行必要的了解。

---

① 陕西省严肃处理"华南虎照"事件 ［EB/OL］．［2018-09-10］．搜狐网，http：//news. sohu. com/20150210/n408891252. shtml.

② 刘羚羊再起风波央视获奖新闻照片竟是合成 ［EB/OL］．［2018-09-10］．中国网，http：//www. china. com. cn/culture/txt/2008-02/16/content_9974859. htm.

③ "广场鸽"作者承认造假，诚信信了稀缺资源？［EB/OL］．［2018-09-10］．新浪新闻中心，http：//news. sina. com. cn/o/2008-04-04/045313683648s. shtml.

④ 陕西省严肃处理"华南虎照"事件 ［EB/OL］．［2018-09-10］．华商网，http：//news. hsw. cn/s2007/zt/huzhaozhenxiang.

⑤ 奥朗德绯闻，女友胜诉，隐私侵权案获赔 1.5 万欧元 ［EB/OL］．［2018-09-10］．东北新闻网看天下，http：//news. nen. com. cn/system/2014/03/28/012067247. shtml.

⑥ 张新宝. 中国侵权行为法 ［M］. 北京：中国社会科学出版社，1998：390.

5. 正当行使舆论监督权

隐私权与新闻媒体的舆论监督权时常会发生冲突。新闻媒体从事舆论监督，应当尊重公民的隐私权，如果新闻媒体正当地行使舆论监督权而造成对隐私权人的损害，行为人可以正当的舆论监督为由提出抗辩。在当今，各国普遍承认对信息隐私的保护不能侵害言论自由、妨碍具有新闻价值和公众关注的问题的信息的传播。① 故而，媒体对某些不正当行为进行批评，即便涉及某些个人隐私信息问题，只要不超过必要的范围与限度，亦不构成侵权。

6. 权利人的同意

隐私权是权利人可以自主支配的权利。因而，权利人允许他人知悉或披露自己的私人信息、私人活动等隐私信息，同意他人进入自己的私人空间，这是对自身权利的一种处分行为，只要该行为不违背法律和公共道德，就是合法的行为。

通常，理论上将一种特殊的公众人物称为"自愿型公众人物"，是指在主观上追求或放任自己成为公众人物，并在客观上成为公众人物的人。例如体育明星、影视明星、高级官员等，在主观上具有希望或放任自己被一般社会公众所熟知，在客观上已经被公众所熟知，具有一定的知名度。对这一类信息的披露，属于隐私权保护的例外。例如，娱乐界的某些明星为了讨得"粉丝"的人气，通过经纪人披露其行程和入住的酒店等信息，以使其"粉丝"在机场以及居住的场所营造"人气"，而相关的网站或者人员对已经公开的相关信息进行传播的行为，则不构成对明星隐私权的侵犯。权利人的同意可事先作出，亦可以事后追认，都会产生对侵犯隐私权的合法抗辩之后果。

无论你对"芙蓉姐姐"这四个字是厌恶还是无感又或者是欲罢不能，总而言之，这是一个曾一度等同于"网红"这个词语的名字。有人说凭的就是她那一身从头到脚的俗气，在那个网络 2.0 即将巅峰的前夕，她那些婀娜多姿的各种"POSE"，犹如一颗颗深水炸弹，爆发出了惊世骇俗的能量。不怕你评论，也不怕你怎么骂，只要你关注，她就赢了，恶搞也好、炒作也罢，要的就是吸引你的眼球，唯一怕的就是你竟然不知道有这么一个人。② 这就是典型的"自愿型公众人物"。

（三）侵犯隐私权的责任

就民事责任而言，侵犯隐私权具体包括以下几种责任形式：

1. 停止侵害

当加害人对权利人实施侵害隐私权的行为时，权利人有权依法请求加害人停止侵害。如果某种侵害隐私权的行为正在持续，而且有可能迅速传播，影响的后果可能非常严重时，必须迅速地停止侵害隐私的行为。③ 停止侵害的具体方法包括让加害人删除公布在特定载体上（如网页、论坛等）的侵权信息，停止散播权利人的隐私信息等。

① Matthew C. Keck, Coolies. The Constitution and the Common Law: A Framework for the Right of Privacy on the Internet [J]. 13 Alb. L. J. Sci. &Tech. 116.
② 被誉为中国当代最特别的三位"网红鼻祖"分别为芙蓉姐姐、凤姐、犀利哥。
③ 张新宝. 隐私权的法律保护 [M]. 北京：群众出版社，2004：369.

2. 消除影响，赔礼道歉

消除影响，针对的是权利人因为隐私信息的泄露已构成对其名誉权的侵害，此时权利人可以请求侵权人采用合理的方式（如登报）消除影响，以恢复权利人的名誉。而赔礼道歉，针对的是加害人的行为侵害了权利人的隐私权，给权利人带来了损害，权利人有权依法请求加害人赔礼道歉，赔礼道歉的方式主要包括口头道歉和书面道歉两种。

赔礼道歉，真的能够消除影响吗？事实上未必能。例如，某人在特定的场合泄露了某人的个人隐私信息，当其被责令赔礼道歉并公开更正时，听众未必就是原来的受众了。而且，不同时间相同的人所接受的信息内容和相信程度亦不完全相同，而且记忆内容亦未必能够消除得了。这更不用说技巧性的赔礼道歉了，例如作为笑话被传的关于马克·吐温的道歉。

【事件链接 13-5　马克·吐温的道歉】①

3. 损害赔偿

对于侵犯隐私权的，可以适用财产损害赔偿和精神损害赔偿。财产损害赔偿通常是指对侵犯隐私权所发生的经济上费用支出等的赔偿，精神损害赔偿是指对侵犯隐私权所导致的权利人精神痛苦的抚慰。在确定损害赔偿范围时，要综合考虑是否造成了财产损害的后果、损害后果的严重性以及行为人是否因为侵犯隐私权而获利。②

（四）域外隐私权法律保护现状

1. 美国隐私权法律保护现状

美国是对隐私权理论研究和系统立法较早的国家。早在 1791 年制定的宪法中，虽未明确提出隐私权的概念，但是其中第四条和第五条修正案就暗示了保护公民免受政府侵犯其隐私。③ 之后，美国通过对大量的侵犯隐私权的侵权行为判例，逐步确立了保护公民隐私权的基本制度。美国形成自己特有的隐私权保护体系的过程大致如下：1903 年纽约的民权法首次在立法中规定了姓名、肖像方面隐私权；1905 年佐治亚州最高法院审理此类案件中正式宣布当事人有隐私权；1966 年，美国议会通过《自由信息法》，向公民提供了一条向政府要求各种政府运作信息途径；1967 年，在 Katz 诉 U. S. 案中，最高法院申明政府在对嫌疑犯窃听前应经得许可；并且先后于 1970 年通过了

---

① 李剑红. 马克·吐温的幽默道歉 [EB/OL]. [2018-09-10]. 欧华导报，http：//www.ouhua.de/index. php/2010-03-05-21-34-41/2010-03-05-21-34-58/1696-2017-02-10-20-00-12l.

② 王利明. 人格权法研究 [M]. 北京：中国人民大学出版社，2012：560-561.

③ 美国宪法第四条修正案规定："人民保护其人身、住所、文件和财产不受无理搜查和扣押的权利不受侵犯……但依据经宣誓或郑重申明提出确实理由并且具体指定了被搜查的地点和被扣押的人或物的除外。"第五条修正案规定："……非经正当程序，不得被剥夺生命、自由或财产。"不少人认为美国宪法的规定是从限制政府公权力的角度对隐私权予以保护，而非从公民个人角度对隐私权加以保护的。

《公开签账账单法》，1974 年通过了《隐私权法》《家庭教育及隐私权法》《财务隐私权法》，1986 年通过了《电信通信隐私法》（ECPA）等。其中，1974 年的《隐私权法》是美国保护公民隐私权最为重要的专门法规，其中规定了联邦政府在收集对某个公民不利的或有害的资料时，必须向该公民直接收集；在收集资料时，应向被收集者表明其收集该资料所依据的法律、收集该资料的性质和用途及不提供该资料的法律后果；所有联邦机构只能收集与该机构职责有关的资料；各联邦机构保存的数据库必须做到具有精确性、相关性、完整性和公平性；除法律有特别规定外，未经与资料有关当事人同意，不得任意公开其隐私资料；对任何隐私资料的公开，应做完整的记录。该法还规定了违反《隐私权法》的处罚条款，对于违反该法规定的政府机构，得处以 5000 美元以下的罚款。《电信通信隐私法》（ECPA）是美国在电子商务领域保护隐私的最重要的成文法。最初该法律主要针对窃听，1986 年修订后扩展到数字化通信。该法规定截取或泄露私人通信是非法的行为，该行为的受害者有权控告任何违法的人。该法对付的主要目标是"黑客"，如"未经授权故意连接提供电子通信服务的设施"。与此同时，美国许多州也规定了保护个人隐私权的法律。联邦法律和州法律规定的对隐私权的保护，使得美国成为当今隐私权立法最为发达的国家。

2. 欧洲隐私权法律保护现状

大多数欧盟国家对个人隐私持谨慎保守的态度，各个国家制定了严格的法律，限制企业在进行商务活动时对消费者个人信息收集、利用。他们所采取直接保护方式的代表国家有法国和德国。法国法院在实践中，依据民法典第 1382 条的规定，① 将发布他人信件、传播他人私事、未经许可使用他人姓名等行为视为有过错的行为；在其 1970 年修订的《民法典》第 9 条规定为法国公民保护个人隐私权提供了明确的法律依据，"每个人均可以享有私生活获得尊重的权利"，即认可公民享有隐私权，并规定了法律救济方法。德国在 1949 年的《联邦宪章》第 2 条规定："只要不侵害他人的权利和违反宪法或道德规范，每一个人均有自由发展其个人特性的权利。"此外，德国还于 1977 年颁布的《联邦数据保护法》，进一步深化隐私权的法律保护。与直接保护隐私权相对的是，以英国为代表的国家采用间接保护的方式保护隐私权。在英国，隐私权不作为一项独立的人格权，而是附属于其他人格权（比如名誉权、肖像权等），认为个人隐私是一项法律外的东西或者是一种附属的价值。只有当存在其他人格权被侵犯等的诉因后，才能进行侵犯隐私权的起诉。由于英国对个人隐私权的保护力度较弱，不利于受害权利人寻求司法保护，因而隐私权侵权事件屡屡发生，且难以得到有效的抑制。

3. 国际社会对隐私权保护的宣言和公约

在"二战"后，联合国制定了一系列的保护人权的国际公约，其中包含了对隐私权的规定。1948 年通过的《世界人权宣言》第 12 条规定："任何人的私生活、家庭、住宅和通信不得任意干涉，他的荣誉和名誉不得加以攻击。"1966 年联合国大会通过的《公民权利和政治权利国际公约》第 17 条规定："刑事审判应该公开进行，但为了保护个人隐私，可以不公开审判。"其第 17 条第 1 款亦有如下规定："任何人的私生活、家庭、住址

---

① 《法国民法典》第 1382 条规定："任何人若因自己的过错使他人蒙受损害，即负有赔偿责任。"

或通信不得加以任意或非法干涉，他的荣誉和名誉不得加以非法攻击。"1989 年联合国通过的《儿童权利公约》规定了儿童享有隐私、家庭、住宅或通信不受非法攻击的权利。科技的发展对人权与基本自由产生了积极的和消极的重要影响，如监视装置、记录装置、互联网等使人们的私生活受到的严重干扰、侵害。为了减少科技对人权的负面影响，联合国大会于 1975 年宣布了《利用科学和技术发展以促进和平并造福人类宣言》，其第 2 条规定："所有国家应采取适当措施，防止利用，特别是防止国家机构利用科技发展来限制或妨碍个人享有世界人权宣言、关于人权的各项国际公约和其他有关国际文书中规定的人权和基本自由。""所有国家应采取措施使所有阶层的人都能因科技的发展而得到好处，并使他们在社会和物质方面避免因使用不当而可能产生的不良影响，包括使用不当而侵害个人或团体的权利，特别是在尊重私人生活和保护人格和身心健全方面。"

区域性的人权公约中有关隐私权规定的公约有：1950 年通过的《欧洲人权公约》第 8 条规定："尊重私人和家庭生活以及住宅和通信的权利。"其第 9 条规定："在权利受到侵犯时享有有效补救的权利。"1969 年通过的《美洲人权公约》也规定了公民享有"私生活的权利""受赔偿的权利""法律人格的权利"等。

（五）我国的隐私权法律保护体系

1. 宪法

我国《宪法》第 38 条、第 39 条、第 40 条①中分别对公民的人格尊严、住宅、以及通信自由和秘密都做了相关的规定，以上都是属于对隐私权保护的规定。然而我国《宪法》中并没有明确提出隐私权的概念，而且就整个法律体系而言，也缺乏有关隐私权的宪法性法律文件。

2. 民法

我国的民事立法过去没有对隐私权进行明确的规定，而是通过最高法院的司法解释对隐私权进行保护。1988 年 1 月 26 日，最高人民法院《关于贯彻执行〈中华人民共和国民法通则〉若干问题的意见（试行）》第 140 条规定："以书面、口头等方式宣传他人隐私，应当认定为侵犯公民名誉权的行为。"这是我国在民事规范性文件中首次使用隐私一词，而且是对其保护通过转接至名誉权上进行体现的。最高人民法院在后来颁布的《关于审理名誉权案件若干问题的解答》中也规定，对未经他人同意，擅自公布他人隐私材料或以书面、口头形式宣扬他人隐私，致他人名誉受到损害的，按照侵犯他人名誉权处理。2001 年 2 月 26 日，最高人民法院通过的《最高人民法院关于确定民事侵权精神赔偿责任若干问题的解释》第 2 款规定："违反社会公共利益、社会公德，侵犯他人隐私或者其他人格利益，受害人以侵权为由向人民法院起诉请求赔偿精神损害的，人民法院应当依法予以处理。"这也标志着我国开始把隐私权作为一项独立的人格权进行保护，具有里程碑式的意义。我国 2017 年 10 月 1 日开始实施的《民法总则》第 110 条规定了自然人享有

① 《宪法》第 38 条规定："中华人民共和国公民的人格尊严不受侵犯。禁止用任何方法对公民进行侮辱、诽谤和诬告陷害。"第 39 条规定："中华人民共和国公民的住宅不受侵犯。禁止非法搜查或者侵入公民的住宅。"第 40 条规定："中华人民共和国公民的通信自由和通信秘密受法律的保护。"

生命权、身体权、健康权、姓名权、肖像权、名誉权、荣誉权、隐私权、婚姻自主权等权利。第 111 条进而规定了自然人的个人信息受法律保护，任何组织和个人需要获取他人个人信息的，应当依法取得并确保信息安全，不得非法收集、使用、加工、传输他人个人信息，不得非法买卖、提供或者公开他人个人信息。我国的《民法典》从立法上给予了隐私权肯定。总结我国民法领域长期以来的隐私权法律保护，隐私权越来越得到重视，这是我国法律的一大进步。

3. 其他法律

（1）刑法

《刑法》第 245 条、第 253 条①都对侵犯隐私权作出了规定，但其都是附着于其他权利进行的。

（2）诉讼法

《民事诉讼法》第 66 条、第 120 条②，《刑事诉讼法》第 152 条③以及其他的一些程序性法律法规中也有相关的规定。

（3）《未成年人保护法》

第 31 条规定："任何组织或者个人不得披露未成年人的个人隐私。"对未成年人的信件、日记、电子邮件，任何组织或者个人不得隐匿、毁弃；除因追查犯罪的需要，由公安机关或者人民检察院依法进行检查，或者对无行为能力的未成年人的信件、日记、电子邮件由其父母或者其他监护人代为开拆、查阅外，任何组织或者个人不得开拆、查阅的规定。

我国法律已经开始重视对隐私权的保护，但由于与隐私权相关的法律规定散见于不同的法律以及司法解释之中，并未根据隐私权的特殊性采取一些特殊的保护手段，可操作性有待提高。

（六）完善我国对隐私权的法律保护制度

从上述我国隐私权立法现状来看，我国的隐私权保护还处于初级阶段，与信息技术的

---

① 《刑法》第 252 条规定："隐匿、毁弃或者非法开拆他人信件，侵犯公民通信自由权利，情节严重的，处一年以下有期徒刑或者拘役。邮政工作人员私自开拆或者隐匿、毁弃邮件、电报的，处二年以下有期徒刑或者拘役。"第 253 条规定："违反国家有关规定，向他人出售或者提供公民个人信息，情节严重的，处三年以下有期徒刑或者拘役，并处或者单处罚金；情节特别严重的，处三年以上七年以下有期徒刑，并处罚金。违反国家有关规定，将在履行职责或者提供服务过程中获得的公民个人信息，出售或者提供给他人的，依照前款的规定从重处罚。窃取或者以其他方法非法获取公民个人信息的，依照第一款的规定处罚。单位犯前三款罪的，对单位判处罚金，并对其直接负责的主管人员和其他直接责任人员，依照各该款的规定处罚。"

② 《民事诉讼法》第 68 条规定："证据应当在法庭上出示，并由当事人互相质证。对涉及国家秘密、商业秘密和个人隐私的证据应当保密，需要在法庭出示的，不得在公开开庭时出示。"第 134 条规定："人民法院审理民事案件，除涉及国家秘密、个人隐私或者法律另有规定的以外，应当公开进行。离婚案件，涉及商业秘密的案件，当事人申请不公开审理的，可以不公开审理。"

③ 《刑事诉讼法》第 183 条规定："人民法院审判第一审案件应当公开进行。但是有关国家秘密或者个人隐私的案件，不公开审理；涉及商业秘密的案件，当事人申请不公开审理的，可以不公开审理。"

发展和人际交往的增强难以相适应，因而应加快我国在隐私权领域的立法工作，大致可从以下几个方面着手：

1. 坚持正确的隐私权保护理念，充分贯彻立法的指导思想

随着私权保护意识的增强，人们逐渐加大了对隐私保护的呼声。

在对人们进行隐私权的保护时，隐私保护立法最重要的作用就是衡量个人信息和个人隐私保护之间的关系，所以，不仅要确保个人和家庭的隐私，在信息时代的背景下，还要确保个人信息在良好的法律保护环境下进行应用。保护隐私表面上是对个人信息的保护，实则在维护一个良好的社会秩序。在对人们的网络隐私权进行保护时，要充分贯彻隐私权法律保护制度的指导思想，坚持正确的隐私权保护理念，在不断完善网络隐私权法律保护制度的基础上，加强网络使用人员的信心，从而使网络产业持续发展。要完善网络环境下对隐私权的法律保护，必须坚持正确的隐私权保护理念，只有这样才能充分贯彻隐私权立法中的指导思想，进而实现对人们网络隐私权的保护。

2. 加强对侵犯隐私权的法律责任追究

在《全国人民代表大会常务委员会关于维护互联网安全的决定》中规定了侵犯网上通信自由和通信秘密的隐私权侵权行为构成犯罪的，应追究刑事责任，但并没有明确规定侵权界定标准，在实践中不容易操作，如：网上下载、浏览、复制行为的认定以及行为的量化。在民法中应增加对侵犯隐私权承担民事责任的单独性的规定，即侵权人应对受害人承担停止侵害、消除影响等民事责任，对受害人造成实际损失和精神损害的，应承担赔偿责任（包括实际损害的赔偿和精神损害的补偿）。对于侵犯网上个人隐私的网上经营者，还应由专门设立的网络信息安全部门对之进行行政处罚，如警告、责令限期改正、罚款等。

【事件链接 13-6　下一个被围观的将是谁？】①

3. 制定单独的《个人隐私信息保护法》

对个人隐私信息的采集、使用、公开和保密问题在专门的诸如《个人信息保护法》② 中作出详细规定。明确规定网络信息采集者在收集个人信息之前负有告知义务，告诉被收集者所制定的保护个人隐私的规则，以及收集信息的目的、范围、方式、用途。只有在经得对方同意后才能收集其个人隐私信息，并且所采集的信息不能超出事先声明的采集范围和目的。未经权利主体同意，不能使用跟踪收集方式。信息采集者应承担与个人信息敏感度相适应的保密义务，并将所采取的保护措施通知用户。

4. 明确个人隐私保护与行使监督权的界限

为了有效地对党政干部实施管理，我们建立相应等级干部任期内的财产申报制度，但

---

① 监控 VS 侵权："摸奶门"无心之失还是监管缺位 [EB/OL]．[2018-09-10]．南海网，http：//www.hinews.cn/news/system/2012/05/15/014408066.shtml．

② 《中华人民共和国个人信息保护法（草案）》于 2021 年 8 月 17 日被提请第十三届全国人民代表大会常务委员会第三十次会议进行第三次审议。

这些制度的实施并非是对个人隐私的揭露否定，而是加强对干部管理所必需的，这种申报与向社会毫无保留地公开是有区别的。对于干部的管理和监督，我们有一整套的制度；对于违纪违法行为的举报，我们也有完善的制度保障。一些不良的现象的确让人民群众看在眼里、恨在心里，无可否认，的确有些违纪问题通过网络曝光最终也得到了查处，但这种方式存在诸多的弊端，不能回避的一点是有可能因非法披露个人的隐私信息而构成隐私侵权。如果任何人都可以毫无限制地获取他人的信息并将之在网络上曝光，则不仅是房产，就连车辆、存款信息也有可能被同等地对待，此时任何人无疑就等同于被扒光放在了他人的面前，这种社会就毫无安全以及秩序可言。

2006 年住建部出台《房屋权属登记信息查询暂行办法》，曾规定"房屋权属登记机关对房屋权利的记载信息，单位和个人可以公开查询"。2007 年出台的《物权法》提出，将登记资料查询、复制限于"权利人、利害关系人"，登记信息公开范围有所缩小。2008 年住房和城乡建设部发布的《房屋登记簿管理试行办法》则规定，个人和单位可以查询登记簿中房屋的基本状况（主要指自然状况）及查封、抵押等权利限制状况；权利人出示相关证件和材料后，可以查询、复制该房屋登记簿上的相关信息。最近，一些城市出台房屋信息查询规范，对输入姓名查询名下房产的"以人查房"方式作出了限制。由于此前"房叔"、"房婶"等事件不断曝光，使个人住房信息与反腐败的联系越来越紧密，住房信息的公开、查询和联网也越来越受关注。一方面，为了交易安全和便利，在一定程度上有便于利害关系人查询房产之需要；但从保护隐私的另一个方面来看，信息查询的范围将越来越小且限制也越来越多。

【事件链接 13-7 隐私信息的保护与公民监督】①

5. 积极参与国际保护隐私权条约的制定

隐私保护已经不再是一个国家、一个地区、一个单位、一个人的事情，它涉及整个人类社会，在网络环境下有时候已经超越了传统的国界。随着交通、数字化技术与网络的飞速发展，不同民族、国家间的法律制度在隐私权法律保护中相互碰撞，产生了国际法律领域的新冲突。因此，建立全球性的保护隐私权的国际协作制度是必要也是可能的，而相关的国际条约就成为了直接的依据，通过条约来解决各国在保护个人隐私方面的法律冲突，进而促进各国对个人隐私权的保护，有效制裁国际间的侵犯个人隐私权的不法行为。

6. 正确对待名人的隐私保护问题

（1）名人的界定

名人，知名人士之简称，是指为社会大众相关领域所熟知的那些人。对于名人，没有一个绝对的划分标准，但人们通常都会将以下人士列入名人的范畴，如娱乐界的明星、政治界的高层官员、企业界名声显赫的高管、在特定事件中有特殊影响的人以及自愿博出位

① 广东省纪委副书记：不赞成网友公开发布举报信息 [EB/OL]. [2018-09-10]. 新浪新闻中心，http：//news. sina. com. cn/c/2015-12-04/doc-ifxmhqaa9927880. shtml.

而造成巨大影响的人。

（2）名人效应的"交换"理论基础

由于名人是在某一行业或者领域中具有代表性的人物，其一言一行都可能引起社会上特殊群体的关注，而其本身也从中获得了一定关注度的利益。因此，在一定程度上就体现出了"利益的交换"，这种利益并非是简单的经济利益，而是一种对价，即名人将隐私信息之中让渡一部分出来给社会大众关注来换取关注度利益，相应的大众也将自己的私人时间用在了其感兴趣的名人身上甚至给予一定包括但不限于精神和物质上的支持。名人的知名度越高，其在社会上的支持者就有可能越多，支持者多当然知名度也会更高，这种水涨船高的关系，促成了名人与其支持（拥护、好感、关注）者的相关信息交换和关注机制中的平衡需要。如果一位娱乐圈、影艺界的名人紧裹自己毫无信息外露，其平时喜欢什么、是否婚恋、穿什么牌子的衣服和背什么牌子的包包等此类信息（在不关心的人的眼里简直就是莫名其妙）无从体现的话，那这位名人就不可能出名也不可能会有关注者和"粉丝"，即使有也会因为找不到任何一丝丝相关的信息而被最终放弃。如果按照一般人的隐私信息来界定名人的隐私信息和给予保护，则社会的关注者就没有了茶余饭后的话题，也没有了"窥探"其相关信息的"八卦"之快感，新闻传媒也将失去了一块能吸引人眼球的阵地，"狗仔队"只好另寻饭碗。"社会知情权"似乎成为了一个很好的借口，也为名人与社会关注者进行关注度和知名度交换提供了一个双赢的理由。

（3）名人隐私权限制的伪命题

基于社会知情和关注者兴趣及了解需要，在隐私保护方面名人是具有一定特殊性的。那么，是否名人的隐私权与一般人的隐私权有所不同？在理论上不少人认为对名人的隐私权要予以限制。如果该命题是成立的话，按照这个逻辑，那么名人享有的名誉权、荣誉权、自由权、姓名权、健康权、身体权、生命权乃至物权、债权、知识产权等权利范围是否要比一般人应享有的权利之范围要小呢？显然，这是一个伪命题！权利受法律保护，没有哪一个人的某一种权利要比另外一个人相同种类的权利要大或者小。区别不在于隐私权，而是在于对相关信息的划分标准和限制，在一定情况下，同样的信息对于一般人而言列入隐私受隐私权保护，而对于名人而言则不列入隐私信息的范围。可见，是对隐私信息的划分不同而非对隐私权保护的不同。

（4）名人隐私信息的相关规则

第一，隐私信息受限规则。隐私信息受限规则，是指对名人的某些隐私信息改变为非隐私信息的规则，由以下三个具体的规则构成：（1）公共领域规则。只要名人在公共领域出现，其出现在公共视线范围内之言行举止以及相关的信息（例如穿戴某品牌的衣物、吃喝某品牌的食品和饮料、喜欢购买某类物品等），就转变为公众感兴趣的信息而不再属于名人的隐私信息。（2）敏感知情推理规则。凡是涉及名人的一些敏感话题尤其是关于两性情感的，通过相应的事实和正常的人情所推理出来的结果，不应纳入名人的隐私信息范围。例如，某娱乐界明星与异性朋友在商场购物且有亲密举动，人们对该信息的传播以及进行的各种猜测和评论，则不能纳入名人的隐私信息范畴来对待。（3）新闻报道容忍规则。只要是对名人有真实信息来源的新闻报道，该所报道出来的相关信息就不再属于隐私信息。

第二，隐私信息尊重规则。按照以下规则，名人相关的信息属于其隐私信息，任何人和组织不得以任何形式侵犯。（1）私密空间压缩规则。名人无论在任何时间和空间，在其绝对的私密空间里如其被衣物遮蔽的身体、携带的包和袋内所隐含的相关信息、其电话中保留的相关信息等，都属于其个人的隐私信息。（2）公共场合压缩规则。即使名人出现在公共场合，但如一旦上了自己专属的车等交通工具并拉了窗帘，则任何人不得窥探，当其处于相对私密的个人空间如洗手间或者在医院就医时等所产生的信息亦属于名人的个人隐私信息。（3）保密措施压缩规则。当名人回到自己的住所（包括私人固定住所地、租住的酒店和其他休息场所），只要有一定边界且采取了相应的隔离遮挡措施形成的，又或者对于特定内容有声明保留的相关信息，亦属于名人的隐私信息。

第三，隐私信息权衡规则。如果按照一般人的标准来划分会被认定为隐私信息，而又涉及相关公众感兴趣的话题和主张知情权时发生的冲突，应当依据"交换"理论并结合该信息的对名人个人尊严、名誉影响以及"关注度"之后果进行综合衡量，以判断是否列入名人个人隐私信息来对待和处理。相对而言，名人的隐私信息的范围要远比一般人的隐私信息范围小得多，只要不是对名人个人尊严、名誉以及社会影响力造成严重损害的，名人须对新闻采访及报道有一定的容忍度。

【事件链接 13-8 名人为保护隐私所付出的代价】①

隐私权是一项广泛的、涉及每一个个体事务的权利，而非局限于个人形象、信息或特定行为的局部性权利。尊重和保护公民的隐私权，培植自主、尊严的伦理文化，是我国现代文明建设的一项重任。对隐私权的理论研究，加强立法和行政、司法的保护，还需要我们作出更多的努力，以保持社会稳定、和谐、健康的发展。

---

① 英国公布秘密文件称戴安娜因临时换车导致车祸［EB/OL］．［2018-09-10］．新浪新闻中心，https：//news. sina. com. cn/w/2005-03-17/02285379198s. shtml.

第十四讲　名　誉　权

——人活一张脸

客观公正的社会评价可以使人们获得精神上的满足，有良好名誉者不仅可以获得社会的更多尊重，还可能获得相应之经济效益。而网络空间的开放性不可避免地将言论自由与名誉保护的冲突无限地扩大。虽然我国已经有了与名誉权相关的立法，但仍需要对法律规则进行完善，同时逐步提高纠纷处理者的专业水平和公众的名誉维权意识，以更好地对名誉权予以保护。

一、名誉

（一）名誉的概念

自名誉成为法律保护的对象、名誉权成为一项独立的人格权以来，很多学者对名誉的概念从法律的角度作出了不同之解释。

1. 社会评价说

社会评价说认为，名誉是指社会上人们对公民或者法人的品德、情操、才干、声望、信誉和形象等各方面的综合评价。① 或者名誉是指个人凭其天赋、家室、功勋、财富、品德、学历及地位等各种人格上之特质，在他人心目中所具有的令誉。②

2. 个人评价和社会评价综合说

这种观点认为名誉有两种含义：一是内部的含义，是指个人内在的价值评价，如自我的评价；二是外部的含义，指个人外在的价值，即人格价值的社会评价，如人的品格、名声或道德的社会评价等。③

3. 人格尊严说

人格尊严说认为，名誉是指公民的人格尊严，名誉系人在社会上的评价，通常指人格在社会上所受到的尊重。公民的人格尊严应受法律保护是公民的名誉权的重要内容。④

名誉，是社会对特定的自然人之品行、思想、道德、生活、作用、才干等多方面的社会综合评价，是名誉权所保护之客体。社会的评价对于名誉具有重要意义，名誉往往是基

---

① 唐德华. 谈谈审理损害赔偿案件的几个问题 [J]. 人民司法，1989（20）：2.
② 杨敦和. 论妨害名誉之民事责任 [J]. 辅仁法学，1992（3）：127.
③ 王佑明. 我国法律对名誉的保护 [J]. 江西法学，1993（1）：38.
④ 罗东川. 论名誉权的概念和特征 [J]. 政治与法律，1993（2）：20-21.

于其天赋、家世、功勋、财富、品德、学历以及能力和地位等各种人格之上的特质而形成之综合评价。《民法典》第 1024 条规定："名誉是对民事主体的品德、声望、才能、信用等的社会评价。"

（二）名誉之特性

1. 社会性

名誉的社会性，是指名誉权人必须通过实际的社会活动来获取公众对其声望与地位的评价，是主体通过自身的行为所获得良好社会评价之特性。① 名誉在社会交往中形成并在社会中积累，但不同社会时代对名誉的内涵以及形式都会有一定的差异。

2. 美誉性

名誉的美誉性，是指给予名主良好、积极的社会评价之特性。对一个人的评价是多维度和多标准的，正所谓"人无完人"，再好的人也会有不足或缺点，从一分为二的角度来看理当可以对一个人进行好、坏两个方面的评价。名誉，是一种良好的社会评价，所以其能为个人"争取友谊、赢得尊重、满足心理上之基本需要；且随美名而来之人缘与信用，易可增强吾等交易上之地位，扩大吾等对社会之影响，进而获取各种经济上或精神上之实益"。② 正因为名誉的美誉性，才有设立名誉权保护其美誉度不受非正当降低之必要。

3. 客观评价性

名誉的客观评价性，指名誉是基于客观的社会评价所形成之特性。一方面，名誉是客观存在的，是主体通过自身的努力和表现而应获得至赞美，它在客观上直接关系到主体在社会上的地位、社会成员对其信赖的程度，关系到主体的权利与义务取得问题；③ 另一方面，这种客观性还表现为名誉不是主体个人的自我的主观评价，即非内部名誉而是外部的客观名誉。④ 名誉的客观评价性使得保护名誉成为可能，如果采取主观评价，则会产生个人评价和社会评价不一致，导致名誉认定的混乱，不利于保护名誉。

4. 时代性

名誉的时代性，是指名誉的内容具有在不同时期有所不同且随时代发展而与时俱进之特性。在不同的历史时代、不同的社会制度之中，人们的名誉观念和意识形态不同，也就决定了名誉之内容及形式和保护有所差异。名誉，必须放在特定的历史时代和社会之中才有价值，它是一种客观社会的概念，因社会的价值观念及认知的变迁，得到不同的人评价。⑤

5. 特定性

名誉的特定性，是指名誉是针对特定人的社会评价之特性。名誉是基于对某个具体的

---

① 王利明. 人格权法研究（第二版）[M]. 北京：中国人民大学出版社，2012：452.
② 杨敦和. 论妨害名誉之民事责任 [J]. 辅仁法学，1992（3）：127.
③ 王利明. 人格权法研究（第二版）[M]. 北京：中国人民大学出版社，2012：453.
④ 杨立新.《中国民法典·人格权编》草案建议稿的说明 [M]. 北京：中国法制出版社，2004：338.
⑤ 王泽鉴. 人格权法 [M]. 北京：北京大学出版社，2013：150.

公民的评价，而不是对社会一般抽象的人之评价。正是因为名誉是针对特定人的评价，所以对名誉权的侵害只有在指向特定人的情况下才能确定是否构成对某人名誉的毁损并确定是否需要承担侵权责任。

6. 综合性

名誉的综合性，是指对主体人格价值的综合的社会评价之特性。公民的人格价值主要指的是公民的个人素质，如品行、才能等，对这些素质的良好评价就构成了公民的名誉。虽然名誉具有综合性，但是对自然人名誉的某一方面进行毁损，都可能造成整体评价的毁损，从而构成对名誉权的侵害。①

名誉与隐私有相应的联系，如果泄露他人隐私通常会进一步造成名誉的损害。但是，名誉与隐私也有区别。隐私着重保护的是个人不受他人干扰的私的生活领域②，名誉保护的是社会对其客观公正的积极评价以及所带来应有的对待。如果某人知道了对他人的不利信息而非法传播，不构成名誉损害，但却构成侵犯隐私。因此，在判断侵害是隐私还是名誉时，要从名誉与隐私之特征出发而判断为宜。

（三）名誉的作用

人具有自然属性与社会属性。当今社会，人类进化成社会性生物，人的社会属性远远高于自然属性。个人脱离社会，不参与社会分工就寸步难行。个人与社会交往的第一张身份证是其姓名，可以通过姓名区分不同的人。大文豪福楼拜说："名誉是人的第二生命。"哲学家康德说："名誉是人的另一种身份证。"中国古语也有许多关于名誉的独到见解，如"人无信不立"。可以说，拥有好的名誉是人们在社会生活中实现自我、从事交往、开创事业之必备条件。

"人活一张脸、树活一张皮""雁过留声人过留名""骂人不揭短""此人没脸没皮"等之类民间的俚语，就是关于人的脸面（名誉）的说法。任何人生活在这个社会之中，都要与其他人打交道，其他人也会通过社会上对该人的评价而决定是否与其交往以及交往的方式和深度等。人们在第一次见面时通常都会客套地来上一句"久仰大名，初次见面，多关照"，所谓的"久仰"亦即仰慕其良好的名声已久。给人原先留下的印象相当重要。因此，在人与人之间的关系上，脸面（名誉）就显得相当重要。俗语云：路遥知马力，日久见人心。人与人要长期交往下去并获取彼此的信任，名誉的作用至关重要，这是"见人心"的重要方式。名誉确实是个人进行社会交往的第二张"身份证"，是人与人交往的重要"资产"。名誉权作为自然人之人格权的一种，其所表现的是自然人的社会形象、社会评价。名誉权受到侵害，则会引起社会对其评价的降低，社会形象的缺陷和经营的损失。名誉在维护个人地位、声望、尊严和权利等方面起着至关重要的作用，对名誉的损害往往意味着巨大的经济损失和社会不良之影响。

① 唐德华. 谈谈审理损害赔偿案件中的几个问题 [J]. 人民司法，1989（2）：2-3.
② 王泽鉴. 人格权法 [M]. 北京：北京大学出版社，2013：151.

【案例链接 14-1　名誉维权获赔 2 万】①

【案例链接 14-2　名誉维权获赔 25 万】②

人活着理所当然享有人格权之中的名誉权，而自然人死亡后其应有之名誉亦不容诋毁，否则会造成社会对已故先人不正常的看法，还会间接地影响到其后人。

【知识链接 14-1　最高人民法院关于死者名誉保护的司法解释】

【案例链接 14-3　对英雄烈士人格利益的特别保护】③

二、名誉权

（一）名誉权的概念

关于名誉权概念的界定，我国台湾地区的学者给出了不同的定义。"名誉权者乃人就自己之社会评价享受利益之权利也。"④ 名誉权者，以人在社会上应受与其地位相当之尊敬或评价之利益为内容之权利也。⑤

我国《民法通则》颁布以后，国内很多民法学者对名誉权的界定做了相当深入的研究。主要观点有三：一是认为名誉权为自然人或法人所享有的就其自身属性和特点所表现出来的社会价值而获得社会公正评价的权利；⑥ 二是认为名誉权是以自然人或法人所享有的有关自己的社会评价而不受他人侵犯的一种人身权利；⑦ 三是将自然人名誉权和法人名

---

① 英达诉人民网侵犯名誉权，二审改判支持两万元律师费［EB/OL］.［2018-09-10］. 北京市第一中级人民法院网，http：//bj1zy. chinacourt. org/article/detail/2015/06/id/1651190. shtml.

② 刘强东诉某博主名誉侵权案胜诉，获赔 25 万 6 千元人民币［EB/OL］.［2018-09-10］. 北京晚报新视觉，http：//www. takefoto. cn/viewnews-1036263. html？p＝1036263. shtml.

③ 北京市第二中级人民法院 "（2016）京 02 民终 6272 号"《民事判决书》。

④ 龙显铭. 私法上人格权之保护［M］. 台北：中华书局，1948：70；何孝元. 损害赔偿之研究［M］. 台北：台湾商务印书馆，1982：144.

⑤ 史尚宽. 债法总论［M］. 台北：荣泰印书馆，1978：145.

⑥ 王利明. 人格权法新论［M］. 长春：吉林人民出版社，1994：409.

⑦ 佟柔. 中国民法［M］. 北京：法律出版社，1990：486.

誉权分别界定，认为自然人的名誉权是指自然人对自己的名誉享有不受损害的权利,① 法人的名誉权是法人就其全部活动所获得的社会评价享有的不可侵犯的权利。②

大部分学者认为自然人与法人都有名誉权，故而未做分开的认定；而对于名誉应该消极界定还是积极界定，不同学者提出了不同的提法。名誉权的主体是自然人，从积极方面的角度界定名誉进而界定名誉权具有重要意义。

名誉权，是自然人所享有的就其自身特性所表现出来的社会价值而获得社会公正评价的权利。法人的所具有的名誉更多体现为组织的名誉，对于商业主体而言就是商誉，可通过商法或者反不正当竞争法获得保护。

（二）名誉权与荣誉权

名誉与荣誉不是一回事，荣誉是国家或社会组织给予公民、组织的一种特殊的美名或者称号。荣誉权，是指公民或者组织对其自身的荣誉称号所享有的不受他人非法侵害的权利。荣誉权属于一种身份权，可依法剥夺之。名誉权与荣誉权有以下几个方面的不同。

第一，性质不同。名誉与主体在一起，名誉权是一种人格权，具有专属性，不能被剥夺，名誉权是每个公民所普遍享有的权利。而荣誉权只能由那些在某方面取得突出成绩和作出贡献并获得荣誉称号的主体所享有。③

第二，评价对象不同。荣誉权的评价对象是特定领域的能力和行为等，而名誉权的评价对象则是人的品行等而并非特定的事件或行为。主体在某一方面作出一定的成绩和贡献，即使未取得一定的荣誉称号，也可以获得良好的社会评价并享有良好的名誉。④

第三，评价主体不同。荣誉权的评价主体是特定的机构，不包括个人；荣誉权是因国家机关或社会组织对某一主体在某方面的成绩或贡献作出评价，并授予该主体一定的荣誉称号之后产生的。而名誉权的评价主体是虚拟的社会一般人，而不是某个行政机关和社会组织作出的评价。⑤

（三）名誉权与隐私权

在 1988 年最高人民法院发布的《关于贯彻执行〈中华人民共和国民法通则〉若干问题的意见（试行）》140 条第 1 款规定："以书面、口头等形式宣扬他人的隐私，或者捏造事实公然丑化他人人格，以及用侮辱、诽谤等方式损害他人名誉，造成一定影响的，应当认定为侵害公民名誉权的行为。"由此开创了通过名誉权的转接来保护隐私权的先河，这一具有中国特色的制度在此后的数个有关名誉权的司法解释中得到体现。2009 年颁布的《侵权责任法》正式列明了隐私权的概念，2017 年颁布的《民法典》则在法律上明确规定了隐私权。

① 李由义. 民法学 [M]. 北京：北京大学出版社，1988：568.
② 杨孜. 法人名誉权问题探讨 [J]. 政治与法律，1988（4）：29.
③ 王利明. 人格权法研究（第二版）[M]. 北京：中国人民大学出版社，2012：459.
④ 张新宝. 名誉的法律保护 [M]. 北京：中国政法大学出版社，1997：43.
⑤ 王利明. 人格权法研究（第二版）[M]. 北京：中国人民大学出版社，2012：460.

应当承认，在立法规定不足以保护人们隐私的情况下，司法机关通过司法解释的形式，将隐私权纳入到名誉权的保护之中，虽然有名不正言不顺之嫌，但对权利保护的需要远高于概念清晰的需要。因此，从 1988 年《关于贯彻执行〈中华人民共和国民法通则〉若干问题的意见（试行）》司法解释的发布到 2010 年 7 月 1 日《侵权责任法》的实施，这 20 余年的时间内，人们因隐私受到侵犯而主张法律保护的，法院以隐私权侵权的成立要件进行判断，最终转接到以名誉权侵权进行判决，在特定的历史时期不能不说是一种应对客观变化的权宜之举。

不容置疑，隐私权和名誉权确实存在一定的关联性，当人们的隐私被揭露时，可能会带来名誉受损之后果。但不能简单地根据名誉受损而认定是名誉权受到侵犯，因为名誉受损也可能是隐私权受侵犯的后果之一。在这样的情况下，即便是隐私权必须归入名誉权名下进行保护，也应当在成立要件上分清这两种不同的权利类型。①

【案例链接 14-4 档案记录不当导致就业困难纠纷案】②

（四）政府机关名誉权的特殊问题

1. 言论自由与政府机关名誉权的关系

言论自由对于维持民主政治制度是不可或缺的。在现代社会中，言论自由的范围已相当广泛，其形式和方法也是多样的，不仅仅是在口头表达方面，同样也可以是以新闻报道、网络发帖、诗歌传播等方式予以体现。

针对新闻媒体的言论，许多政府机关会采取"事先限制"的单方面措施来避免因评论不当而受损；而对于个人的一些言论会采取事后单方面的没收相关言论信息载体以及限制人身自由等手段以停止传播、降低影响。"事先约束"原则在西方是一个古老的原则，曾经也被用于限制某些新闻、出版媒体的言论自由，然而由于其对新闻媒体的限制可以是单方面决定，具有任意性，而当事人又没有其他司法救济途径，因而目前在西方国家"事先约束"原则已经遭到摒弃，逐渐被禁止使用。

2. 政府机关名誉权的内涵分析

我国《民法通则》和《民法典》均承认政府机关法人享有名誉权，③ 司法实践中也有基层政府状告公民虚假举报、媒体不实报道侵犯其名誉权的民事案件。对这样的制度设

---

① 孟强. 论作为一般人格权的名誉权——从司法案例的视角 [J]. 暨南学报（哲学社会科学版），2012（4）：49.

② 上海市第二中级人民法院 "（2010）沪二中民一（民）终字第 803 号"《民事判决书》。

③ 《民法通则》第 120 条规定："公民的姓名权、肖像权、名誉权、荣誉前受到侵害的，有权要求停止侵害，恢复名誉，消除影响，赔礼道歉，并可以要求赔偿损失。法人的名称权、名誉权、荣誉权受到侵害的额，适用前款规定。"《民法典》第 110 条第 2 款规定："法人、非法人组织享有名称权、名誉权、荣誉权等权利。"

计，法学界一直存在争议。① 就一个受诽谤的自然人而言，名誉权及相应的诉权为其提供了一个在法庭上肃清谣言、恢复名誉的机会。这样的权利是否也应当赋予政府机关？这在学理上的确有探讨之必要。

法律赋予政府机构某种法定职能，同时赋予了保证这种职能正常履行的强制力量。在一般情况下，如果不是整个政府系统失去威信的话，某一政府机关即使受到错误的指责，也不影响它履行其日常的职能。此外，由于政府机关并非营利机构，不存在经营行为，故即使是错误的指责也不会影响到政府机关的经费划拨和应该有的支出之正常运作。另外，错误指责也不会给政府机构带来精神损失。由于法人不同于自然人，不具备精神利益，精神损害的问题根本不存在。所以，大可不必夸大不当的指责会造成对政府机构日常工作之不良影响。即使没有名誉权及相应诉权，政府机构也拥有比普通公民更有效的恢复名誉之途径，如政府机构拥有便利接近媒体的途径以及通过召开新闻发布会等形式来传播自己的声音，还有直接可运用的公权力量（直接采取治安措施或者由有关机构追究其行政、刑事责任）。从行政诉讼所设立之目的来分析，充当行政诉讼原告的只能是私权主体，不需要也不允许公权力机关作为行政诉讼的原告一样，政府如果对私主体的名誉造成损害，允许他人提起民事诉讼，而不存在政府机关以名誉受损为由向私主体提出名誉权诉讼。

总之，名誉权是一种民事权利，政府机关并非民事主体。政府机关法人设立之目的在于实现政府职能和提供公共服务，是国家权力的代表者与行使者，会涉及公众的知情权、言论自由等问题，因而不能对自然人保护"名誉权"的相关规则简单套用在政府及其工作人员身上甚至予以扩充。倘若允许政府机关以其名称权或者名誉权受侵害为由而对公民、其他出版机构提起民事诉讼的话，那么对相应机关的建议、批评或某些不同之意见将会被彻底遏杀。从严格意义上说，并非不受理政府机关提起的关于名誉侵权之诉讼，而是在实践中必须严格审查这类诉讼的诉求以及理由，以充分保障公民的言论自由和新闻媒体的新闻报道权。

三、侵害名誉权的认定

（一）有关名誉权的立法

我国对名誉权的保护，有《民法通则》和《民法典》等相关的立法。

【知识链接 14-2 我国名誉权保护的相关立法】

---

① 理论界存在是否应当废除政府机关法人名誉权之争论。参见曾雯茜. 论政府名誉权的存与废 [J]. 法制与社会，2012（7）：282-283.

社会上流传着网络名誉权的概念。① 客观上，网络名誉权并非是现行法中的法学概念。网络时代有其特征，在传统社会之中出现的侵权行为也不同程度地在网络环境之中有所体现，但并非是产生了与传统社会相对应的网络名誉权、网络荣誉权、网络隐私权、网络姓名权相对应另一类型的具体人格权。由于在网络环境下要比非网络环境下的信息传播快，而且相对较难找到传播的源头，但对于名誉权的保护适用的是同一个法律规则，因此在网络环境下对名誉权与传统环境下的名誉权的法律保护并无本质差别，唯一要注意的是网络承载着名誉权人的权利，网络名誉侵权发生于网络这个大环境之下而已。

（二）侵害他人名誉权的主要表现

最高人民法院《关于审理名誉权案件若干问题的解答》第 7 条规定："以书面或口头形式侮辱或者诽谤他人，损害他人名誉的，应认定为侵害他人名誉权。对未经他人同意，擅自公布他人的隐私材料或以书面、口头形式宣扬他人隐私，致他人名誉受到损害的，按照侵害他人名誉权处理。因新闻报道严重失实，致他人名誉受到损害的，应按照侵害他人名誉权处理。"其中，捏造事实丑化他人人格和新闻报道严重失实都可归入诽谤的范畴。尽管侵犯私主体名誉权的行为是形形色色的，但就目前而言在我国构成侵害名誉权的主要方式是侮辱、诽谤和宣扬他人的隐私。

1. 侮辱

侮辱，是指用语言（包括书面和口头）或行动，公然损害他人人格、毁坏他人名誉的行为。如用大字报、小字报、漫画或极其下流、肮脏的语言等形式辱骂、嘲讽他人，使他人的心灵蒙受耻辱等。

侮辱行为具体可分为以下三种：（1）口头侮辱，即行为人以口头语言对他人进行嘲笑、辱骂，使他人蒙受耻辱，贬低他人人格；（2）文字侮辱，即以书面语言的形式如大字报②、小字报、匿名信等辱骂、嘲笑他人，使他人人格受到贬损的行为；（3）暴力侮辱，主要是指侵害人对受害人施加暴力或者以暴力相威胁致使他人受耻辱，致人格、名誉受到损害。在备受社会广泛关注的"于欢案"中，于欢的母亲被逼债人员所进行的侮辱就包含了口头和暴力侮辱。

特定情况下，虽未指名道姓，但行为可使一般人认为专指向于某特定的个人时，则构成影射。对于影射行为，适用"公之于社会，传诸第三人"的原则予以认定。第一，行为人主观上须为故意（排除过时）；第二，可以指认，周围的人看了就知道其影射的对象是谁；第三，影射行为具有一定的持续性；第四，损害之后果达到了一定的程度。

---

① 李伟平. 网络名誉权与网络言论自由的冲突与制衡——再论"微博第一案"［J］. 北京邮电大学学报（社会科学版），2016（5）：22.

② 大鸣、大放、大辩论、大字报俗称"四大"，是 1975 年宪法在总纲中加以确认的"人民群众创造的社会主义革命的新形式"，并保障公民运用这种形式；1978 年宪法则将其作为公民的一项基本权利规定下来。1980 年 4 月 16 日第五届全国人民代表大会常务委员会第十四次会议通过了"关于建议修改宪法第 45 条的议案"，取消"四大"权利的规定，同时强调，取消"四大"不是削弱民主，而是为了健全和加强社会主义民主和法制。

【知识链接 14-3　影射】

2. 诽谤

诽谤，是指捏造并散布某些虚假的事实，毁坏他人名声的虚假陈述行为。行为人故意或过失而不法地捏造、传播不利于特定人名誉的虚伪事实，或不法发表不利于特定人名誉的评论而使受害人名誉受损的行为都可纳入诽谤。诽谤须有专指的对象，如果是通称或概说性的陈述无论是否正当，均不能构成诽谤，如称商人为"奸商"或称律师为"不拿枪的强盗"①。

诽谤行为分为言语诽谤和文字诽谤两类。言语诽谤，是指通过传播诽谤性虚伪事实或消息，以通过口头语言将所捏造的虚假事实加以散布，从而使他人名誉受损的一种侵权行为方式。文字诽谤即不法发表不利于他人名誉的评论，通过书写文字，把捏造的虚伪事实传播或发表不当的评论，败坏他人名声。这种诽谤行为方式大多发生在对已发表的文章、新闻报道等加以评论的情况下。

构成诽谤，一般应满足以下条件：第一，有传播行为；第二，传播的内容为虚假事实；第三，受害人是特定的；第四，对受害人的名誉造成了不利之影响。

3. 披露隐私

披露隐私，是指非法将他人的隐私信息向外界第三人散布。宣扬他人的隐私从而侵害名誉权的行为构成侵犯隐私权和名誉权，但通常表现为披露隐私为手段，损害名誉为目的，故采取吸收的方式处理即可；如果披露隐私而未造成实际性名誉损害，则仅构成隐私侵权而不构成名誉侵权。对于隐私权与名誉权的关系，学界已形成较为一致的认识。隐私权的独立性不仅得到了学者们的广泛认可，也在《民法典》中予以明确。作为相互独立的具体人格权，隐私权与名誉权在构成要件、证明要求和保护方法上都有着较大的区别。但当某一行为通过侵犯、宣扬他人隐私的方式造成了他人名誉减损的后果，二者则会发生重合问题。最高人民法院《关于贯彻执行〈中华人民共和国民法通则〉若干问题的意见（试行）》第 140 条以及《关于审理名誉权案件若干问题的解答》对擅自公布有损他人名誉的隐私行为认定为侵害名誉权行为的一种。

（三）侵害他人名誉权的损害事实

侵害名誉权的损害事实，即侵害名誉权的损害后果，包括对受害人评价的贬低、受害人的精神损害和财产损失三个方面。②

侵害名誉权的后果不同于侵害公民其他民事权利的后果，其突出表现是对受害人评价的贬低。这种损害有时表现比较明显，如受害人遭到公众的嘲笑、怨恨、议论等。但是在多数情况下表现不明显，仅存在于公众的心里，实际的后果亦难以准确认定，更难以证

---

① 出自于《教父》的台词，原话为"一个提着公文包的律师所抢到的钱，比一千个拿着冲锋枪的强盗抢到的钱还要多"。

② 魏振瀛.侵害名誉权的认定 [J].中外法学，1990（1）：12.

明。有时即使可以证明，但也不能代表多数人的公正评价会发生改变。因此，只要能证明有侵害名誉权的行为存在，根据一般人的经验即可推断其损害后果发生，无须证明实际损害结果之发生即可直接认定损害名誉权。澳大利亚、新西兰、加拿大（部分州）等国家和地区都明文规定，无须任何证明就可要求赔偿。

侵害名誉权造成受害人的精神损害，是指造成受害人精神痛苦（悲伤、忧虑、怨恨、气愤、失望等）。精神损害有时有明显的表现，但多数情况下受害人的外在反应并不明显，而内心痛苦却不一定轻微。① 精神损害只是自然人的一种特有的精神现象，法人和非法人组织则不存在精神损害的问题。最高人民法院《关于审理名誉权案件若干问题的解答》已经通过规定不接受法人提起精神损害赔偿案件，明确地否认了法人存在精神损害的观点。

名誉权受到侵害的受害人在精神方面的损害作为一种主观心理现象，在司法实践中对其进行认定是比较困难的。一方面，它具有强烈的主观性或者说个人色彩之特征。由于受害人的思想状况不同，承受精神损害的能力不同等，同样的条件下，不同的人实际精神损害程度并不一定相同。另一方面，即使是受到一定程度的精神损害，让受害人准确地表达出来，按照法律的要求进行举证和证明，并使法官充分相信这一精神损害之存在和认识到这一精神损害的程度也是十分困难的。

对于在特定的侵害名誉权案件中判断受害人是否能够主张精神损害或者说法官是否对其所主张的精神损害予以支持，有学者提出主要考虑的因素包括两个方面。② 其一是客观标准，即在相同条件下，一个普通的诚信善良之人是否会感受到精神损害。如果回答是肯定的，则可认定受害人精神损害之存在；如果回答是否定的，则不认定受害人存在精神损害。其二是主观因素，即受害人表现出来的各种反常的精神状况将是判断精神损害之存在的一个重要参考因素。只有受害人以某种方式表现出其精神受到损害才可能认定存在精神损害。如果受害人没有以任何可以为他人所感知的方式表现出精神方面的损害，则不能认为精神损害之存在。诽谤行为，由于其前提是捏造事实，故只要向社会对外散布就构成名誉侵权，损害结果只有大小之分而不存在是否有损害结果发生的问题。

侵害名誉权可能造成受害人的财产损失。值得注意的是，这种损失的发生有时与侵害名誉权以外的因素有关。通常，侵害他人名誉权是对其人格权的侵害，所造成的损害后果主要是人格方面的，如社会评价之降低，同时也可能伴随精神损害，而不会出现直接的财产损害。因此，财产损害不是侵害名誉权案件的主要构成要件，而是在某些特殊的情况下才会附带出现的问题，而且这种财产损害具有间接性和滞后隐形之特征。这些附带出现的财产损害主要包括：受害人为了治疗严重的精神损害而支出的医疗费用、咨询费用，受害人因为名誉权受到损害可得收入之减少或者丧失，受害人为了维护自己的名誉权针对加害人的侵权行为而澄清事实和进行诉讼支付的必要费用（如律师代理费等）。附带的财产损害应当由受害人进行举证和证明，赔偿的数额以实际损害为限。由于受害人的名誉受损，其相应机会的丧失，则很难纳入到实际损害赔偿之范围。例如，某自然人正与他人准备签

---

① 魏振瀛. 侵害名誉权的认定 [J]. 中外法学, 1990 (1): 13.
② 张新宝. 侵害名誉权的损害后果及其民事救济方式探讨 [J]. 法商研究, 1997 (06): 10.

订一份合约，由于相对方听到某些诽谤而对其不信任的信息而终止谈判，最后没有订立合约，受害者就无法依名誉损害向侵权者索赔丧失的交易机会可能带来的未来可预期之经济获益。

（四）侵害他人名誉权的抗辩理由

1. 内容真实

这项抗辩理由主要指关键言词的真实。最高人民法院 1993 年公布的《关于审理名誉权案件若干问题的解答》规定"文章反映的问题虽基本属实，但有侮辱他人人格的内容，使他人名誉受到损害的，应认定为侵害他人名誉权"。事实与表达是两个层面的问题，尽管表述之事实是客观真实的，但如果在评论或者其他方面使用了带有侮辱性的词语的，亦不得以客观事实来作为抗辩的理由。然而，在对待私人和政府机构的问题上，存在着不同的标准。一般认为，涉及私人的，被评论者的人格不受侮辱，任何人可以合法、客观地传播真实信息，但不得使用侮辱或其他有可能降低他人名誉、信用、形象的不恰当语言；而对于涉及公共事务情景时，只要其依据的基础事实是客观的，其个人观点只要不带有不当的词语，观点则是不应当受追究的。在一般的名誉权诉讼案件当中，如无反证证明其所陈述为客观事实则推定侵害名誉权的言论本身是捏造的。普通法对于事实的要求曾经非常严格，只有被告证明自己的言词是真实的，才可免除侵害名誉权的责任，但如果发生侵害名誉权与侵害隐私权的竞合则不能以此作为抗辩事由。①

2. 正当的舆论监督

新闻媒体机构本身享有不可被剥夺的"公正评论抗辩权"。只要从维护社会公共利益出发，善意批评应当是被容许的。这也是在名誉权与言论自由、新闻监督等舆论监督三者之间寻找的平衡点。特别是针对公共人物②时，与一般民众相比，公共人物有更多的接触媒体的机会，有更多的澄清事实的空间。另外，公共人物也从媒体中获得更多的利益，甚至可以说有时是媒体造就了公共人物。因此，相对于普通民众，公共人物就需要有更大的容忍度。

上海市静安区法院在范某某诉《东方早报》的判决中就确立了公共人物应当对具有轻微损害的言论予以适当容忍的原则。《东方早报》在其报道中提到范某某涉嫌打假球被告上法庭。上海市静安区法院第一次引入公共人物的概念，认为公共人物对媒体的批评应当要承担相对一般人来说更多的容忍义务。判决书中指出，"本案争议的报道是被告处在'世界杯'的特定背景下，遵循新闻规律，从新闻媒体的社会责任与义务出发，为了满足社会大众对公共人物的知情权而采写的监督性报道。关于原告赌球的传言，从表面上看，是涉及原告个人的私事或名誉，但原告这一私事或名誉与社会公众关注世界杯、关心中国足球相联系时，原告的私事或名誉就不是一般意义的个人之事，而属于社会公共利益的一部分，当然可以成为新闻报道的内容。被告作为新闻媒体，对社会关注的焦点进行调查，

---

① 汪庆华. 名誉权、言论自由和宪法抗辩 [J]. 政法论坛，2008（1）：26.

② 公共人物亦称公众人物，是指一定范围内拥有一定的社会地位，具有重要影响，为人们所广泛知晓和关注，且因此能从社会中得到巨大利益，并与社会公共利益密切相关的人物。

行使其报道与舆论监督的权利，以期给社会公众一个明确的说法，并无不当。即使原告认为争议的报道点名道姓称其涉嫌赌球有损其名誉，但作为公众人物的原告，对媒体在行使正当舆论监督的过程中，可能造成的轻微损害应当予以容忍与理解。"① 10 年后同一天的 2012 年 12 月 18 日，知名足球教练陈某某诉李某某、《足球》等名誉侵权案，终审被改判败诉，理由同样主要是"公众人物"对于新闻报道可能对其名誉造成的轻微损害应容忍。

3. 合理引用

如果行为人对权威部门的结论或材料进行报道，则属于一种合理引用，可以阻却名誉权侵权的指控，被认为是侵害名誉权的重要抗辩理由。按我国的社会实际，以下情况可以认为是权威消息来源：一是法律、法令、行政法规和规章认定的事实；二是人民法院生效的裁判文书所认定的事实；三是合法的仲裁机构裁决书所认定的事实；四是行政机关在正式文件和正式行政程序中所认定的事实；五是执政党的正式文件、出版物中所认定的事实和执政党正式向社会发布的事实，国家立法、行政、司法、监察机关在其新闻发布会、记者招待会、白皮书、蓝皮书等上发布的事实；六是国家立法、行政司法机关在其正式出版物诸如《国务院公报》《最高人民法院公报》等上发布或者认定的事实、公民及法人关于自身活动以书面如广告宣传材料或以口头方式如答记者问所公布的有关材料。

4. 正当行使权利

批评、评论是侵犯名誉权民事责任的重要抗辩理由。因为批评、评论是公民言论自由权的重要体现。针对某个事件或社会现象，从客观、公正、善意的角度出发，发表见解或者引用他人的见解予以发表，如果此见解并不完全正确，或者使用了过于激烈的言辞，从而给被评论者的名誉带来一定的损害，基于言论自由和批评建议权，行为人可以要求免除民事责任。但是批评、评论作为免责事由须符合以下条件：评论的对象必须与社会公共利益有关，必须是公正的。

【案例链接 14-5　言论自由的限制与保护：《纽约时报》诉沙利文案】②

5. 第三人过错

第三人过错，是指因为原、被告以外的第三人对原告遭受毁损名誉结果的发生而存在着过错。在纯粹由第三人造成损害的情况下，由第三人承担侵害名誉权的责任；在被告人和第三人均有过错的情况下，则由被告人和第三人按过错程度各自承担相应的或者连带责任。

四、名誉权受侵害的民事救济方式

在承担侵权的民事责任的方式体系中存在着侵权行为的损害后果之性质与责任方式的

---

① 上海市静安区人民法院"（2002）静民一（民）初字第 1776 号"《民事判决书》。

② 王慧霞. 言论自由的限制与保护：《纽约时报》诉沙利文案［EB/OL］.［2018-09-10］. 北京法院网，http：//bjgy. chinacourt. org/article/detail/2013/06/id/1016772. shtml.

对应性的要求。此要求的基本含义是，侵害财产权的侵权行为造成受害人财产损害的加害人一般应承担财产性质的侵权责任，如赔偿损失、返还财产等；侵害人格权的侵权行为造成受害人名誉等受到损害的，加害人一般应当承担精神性的民事责任，如消除影响、恢复名誉和赔礼道歉等。但是，对于人身权受到损害的受害人来说，在某些情况下一定的金钱赔偿也不失为抚慰其受到损害的心理使其尽快摆脱精神痛苦的一种有效方式。停止侵害适用于一切正在进行的侵权行为，不仅包括侵害财产权的行为，也包括侵害人身权的行为。

主张在侵权行为法中确立损害后果之性质与救济方式的对应性，是基于侵权行为法的社会功能或者说侵权行为法的目的。侵权行为责任法最基本的社会功能就是对受害人所遭受侵害权益之补偿。① 采用与受到侵害的民事权益相对应的民事责任方式进行救济，就能够实现这一目的。对于人格权的侵害，原则上采用消除影响、恢复名誉的民事责任方式进行救济；对于受害人受到的精神损害，主要采用赔礼道歉并在必要时辅之以适当金钱之补偿的民事责任方式进行救济，对于附带的财产损失，主要采用赔偿的方式进行救济。

（一）停止侵害

当加害人正在对受害人实施侵害时，受害人得依法请求停止侵害。停止侵害适用于各种正在进行的侵权行为，对于已经终止和尚未实施的侵权行为，不适用停止侵害的民事责任方式。停止侵害的请求权由权利受到侵害的当事人或者其监护人、利害关系人提出。这种请求首先可以直接向加害人提出，以图迅速、及时制止侵害行为，防止损害后果之扩大；当事人也可以直接向人民法院提出，请求加害人停止侵害。在发行出版物的名誉侵权行为案件中，被认定构成侵权的，侵权行为人应当无条件立即停止发行侵权的出版物，并尽量收回已经发行的出版物予以销毁。

停止侵害可以单独适用，也可以与其他承担侵权的民事责任的方式合并适用。如果侵害尚未造成任何实际损失，可以单独适用停止侵害；如果侵害行为已经造成财产损失或者精神损害，停止侵害可以与赔偿损失或者其他民事责任方式合并适用。

（二）消除影响、恢复名誉

加害人的行为侵害他人人格权，在一定范围内造成了不良影响，有损受害人名誉的，受害人得请求消除影响、恢复名誉。消除影响、恢复名誉是承担侵权的民事责任的方式之一。一般而言，这种方式适用于侵害他人名誉、隐私、姓名、肖像等方面人格权的侵权行为，尤其适用于侵害他人名誉权的行为。"名誉恢复之方法，或令于报纸刊登谢罪广告，或令于法庭当面谢罪，或令提出谢罪文状。其不法由社团被除名者，令其为除名之撤销，或令关系人为撤销之通知，或令于一定场合为撤销公告之回复之方法及范围，依被害人之申请及法院之裁量而定。"②

消除影响、恢复名誉可以口头、书面形式。一般来说，消除影响、恢复名誉都应当是公开进行的，其内容须事先经过人民法院审查。恢复名誉、消除影响的范围一般应当与侵

---

① 张新宝. 中国侵权行为法 [M]. 北京：中国社会科学出版社，1995：14.
② 史尚宽. 债法总论 [M]. 北京：中国政法大学出版社，2000：220.

权行为造成不良影响的范围相当。在侵害名誉权的案件中，侵权行为人拒不执行生效判决，不为受害人消除影响、恢复名誉的，人民法院可以采取公告、登报方式将判决的主要内容和有关情况公诸于众，以求达到消除影响、恢复名誉之目的，但公告、登报的费用由加害人承担。

（三）赔礼道歉

加害人的行为侵害他人名誉权，给受害人造成损害的，受害人得请求赔礼道歉。赔礼道歉是承担侵害名誉权的民事责任的方式之一。赔礼道歉的内容须事先经过人民法院审查，形式可以是书面的也可以是口头的。

法律没有明确规定赔礼道歉是否必须以公开的方式进行。赔礼道歉不以公开进行为要件，此乃赔礼道歉与消除影响、恢复名誉的重要区别。① 加害人可以公开的方式向受害人赔礼道歉，也可以用秘密的方式向受害人赔礼道歉。是否以公开或者秘密的方式进行，由人民法院的判决或者根据当事人的约定来决定。如果赔礼道歉是以公开的方式进行的，这种民事责任方式也在一定程度上就具有了消除影响、恢复名誉之功能。

（四）赔偿损失

自古罗马法以来，赔偿损失就是承担侵权的民事责任的重要方式。随着近代民法的诞生，赔偿损失成为最重要的和主要的承担侵权的民事责任的方式。在一些西方资本主义国家，赔偿损失已经近乎于唯一的承担侵权的民事责任之方式。我国侵权行为法中也广泛地规定了赔偿损失这一承担侵权的民事责任的方式，它不仅适用于损害财产的侵权案件，也适用于侵害身体和人格的侵权案件；不仅适用于对有体财产的侵害之救济，也适用于对无体财产的损害之救济。赔偿的范围不仅包括实际损失也包括精神损害。

赔偿损失，是指加害人的行为造成他人财产损失、人身伤亡或者精神损害由加害人以财产填补的方式来赔偿受害人所受到的损失的一种民事责任方式。在实践中，多以加害人支付一定数额的金钱作为赔偿，但是不限于金钱，以某种能为受害人所接受的实物作为赔偿也是允许的。

依据《民法典》的规定，名誉权受到侵害的受害人也可请求赔偿损失。在名誉权受到损害的案件中，受害人受到的损害包括人格损害（社会评价的降低）、可能的精神损害（受害人心理方面的痛苦等）和可能的附带财产损害。单纯的人格损害或者说对受害人社会评价之降低，是无法通过赔偿方式获得救济的。无论赔偿多少金钱也无法解决受害人的社会评价方面的问题。就名誉权受到侵害的受害人而言，《民法典》规定的"赔偿损失"是指对精神损害和附带的财产损失的赔偿，而不是对其外部名誉受到损害社会评价之降低的赔偿。

除了精神损害以外，名誉权受到侵害的受害人还可能出现一些附带的财产损失，如由于精神痛苦（乃至精神方面的疾病）而支出的医疗、鉴定、咨询费用，为了进行诉讼或寻求其他合理救济而花费的各种合理费用，为了进行诉讼或者寻求其他合理救济而误工的

---

① 张新宝. 侵害名誉权的损害后果及其民事救济方式探讨 [J]. 法商研究，1997（06）：13.

工资收入等。这些损失也属于实际损失，加害人应当予以赔偿。附带的财产损失之赔偿，对其性质之认识和赔偿的必要性之认识一般不存在争议，其计算也有较为明确的客观标准可循。

名誉权作为人格权中独立、具体的人格权，相对于其他人格权，无论从社会大众的意识形态还是社会管理机制，特别是司法体制建设所对其保护方面都有很大的拓展空间。只有尊重他人的名誉，自己的名誉才可能得到别人的尊重，珍惜自己的名誉也才有可能得到实现。随着社会法治进程的加快和完善，我国的名誉权的保护工作必将取得新的进展，以实现人民对美好生活的向往之目标。

第十五讲 荣 誉 权
——人生追求的那一道亮光

西塞罗在《图斯库卢姆谈话录》中曾经说"荣誉使艺术盛兴，一切有志于钻研的人，无不受着荣誉感的激动"，而且"荣誉像影子一样紧跟着美德"。拿破仑在1821年3月22日的"流放日记"中写道："我的道路上满是荆棘，而我却始终坚持信念，从未践踏过荣誉。"

人生在世，既是物质的也是精神的，一个自然人活到100岁其对物质的需求是可以计算得出来的，而且在物质文明的社会中满足基本生存的物质条件已然不是最终要解决的问题，精神财富的满足和实现自我才是人生终极的目标。荣誉，不仅是特定组织对某个特定主体的肯定，也是社会对其肯定的表现之一，更是个人达至自我满足感的一个良方。

一、荣誉

（一）荣誉的界定

荣誉，是指特定组织对特定的个人或组织履行社会义务的道德行为之肯定和褒奖，体现为特定人从特定组织处所获得的专门性和定性化之积极评价。简而言之，荣誉就是特定主体从特定机构中所获得的光荣之赞誉。

个人因意识到这种肯定和褒奖所产生的道德情感，称为荣誉感。在中国，孟子最早从伦理方面使用荣辱概念："仁则荣，不仁则辱。"荣誉是社会历史的范畴，不同的历史社会阶段或不同的阶级对同一行为的褒贬不同甚至相反，如对于劳动就有不同的认识，剥削阶级以劳动为耻，劳动者则以辛勤劳动为荣。荣誉的获得与履行道德义务密切相关，忠实履行对社会、组织或他人的义务是获得荣誉的基本前提。

【知识链接 15-1　国家科学技术奖及世界著名的奖项】

（二）荣誉之特性

1. 组织性

荣誉的组织性，是指特定组织对特定主体所授予，且在内容上具有组织意志之特性。对特定主体所授予的荣誉，隐含着特定的组织对该主体一种积极性的肯定，而非某一人对其所作出的评价，亦非虚拟的一般社会大众之评价。

2. 积极性

荣誉的积极性，表现为在内容上属于一种积极评价之特性。荣誉作为一种评价是肯定和积极的，即在具体内容上它是对一个人肯定性的、褒扬性的评价，不包括消极的评价内容。

3. 正式性

荣誉的正式性，表现为社会特定组织所给予的正式评价，有一定的条件和程序性要求，并非心血来潮或者是随意的评价。一旦获得，在档案中有所记录，可在履历中予以记录存档，也成为其考核过去表现的一个成果。

4. 针对性

荣誉的针对性，又称有因性，是指获得某项荣誉是有所指向于（或者基于）某一事实或者行为（原因）之特性。哪怕是授予荣誉市民之称号，亦针对该主体的一贯良好表现或者为该市作出了突出贡献之行为。因此，荣誉总是可以找到授予原因的。这一特性，也决定了并非每个公民都可以获得某一项特定之荣誉。

5. 外部性

荣誉的外部性，是指给予获得相应荣誉的主体通过一定的外部形式（如颁奖、档案的记录、颁发证书或证章等）予以体现之特性。获得荣誉，在外部得以彰显，是有据可查的，而且荣誉通常是以某种称号为外观表现出来的（如"优秀学生""三好学生""科技一等奖"等）。

6. 待遇性

荣誉的待遇性，是指获得相应荣誉的主体在某一组织中根据一定的规则，可以在社会中获得对应性的优惠待遇之属性。待遇性决定了获得者的范围，非成员不能获得；获得之后可转换为一种比未获得者有更多、更好之待遇，如获得精神性鼓励（大会表彰）和物质性奖赏（奖金）以及对应的社会地位之提高（如工资提级、提干、重点培养、城市入户积分、高考加分、优先录取、计划单列等）。

7. 可撤销性

荣誉的可撤销性，是指基于特定倾向可由颁发荣誉的机构依照法定程序对荣誉称号予以撤销之特性。既然是有条件和程序的，那么在授予某一特定荣誉之后如果发现造假或者不符合条件的，依法可以撤销；还有，当特定的自然人死亡后，可依条件及程序予以追认某种光荣称号。

8. 受保护性

荣誉的受保护性，是指荣誉获得者有依法保护其因获得荣誉而带来应有利益权利之属性。法律明确规定公民、组织的荣誉受到法律保护，任何人和组织不得侵犯其荣誉权。

（三）荣誉与名誉等概念之区别

1. 荣誉与名誉的区别

荣誉与名誉都是以对人之评价为内容的，广义上属人格利益之范畴，但二者有很大的区别。

首先，评价主体。荣誉的评价主体是特定的组织，无论是自荐还是组织推选，均由特定组织进行评审后作出决定。名誉的评价并没有一个固定、特定的机构，而是以社会大众这个虚拟的主体为认定标准。每一个人的名誉并非是由某特定组织或者个人说了算的，即使是在名誉权纠纷案的审理过程中亦非由审理者来确定某人的名誉，审理者所能够决定的仅仅是对特定人名誉状况的事实认定。

其次，评价时间。荣誉的认定，需要依据一定的条件和程序，甚至可能有报名或者评选的时间起始限制，所享有的荣誉通常也有一定的时间效力，如"三好学生"的荣誉称号在该学习阶段起作用；而且荣誉通常于特定主体在生时颁发，特殊情况下也可以在其死后追认。名誉评价则是伴随自然人的一生，自出生到死亡人都有其应享有之名誉，至于死后的名誉利益仍需要保护，并非是自然人死后还享有名誉权（这一点已经在司法解释中得以确认），而是出于对社会秩序维护的需要和考虑到死者亲属的感受，为了弘扬善良风俗而对不法行为进行制止；名誉是现时的，不存在追认和撤销的问题。

再次，评价内容。荣誉的评价属于就事论事，是基于与特定主体的行为或者所达成的某种结果对社会、组织有利而予以的一种表彰方式，其与该主体的为人处世等社会性认可无关。鉴于某特定组织的性质、宗旨、对社会的影响等因素不同，特定组织所颁发的荣誉并不一定能够得到其他组织或者社会的认同，甚至不同的组织之间可能还会有抵触（凡是敌人赞成的都是我们反对的）。因此，也就不难解释客观上就有那么一些"名声狼藉"的人却享有某个组织给予的荣誉之情形。而名誉则跨越了特定组织、阶级等鸿沟，属于社会整体对一个人从整体上而非就其某项行为、结果所做的客观、公正、平心静气的评价，这种评价作为客观现实存在（如某政治家的人品连他的敌人也不得不给予赞誉），其客观性不存在被他人否定的问题，但可能会受到他人之诋毁。

最后，评价后果。荣誉授予表示特定组织对特定主体特殊行为或结果的一种肯定，因此在后续的相关方面会有直接或间接的相关奖励性待遇予以体现，某项荣誉并非人人都能获得，而且荣誉的结果具有相对性，获得某项荣誉并非表明该主体的名誉就一定好。名誉是社会基于特定主体在社会中的整体表现的评价，人人都享有应有之名誉权，名誉的存在就是该评价结果的本身，作为一种应然性的评价不会产生背离的现象（有好名誉的人就一定是好名誉的人），至于这个"好人"会有怎样的"好报"，则是一个实然性的问题。

2. 荣誉与信用的区别

荣誉与信用都隐含着特定主体所具有一定美誉度之信息，广义上也属人格利益之范畴，但二者有区别。

首先，信息收集。荣誉授予的组织根据颁发荣誉的条件和程序，按照"一事一议"的方式对参评者的相关信息进行收集和筛选以及评定，而且限制在成员和参评者的范围，非该组织的成员以及该组织不符合初步条件的成员之信息将会被排除。信用信息的收集则是以相关的法律法规为依据，对被征信者的相关信息以合法的程序和条件由征信机构进行收集、分类和处理。

其次，信息内容。荣誉评定涉及的信息是根据荣誉授予的条件和程序决定的，除了参评者个人的基本信息（如姓名、年龄、民族、政治面目、简历、家庭状况、健康状态）外，更多地要凸显和考察的是行为或项目、结果的具体信息。信用信息，所涉及的是被征信者有关信用评级所需要的信息，包括但不限于被征信对象的个人基本信息，主要凸显的是其资产状态和债权债务关系的信息。

再次，信息外观。荣誉所体现的信息无非是特定组织对特定主体的特定行为（如见义勇为）、结果（如某项目技术的先进性和对社会预估可能产生的积极作用）、一贯表现（如终身成就奖）所给予的肯定或认可，在外观上呈现为奖励证书、勋章以及在档案中记载。信用的外观，通常就是以信用等级来表现，不同的信用等级代表着主体不同的资信状态。

最后，信息作用。荣誉所传导出来的是一种弘扬某种精神或者鼓励某类行为的信息，甚至有树立获奖者为榜样的标榜作用，荣誉以精神性鼓励和树立标杆性为初衷，希望通过树立典型而影响一大片，从而实现鼓励向上、向善的发展态势。信用的信息作用，在于给社会相关的交易者一个直观、可对应性的等级性结果，例如某信用等级者可对应获得某额度内的授信（授信额度），这类似于学生的期末考试成绩，90～100 分段的为优秀，80～89 分段的为良好等。信用信息在商品交易或者市场经济活动中作为一个经济活动主体的经济名片而发挥作用。

3. 荣誉与职称的区别

荣誉与职称在一定程度上都体现了对特定主体能力、功绩的肯定性评价，广义上属于基于成员而有条件产生的身份利益之范畴。但二者有区别。

首先，认可主体。荣誉的认可机构为成员所在或受其管辖范围之特定组织，除享受国家特殊待遇的荣誉称号获得者的认可主体由法律或行政法规作出规定外，其他的荣誉称号可由相关组织自行确定。职称的评定主体，是依法享有评定权的机构，其有权代表国家或特定行业又或者某一特定之技术领域。

其次，认可条件。荣誉的认可条件由法律、行政法规或者认定主体决定。职称的认定条件，由相应的法律和行政法规确定，认定主体只有审核评定权。

再次，认可内容。荣誉所认可的内容是特定主体的特定行为或者特定成果又或者是一贯的表现结果，获得者对外属于一种荣耀，授予者的特定组织通过赋予特定主体荣耀的光环并希望以此为社会上其他主体树立一个可以效仿之楷模。而职称，则是以申报者的现实技术水平以及对该技术领域知识和技巧所掌握的程度为认可内容，是一种客观的技术性水平等级的对应评价，其结果与是否光荣、是否值得夸耀无关。尽管说获得某种职称的任职资格是一件值得庆幸的事情，但说到底只不过是进入某一特定技术领域的敲门砖而已。

最后，认可后果。享有某项荣誉，更多的是感觉到自己的付出得到了特定主体之认可，诚然也有相应的后续待遇之体现，但并非是在某一特定技术领域谋职的必要条件。职称则体现的是特定主体所具有的专业水平，且该水平在相同的技术领域会得到公认，其享有某个级别的技术任职资格或者被聘为某项职称，往往会成为其后续专业技术领域工作之基础，而且遵循从低到高的原则，获得低级职称者根据条件和程序可申报上一级别的任职资格评定。

【知识链接 15-2　职称】

（四）保护荣誉的意义

荣誉是对特定主体的一种积极、正式评价，授予机构希望通过授予特定主体某项荣誉来激发人们向上、向善的精神，为社会发展树立一个标杆的作用。而且，获得某项荣誉者在一定程度上也就意味着自我价值得到外部的社会组织之认可，从而也就达到了自我价值实现和内心之满足。

保护荣誉意味着对荣誉的认同，不仅表现为对获得荣誉者的肯定，也意味着对授予荣誉机构掌握条件和执行程序之赞同，在一定程度上还体现出了在当时社会历史条件下人们对公序良俗和社会秩序之认可。

二、荣誉权的内容

（一）荣誉权及其规定

1. 荣誉权的概念

荣誉权，是指公民、法人因自己的突出贡献或特殊劳动成果而依法获得的光荣称号或其他荣誉的权利。

荣誉权的客体是荣誉本身及荣誉所隐含的利益，荣誉权既是一种既得权（已经取得的荣誉及其利益的独占权），也是一种期待权（获得权主体在符合法定条件而组织没有授予其荣誉，可以向组织主张应获得的荣誉的权利）。

关于荣誉权是否具有独立性有不同的观点，有观点认为荣誉是名誉的一种特殊情形，适用名誉权的规则完全能够保护部分人的荣誉权。理由为：大多数国家或地区的民法典均不将荣誉及荣誉权列为独立于名誉权的民事权利；荣誉并非人人都能享有，也非人人都必须具有；即使是我国主张荣誉权肯定说的学者对荣誉权的性质、侵害荣誉权的方式亦未形成统一之认识；实践中授予各种荣誉称号和奖励的种类和级别都是不规范的。而肯定说则主张荣誉权是存在的，至于是属于人格权、身份权还是具有双重属性，则各有各的理由。

从基本属性上分析，荣誉权更多地体现为一种成员的身份权而非属于与生俱来之自然人格权。因此，将其列入到身份权的范畴更为合适。但是，如果以"与生俱来"为标准划分，那么信用权、姓名权也和名誉权一样不具有这样的特点，似乎也应将之从人格权的范围内予以剔除。当存在争论的情况下，基于已经有相关法律规定的基础上，将信用权、名誉权暂时放在人格权范围内进行研究，是有理论依据和现实意义的。

2. 关于荣誉权的规定

《世界人权宣言》第 12 条规定："任何人的私生活、家庭、住宅和通信不得任意干涉，他的荣誉和名誉不得加以攻击。人人有权享受法律保护，以免受这种干涉或攻击。"《公民权利和政治权利国际公约》第 17 条规定："任何人的私生活、家庭、住宅或通信不得加以任意或非法干涉，他人的荣誉和名誉不得加以非法攻击。人人有权享受法律保护，以免受这种干涉或攻击。"可见该两项国际公约都涉及了荣誉及荣誉权。

我国的《民法通则》第 102 条规定："公民、法人享有荣誉权，禁止非法剥夺公民、法人的荣誉称号。"《民法典》规定了荣誉权作为民事权益应受到法律保护。《民法典》第110条规定了"自然人享有生命权、身体权、健康权、姓名权、肖像权、名誉权、荣誉权、隐私权、婚姻自主权等权利。法人、非法人组织享有名称权、名誉权、荣誉权等权利";第185条规定了"侵害英雄烈士等的姓名、肖像、名誉、荣誉,损害社会公共利益的,应当承担民事责任"。《英雄烈士保护法》第22条也规定了"英雄烈士的姓名、肖像、名誉、荣誉受法律保护"。《民法典》第1031条规定:"民事主体享有荣誉权。任何组织或者个人不得非法剥夺他人的荣誉称号,不得诋毁、贬损他人的荣誉。"考究立法之意图,相应的权利放在一起并列给出,是在身份和人格的大范围内之体现,并非在此范围内有类似的名誉权的规定,就可直接将荣誉权等同于名誉权性质之理解,正如在相应的规定之中还有婚姻自主权的规定一样,理论逻辑上不能将婚姻自主权当成人格权来归类是一个道理。但是,无可否认的一点,荣誉权和名誉权在某种程度上有关联甚至在内容上有一定之重合,将两者放在特定的一个范畴之内来考察和研究也是有一定必要性和意义的。

(二) 荣誉权的具体内容

1. 荣誉获得权

荣誉获得权,是指主体在符合法定标准时,而组织没有授予其荣誉,就可以向组织主张应获得的荣誉的权利。

一个主体是否能够获得某项荣誉,受制因素有很多。首先,主体因素。主体应当是符合授予主体范围之成员。如某项荣誉仅授予本国公民,或者某项荣誉只授予组织,又或者某项荣誉只授予特定主体范围的,这样的条件本身就对获得荣誉者主体加以了限制,该限制无论合理与否都已经成为了一个前提条件或者规则存在,凡是不符合主体条件的人就不能成为该荣誉权的适格主体。对该规则的设置有异议者,可通过合法之途径反映情况要求改变。其次,条件因素。授予的荣誉有程序性和实质性条件的,参评主体既要符合程序性条件也要符合实质性条件。再次,数量因素。任何的批量性产生的荣誉,都会设置一定数量以及等级的限制,因此即使符合全部条件者也不可能都可以获奖,只能由评定机构依照相应的规则进行筛选以最终确定;而且,在依照民主选举的情况下只要符合基本要件,未必是以"最高"或"最优"的标准来确定,可能按照得票之多少来确定。一个人的价值,不在于他拥有什么,而在于他是什么。换而言之,一个人的尊严不在于获得表面的荣誉称号而在于其本身值得这实质性的荣誉。人并非为荣誉而生,而是为追求那一道亮光而前行,即使你认为他人乃至世界都在负你,亦不应改变你人生之方向。最后,时机性因素。一旦确定对外公布,则荣誉权就产生了;而本应获得而未获得某项荣誉者,即使通过合法途径进行申诉而发现错误,亦难以用"补发"之方式"追认"其应有之荣誉,只能通过追究失职相关责任来善后。从某种角度来看,荣誉获得权既包括了可以通过相应程序而获得荣誉的权利,但更多地也体现为特定主体依照程序和条件参加荣誉评定的权利,即荣誉参评权。在参加评选与最终获得荣誉之间,只要能够体现程序正义即保障了参评者的荣誉获得权,客观上难以对评定内容和实质加以实体正义之考量。即使最终发生了应获得而未获得某项荣誉之纷争,通过纠纷解决机制有时也难以直接支持诉求者要求获得某项荣誉之方式来体现。毕竟,荣誉授予属于广义上的行政行为,对于行政纠纷处理而直接体现为民事权益维护结果的作出有时是困难的甚至是一个无法逾越之障碍。

2. 荣誉保持权

荣誉保持权，是指民事主体对获得的荣誉保持归己享有的权利。保持权的客体是荣誉本身，荣誉本身包括各种荣誉称号、奖励、表彰以及荣誉职衔，如名誉博士、名誉校长等。这些名誉职衔，其实并不表明被授予者的学识、能力等达到了博士水平或某种职务的要求，而只是在于机关、组织授予主体的一种荣誉，使其享有名誉职衔的精神利益或一定的物质利益。

【知识链接 15-3　名（荣）誉博士】

3. 荣誉利益支配权

正确地利用、支配获得之荣誉，可提高民事主体的社会地位或商事主体的市场信誉度，实现其既得或预期之利益。例如，在个人履历中注明自己曾获得的荣誉，可为其实现目标增添竞争力；企业在产品上标明曾获之荣誉，也会增强其自身的社会责任感和增加消费者的认同度以及提高市场的信誉度，从而通过扩大市场占有率来实现预期之利益。

（1）荣誉精神利益支配权

荣誉精神利益支配权，是指荣誉权人对其获得荣誉中精神利益的自主支配权。荣誉权的精神利益来自于荣誉权人因获得荣誉而享有社会中他人对其之尊敬、敬仰、崇拜及自身内心荣耀满足等精神待遇和精神感受。对精神利益的支配包括对该种利益的占有、控制、利用，但不得将荣誉的精神利益予以处分，如转让他人享有或转让他人利用。

（2）荣誉物质利益享有权

荣誉物质利益享有权包括利益获得权和利益支配权。

荣誉物质利益获得权，是指权利人对附随于荣誉的物质利益所享有的法定取得权。此权意味着权利人在获得荣誉的情况下，有依照领奖的章程或授予机关、组织的奖励办法，对应该获得之物质利益（如奖牌、奖状、奖金等）所主张的权利。

荣誉物质利益支配权，是指荣誉权人对于已经获得的物质利益所享有的支配权。这种支配权有两种形式：其一是完整的支配权，其二是有限的支配权。完整的支配权，是指对荣誉的一般物质利益作为财产所有权主体享有自物权；有限的支配权，是指对因荣誉所生的物质利益所享有受时间限制的占有权。

三、侵犯荣誉权的行为

（一）侵权责任的构成要件

侵犯荣誉权的行为，与其他侵权行为无异；侵犯荣誉权要承担责任的构成要件，无非亦是有侵权行为、有损害结果、行为与结果之间存在着因果关系，行为人有主观过错这几个方面。

从行为人的主观上来看，无论是故意还是过失，只要客观上造成了对荣誉权人的损害（无论是以精神上还是物质上的），就应当承担相应的法律责任。那种"无心之失"不能成为侵权抗辩的理由，也不能成为摆脱赔偿之托词。

（二）侵害他人荣誉权的行为样态

1. 非法剥夺他人荣誉

《民法典》第 1031 条规定："民事主体享有荣誉权。任何组织或者个人不得非法剥夺他人的荣誉称号，不得诋毁、贬损他人的荣誉。"荣誉是国家或者特定组织机构向特定主体颁发的，依法才能被剥夺。因此，剥夺特定主体的荣誉，只有颁发机构才有此项权利。而启动剥夺他人荣誉的可能是某人之提议或者举报。有人以"当官当到部长、学术做到院士"来比喻行政和学术领域上升的理想高度，但自打冒出了"学术打假第一人"方某某后，在相关领域掀起了一股巨浪，过去的荣耀已不再，光环也掉了一地。举报造假院士曾几何时成为了社会关注的一大焦点问题。[1] 2018 年 4 月 20 日中共中央政治局委员、中组部部长陈希在其主持召开的新当选中国科学院、中国工程院院士研修班座谈会上，强调两院院士要做到"五做"，其中就要求"做高尚学术道德的坚定守护者，加强品德修养，坚守学术道德，自觉抵制学术不端行为和不正之风"。[2] 如果因举报最终导致被举报人的荣誉被剥夺，证明举报的内容被查实了，因而不存在非法剥夺荣誉的问题；如果举报不实，荣誉得以维持，也不存在非法剥夺荣誉的问题；如果举报不实，荣誉还被剥夺了，这几乎是不可能的。非法举报者如果导致他人名誉受损的，应追究其名誉侵权责任。

非法剥夺他人荣誉，必须要有能够启动撤销权的人和事，且客观上造成了荣誉被撤销之事实，更为重要的一点是事后还有证据证明该撤销或者剥夺系非法的，紧接着还要有恢复荣誉的善后处理阶段。非法剥夺他人之荣誉，现实中较少出现这样的案件。

【案例链接 15-1　遗失荣誉证书不构成荣誉侵权】[3]

2. 非法侵占他人荣誉

非法侵占他人荣誉，是指行为人以非法的手段，窃取、强占、冒领他人荣誉的行为。一般情况下，非法侵占他人荣誉的侵权者与荣誉权人有一定的联系或关联，如某企业领导以该企业技术人员的一项设计为自己申报奖项并最终获奖，这就是非法侵占他人荣誉。冒领他人名誉，包括冒领他人的荣誉称号，也包括冒领他人荣誉所附带授予的物质性财物。

现实中，不少的企业高管，利用自己特殊的身份，在技术人员开发完成的技术方案申请发明专利时，强行加上自己的名字并将其放在第一位，这种做法实际上侵犯的是专利权

---

① 王石川. 弟子举报院士：事实胜于立场 [N]. 中国青年报，2013-11-15（02）.

② 中组部部长陈希：两院院士要做到"五做"[EB/OL]. [2018-09-10]. 搜狐网，http：//www. sohu. com/a/229218338_391423.

③ 遗失他人奖章和荣誉证书是否侵犯荣誉权 [EB/OL]. [2018-09-10]. 华律网，http：//www. 66law. cn/topic2010/ryqdxgalfx/43321. shtml.

之中的署名权，与荣誉权侵权不是属于同类型。

3. 诋毁他人获得的荣誉

诋毁他人获得的荣誉，是指以包括对他人获得的荣誉心怀不满，向授予组织诬告、诋毁荣誉权人，或者当众摘取他人荣誉牌匾、撕人荣誉证书，或者公开发表言论诋毁他人荣誉名不符实等行为。如以"造假"为由指控荣誉获得者最终被证实为诬告的行为，就是较为典型的诋毁行为。该诋毁行为不仅涉及侵犯他人荣誉权，还可能造成侵犯他人名誉权的问题，无论是以诋毁名誉还是以诋毁荣誉为案由起诉，最终的结果都是停止侵权、恢复名誉、赔礼道歉、赔偿损失。诋毁他人荣誉侵权的构成，以情节严重为限，如果只是发表一般的不当之评论，则不构成侵权。

4. 侵害他人的荣誉利益获得权

获得荣誉往往能带来权利人相应的精神鼓励以及物质利益。侵害荣誉权人物质利益的行为主要包括：拒发或少发荣誉权人应得的物质利益（如少发奖金），以破坏他人荣誉为目的故意损毁荣誉权人的奖杯、奖品、奖章等。如属过失损毁乃至丢失他人的奖杯、奖品、奖状、奖章等物品的，则应以一般的侵害财产行为或者违约论处。

【案例链接 15-2　误标荣誉等级受损纠纷案】①

四、对荣誉权受损的救济

（一）责令停止侵害

一旦认定被告的行为构成侵权，则审理者会作出构成侵权之认定，如侵权行为仍然延续则须立即停止。

（二）恢复荣誉

荣誉本身就是一种显性、特定化的名誉之体现，如果侵权行为导致荣誉获得者的名誉受损，则需要恢复名誉。由于荣誉是由特定机关向特定主体授予的，因而诋毁荣誉的行为不仅侵害了荣誉获得者个人的名誉，也在一定程度上对授予组织予以了否定（审查不严、授予不当），会在社会上产生对授予组织声誉的不良影响，因此荣誉授予主体也可对侵权行为人提起诉讼，或者向检察机关要求提起公益诉讼。

（三）消除影响

诋毁他人荣誉的行为或者其他侵犯荣誉的行为造成不良社会影响的，权利人或荣誉颁

---

① 锦州女大学生告教委，教委侵害学生荣誉权赔 4 万 [EB/OL]. [2018-09-10]. 法律快车，http://www.lawtime.cn/info/sunhai/qhrsqryq/2006102342412.html.

授机关可依法提起诉讼，要求法院判决被告承担消除影响的民事责任。

国家、政府作为授予荣誉的主体所授予的荣誉，当遭受到不法者诋毁尤其是先烈荣誉之时，应立即启动行政措施予以制止，对于严重扰乱社会秩序乃至构成犯罪的还必须启动刑事追究程序打击犯罪，在民事领域可由人民检察院启动公益诉讼程序向人民法院提起相关的民事诉讼。

【案例链接 15-3　全国首例英烈保护公益诉讼案】①

（四）赔偿损失

如果因侵犯他人的荣誉权如冒领荣誉权人应取得奖励之款额、奖章、匾牌、证书等物质的，应当交还给荣誉获得者；如果造成了荣誉权人其他物质性损失的还应当赔偿；如果导致了荣誉权人精神损害（即侵权行为所导致的致使受害人心理和感情遭受创伤和痛苦，无法正常进行日常活动的非财产上损害）的，则应当视情况而定给予精神抚慰。

（五）赔礼道歉

赔礼道歉作为一种特殊的民事责任形式，其适用的条件一般限于造成了被害人的精神损害，是一种抚平精神创伤的特有方式。

2001 年 2 月 26 日由最高人民法院审判委员会第 1161 次会议通过的《最高人民法院关于确定民事侵权精神损害赔偿责任若干问题的解释》第 4 条规定："具有人格象征意义的特定纪念物品，因侵权行为而永久性灭失或者毁损，物品所有人以侵权为由，向人民法院起诉请求赔偿精神损害的，人民法院应当依法予以受理。"第 8 条进一步规定："因侵权致人精神损害，但未造成严重后果，受害人请求赔偿精神损害的，一般不予支持，人民法院可以根据情形判令侵权人停止侵害、恢复名誉、消除影响、赔礼道歉。因侵权致人精神损害，造成严重后果的，人民法院除判令侵权人承担停止侵害、恢复名誉、消除影响、赔礼道歉等民事责任外，可以根据受害人一方的请求判令其赔偿相应的精神损害抚慰金。"

五、与荣誉权相关的特殊问题

（一）荣誉利益的准共有问题

共有是民法中的一个概念，是指两个以上权利主体对同一物共同享所有权。共有可以划分为共同共有（如夫妻财产）和按份共有。

---

① 全国首例英烈保护公益诉讼案纪实：以法之名捍卫英烈荣誉与尊严 [EB/OL]. [2018-09-10]. 最高人民检察院，http://www.spp.gov.cn/spp/zdgz/201806/t20180619_382072.shtml.

共有本来属于财产所有权范畴的概念，对于荣誉这样的带有成员身份性的人格利益，在特定情形下也可以适用共有的规则来处理一些问题，也即准用财产共有规则适用与荣誉利益的分配。

荣誉利益的准共有，是指两个以上主体获得一个荣誉，可依照财产共有的相关规则处理荣誉利益的处理方式。如某组织获得某种特殊的荣誉称号、某个项目组获得科技一等奖、在体育赛事中团体获得某个奖项等。

毋庸置疑，一个成功人的背后可能有无数个默默无闻的支持者，有时人们仅看到了领奖台上的人而忽视了背后的支持者甚至以牺牲掉某些个人的利益而换取的认可，正所谓"一将成名万骨枯"。就体育赛事而言，一个团体除了出场的队员外还有一些后备队员，在一个团体中的所有成员的确无法直观、数量化地去划分他们之间应得之荣誉，此时只能依靠其内部预先制定的规则来处理。而对于类似体育赛事中"双打冠军"所获得之奖项，既不能说两个人分别获得了冠军，也不能说各得冠军的二分之一，这个冠军是一个整体荣誉。

一项荣誉是作为一个整体而不可分割的，但是在荣誉利益上则可采取财产共有的方式灵活处理。如果某项荣誉附带给予的物质性财产（如奖金），则是可以分割的；如果成员一致决定将该荣誉的标识物或者某种利益换取经济收益的话，亦可依照其约定对可得经济收益进行分配。如果共有者对于利用荣誉获得经济利益之事无法达成一致，则在不违背公序良俗、不损害荣誉获得者利益的前提下，任何一个共有荣誉权人都有对外的代表权，其经济获益应当依照公平合理的原则进行分配。

（二）评奖的公平性问题

在多元化的标准下，没有最好而只有更好。因此，无法客观上绝对无争议地说获得荣誉者必定是在某个领域最好（唯一）的。而因荣誉颁发受条件和程序以及评定机构和决定权人的视野、信息收集、颁奖数量等因素之影响，只能在相应的入选范围内予以比较和选择。只要是经过合法程序和对应条件公开评选出来的结果，就应当认可其是公平、公正的，就应当得到尊重。得到人们广泛认同且经得起历史检验的荣誉之颁发，荣誉评定的机构也就有了公信力；相对应地，具有公信力的机构所认定和颁发的荣誉，也被视为是公平和公正的。

（三）荣誉受损导致的机会丧失问题

特定的人在获得了特殊的荣誉称号之后，往往会比一般人更容易获得发展的机会；而当特定的荣誉未被真正地认识或者受到不应有之对待时，其竞争优势将会丧失。从法律的角度上看，对于侵犯他人荣誉权的行为通过法律予以追究责任，作为纠纷或者一个案件就已经解决或者尘埃落定了。但是，人们都会在心理上同情甚至认可受害者愤愤不平的心理，事情尽管如此处理但却仍存遗憾或感觉仍有失公允，却又找不出更好的解决办法。就以高考生丧失重点院校提档备录机会而言，在理论上来分析毫无疑问是丧失了一个机会，从可能性的角度延伸来看，纵使当时未出现错误而被提档亦未必一定能够被录取。事后发现错误，但时过境迁、河水不可倒流，要恢复当时的状态使受害者得到应有之对待已然现实不能，即使犯错者有心挽回亦非其职权能力所及。荣誉权人丧失这个机会，可能导致人生转折点上发展方向的完全不同。从审理的角度来看，只能是由法官在自由裁量权的范围内尽最大的可能给予受害者精神抚慰上的补偿，其余的则需受害者进行自我调适。

因丧失一个自认为良好的发展机会，受害者通常久久不能释怀甚至成为了终生遗憾，如果把已然拥有的看得太轻、将得不到的看得太重就无法自拔。未来不可预设，现实亦非一定会依可能的逻辑方向发展，而且中国古代就有"塞翁失马焉知非福"之说，外国还有"一切都是最好的安排"之言。难以释怀，不如安然自若；结束的已然结束，一切都是最好的安排；只有走出阴影，才能看到光明。正如泰戈尔所言："你今天受的苦、吃的亏、担的责、扛的罪、忍的痛，到最后都会变成光，照亮你的路。"（The day is near when thy burden will become thy gift, and thy sufferings will light up thy path）。

荣誉无疑像是人生所追求的那一道亮光，它围绕在获得者的头上成为一个光环，诚然也可以在某一时间段为其发展提供一些光明。然而，人生之路漫长，走到生命的哪一个阶段都该喜欢那一段时光并完成那一阶段应该完成的职责，人生并非为了荣誉而活着，但人生毕竟可能会面对着荣誉获得与否之考验。要相信，一切都是最好的安排，是金子总会发光。

第十六讲 信 用 权

——人无信不立

在市场经济条件下，信用至关重要，社会信用环境如若恶化会制约市场经济的发展。我国尚未建立对信用完善保护的法律制度，在相关的立法中亦未使用"信用权"的概念，而是通过信息、名誉权等提供间接性的保护。然而，关于征信、信用等级评定、信用信息的管理和使用等一系列有关信用的相关制度在不断地建立，对信用权益的法律保护客观上已经存在。

一、信用

（一）信用的概念

信用，是指依附在不同主体和商品交易之间所形成的一种相互信任的生产关系和社会关系。

信用一词来源于拉丁语 Credere，原意为信任，对应的拉丁语为 Fides 和 Bona fides，有信任、信义、诚实的含义，与英语中的 Credit、Faith、Confidence、Trust、Honesty 等词的意思基本相同或相近。

在经济领域，信用，即提供信贷（Credit），意味着把对某物（如一笔钱）的财产权予以让渡，以交换在将来的某一特定时刻对另外的物品（如另外一部分钱）的所有权。

通常，信用被解释为在得到或提供货物或服务后并不立即而是允诺在将来付给报酬的做法。

中国古代"信用"一词常常指遵守诺言，诚实守信。在儒家的"仁、义、礼、智、信"五常中，信占有重要地位。就一般意义而言，信用有两种含义，一是以诚信任用人，信任使用。《左传·宣公十二年》记载："其君能下人，必能信用其民矣。"二是遵守诺言，实践成约，从而取得别人对他人的信任。《论语·学而》写道："与朋友交而不信乎？"① 在古、现代汉语中，信用通常解为诚实、不欺。

市场经济本身就是信用经济，因而经济学家从各个角度对信用的内涵做了探讨。从经济上看，信用通常是指财物、货物、服务等非当场即时履行的一种交易方式。经济学上的信用常常和借贷联系在一起。② 一般认为，信用乃是以偿还和付息为条件的价值运动的一

---

① 辞海 [M]. 上海辞书出版社. 1979：247.

② 参见曾康霖，王长庚. 信用论 [M]. 北京：金融出版社，1993：27.

种特殊形式，主要体现在货币的借贷和商品交易的赊销或预付两个方面。通常表现为，当信用行为发生时，授信人提供一定的价值物，经过一定的时间后，受信人予以偿还并结束信用关系。① 因此，在经济学的理论中，信用所涉及的民事主体的能力，不是一般、综合性的经济能力，而专指以偿债能力为主要内容的特殊经济能力，这种能力与民事主体的政治态度和一般道德品质不同，也与民事主体的生产经营能力、服务态度、人事或人际关系等其他经济能力无关。

我国法学界对信用的诠释，其代表性观点有以下几种：（1）信用是在社会上与其经济能力相应的经济评价；②（2）信用应指一般人对于当事人自我经济评价的信赖性，亦称信誉；③（3）信用是指民事主体所具有的经济能力在社会上获得的相应的信赖与评价。④

上述理论对于信用的界定有两个明显的特征：第一，信用的主要因素泛指民事主体的一般经济能力，包括经济状况、生产能力、产品质量、偿付债务能力、履约态度、诚实守信的程度等。从其实际内容来看，信用就是民事主体经济方面的综合能力，实质上是指商誉。第二，信用的基本属性归类于人格利益，因此信用应是一般人格权的客体。⑤ 信用是民事主体的一般经济能力的评价，但与商誉有着区别，且信用是信用权的客体，属于具体人格权的一种。

可见，信用，是指民事主体所具有的经济能力在社会上获得的相应之信赖与评价。信用利益包含精神利益与非直接性的财产利益，行使信用仅在具体的经济活动中能够产生一定的财产利益或在侵权损害中产生财产后果。

（二）信用的基本特征

1. 主体的广泛性

信用的主体并非专属于自然人，法人、非法人组织等民事主体也是作为信用评价的主体，从广义的信用分类所包括的个人信用、商业信用、银行信用、国家信用来看，国际组织、国家、政府、企业、个人、个人合伙、工商经营户、农村承包经营户等都可能成为信用的主体。

2. 实质的偿债性

信用源于民事主体自身的偿债能力。在信用关系中，授信人采取信用形式贷出货币或赊销商品，受信人则遵守信用诺言按期偿还款项并支付利息。当事人的资金实力、兑付能力、结算信誉等特殊经济能力就是信用的实质要件之所在。偿债能力通常表现在财产上，只要有相应之偿债能力即可进行非即时的结算交易。例如，在商品市场中使暂时没钱的人可以通过赊账够买东西，暂时没货的还可以进行远期的销售，这些都是基于对交易相对人

---

① 吴汉东. 论信用权 [J]. 法学，2001（1）：41.
② 王利明主编. 民法·侵权行为法 [M]. 北京：中国人民大学出版社，1993：299.
③ 俊浩主编. 民法学原理 [M]. 北京：中国政法大学出版社，1991：158.
④ 杨立新. 人格权法 [M]. 北京：法律出版社，2011：535.
⑤ 吴汉东. 论信用权 [J]. 法学，2001（1）：42.

有偿债能力之信任而产生信用。在资金市场中，票据贴现、抵押贷款、信用贷款等就体现为银行信用。由于授信在前，收回本金和获得利息收入在后，期间要经历或长或短的时间。为了确保资金的安全，获得利息收入，授信者势必要在授信前对受信主体进行资信评估，对于资信好的企业和个人，才敢于提供资金融通，而对于资信不好、有不良记录的企业和个人，则不能提供资金融通。可见，信用使得民事主体在扩大资金规模方面享有优异之利益，亦可致其收益能力增加。因此信用本身就是具有经济价值的财产。①

3. 基础的信赖性

信用表现为对民事主体经济信赖的社会评价。信用的客观表现是一种社会公众而非当事人的自我经济评价，该评价包含有褒义（良好信用）和贬义（不良信用）以及一般意义的信用内容。但评价仅仅是一种形式，信用关系所体现出来的是一种相互之间的信赖。主体之间的信赖，包括了信任和依赖。信任是基础，如果缺乏信任，则没有信用，而信任又源于具有实质性的偿债能力；依赖，体现为任一方的经济利益目标实现都离不开相对方，而依赖性主体的选择无非是根据历史经验推导（曾经交易而可信）或基于现实的偿债能力而确定其可信。经济信赖的社会客观评价不会凭空产生，只有当社会评价和经济能力这两种主、客观因素的结合，才产生了信用。②

4. 外观的关系性

信用不是个体行为，而是发生在授信人和受信人之间的社会关系。成千上万的授信人和受信人发生信用关系，行为主体时而是授信人，时而是受信人，身份在不断变换。如银行在吸收存款时是受信人，其与存款客户发生信用联系；银行在发放贷款时则为授信人，其与贷款客户发生信用联系。随着社会经济和信用制度的发展，信用内涵及其表现形式愈加丰富，信用作为一种社会关系也愈加复杂。在现代社会，信用关系逐步深入到社会生活的每一个角落，尤其是经济领域和网络社会之中。可以说，现代社会实质上是由错综复杂的信用关系编织而成的巨大社会关系网络，这种外观关系的不断变化也就促成了信用制度之中的一个反复博弈的过程。

5. 结果的商业性

信用的社会性对经济发展和社会生活的影响越来越大。信用前所未有地影响着经济发展和社会生活，成为了一种越来越重要的社会关系。在网络社会中不仅可以"互联网+"，而在信用在社会里当然也就呈现出"信用+"之发展趋势。信用已经从单纯的伦理学范畴向经济学、社会学、法学领域不断扩展，甚至逐渐改变了人类社会的价值观。今天的信用，并非像民事领域的名誉、荣誉那样地保留自己非财产之纯洁人格属性，而是更多地与商业和经济利益挂扣，甚至可以说离开商业性而言之信用将会失去社会现实意义。

（三）信用信息

1. 信用信息的界定

资本主义发达的地区或国家已经普遍建立其了个人信用制度，个人可以通过信用方式

---

① 吴汉东. 论信用权 [J]. 法学，2001（1）：42.

② 杨立新. 人格权法 [M]. 北京：法律出版社，2011：535.

获得支付能力而进行消费、投资和经营。个人信用可以通过一系列有效的数据、事实和行为来标明，良好的个人信用档案可以视作个人的第二身份证。立法、司法、行政机构及金融机构的银行和普通公民，都要把自己的有关信息，包括部分相对秘密的信息向某些机构公开、披露，以供他人出于合理目的之查询。美国、英国、法国等都有公平信用法，市场主体在取得授权以后能公平合理地取得和使用与交往对象相关的信用信息。要将涉及个人隐私和公司商业机密的数据和合理的征信数据相区分，既要保护个人隐私和公司商业机密不受侵犯，同时又要使信用机构从业人员的业务工作有法可依。

信用信息，是指能够反映个人、组织信用状况的信息。

信用信息包括三大类：（1）基本信息。即个人、法人或其他组织的身份识别、职业和居住地址等信息。（2）信用交易信息。即个人、法人或其他组织在贷款、使用贷记卡或准贷记卡、赊销、担保、合同履行等社会经济活动中形成的与信用有关的交易记录。（3）其他信息。即与个人、法人或其他组织的信用状况密切相关的行政处罚信息、法院强制执行信息、企业环境保护信息等社会公共信息。

2. 不得作为信用信息搜集的信息

信用信息与隐私信息有些是重合的，但仍可以画出界限。不得以征信为由搜集的信息包括：（1）民族、家庭出身、宗教信仰、所属党派；（2）身体形态、基因、指纹、血型、疾病和病史；（3）收入数额、存款、有价证券、不动产；（4）纳税数额；（5）法律、行政法规禁止收集的其他信息。在明确告知信息主体提供该信息可能产生的不利后果，并取得信息主体特别书面授权后，征信机构可以收集第（3）、（4）项信息。

3. 错误信息的纠正

信息主体认为其信息存在错误、遗漏的，有权向征信机构提出异议，要求更正。根据《征信业管理条例》第25条的规定，信息主体认为征信机构采集、保存、提供的信息存在错误、遗漏的，有权向征信机构或者信息提供者提出异议，要求更正。征信机构或者信息提供者收到异议，应当按照国务院征信业监督管理部门的规定对相关信息作出存在异议的标注，自收到异议之日起20日内进行核查和处理，并将结果书面答复异议人。经核查，确认相关信息确有错误、遗漏的，信息提供者、征信机构应当予以更正；确认不存在错误、遗漏的，应当取消异议标注；经核查仍不能确认的，对核查情况和异议内容应当予以记载。

4. 不良信息的保存时间

国际上一般的做法是保留7年。对于信用卡逾期记录，如果打印信用报告，仅显示过去两年的还款信息。按照美国的做法，一般的负面信息保留7年，破产的、特别严重和明显恶意的负面信息保留10年。超过保留期限，负面信息就将在个人信用报告中被删除。征信机构不得披露、使用自不良信用行为或事件终止之日起已超过5年的个人不良信用记录，以及自刑罚执行完毕之日起超过7年的个人犯罪记录。

2010年7月1开始实施的《侵权责任法》第36条第2款规定："网络用户利用网络服务实施侵权行为的，被侵权人有权通知网络服务提供者采取删除、屏蔽、断开链接等必要措施。网络服务提供者接到通知后未及时采取必要措施的，对损害的扩大部分与该网络用户承担连带责任。"。

2012 年《全国人大常委员会关于加强网络信息保护的决定》第 8 条规定："公民发现泄露个人身份、散布个人隐私等侵害其合法权益的网络信息，或者受到商业性电子信息侵扰的，有权要求网络服务提供者删除有关信息或者采取其他必要措施予以制止。"

2013 年 3 月 15 日起施行的《征信业管理条例》第 16 条规定，"征信机构对个人不良信息的保存期限，自不良行为或者事件终止之日起为 5 年；超过 5 年的，应当予以删除。在不良信息保存期限内，信息主体可以对不良信息作出说明，征信机构应当予以记载。"

2017 年 6 月 1 日起施行的《网络安全法》第 43 条规定："个人发现网络运营者违反法律、行政法规的规定或者双方的约定收集、使用其个人信息的，有权要求网络运营者删除其个人信息；发现网络运营者收集、存储的其个人信息有错误的，有权要求网络运营者予以更正。网络运营者应当采取措施予以删除或者更正。"

2017 年 10 月 1 日开始实施的《民法总则》第 111 条规定："自然人的个人信息受法律保护。任何组织和个人需要获取他人个人信息的，应当依法取得并确保信息安全，不得非法收集、使用、加工、传输他人个人信息，不得非法买卖、提供或者公开他人个人信息。"

可见，我国对信息记录的保存时间以及不良信息的删除是有明确规定的。

【知识链接 16-1　被遗忘权】

【案例链接 16-1　无法改变的经历】①

【案例链接 16-2　涉及犯罪信息的删除】②

（四）信用等级

信用等级，通常是指基于评估对象的信用、品质、偿债能力以及资本等的指标级别，即信用评级机构用既定的符号来标识主体和债券未来偿还债务能力及偿债意愿可能性的级别结果。

【知识链接 16-2　国际通行的信用等级】

---

① 参见北京市第一中级人民法院"（2015）一中民终字第 09558 号"《民事判决书》。
② 参见北京市第一中级人民法院"（2015）一中民终字第 09558 号"《民事判决书》。

【知识链接 16-3　中国农业银行信用等级评比】

【知识链接 16-4　美国信贷系统】

（五）信用与商誉

在无形财产体系中，信用与商誉有着密切的联系，但也有着明显的区别，信用是商誉的组成部分，没有良好信用的企业不会树立起良好的商誉；信用可使企业之收益能力增加，而因此种收益能力增加所生之资产价值亦可谓之理财上的商誉。① 但是，在无形财产类别中对信用与商誉加以区别仍有意义。

第一，主体不同。与商誉不同，信用的主体不限于商法人，它包括自然人、法人乃至国家在内的一切民事主体。就现有的立法例而言，一些国家已对信用与商誉作了明确的区分，并采取不同的权利保护形式。在德国，信用和商誉是不同的法律术语，这两个法律术语在相关法律文献中有着不同的含义，其民法典第 824 条确认了信用权："违背真相主张或传播适于妨害他人的信用或对他人的生计或前途造成其他不利益的事实的人，即使其虽不明知、但应知不真实，仍应向他人赔偿由此而发生的损害。"根据该条的规定，信用的权利主体与侵权主体一样涵盖了一切民事主体。而该国反不正当竞争法第 17 条规定的商誉权的保护则是"对他人的营利业务、企业主或领导人本人、他人的商品或工业给付恶意主张或传布构成损害商事企业的违背真实的事实者，应被科以最高为 1 年之徒刑或罚款"。② 可见，商誉的权利主体须以与侵权主体构成竞争关系为前提，即同为市场竞争活动中的生产经营者。

第二，来源不同。信用的来源不一定是积极的社会评价，而是关于主体偿付能力的客观的一般性评价，它几乎是写实性的，但却是一种没有物质形态的无形财产利益，是关于经济信赖的一种社会评价，反映的是特定主体的特殊经济能力。商誉来源于其他主体的评价，而且是积极性的。

第三，表现形式不同。信用是一种关于经济信赖的社会评价，它存在于商品交换与商业贸易之中，因此必须通过一定的载体表现形式（如汇票、信用证、资信文件等）表现出来，为当事人各方所认识、所接受。在一般商业交易中，信用的代表是汇票，即是一种有一定支付期限的债券，或说是一种延期支付的证书。在进出口贸易中，信用的代表是信用证，即进口商的代理银行为进口商提供自身的信用，保证承付出口商开给进口商有关票据的证书。而在其他经济活动中，有关信用则表现为权威机构或评估机构开具的资信文件。③ 商誉的表现形式是复杂多样的，舆论认可及消费者的认同是其主要形式，而且要通

① 杨时展. 中华会计思想宝库（第一辑）[M]. 北京：中国财政经济出版社，1992：23-24.

② 张德霖. 竞争与反不正当竞争 [M]. 北京：人民日报出版社，1994：221.

③ 吴汉东. 论信用权 [J]. 法学，2001（1）：43.

过销量以及市场占有量来间接体现。

（六）信用与名誉

在人格利益范畴中，信用与名誉有着相同的人格属性。在古代罗马法中，信用是主体人格的重要内容。一个人的名声，包括名誉、信用等，是其在法律上具有完全人格的一个重要方面，污名（不名誉）、无信用都会对民事主体的权利能力带来影响；同时，信用与名誉同属于精神利益之范畴，这种精神性的人格利益与包括身体、健康、生命在内的器质性的人格利益，是一个完全独立的民事主体必然同时拥有的。① 但在现代法的框架下，信用已逐渐从纯粹的人格利益转化为财产利益且财产利益逐渐占据了主要的地位。现代信用往往是以财产为基础的。对于民事主体而言，信用状况与其所拥有的财产、资本密切相关联，资金实力、偿债实力成为了衡量其信用等级的尺度。而且，现代信用总是以财产信用为主旨。在现代商业实践中，起决定作用的是财产信用而不是人格信用，诸如人的担保（即保证），固然要考虑到保证人的人品，但最终关键的还是要考虑并落实到其财产状况上。② 尽管信用的财产属性逐渐彰显，但其仍然属于人格利益之范畴，原因在于信用与民事主体的人格具有不可分离的关系，信用并非是与生俱来的，其与民事主体的社会活动、财产状况有关，与特定的主体身份有关；而且，信用本身就是对主体人格某一方面之客观评价，其属于依附于主体的一种人格利益，③ 凡是损害信用的也就必然地损害了主体的人格。

可见，信用与名誉虽同为对有关民事主体的社会评价，信用的优劣与名誉的好坏亦须臾难分，但在市场经济的条件下，现代信用在保留有某些人格品性的同时，已日益显现出其重要的财产意义。

二、信用权

（一）信用权的概念

我国学者对信用权概念的界定，主要分为以下两类。

第一，明确以"经济能力"与"可信任性"为核心语词界定信用权。有学者认为信用权是民事主体对其所具有的偿债能力在社会上获得的相应信赖与评价而享有的保有、利用和维护的权利。④ 有观点认为，信用权是指民事主体就其所具有的经济能力在社会上获得相应信赖与评价所享有与其保有和维护的人格权。⑤ 还有观点认为，信用权是指以享有

---

① 吴汉东. 论信用权 [J]. 法学，2001 (1)：44.
② 吴汉东. 论信用权 [J]. 法学，2001 (1)：44.
③ 参见王利明. 人格权法研究 [M]. 北京：中国人民大学出版社，2013：591.
④ 吴汉东. 论信用权 [J]. 法学，2001 (1)：44.
⑤ 杨立新. 人格权法 [M]. 北京：中国法制出版社，2006：251.

在社会上与其经济能力相应的社会评价的利益为内容的权利。① 无论如何表达，都是从民事主体的经济能力与偿债能力之角度来进行定义的，都认为信用权是民事主体对其经济能力及偿债能力的评价所享有的权利。

第二，以"经济信誉"为核心语词界定信用权。有观点认为信用权是直接支配自己的信誉并享受其利益的权利。② 有学者提出，信用权者，以在社会上应受经济的评价之利益为内容之权利，即就其给付能力及给付意思所享有之经济上信誉权。③ 也有学者认为，信用权指以经济活动上的可靠性及支付能力为内容的权利，又称为经济上的信誉权。④

对信用权的界定，应当考虑以下三个方面的因素：一是信用主体具有"经济能力"。经济能力是一种综合能力，主要体现在信用主体的资产实力、盈利能力等方面，从本质上反映了信用主体承受风险、履行义务的能力等。二是信用主体履行债务的道德水平，即"可信任性"是信用作为权利保护的实质内容。"可信任性"和"经济能力"之间有着严密的逻辑关系，是信用的两个层次。"经济能力"是"可信用性"的基础条件，没有经济能力的主体不可能获得高级别信用的评价，但如果有经济能力但不主动履行偿还义务也不能被社会信任。三是将"职业声誉"纳入信用权保护。征信信息的使用对象是交易活动参加人和用人单位，从征信机构处获得有关信用主体的信用评价都涉及其职业声誉。

信用权，是指民事主体对其所具有的经济能力在社会上获得的相应信赖与评价而享有的利用、保有和维护的权利。

（二）信用权的性质

关于信用权的性质，有财产权说、人格权说、商事人格权说、商誉权说等不同之学说。

1. 财产权说

财产权说认为信用权本质上是一种财产权，而非人格权，因为人格权是与生俱来的，而信用权是在社会交往中通过社会评价逐渐形成的一项权利。信用本身是一种财产，是一种重要的资信利益，随着市场经济的发展与人们权利观念的进化，有必要将这种资信利益从一般人格利益中分离出来，并最终与与此相关的商誉利益中分离出来，并最终与与此相关联的商誉利益相区别，即赋予其独立的财产形式并给予特殊的法律保护。⑤

2. 人格权说

人格权说认为，尽管信用权具有强烈的财产因素，但其本质上仍然是人格权，因为信用权的财产价值只有在经济活动中或信用权受到侵害时才具有实际意义，其在本质上应为一种具体的人格权，只不过是以后可商品化的的人格权。信用虽然是对社会主体经济能力的一种评价，但其仍属于社会主体整体人格评价的一部分。离开了特定的自然人或者法

---

① 王利明. 民法·侵权行为法 [M]. 北京：中国人民大学出版社，1993：299.
② 张俊浩. 民法学原理（第三版）[M]. 北京：中国政法大学出版社，2000：158.
③ 史尚宽. 债法总论 [M]. 北京：中国政法大学出版社，200：153.
④ 王泽鉴. 侵权行为 [M]. 北京：北京大学出版社，2009：123.
⑤ 吴汉东. 论信用权 [J]. 法学，2001（3）：44-45.

人，信用的对象评价就失去了对象和前提，从这个意义上来说，信用总是和特定的人格联系在一起。①

3. 商事人格权说

商事人格权说认为信用权本质上是一种商事人格权。此种权利的客体不是单纯的经济性质的利益，而是一种精神利益与财产利益的综合。对于一般自然人而言，其信用的财产性是微不足道的，只有当它和商业目的、经营相结合，也就是一般人的信用特定化为商人的信用时，信用才具有了巨大的财产利益，才成为一种无体动产。②

4. 商誉权说

商誉权说认为信用等同于商誉，属于法人的名誉，都指的是对法人经济能力的社会评价，所以没有区分信用和商誉的必要性。商业信誉是商业名誉与信用的合称。③

尽管信用权在其行程中与一定的财产相关联，但其性质上仍然属于人格权，因为：

首先，从民事主体与信用权的关系上来看，信用权与民事主体之间的不可分离性决定了其拥有与名誉权、姓名权等权利一样的人格属性，虽然信用权并不像名誉权等权利那样随着出生就表现出来，而是在主体从事经济活动时才体现出来，但是信用权的自始存在是毫无疑问的。信用权是一种人格权表现在其与民事主体的不可分离，不能离开特定的民事主体而分割转让于其他民事主体。如果信用权转让给其他民事主体，那么信用权所具有的信赖与利益就会丧失，其他民事主体也不可能利用他人的信用权从事经济活动。另外，民事主体离不开信用权，民事主体的信用权益应当受到法律的保护。如果民事主体的信用利益不能得到法律的有效保护，对于其信用利益的各种侵害得不到有效救济的话，那么民事主体的信用利益逐渐丧失，必将严重影响到其参与社会生活和市场经济活动，使得其在社会中难以立足。而财产权就具有可与民事主体相分离的特点，并且可以分割转让于他人，并且某一项财产的损失，通常情况下不会影响到民事主体参与社会经济生活的资格。

其次，从信用权的客体来看，其客体是信用利益，也就是信用，本质上体现的是一种人格利益。一方面，从道德层面上来看，我国古代有"人无信则不立"的说法，将信用看作是人区别于动物而为之人的重要标志。这直接表明，在伦理道德上，信用被看作是具有人格的一个重要考量因素。在商业领域，信用作为商业道德时，其所具有的人格利益更加凸显出来。在商业活动过程中，信用无时无刻不存在着，企业很难在没有信用的支持下存活和发展。另一方面，从法律的层面上来看，在罗马法中，信用是作为人格的一部分而存在的。"故人格减等者，谓之享有之人格权，因特别原因之发生而减丧也。"④ 自由人因无力清偿债务是人格大减等的重要原因，人格大减等即丧失自由和失去人格。无力清偿债务同时也意味着自由人失去了信用，失去了人格存在的重要基础，罗马法中虽无权利能力的概念，但规定之中已隐含着相应的内涵。换句话说，罗马法中将是否具有偿债能力，

---

① 李新天，朱琼娟. 论"个人信用权"——兼谈我国个人信用法制的构建 [J]. 中国法学，2003（5）：97.

② 程合红. 商事人格权论 [M]. 北京：中国人民大学出版社，2002：97.

③ 孔祥俊. 反不正当竞争法的适用与完善 [M]. 北京：法律出版社，1998：597.

④ 丘汉平. 罗马法 [M]. 北京：中国方正出版社，2004：50.

是否拥有一定的信用作为评价主体是否具有一定人格的依据。

最后，信用尽管与财产具有紧密联系，但其作为一种人格利益，具有相当的独立性，一定程度上可以脱离财产因素的制约。例如，银行允许具有良好信用的人进行善意透支，而且民事主体可以利用信用为自己创造一定的财产利益。但这并不是因为信用本身直接具有财产价值而使主体获利，而是人们积极地利用自身的信用来作为交易的条件，促使他人信赖权利主体，进而能够相信主体有能力有意愿与其完成交易。所以，民事主体利用享有的信用权进行经济活动，并不是信用权本身具有财产价值，而是主体利用信用权创造财产价值的一种表现形式。

可见，信用权是对民事主体所固有的信用利益之保有、维护和利用的权利。信用权与信用等级以及信用良好是不同的概念，作为一种权利是主体所享有的，信用等级是根据主体资信状况和依据一定标准评定的，信用良好则是人们对特定主体信用状态的一种积极性评价。

（三）信用权的特性

信用权的主体可以是自然人，也可以是法人甚至是其他社会组织如合伙等都可以享有信用权。侵犯信用权所造成的损害，不仅造成对信用主体产出利益的损害，还可能会造成对自然人精神利益的损害。[①]

信用权具有以下特性：

1. 非恒定性

信用权的独占效力，并非是一成不变的，其保护的信用范围难以有清晰的边界加以确定，它随着民事主体生产经营活动或者在经济领域资信状况及表现的好坏始终处于不断的优劣变化之中。它既不能像所有权那样基于其有形标的物来设定本权与他权的界限，也不能如同知识产权通过注册登记对其效力范围加以界定，与所有权、知识产权不同，也与其他人个利益的独占效力之确定性不一样。信用虽然不是一次或多次简单地产生经济效益呈现，而是体现在经常性持续不断地产生效益上的可变性。民事权利的内容也就是受保护的利益，在经济因素、道德因素以及其他社会因素的作用下，特定主体的信用肯定会发生一些变化，在这种情况下，其独占权效力范围就不可能具有永久的确定性。

2. 相对的排他性

信用权不具有知识产权的地域性特征，不能像专利权、商标权那样在授予该项权利的一国范围内享有排他效力。但是，受到法律保护的利益才能成为权利，信用权虽无一国之地域效力，但其排他性可从以下两个方面来认识：一是信用权在特定民事主体所属的行政区域或行业内受到保护；二是信用权在特定民事主体发生生产经营活动或其他经济活动的地区或行业内具有排他效力。从这个意义上说，信用权是一种相对的绝对权。信用权是受到法律保护的资信利益，如同其他民事权利一样，也要受到法律的某种限制。对信用权的限制，其目的在于制约权利人行使资信类权利的范围，防止其"用而无信""滥用信息"而损害他人的合法利益。关于信用权的限制，主要表现为对权利行使的限制。为防止信用

---

① 杨立新. 论信用权及其损害的民法救济 [J]. 法律科学, 1995（4）：52.

权的滥用，法律通常采取以下措施：第一，规范信用活动。信用活动应奉行诚实信用原则，避免信用危机发生。信用交易涉及信用授受双方，债权人一方有权利在一定时期内收回其暂时转让的价值并获得报酬，债务人一方有义务在约定的时间内偿还价值并付出代价。① 对此，应通过合同的形式明确双方当事人的权利义务，杜绝"欠债有理、欠债有利"的不合理预期的出现。第二，推行信用工具。信用工具是授信人与受信人双方确定的债权债务关系的载体，其中最有代表性的信用工具和支付工具当属票据。信用活动的票据化有助于防范"口头协议""白条凭证"或"挂账承诺"等非正规信用形式的出现。

3. 外观的等级性

信用本身以世人可见之信用等级来表明不同主体的信用状况，故而信用权从法律的角度而言尽管是平等的，但在行使信用权的方面，不同等级信用者的权能之着重点有所不同。信用等级较高的主体更多地体现为对信用利益的维护。

4. 经济领域性

信用权与名誉权、荣誉权、隐私权在行使上不同，其着重于在经济领域尤其是在债权债务关系之中呈现出来。而名誉权、荣誉权和隐私权本身的行使，一般不与经济领域挂钩，或者说其所呈现的更多为主体本身的人格精神，而信用权在某种意义上说是集合了隐私信息、名誉、荣誉于一身且在经济领域之中呈现和行使，离开了经济领域谈信用权的内容或者权利行使以及保护，都没有意义。

三、信用权的法律保护

（一）信用权的立法保护模式

从域外之立法现状来看，对信用权的立法保护主要有以下几种模式：

1. 侵权救济模式

对于信用权，德国是通过对侵权的损害救济而实现其保护的，其并未将信用权直接规定为一项独立的民事权利。尽管《德国民法典》第 824 条规定了对侵害他人信用权益的行为应当赔偿损失，但并非是直接界定信用权以及信用权的权能，而是对侵害信用权的责任所作出的规定。② 与德国对信用权保护模式相似的国家还有奥地利、葡萄牙等。

2. 相关权利保护模式

日本、俄罗斯是通过对与信用权相关权利的保护从而达到对信用权益进行保护之目的。《日本民法典》通过扩张名誉权的范围，将侵权行为的后果纳入到保护民事主体的信用权益上来。《俄罗斯民法典》规定对商业信誉给予与名誉、尊严平等独立的保护，通过对保护商誉来保护自然人、法人的信用权。

3. 独立人格权模式

中国台湾地区直接将"信用"规定为一种独立的人格权，与其他人格权并列加以保

---

① 何盛明. 财经大辞典［M］. 北京：中国财经出版社，1990：452.
② 吴汉东. 论信用权［J］. 法学. 2001（3）：47.

护。台湾地区的"民法典"第195条第1款规定，侵害他人信用而情节严重者的，受害者可以请求损害赔偿。尽管该条规定于2000年已加以修订，将信用排除在所列举的四项人格权之外，但仍有台湾学者认为台湾"民法"虽然无类似《德国民法典》第824条"损害信用"之规定，但台湾地区"民法典"第18条有关人格权保障之规定原就将信用损害之情形包括在内。①

4. 单行立法保护模式

英、美国家是判例法国家，但他们通过一些单行法如《公平信用报告法》《平等信用机会法》等法律，对个人信用信息直接加以规定予以了保护。这些法律对于个人信用信息的保护直接体现了英、美国家对信用权的保护。

西方国家由于其商品经济发展程度较高，因而其信用立法也相对比较完善。以美国为代表，其作为世界上信用交易额最高的国家，也是信用管理行业最发达的国家，自1968年颁布《统一销售信贷法》以来，先后颁布了14部相关法律，如在《诚实信贷法》(*Truth in Lending Act*)中，要求贷款人明示各项条款，借款人承担对应的告知义务，从而防止欺诈及借款决策失误；《同等信贷机会法》(*Equal Credit Opportunity Act*)，规定了贷款人仅仅由于种族、宗教信仰、肤色、性别、年龄、婚姻状况、国籍、享受社会福利等而拒绝向潜在借款人提供贷款的，属于违法的歧视行为；《公正信用报告法》(*Fair Credit Reporting Act*)，明确了消费者免受信息不准确之害；《信用控制法》(*Credit Control Act*)，则是为了强化保护，法院可通过永久或临时的禁令以及约束性法规来处罚违规者。此外，《信用卡发行法》(*Credit Card Issurance Act*)、《房屋贷款人保护法》(*Home Equity Loan Consumer Protection Act*)、《信用修复机构法》(*Credit Repair Organization Act*)、《公平信用和贷记卡公开法》(*Fair Credit and Charge Card Disclosure Act*)、《电子资金结账法》(*Electronic Fund Transfer Act*)、《房屋抵押公开法》(*Home Mortgage Disclosure Act*)等也对信用权的保护作出了规定。②

(二) 我国有关信用的相关规定

相比于域外的相关立法，我国关于信用保护的立法出现得稍显晚，《民法通则》和《民法典》并未将信用权列入具体的人格权予以确定，而是通过名誉权保护转接的方式对民事主体的信用给予保护。相关的规定零散地见于《合同法》《公司法》《保险法》《反不正当竞争法》等法律中，既缺乏集中统一而系统的规定，对于信用的概念及性质的界定也仅出现在行政法规之中，其他的规定也显得零散、模糊和难以操作。同时，信用信息与商业秘密、个人隐私，信用与名誉及商誉之间的界线也显得模糊不清，这些都制约了个人信用法律制度的发展。③

---

① 廖正豪. 名誉权保护之研究 [M]. 台北：典章企业有限责任公司，1996：80.

② 李新天，朱琼娟. 论"个人信用权"——兼谈我国个人信用法制的构建 [J]. 中国法学，2003 (5)：99.

③ 李新天，朱琼娟. 论"个人信用权"——兼谈我国个人信用法制的构建 [J]. 中国法学，2003 (5)：101.

1. 民事法律领域的相关规定

我国对信用利益的保护是将之纳入到名誉权中，并通过诚实信用原则提供一定的保护。《民法通则》是公民维护自己的人身权利的重要武器，但是其并未对信用权的保护作出明确的规定，只是第4条要求民事主体行使权利和履行义务时应当遵循诚实、守信的原则。2017年颁布的《民法总则》亦未对信用权作出明确的规定，仅仅通过第7条"民事主体从事民事活动，应当遵循诚信原则，秉持诚实，恪守承诺"的诚实信用条款要求人们秉持诚实，恪守承诺，善意行使权利和履行义务从而实现对信用权的保护。《合同法》第6条有关于当事人行使权利和履行义务时应当遵循诚实信用原则的规定。另外，《消费者权益保护法》第4条也规定了诚实信用原则的适用，用以规范经营者与消费者之间的交易活动。

2. 反不正当竞争法的规定

《反不正当竞争法》中有对信用权保护的相关条款，第6条列举的四种假冒行为和第11条对商业信誉、商业声誉的规定，都在一定程度上体现了对信用权益的保护。《反不正当竞争法》在第11条将商业信誉、商业声誉作为法律保护的对象，但从文字表述上看，该条规定只是对企业商誉权的规定，并未直接规定对信用权的保护，实为信用权的保护提供了间接的法律依据。

3. 与商事活动的立法

《广告法》第5条有关诚实信用原则的规定和第12条关于广告中不得贬低其他生产经营者的商品或服务的规定，在一定程度上体现了对商誉的直接保护，也可以理解为对信用利益的间接保护。《商标法》第1条的规定隐含了维护商品信誉，驰名商标则在一定程度上代表着企业生产的产品或提供的服务在社会中具有较高的信用，对其保护也是间接性地对企业信用利益的保护。

4. 有关信用制度建设的法规、文件及地方性条例

除国务院印发的《社会信用体系建设规划纲要（2014—2020年）》政策性文件以及2005年6月16日中国人民银行制定的《个人信用信息基础数据库管理暂行办法》外，国务院于2013年1月21日发布的《征信业管理条例》和2014年8月7日发布《企业信息公示暂行条例》是目前关于信用方面较为权威的法规。

为规范信用评级机构的执业行为，人民银行曾印发了《中国人民银行信用评级管理指导意见》（银发〔2006〕95号）和《信贷市场和银行间债券市场信用评级规范》（银发〔2006〕404号文印发），建立信用评级违约率检验系统，完善了以事中、事后监管为重点的市场化监管体系。2013年，人民银行持续推进《征信业管理条例》的细化和征信领域的制度建设工作，陆续出台了《征信机构管理办法》（中国人民银行令〔2013〕第1号发布）、《征信投诉办理规程》（银办发〔2014〕73号文印发）、《金融信用信息基础数据库用户管理规范》（银发〔2014〕323号文印发）、《征信机构信息安全规范》（银发〔2014〕346号文印发）、《征信机构监管指引》（银发〔2015〕336号文印发）、《企业征信机构备案管理办法》（银发〔2016〕253号文印发）等配套制度，进一步规范和引导征信市场健康发展。

各地方也在加紧出台地方性有关信用信息管理的条例，如2014年9月24日公布的

《内蒙古自治区公共信用信息管理办法》、2017年3月30日通过的《湖北省社会信用信息管理条例》、2017年5月12日通过的《深圳市公共信用信息管理办法》、2017年6月23日通过的《上海市社会信用条例》、2017年9月28日通过的《河北省社会信用信息条例》、2017年9月30日通过的《浙江省公共信用信息管理条例》、2018年1月23日通过的《北京市公共信用信息管理办法》、2018年2月24日通过的《山东省公共信用信息管理办法》等。

【知识链接16-5 关于信用的相关规范】

（三）信用权的具体内容

1. 信用信息控制权

信用主体对自己的相关信息，有决定是否向相关征信机构提供的权利，凡涉及个人隐私、商业秘密的相关信息，可拒绝提供给相关部门。是否向社会、有关部门、个人公开自己掌握的信用信息，属于信用权人的权利，他人不得非法窃取或者收集。

2. 信用保有权

（1）信用等级了解权

信用权人有对自己信用状态控制、保持和维护的权利。信用权人在社会活动中自然形成的相关信用信息，依照法律规定，征信机构可以依法征集并依法向相关机构提供，有关机构根据其业务活动需要可以对相关的经济活动主体进行信用的评级或者认定其信用等级，在有需要时应向其出具信用报告。

（2）信用状况保持权

信用权人在日常活动中，有权以积极的活动保持自己的信用不降低、不丧失，并可通过增加自己的资产量和履约度来提高自己的信用等级。任何人不得对信用权人的名誉、荣誉以诽谤、诋毁等非法行为使其信用降低。

（3）信用信息查阅、更正权

信用权人有权查阅相关机构对其信用信息的存储和归集以及评级结果，对于错误的记载有权要求其更正，对已经存储期届满的不良信息有权要求依法及时删除。

3. 信用信息利用权

信用权人有权依法利用其信用开展经济、社会活动，向相关的合作者或者其他有需要的主体提供信用报告，获得相应机构给予的授信待遇从而开展直接的经济交易、投融资活动，也可以利用自己的信用依法为他人提供担保等。

4. 信用利益维护权

无论是征信机构还是信用评定机构，又或者交易相对方还是其他个人、组织，对信用权人的不法行为导致其利益受损的，信用权人可依法维护自己的信用权益，对于造成实际损失的，侵权人应当实际赔偿；对于造成信用权人名誉损害而形成精神损失的应依法补偿。

【案例链接 16-3　涉及信用信息的名誉权纠纷案】①

由于我国对信用权没有直接的法律规定，故而现实的司法审理活动中只能将信用问题转接到名誉权方面进行保护。这种做法无疑是一个权宜之计，在信用社会的今天，大量有关信用的纠纷都转接到名誉权来保护，很多纠纷在处理上值得讨论。名誉受损必须是错误信息的对外公布而造成的损害，而信用信息管理的特殊性决定了信用信息错误通常不会以向社会公开的方式表现，但对信用主体所能造成的影响却是实实在在的，其预期的交易无法进行，合同约定应取得之信用利益无法实现（贷款），最终导致的交易目的落空。即使通过司法途径纠正了信息登记或信用等级记载的错误，但交易失败的损失，却因未造成名誉损害而得不到赔偿，这一方面间接地放纵了侵权人的侵权行为，另一方面不能有效填补信用主体的实际损失，而且也在结果上无法体现公平和正义。因此，通过立法确认信用权并予以保护，有现实的意义。

（四）完善对我国信用权保护的建议

当今经济的高速发展为我国个人信用制度的建立与相关法律的完善带来了很大的契机与可利用的条件，个人信用活动在日渐兴旺地开展。近年来，信用卡使用、信贷消费等呈现上升趋势；负责收集客户资信信息并提供有偿使用服务的资信中介机构也蓬勃发展起来。在此环境下，信用市场急需良好的运作秩序来予以规范和引导。同时，信用活动中出现的一系列问题，诸如信用信息的收集、提供、使用与公民隐私权保护的问题，信用权的具体保护问题，信用活动中可能出现的民事责任予以追究的问题等，也需要建立相对完善的信用制度作为解决问题的有效途径。

1. 培育社会良好的信用观念

长期以来，我们缺乏信用观念的养成，信用教育也严重欠缺，在经济收入不断得到增加的大前提下，仍然存在社会上的人普遍"缺德"和不讲信用的状况。过去，贫困大学生助学贷款的偿还率居高不下，我国某大型国有银行某某支行相关负责人就曾透露，2014年上半年该支行的零售贷款不良率为 0.74%，相比之下其教育助学贷款不良率为 4.01%，高出整体零售贷款不良率 4 倍多。② 而西南某省的数据显示，截至 2014 年 2 月底，这个省的国家助学贷款学生自付本息到期 4359 万元，实际回收 3291 万元，未按时归还金额达到 1068 万元，违约率达 24%；其中，高校助学贷款当期本息未按时归还、违约率在 40%以上的高校有 24 所，7 所高校的违约率超过 80%；生源地信用助学贷款违约率超过 15%

———————————

①　东京法院判谷歌删除部分个人信息搜索结果［EB/OL］.［2018-09-10］. 人民网，http：//it. people. com. cn/n/2014/1011/c1009-25809839. html.

②　助学贷款违约率居高不下 存大学生恶意欠款现象［EB/OL］.［2018-09-10］.搜狐教育，http：// learning. sohu. com/20141017/n405203383. shtml.

的县有 18 个。①

大学生作为受过高等教育的群体，其信用素质的提高尤为重要。可喜的是，近年来的调查显示，信用观念有所提高。2016 年 7 月，相关部门联合印发了《青年信用体系建设规划（2016—2020 年）》，指出青年信用体系建设是社会信用体系建设的重要组成部分。全国大学生信用大使联盟发布了《2017 中国大学生信用现状调研报告》，该报告通过对全国 31 个省市的 1540 所高校的大学生样本数据进行深入调研显示：过去两年，虽然大学生的信用认知水平有显著提高，消费正在偏重理性趋势，但超三成大学生缺乏计算贷款成本的相关意识，超过六成的大学生对个人征信报告并不了解。② 2017 年 9 月 1 日起施行的《普通高等学校学生管理规定》在修订时，曾将"诚信教育"写入管理规定，对失信学生可给予警告直至开除学籍等处分；但最终通过的规定则没有将失信列入处分范围，而是将代考、作弊、学术不诚信的处罚具体化了。信用观念，应伴随着社会主义核心价值观的养成和日常教育逐渐树立，要将个人诚信纳入到实践生活中予以考察，要真正建立诚信体系，就必须要对失信者有相应的惩罚。习惯成自然、自然成必然，诚信观念的养成是培育信用社会的基础。

2. 应明确信用权保护的立法

在法律层面上，个人信用保护立法活动的开展可以从两个方面同时进行：一方面，我国民法典分则的编纂工作正在紧张进行，而随着个人信用活动的丰富开展，对公民信用权的确认和保护具有切实的必要性。如人格权可以独立成编，将信用权纳入具体人格权予以保护将是最佳选择。将个人信用权归于人格权范围，其实现形式可以是支配权和请求权。信用权的内容可分为资信利益的利用权、资信利益的保有权和资信利益的维护权；同时，公民行使信用权可以按一定的标准对自己应获得的信用利益予以主张，有权要求排除他人对其信用利益的非法剥夺，并在自己信用权遭受侵犯时依法主张赔偿等。另一方面，由于个人信用在实际生活领域中涉及面很广，对各个不同领域的信用交易活动予以统一立法既不现实也难以操作。因此，在具体操作上，可以在民法中对信用权的规定作为基础，制定各个单行的法规予以分别规定。这样，在实现原则性利益保护的同时，能够确保灵活多变的市场需求。

3. 完善信用配套制度的建设

建立个人信用管理制度，不仅要有立法，更多的还要有配套制度，关键还要有技术措施。如美国除有相关的个人信用保护立法外，相应的制度建设也在跟进，不仅有完善的个人资信档案登记制度、规范的个人评估机制、严密而灵敏的个人信用风险预警管理及转接的技术性系统。③

在具体的制度层面上，个人信用制度应包括个人信用征集、个人信用评估和个人信用

---

① 助学贷款不良率居高不下，学霸变老赖部分因就业难［EB/OL］．［2018-09-10］．网易新闻，http：//news. 163. com/14/0904/14/A5AB7B6700014AED. html.

② 大学生信用不容忽视，信用普及教育迫在眉睫［EB/OL］．［2018-09-10］．新浪财经，http：//finance. sina. com. cn/roll/2017-08-12/doc-ifyixiar9884981. shtml.

③ 钟明霞．信用法律制度研究［J］．当代法学．2002（7）：14.

风险管理等内容。其前提性的一环就是将个人信用的相关信息通过合法的方式，提供给信用交易活动中的授信方，使其知悉真实情况以作出决断。有了准确的个人信息，银行就可以酌情决定是否发放贷款，是否给予优惠，是否要密切关注其信用活动，以及在个人信用信息发生不利变化时，银行是否采取相应的补救措施等，这将大为降低银行在个人信贷中的风险，同时也有利于提高公民的信用意识。同时，还应注意对某些现有制度的协调和完善。例如，企业信用的培养和确认与我国公司法人人格制度有关，公司法人应具有严格的独立人格和独立财产制度基础，否则在相应信息披露不及时、政府监管不利的情况下，极易出现公司负责人以独立人格逃避个人责任的失信情况。因此，在涉及公司资信能力的事件上则可适用法人人格否认制度，以促成企业守信。

4. 重复博弈以及建立失信者黑名单的阻却

信用权保护仅仅是信用制度建设之中的一环。缺乏信用的社会，将是基因性的缺陷，难以用后天性的物质所改变。要建立一个良好的信用社会，就必须要全方位打造信用鼓励和限制两个方面，要在全国范围内建立信用信息平台，建立重复博弈的机制，不能让失信者有可躲避的空间，必须将失信者列入黑名单并在一定时间和领域内构筑门槛将之阻挡在外。只有守信者获益、失信者受惩、侵权者担责，社会信用制度才能逐渐建立起来。

个人信用权是公民享有的一项人格利益。现今社会信用活动的普遍出现，在大大提高社会效率的同时，也给人们的生活带来了一个全新的观念，即守信者获利，失信者寸步难行。完善的法律是保障信用活动健康开展的基础，健全的制度则是信用活动蓬勃发展的动力。更重要的还是使信用的观念深入人心，让所有的公民都来重视个人信用的建立，注重个人信用的维护，只有这样，我国科学、完善的信用制度才能真正有效地建立并运行，也只有这样，才能真正地形成一个信用社会。

第十七讲 自 由 权

——做自己的主人

叶挺的《囚歌》中写道 "一个声音高叫着：爬出来吧，给你自由！我渴望着自由，但也深知道——人的躯体哪能由狗的洞子爬出！"无数革命先烈为了全人类的解放和自由而毅然放弃了自己的自由甚至宝贵的生命。自由，一直是人们所向往和追求的目标，然而何谓自由以及如何实现自由，则是纷争不断的问题。法律对公民的自由给予保护，为的是使人有尊严地活着，同时也在一定程度上对个人的自由作出相应之限制。

一、自由

自由是一个亘古常新的主题，人类文明史就是人类争取自身解放的一部自由发展史。帕特里克·亨利说过："无自由，毋宁死（Give me liberty or give me death.）。"那么，自由到底是什么？为什么有人会为自由愿意奉献出宝贵的生命？自由到底有什么魅力以及受到哪些限制？

（一）不同语境下所称之自由

1. 古代中国关于自由的描述

在古代中国，《逍遥游》中一段①，宋荣子不因世人称誉他而奋勉；也不因世人非难他而沮丧。因为他清楚自我和外物的界限，光荣和耻辱的区别并不重要！他对于世俗名利，也不急迫追求。但不以物喜、不以己悲的他还是没有达到最高境界。列子能驾风行走15天。对于求福的事没有刻意追求，也因为驾风而行免去徒步之辛劳，但其也是有所依凭。庄子认为若能顺着自然规律，把握节气变化，遨游无穷的宇宙，就能达到无所依凭的自由状态，又言："至人无已"，"神人无功"，"圣人无名"。

庄子所理解的自由是一种绝对意义上的、不存在任何拘束的境界，是"无所恃而游于无穷"的自由。

在中国古代文献中，"自"与"由"出现较早，而"自由"作为一个词语，大约最

---

① "故夫知效一官，行比一乡，德合一君，而徵一国者，其自视也，亦若此矣。而宋荣子犹然笑之。且举世而誉之而不加劝，举世而非之而不加沮，定乎内外之分，辩乎荣辱之境，斯已矣。彼其于世，未数数然也。虽然，犹有未树也。夫列子御风而行，泠然善也，旬有五日而后反。彼于致福者，未数数然也。此虽免乎行，犹有所待者也。若夫乘天地之正，而御六气之辩，以游无穷者，彼且恶乎待哉！故曰：至人无已，神人无功，圣人无名。"

早出现于《史记》："言贫富自由，无予夺。"此处之自由即由自己的行为所致。自由的初义有三：其一，自由即自在、自得、自适、自乐等个人的内心感受和心态。如杜甫诗云："出门无所待，徒步觉自由。"白居易诗曰："行止辄自由，甚觉身潇洒。"其二，自由即特立独行、不徇流俗等独立人格。其三，自由即自给自足、悠闲自乐的生活状态。孙中山把《日出而作》歌称为"先民的自由歌"："日出而作，日入而息，凿井而饮，耕田而食，帝力于我何有哉！"

在中国传统正统思想中，"自由"一词主要从否定意义上来理解和定位，指称一种与正统思想和正式制度相反对的个体态度或行为。秦汉以后，"自由"概念的贬义化日益凸显，自由常被视为散漫放纵、为所欲为、扰乱秩序等。

在中国古代传统语境中，自由概念具有双重内涵：在"私"的个体生存层面，自由即个人安然自在、恬静自得、悠闲自乐的内心感受、生活态度、人生理想或日常生存状态。在"公"的正统思想与正式制度层面，自由即随情放纵、任意散漫、自私自用等态度或行为。

2. 西方文明观下的自由

自由起源于古拉丁语 Libertas，其意为从束缚中解放出来；英语的自由则有两个不同的概念，"Freedom"和"Liberty"，前者源自于日耳曼民族，其意指原始社会中无任何羁束的自然生活状态；后者则源于罗马法，有权利和义务两重含义，即"凡得以实现其意志之权力而不为法律所禁止者是自由"。自由也往往被用在抗争、独立的意义，比如美国南北战争中，由美国总统亚伯拉罕·林肯公布的《解放黑人奴隶宣言》（*The Emancipation Proclamation*），主张南方邦联领土的黑奴应享有自由，其为最终废除全美奴隶制度做了准备，代表着日后赢得战争的美国北方联邦政府完全废除奴隶制的决心，目的就是为争取解放黑人受奴隶制束缚的自由。

【知识链接 17-1　《论自由》】

3. 心理学上意义上的自由

心理学上意义上的自由，是指按自己的意愿做事，心灵无所拘束，每个人都能够按自己真实的意愿摆脱压抑的情绪之状态。

4. 社会学意义上的自由

社会学意义上的自由，表明了人与人之间的一种互不阻碍的行为方式和状态。存在主义哲学家萨特所谓"人是生而要受自由之苦"中的"自由"就是指人们在内心和人际交往层面的状态。

5. 政治和法律意义上的自由

政治和法律意义上的自由，是指人们生活有利害关系的自由权利表现形式，通常指自由权。这种权利指在法律规定的范围内，人们按照自己的意志和利益开展行动和思维，不受约束、不受控制、不受妨碍之状态。《法学阶梯》将自由表述为"做一切想做之事的自然权利，以受法律禁止或强力阻碍为限"。1789 年法国的《人权宣言》宣告"人们生来是而且始终是自由、平等的"；① "自由即有权做一切无害于他人的任何事情"。②

6. 精神意义上的自由

精神自由，是指个人在特定环境下自身内心的思维可以自由展开的状态。精神自由不仅仅是自己思维运行的自由，除了个体大脑中未表达出来的思维内容外，还应包括以其他形式表现出来的人类思想的结晶，如作品、技术成果等方面的不受非法干预的状态。法律上提出精神自由，可以加大对个体权利的保护，在一定程度上可以促进社会法制化的建设进程。当然，此处所说的扩展化的精神自由，并不是无责任的权利，在表达精神自由的同时也要承担一定的责任，这也符合法律权责统一的原则。社会是多元化的，在法律的管制下可以在一个标准下统一行为，但却无绝对地统一思想之可能。而且，以洗脑式的统一思想、禁止其他思想方法的"入侵"，表面上是开设了思想的禁区，最终将产生口是心非的"人格分裂"和最终走向"思想入罪"的状态。

精神上的自由，通常从以下几个方面来阐释：第一，态度决定自由。我们创造了自己的环境——心理的、情绪的、生理的、精神的，这些都是由我们自己的态度来决定的。第二，思维决定自由。心态积极，乐观地面对人生，乐观地接受挑战，那他就成功了一半。有积极的思维并不能保证事事成功。积极思维会改善一个人的日常生活，但并不能保证他凡事都心想事成；如果抱消极的态度，导致人们自我行为的盲目性，就会成为人们在生存、生活、事业等方面取得成就的绊脚石。第三，人生观决定自由。世界观、人生观和价值观被统称为"三观"，实际上就是如何看待社会、人生、价值的问题。一种积极的人生态度，激发你一往无前的勇气和争创一流的精神。世界上想坐"前排"的人不少，真正能够坐在"前排"的却总是不多。

自由的概念非常广泛和抽象，既可以从一个人心灵上的自由无拘束或者是个体身体行为的角度来理解，也可以从主观上包含不同意识形态价值取向的角度裂解，还可以从人类客观上一种生而有之的基本权利的角度来理解。

【知识链接 17-2　自由女神】

（二）自由之特性

1. 状态性

自由，是自然人所享有一种免于恐惧、免于奴役、免于伤害和满足自身欲望、实现自我价值的一种舒适和谐的心理状态。这种状态，是客观存在的。

2. 国家意志性

原始社会以后有国家的自由，都受国家意志的影响。国家按照其统治阶级意志来规范

---

① 《人权宣言》第 1 条："人生来就是而且始终是自由的，在权利方面一律平等。社会差别只能建立在公益基础之上。"
② 《人权宣言》第 4 条："自由是指能从事一切无害于他人的行为；因此，每一个人行使其自然权利，只以保证社会上其他成员能享有相同的权利为限。此等限制只能以法律决定之。"

自由的内容。从古到今，没有完全不受国家意志干预的自由。社会之中无论是法律还是道德又或者是组织内部的规范，无不打上了历史和阶级的烙印；只要有国家的存在，自由必定体现了国家的意志。

3. 受限性

自由如果没有被真理所约束，将变成一个极大的破坏行动，因而是含有危机性的。"自由并非人人爱怎样就可以怎样的那种自由"①，自由不能无所节制，如果自由没有限制的话，自己的自由也可能被他人侵犯最终导致不自由，自由对任何人来说也将化为乌有。因此，自由既有为所欲为的权利又有不得损害他人责任义务。火车只能在轨道上才有自由，超越轨道的自由无异于自杀。康德曾问："自由就是我要做什么就做什么吗？"如果这就叫做自由，这种想法就太肤浅了。他反过来讲了一句意味深长的话："自由是我不要做什么就能够不做什么"②，这才是真正的自由。

4. 法律保障性

自由作为一种权利或者资格，受到法律的保障，受侵害后权利人可获得法律之救济，侵害行为者也应得到惩罚。

自由既能成为理想者追求最终的善的目标，也能成为野心家借名行恶的借口。但自由是一种自然人按照个人意志，不受约束、不受控制、不受妨碍的状态，其内容由国家规范。自由有边界，享有自由的权利也须要履行不损害他人自由的权利。自然人的自由权受到法律的保障，受侵害后可以获得法律之救济。自由具有相对性，法国启蒙时期思想家孟德斯鸠在《论法的精神》一书中就有言："自由是做法律所许可的一切事情的权利。如果一个公民能够做法律禁止的事情。他就不再有自由了，因为其他人同样会有这个权利。"

【知识链接 17-3　自由定律】

（三）自由的划分

1. 四大自由

第二次世界大战期间，美国的罗斯福总统陈述了四大自由：表达的自由；信仰的自由；免于匮乏的自由；免于恐惧的自由："……让我们在力求安宁的未来岁月中，我们盼望有一个建立在四项人类基本自由之上的世界：第一是每一个人言论和发表意见的自由；第二是每个人都能以自己的方式崇拜上帝的自由；第三是不虞匮乏的自由，从全球的角度

---

① ［英］洛克. 政府论（下篇）［M］. 刘晓根，译. 北京：北京出版社，2007：15.
② 康德在《道德形而上学原理》提出定言命令，也就是平常我们所说的道德律，判断一个行为是不是道德要符合三个条件：普遍性公式；目的性公式；自律性公式。自律性公式诠释为"所谓自由，不是随心所欲，而是自我主宰"。这句话的意思是，要想达到自由就要遵循道德原则，即所谓的"理性为自身立法"。康德证明人类理性是有限的理性，企图跳出这个理性去成为现实的只有上帝。作为人，只有一条途径，自由才可以成为可能，就是当你自己可以约束自己的时候。

说，意味着保证使每个国家的居民过上健康的和平时期生活的经济共识；第四是免受恐惧的自由，意味着世界范围的裁军，它是如此全面彻底，以致任何国家都无法对他国发动武装侵略。"①

2. 两种自由

在 1958 年以赛亚·伯林在《两种自由概念》的演说中开始以"两种自由"的概念来将自由划分为"积极自由"和"消极自由"。② 他认为，消极（negative）自由是一种免除限制和障碍的自由，在什么样的限度以内，某一个主体可以、或应当被容许做他所能做的事，或成为他所能成为的角色，而不受到别人的干涉"，此消极意义下的自由是被动的"免于……"（liberty from…）的自由。"积极（positive）自由"则是道德上的自治，它关注的问题是什么东西、或什么人有权控制、或干涉，从而决定某人应该去做这件事、成为这种人，而不应该去做另一件事、成为另一种人。此积极意义下的自由是主动的"去做……"（liberty to do…）的自由。

经典意义上的自由权是消极自由，它排除国家的干预，强调外界的克制义务和个人自由的绝对性。现代意义上的自由权则不可避免地吸收了积极自由的因素，因为个人总是有自治或参与控制自己生活范围的欲望。消极自由相对容易实现，只要法律和制度捍卫个人领域的绝对地位即可。积极自由却显得模糊不已，因为个人为了实现某些想得到但凭自己力量无法达到的自由，只能求助于国家，但是国家出面就容易作出失去控制的行为。对于现代人希望实现的有尊严和质量的生活来说，这两种自由都是不可或缺的，从两个角度来看待问题无所谓对错，但这并不意味着人们就能掌握好使用自由权的限度。消极自由相对容易处理，只需给国家划定界限便能获得自由的感觉。积极自由却有可能被无意识地滥用，人们往往会沉醉于随心所欲的美妙幻觉中，以达致国家难以控制时方才觉察。认识两种概念并明白其中的区分，有助我们理解现在世界上各种意识形态之冲突。

3. 公法自由、私法自由、混合法自由

以法律的公私性质来区分，自由可以被分为公法自由、私法自由和混合法自由三类，基于这种划分方法谈论的自由是作为权利的自由。

公法自由，由宪法加以确定，属于国家法调整的范畴。公法自由又可称为政治自由，它是个体对公权力主张的权利，要求公权力不得干涉，并提供适当的协助。言论自由、出版自由、结社自由、集会游行示威自由、宗教信仰自由等均属于公法自由权范畴内的自由。

私法自由，由宪法作出原则性的规定，由民事法律作出具体规定，属于民法调整的范畴，主要通过民法予以保障。私法自由通过民事自由权体现，是个体在与国家、社会组织及其他个体形成平等主体关系时的权利，要求其他主体不得侵害其个体自由。婚姻自由、契约自由等可以看作私法自由的代表。

混合法自由，是指人身自由，由于其兼具公、私法自由两方面的属性，人身自由是由身体和精神两方面所构成，它们既可能因为国家强制手段而受到干涉，也有可能被私法关

---

① 美国总统富兰克林·罗斯福 1941 年在美国国会大厦发表的演说。

② ［英］以赛亚·伯林. 两种自由概念［M］. 陈晓林，译. 北京：三联书店，1995：3.

系主体所侵犯。

要准确地认识自由，不能单凭口号和直觉，应以标准来界定和划分不同的自由。罗斯福提出的四大自由，是基于当时特殊的社会环境，着重考虑因第二次世界大战期间人们所受到的威胁，美国作为其自由秩序国家之目标而提出的。赛亚·伯林所提出的"积极自由"和"消极自由"，在于以消极自由说明自由应当有一种最低限度的标准，借此人类共识的最低标准来论述，从而以在不同的善之共存下的多元主义来证明多元是自由的价值。以法律的公私性质来区分自由是一种权利，以法律依据和义务指向的不同，自由可以细化为表达、新闻、言论、信仰、集会、思想、良心、学术、出版、创作、结社、通信、居住、迁徙、出入本国、不受奴役、人身、宗教、示威、游行、契约、婚姻、离返任何国家等自由的权利。

【知识链接 17-4　自由主义】

【知识链接 17-5　价值多元主义】

二、自由权

（一）关于自由权的规定

1215 年 6 月英国大封建贵族胁迫英王约翰签署的《自由大宪章》，首先规定了法律上的自由权，主要保障的是英国教会和贵族的自由；1679 年的《人身保护法》和 1689 年《权利法案》对自由权予以重申和扩展。

1789 年法国的《人权与公民权宣言》第 1 条明确宣布了公民自由。

1791 年美国宪法第五修正案规定，非经正当法律程序，不得剥夺任何人的生命、自由或财产。

1809 年《瑞典政府组织法》第二章的基本自由和权利，较为详细地列举了公民自由权。

1919 年德国《魏玛宪法》，将公民自由权的内容进一步具体化，包括涉及公民的迁徙自由、营生自由、语言自由、人身自由、居住自由、通信自由、思想自由等自由权。

1948 年 12 月 10 日，联合国大会通过第 217A（Ⅱ）号决议并颁布《世界人权宣言》，规定了人人享有生命、自由与人身安全。人人皆得享受本宣言所载的一切权利与自由。

1952 年，在《妇女政治权利公约》中，国际社会首次在法律上承认妇女享有平等的政治权利，包括选举权。这也是联和国第一次在国际文书中宣布各个成员国在男女平等原则上负有法律义务。

在《世界人权宣言》的基础上，联合国于 1966 年 12 月 16 日通过的《经济、社会、文化权利国际公约》和《公民权利和政治权利国际公约》都规定了公民的各项自由权。

我国的《宪法》明确规定了中华人民共和国公民有言论、出版、集会、结社、游行、示威的自由；中华人民共和国公民有宗教信仰自由；中华人民共和国公民的人身自由不受侵犯，禁止非法拘禁和以其他方法非法剥夺或者限制公民的人身自由。

（二）自由权的概念

自由权，是自然人在法律规定的范围内，明确自由的界限，遵从个人的自由选择，按照自己的意志和利益进行思维和行动，拒绝他人或者公权力对个人自由干涉的基本权利。

（三）自由权的特征

1. 自由权所体现的是最低限度的自由

每个人都应该有一个无论如何都不可以侵犯的最少范围，这些范围是保证每个人的天赋能力得到最起码的发挥，用以追求和构想自己认为是善的、正确的、神圣之目的。范围的界限在于每个人的私生活和公共领域之间，个人私生活不受任何干扰。

2. 自由权是绝对的权利

自由权是一种对世权，权利人可要求社会上的其他人给予其必要的尊重，并得向每个人主张权利，无须通过义务人的实施一定行为而实现其权利。

3. 自由权是属于自然权利（Natural Right），或谓基本人权（Human Right）而产生

自然权利是自然存在、不可转让、不可剥夺的，是理论上自然存在的应然性权利，是人所共有的重要利益，也指自然界生物普遍固有的权利，并不限由法律的字面规定或信仰来赋予。

4. 自由权的客体是人的活动不受非法限制的自由状态

只要这种状态存在就意味着权利人获得了自由，任何破坏这种状态的行为就是侵犯他人自由权的侵权行为。

【知识链接 17-6　自然法和自然权利】

（四）自由权的分类

自由权体系庞大、内涵无比丰富，因为自由是人的本性追求，所以几乎所有的正当要求都能以自由权来指称。以自由要求的性质与倾向性为标准，可以对自由权进行相应的分类。一是政治自由权，指公民参与国家政治运作和决策的自由权利，主要有言论自由、出版自由、结社自由、集会游行示威自由、宗教信仰自由、选举自由；二是民事自由权，指人们在日常的民事活动中所享有和行使的自由权利，主要有婚姻自由、人身自由；三是经济自由权，指市场主体对其财产可以自由地所有、使用、收益和处分，及其经济行为不得遭受非法干涉，主要有财产自由和经济活动自由。在法律上，人们关注得比较多的通常有以下的自由权：

1. 言论自由权

言论自由权，是指人们拥有的自主决定是否及如何公开自己思想和观点的权利。言论自由权与政治参与具有特别紧密的关系，行使言论自由权以不得损害国家安全和公共秩序，不能破坏公共卫生和道德，不能妨碍他人权利和名誉为界限。值得一提的是，很多人误解言论自由即为随心所欲地发表言论，但言论自由应该是以公共言论为前提，因此言论的内容应当是涉及公共性的，言论的场所也必须是公共的。

2. 出版自由权

出版自由权，是指人们可以通过各种公开发行的出版物，如书报刊物、电子音像制品、网络信息载体等，自由发表和传播自己的各种意见和思想的权利。

3. 结社自由权

结社自由权，是指人们出于共同的利益和志趣倾向，与他人结成具有紧密关系和持续性的社会组织的权利。

4. 集会游行示威自由权

集会和游行示威自由权，最初源于请愿权。《世界人权宣言》第 20 条、《公民权利和政治权利国际公约》第 21 条均确认人人有和平集会的自由权。

5. 宗教信仰自由权

根据《公民权利和政治权利国际公约》第 18 条的规定，宗教信仰自由权是指"维持或改变他的宗教或信仰的自由，以及单独或集体、公开或秘密地以礼拜、戒律、实践和教义来表明他的宗教或信仰的自由。任何人不得遭受足以损害他维持或改变他的宗教或信仰自由的强迫"的权利。

6. 财产自由权

财产自由权，也称为财产权，是指个人对其财产可以自由地拥有、使用、收益和处分，不受外界的非法干涉和影响的权利。《世界人权宣言》第 17 条载明："（一）人人得有单独的财产所有权以及同他人合有的所有权。（二）任何人的财产不得任意剥夺。"我国的《民法通则》第 71 条规定的财产所有权是指所有人依法对自己的财产享有占有、使用、收益和处分的权利，这种权利的本身也意味着一种自由。

7. 经济活动自由权

经济活动自由权，是指经济活动主体能够自由从事经济活动的权利。自我国改革开放以来，即使是全民所有制企业也开始了所有权与经营权分开的逐步改革，经营主体依法享有自主经营的权利。

8. 人身自由权和婚姻自由权

人身自由权，是指自然人按自己意志行动的权利；婚姻自由权则是指自然人依法享有决定自己婚姻的权利。

三、人身自由权

（一）人身自由权的概念

在美国，人们所理解的自由权通常为"按自己意愿行动、改变位置和不论想去哪儿就能去哪儿的权利或权力，非经正当法律程序不受限制和禁止"。在日本，学者一般认为人身自由是包括人的身体在内的肉体上及精神上都不受拘束的状态。

我国学界对人身自由权有不同的理解，主要有：

1. 人身自由仅指身体自由权

在《法学大辞典》中，人身自由被定义为"公民有支配其身体和行动的自由，非依法律规定，不受逮捕、拘禁、审讯和处罚"，有学者认为"狭义的人身自由又称为身体自由权，指公民不受非法逮捕、拘禁，人身自由不受非法限制，身体不受非法搜查的权利"。① 但更多的观点则认为人身自由权的范围相当广泛，凡是涉及个人身体保护、人身自主的自由权利均应纳入，它包括了人身保护、住宅不受侵犯、迁徙自由、人格尊严不受侵犯等。

2. 包括人身有关的其他权利

人身自由权的内容包括身体自由权、生命健康权、婚姻自由权、通信自由和通信秘密自由、住宅自由权等。"广义的人身自由包括公民的人身自由不受侵犯、公民的住宅不受侵犯、公民的通信自由和通信秘密受法律保护、公民享有婚姻自主权利等。"②

3. 包含物质性和精神性的自由权

人身自由权不仅包括物质性身体运动和所处位置的权利，还包括了个人精神自由的权利，"公民的人身自由权是指其身体不受他人非法强制而自由运动和精神自由不受他人强制的一种民事权利"。③

科学地分析，人身自由权应当包括涉及身体外观行为的自由权和主体精神的自由权。史尚宽先生曾称："我民法，将自由与名誉并列，则不独身体动作之自由，精神活动之自由，亦应包括在内。精神活动之自由，应包括心理活动表达于外部之自由及意思决定之自由。"④ 近现代著名法学家胡长清先生也有论述："自由权，即吾人之活动不受不当拘束之权利，虽然吾人活动有属于身体者，有属于精神者，民法上所谓自由，是否兼指身体的自由及精神的自由而言，学说上颇有争论。依余所信，应以肯定说为是。"⑤ 我国台湾地区于 1992 年"台上字第 2462 号"判决书就明确了："所谓侵害他人自由，并不以剥夺他人之行动或限制其行动自由为限，即以强暴、胁迫之方法，影响他人之意思决定，或对身心加以威胁，使生危害亦包括在内。"⑥

（二）人身自由权的内容

1. 身体自由权

身体自由权，又称行动自由权，是指公民在法律范围内有独立为行为（作为或不作

---

① 王利明. 人格权法新论 [M]. 长春：吉林人民出版社，1994：175.
② 王利明. 人格权法新论 [M]. 长春：吉林人民出版社，1994：175.
③ 张新宝. 中国侵权行为法 [M]. 北京：中国社会科学出版社，1998：398.
④ 史尚宽. 债法总论 [M]. 北京：中国政法大学出版社，2000：148.
⑤ 王泽鉴. 民法学说与判例研究（2）[M]. 北京：中国政法大学出版社，1998：205.
⑥ 工泽鉴. 民法学说与判例研究（2）[M]. 北京：中国政法大学出版社，1998：96.

为）而不受他人干涉，不受非法逮捕、拘禁，不被非法剥夺、限制自由及非法搜查身体的自由权利。由于住宅、通信和人的迁徙都是人身外在的延伸，故行动自由权也包括住宅不受侵犯权、通信自由权以及迁徙自由权。具体而言，住宅是一个人居住和生活的主要场所，是个人工作、学习、休息、生活的基本空间，保障住宅不受侵犯能够维护个人生活的安全和安定，实现对人身自由之保护。通信是一个人与外界联系的方式，个人有权根据自己的意愿通过书信、电话、电子信息交互等方式与外界发展联系而不受他人干涉，并且确保通信过程中的安全和保密。迁徙自由在《世界人权宣言》第13条有规定："（一）人人在各国境内有权自由迁徙和居住。（二）人人有权离开任何国家，包括其本国在内，并有权返回他的国家。"身体自由权是公民参加各种社会活动和享受其他权利的先决条件，自然人有自由支配自己外在身体行动的权利，非法限制、妨碍或剥夺自然人的身体自由即为侵权。

2. 精神自由权

精神自由权，又称决定意思的自由权、意志自由权，是指公民按照自己的意志和利益，在法律规定的范围内，自主思维、自由支配自己内在思维活动的权利。也包含人格尊严权，要求他人和社会认同每个人的尊严，保持对个人尊严的敬畏，创造条件改善对每个人的认识和评价，尊重人的存在、尊重人的价值、尊重人的行为，承认每个人都是独立存在的个体，在人格地位上都是平等的。人是构成人类文明的主体，人本来是有价值的，我们可以通过行为对外部世界发生影响，推动人类社会的进步。非法限制、妨碍自然人的精神自由，即为侵权行为。

作为自然人的我们，不仅具有血肉之躯，还有着丰富的思维活动和精神世界。如果一个人的身体被强制，不能自由行动，他是不自由的；如果一个人的身体没有受到任何强制和约束，能够自由行动，但支配其行动的内心思维和精神是受到强制的，如受到欺骗、愚弄，胁迫或骚扰，那么他同样也是不自由的。人身不仅应包括可见的外在身体，还应包括内心的思维和精神。

综上所述，人身自由权是指在法律规定的范围内，公民的身体活动及思维活动和精神安宁，不受他人非法限制和妨碍的民事自由权利。

（三）人身自由权的性质

人身自由权只是自由权的一种，是人们进行日常的起居行动等基本民事活动之前提，是人之为人的基本条件，属于民事权利中的人格权。

1. 人身自由权是民事权利

虽然我国的《民法通则》中没有把人身自由权规定为公民的民事权利，但是不论2016年第十二届全国人大常委会第二十一次会议初次审议的《中华人民共和国民法总则（草案）》，还是同年第十二届全国人大常委会第二十四次会议初次审议的《中华人民共和国民法总则（二次审议稿）》，其民事权利一篇中，均对人身自由权有明确的规定。《中华人民共和国民法总则（草案）初次审议稿》第99条规定了自然人的人身自由、人格尊严受法律保护。二次审议稿第107条同样规定了自然人的人身自由、人格尊严受法律保护。可见，我国的主流观点已经认同人身自由权应属于民事权利之范畴。

纵观各国近现代民法，均将人身自由权作为重要的民事权利加以规定和保护。《德国民法典》第 823 条规定因故意或过失，不法侵害他人之生命、身体、健康、自由、所有权及其他权利者，负有向他人赔偿因此所生损害的义务。《日本民法典》在第 709 条和第 710 条中也规定侵害他人自由，应负赔偿责任。《奥地利民法典》第 1329 条规定任何人通过劫持、禁闭、故意非法逮捕他人等手段，剥夺他人自由者，不仅要释放受害者，而且要全部赔偿受害者的损失。民国政府制定的民法典，在第 195 条规定了不法侵害他人之身体、健康、名誉、自由者，被害人虽非财产上之损害，亦得请求赔偿相当之金额。因此，"民法通则未明文规定公民自由不受侵犯，大约在立法者看来，自由为公民当然具有的权利，无须特别规定。自由为公民最重要的人身权"。①

人身自由权是民事权利的一种，当然具有民事权利的一般特征：第一，利益性。民事权利的目的在于通过权利人自己为一定行为或要求义务人为一定行为的手段，实现权利主体所享有的一定民事利益。公民通过自由支配自己的身体行动和精神活动，去实现自己的各种利益。第二，权利行使的限制性。公民只能在法定的范围内享有权利，其权利行使不得损害国家、社会公共利益或者其他人的合法权益，亦应以合法为限，不能因行使人身自由权而违反法律规定。第三，权利实现的条件性。人身自由权的实现以义务人不妨害、不侵犯权利人的人身自由权为条件。第四，法律的保障性。人身自由权的享有和实现由民法提供必要的保障，当公民的人身自由权受到侵害时，权利人可请求国家机关予以保护，加害人应承担相应的民事责任。

2. 人身自由权是人格权

人身自由权作为人的身体和精神活动不受他人强制的民事权利，具有人格权的各种基本特征。首先，人身自由是人的基本人格利益，人身自由权是人之为人的基本前提条件，是维护民事主体独立人格的必要权利，是维系人的独立人格的条件。其次，人身自由权与权利主体不可分离，权利人不可转让自己的人身自由权，也不能任意地完全地放弃自己的人身自由权。最后，人身自由权也是绝对权和支配权。只要义务人不妨碍和侵害权利人的人身自由权，权利人就可以充分地享有和实现自己的人身自由权；权利人有权直接支配自己的人身自由，并禁止他人妨碍其实现人身自由的权利。

3. 人身自由权是具体人格权

具体人格权是指由法律具体列举的，由民事主体享有的各项人格权。人身自由权和生命健康权、姓名权、肖像权、名誉权、隐私权等并立，它有其自身的具体内容。

明了权利的性质有助我们更准确地认识和理解人身自由权。理论上，人身自由权是民事权利，也是人格权的一种，属于具体人格权，权利受到侵犯时，能得到法律的保障。侵害人身自由权的行为如果未触犯刑法，应当属民事侵权行为，侵权人应承担相应的侵权责任。而侵害人身自由权的行为如果触犯刑法，除了要承担法定的刑事责任外，也要承担赔偿被侵害人损失等侵权责任。

---

① 梁慧星．民法［M］．成都：四川人民出版社，1989：360．

四、我国对人身自由权的保护

我国《宪法》第37条规定，中华人民共和国公民的人身自由不受侵犯。任何公民，非经人民检察院批准或者决定或者人民法院决定，并由公安机关执行，不受逮捕。禁止非法拘禁和以其他方法非法剥夺或者限制公民的人身自由，禁止非法搜查公民的身体。但是事实上我们的身体活动及思维活动和精神安宁，却可能处于他人非法限制和妨碍的危机当中。

多年以来屡屡打击而仍然存在的传销活动，不仅扰乱了人们的生产经营活动，还对相关的参与者进行人身自由的限制，更为严重的是洗脑式的灌输以及有小组织范围内的相互监控，已经使人成为了某些极端分子的赚钱工具。

对于因参与传销被非法拘禁被解救出来后，除对传销头目以及直接责任人追究刑事责任外，受害者通常难以获得民事赔偿。

【事件链接17-1　死灰复燃的传销】①

我国《刑法》第四章规定了一系列侵犯公民人格权的犯罪，包括故意杀人罪、强奸罪、绑架罪、侮辱、诽谤罪等；行政法规也包括了保护人格权的内容，侵犯某些人格权应承担的行政责任，如《治安管理处罚条例》第22条规定了非法限制他人人身自由的行为应受到行政处罚。但是，民法却欠缺对人身自由权的法律保护，同样是侵害人格权的行为，《民法通则》对侵害其他具体人格权的行为规定了民事制裁方式，而对侵害人身自由权的行为却没有确认，这不利于全面地保护公民人身自由权。对于受害人来说，对行为人的任何判刑、罚款都不比赔偿损失、赔礼道歉来得实际。这种法律体系中的缺失也使得司法实践无从适用法律对加害人予以民事制裁和对受害人予以赔偿。

五、与人身自由权相关的问题

（一）贞操权（性自由权）

贞操，是指自然人保持性自主和性纯洁的状态。"贞"为未婚守寡、"节"为已婚守寡，"贞操"在中国的古代原指女子不改嫁或不失身，从而形容妇女良好的道德品行，之

---

① 盘点：2017年度十大传销案例［EB/OL］.［2018-09-10］.世界直销（中国）研究中心，http：//www.wdsrc.com/index.php？m＝Article&a＝index&id＝4966；200层级6.3万人12.6亿元，这起传销案不简单！［EB/OL］.［2018-09-10］.大众网，http：//www.dzwww.com/shandong/sdnews/201711/t20171122_16689356.htm；公安部：善心汇公司涉嫌传销等犯罪被查处［EB/OL］.［2018-09-10］.央视网，http：//tv.cctv.com/2017/07/21/VIDE69cjbXO2XOTqOlBpWrN2170721.shtml.

后被引申为坚贞不移、廉洁正直的一种品行。

贞操权，又称性自由权，是指自然人关于自己性尊严及性自主的决定权。性自由权作为基本人权，是在 1999 年西班牙巴伦西亚举办的第 14 次世界性学会议上发表的《世界性权宣言》引起了人们的普遍关注。通常认为，性自由权，具体包括了性自由权、性自主权、性隐私权、性平等权、性表达权、性情感表达权、性伴侣选择权、性知情权、性受教育权和性卫生保健权等。

【知识链接 17-7　《性权宣言》】

1. 性自由与婚姻自由

受传统耻感文化和性道德观念的影响，国人曾对性自由怀有极端的偏见，错误理解性自由，将其描述为乱交和滥交，对婚外性行为加以罪化，对性骚扰的问题讳莫如深。而"文化大革命"时期的中国，出于对资本主义生活方式的排斥，曾一度以敌视、魔鬼化的方式来对待性自由，甚至将性自由标签化为西方资本主义国家的腐败生活方式。

然而，与性自由关系密切甚至说某程度上是性自由保障的婚姻自由，则就备受赞颂，甚至不惜作为对封建社会的解放和革命成果被大力褒扬。过去我们仅强调婚姻自由权，从未言及与性有关的权利名称，不禁令人怀疑它不是一种权利，或者没有被看作权利。

婚姻自由，主要是指结婚自由和离婚自由，具体而言是婚姻当事人有按自己意愿结合，成立婚姻的自由，不受他人的限制和干涉；以及婚姻当事人有按自己意愿离异，撤销婚姻关系的自由，不受他人的限制和干涉。

性自由实际上是婚姻自由的上位概念，婚姻自由是性自由的具体表现形式之一，也可以将其称为性自由结合权。

【知识链接 17-8　耻感文化】

2. 婚内强奸

婚内强奸不同于普通的强奸、性骚扰，值得在道德尤其是在法律领域作为特殊问题加以研究。一直以来，婚内强奸没有受到应有的重视，主要是受到四个方面因素的制约：

（1）对于婚姻关系的不同理解

有些国家对婚内强奸是纳入法律予以惩治的，但也有不少的国家对此没有作出明确的规定。婚姻关系究竟是一种什么样的关系，如果将婚姻关系当成是一种基于双方合意的民事契约关系理解，那么婚姻关系的建立就意味着对夫妻而言都是一种承诺，即在婚姻关系存续期间任何一方都有与另一方同居之义务，性生活无疑应是夫妻共同生活的重要组成部分，建立在合法婚姻关系基础上的婚内性生活的合法性不容置疑，故而不存在强奸。因此，这些国家只把非婚姻关系才作为强奸罪成立的前提条件。例如，《德国刑法典》第117 条规定以强暴或对身体、生命之立即危险，胁迫妇女与自己或第三人为婚姻外之性交行为者，处两年以上自由刑。与此相反，也有明确规定婚内同样可以构成强奸罪。例如美国的《新泽西州刑法》规定，任何人都不得因年老或者性无能或者同被害人有婚姻关系而被推定为不能犯强奸罪。英国上议院也在第 599 号上诉案中指出：丈夫可以构成对妻子的强奸罪。

（2）违背妇女"意志"的界定困难

妇女的意志，该意志是一贯的（婚姻关系的缔结意味着什么）还是暂时的？在法理上，根据刑法对强奸的界定是"违背妇女意愿，强行发生性关系"，与妇女的身份（认识的朋友、不认识的路人）并没有关系，只要是违背妇女意愿、强行发生性关系，都属于构成强奸罪的行为。如果将婚姻关系的存续就应当做"愿意"之意思理解，则不存在婚内强奸的问题；如果将"愿意"具体化到每一次性行为的意思表达来要求，则会存在婚内强奸的问题。而且，在婚姻存续期间，夫妻之间的"打情骂俏"以及"夫妻不计隔夜仇""床头打架床尾和"等民间俗语，犹如"清官难断家务事"一样，在一定程度上说明了很难确定当事人的态度。

（3）证据采信困难

婚内强奸认定的困难，不仅在于对女性真实意志判断的困难，而且在证据采信上也是相当困难的。因为物证与妇女意志是两个问题，在非婚姻关系下，没有证据证明妇女为愿意就可推定违背了妇女的意志，只要有证据证明发生了性接触的行为，往往就可认定强奸。而在婚姻存续期间，夫妻之间发生性行为是正常现象，故关键点在于是否违背了妇女意志，在婚姻关系状态下取得性行为的证据是相对容易的，这从另外一个角度来看"诬告"也就容易得多。

（4）社会后果难料

社会关系和问题是复杂的，如果夫妻双方存有争执，女性通过婚内强奸的指控就有可能实现其所设定之目的（将丈夫送进监狱从而自己独占财产）。

我国目前的司法实践普遍不认定婚内强奸。但，普遍性与特殊性总是相对的，如果一刀切地认为夫妻关系存续期间不存在强奸的话，则会忽略一些特殊状态，对妇女的性自由权保护不足。起码，要考虑到以下三种男方以暴力或者暴力相威胁的方式强行与其妻子发生性关系之特殊情形：第一种，夫妻之间发生离婚的纠纷，且夫妻已经处于分居状态；第二种，女方提起离婚，一审认定感情确已破裂判决离婚但未生效，男方提起上诉期间；第三种，因家庭暴力，在女方受到人身保护令保护的特殊期间。

（二）人身自由受到限制下的正当防卫

公民人身自由不受侵犯。现实中，由于当事人之间存在着债权债务关系，债权人为了实现债权，往往会有一些过激的行为，例如跟随、阻拦、推拉甚至翻包，更为严重的还有挟持、绑架等。过去，就曾有因为欠债被限制自由甚至被迫写下欠据而报警，警员到场以民事纠纷处理的。现实中，就出现了"于欢案"① 的情形。这也带来了对于人身自由的

---

① 2017 年人民法院十大刑事案件：于欢案徐玉玉案上榜 ［EB/OL］. ［2018-09-15］. 新浪新闻中心，http：//news.sina.com.cn/c/nd/2018-01-06/doc-ifyqinzs9592443.shtml.

非法限制行为以及当众侮辱行为是否可以实施正当防卫的思考。毫无疑问，只要人身、财产受到不法侵害，理论上当然承认受害者有正当防卫的权利，旁观者的他人是否也可以实施正当防卫又是不得不研究的问题。可能问题到最后会落在了防卫的"度"上。

（三）精神纯正权

精神纯正权，是指自然人享有善良操行和作风的养成，个人精神不受污染的权利。这一权利主要保护未成年人，弱势的未成年人在养成善良操行和作风上有截阻，将被视为其精神纯正权受到侵害。《未成年人保护法》第 1 条就明确规定了"为了保护未成年人的身心健康，保障未成年人的合法权益，促进未成年人在品德、智力、体质等方面全面发展，培养有理想、有道德、有文化、有纪律的社会主义建设者和接班人，根据宪法，制定本法"。青少年处于发育生长的阶段，由于其年龄以及智力，社会和组织以及他人都有尊重并促成其向善、向上发展的义务，任何有违公序良俗、阻却未成年人向善、向上发展的行为，均应受到法律的制裁。尽管我们确认和保护精神纯正权，但却没有具体对应的法律条文，因此这里权利应作为一般人格权来理解。侵犯精神纯正权的行为如同一般侵权，既可以是作为，如主动对未成年人导以荒谬之理论及淫乱之行为；也可以是不作为，如法定监护人放任不辨是非的未成年人行有悖普世社会道德和评价之为。尤其是社会的相关组织和个人，如网吧内工作人员、彩票销售者等，不严格执行身份年龄检查的程序，以致未成年人肆无忌惮地浏览不良网站或者染上赌博习气又或者养成不良之嗜好（吸烟、酗酒、吸毒等），相关责任人应承担相应之法律责任。

我国对于青少年一直秉承保护与促成健康成长相结合的原则，在社会主义核心价值观的弘扬方面有明确的要求，对于学校以及社会组织也有明确的要求。

【知识链接 17-9　对未成人特殊保护的规定】

人之所为人，就是区别于其他动物，具有人性，而人性却并非是唯一的一个标准。只要遵守国家法律，不损害国家、不侵害他人权益，不有违公序良俗，则有自己的自由，其自由权应当得到充分的保护。保护人的自由，就是维护社会秩序。只有承认并保护人的自由，社会才能在法律和道德的框架下多元化地发展。

第十八讲　司法活动中的人格权保护

——人格权法从理论到实践

理论与实践紧密相连，缺乏理论指导的实践是盲目的，而未经实践检验的理论则是苍白的。人格权的问题既是理论问题也是实践问题。在社会现实中，无论是行政执法，还是刑事案件的处理，又或者是民事纠纷的审理，往往都要解决与人格权有关的问题，这就需要从理论研究以及立法、执法、司法和守法等多角度予以审视。

一、人格权法理论与实践的关系

（一）人格权法的理论困惑

人格权法理论在我国的兴起还是 20 世纪末的事情，对人格权进行系统性的理论研究也不过是 21 世纪才开始的。研究人格权法的学者，远没有像研究债法、物权法、婚姻家庭法、知识产权法方面的人多。应当说，对于人格权法理论的研究，还有待深入和系统化。

1. 人格权的属性

人格权属于何种性质，应当受到哪些法律的保护，对于类似这样最基本的理论问题，至今仍争论不断，有称之为"宪法上的人格权"①，也有直接称之为"宪法人格权"②的，甚至还有人认为民法人格权和宪法人格权存在着独立与互动的关系③。

民法调整平等主体之间的人身关系和财产关系，这是没有争论的。人身关系包括人格、身份关系，财产关系包括静态的物权关系和动态的债权关系，此外还有因知识产品而形成的社会关系。由此，人格权应属于民事权利、私权。宪法上的人格权或者宪法人格权是私权还是公权，与传统理论所研究的民法人身权组成部分的人格权是何关系？为何没有宪法上的债权、宪法上的物权、宪法上的知识产权？

显然，将宪法中对人格尊严、人身自由的原则性规定，生硬、死板地从作为民事权利的人格权范围中剥离出来，使之成为一种高高在上、遥不可及的权利之做法，不仅在理论上是经不起检验的，而且在实践中也是极其有害的；它容易误导审理者直接引用宪法条文

---

① 王泽鉴. 宪法上人格权与私法上人格权 ［M］//王利明. 民法典·人格权法重大疑难问题研究，北京：中国法制出版社，2007：16；林来梵，骆正言. 宪法上的人格权 ［J］. 法学家，2008（5）：60.

② 周云涛. 论宪法人格权与民法人格权 ［M］. 北京：中国人民大学出版社，2010：1.

③ 张善斌. 民法人格权和宪法人格权的独立与互动 ［J］. 法学评论，2016（6）：50.

对侵犯人格权的民事纠纷作出裁判。宪法作为国家的根本性大法，理当对一些根本性、全局性的重大问题作出原则性的规定，之后再由相关的部门法来加以落实。将凡是在宪法中有原则性规定的，都列入自己新创设而脱离实体或程序部门法的所谓"宪法某某权利"或者"宪法上某某权利"，不仅会打乱权利体系的分类，而且也会从根本上否定部门法发挥其应有之功能。如果按照这个逻辑，就会有相对应的宪法上的债权、物权、知识产权或者宪法债权、物权、知识产权等。因此，称"宪法人格权"或"宪法上人格权"之不当是显而易见的。

2. 人格权的划分

尽管在理论上有民法、商法之分，客观上也存在受民法所保护的对象进入商事领域之情形，但民事权利的权利性质与权能实现是完全不同层面的问题。因此，不存在商事债权、商事物权、商事知识产权的划分，也不存在民事票据权，否则就无法解释姓名进入商标领域的公开化、商品化的问题。商事人格权的理论，人为地将人格权分割为商事人格权①与非商事人格权，在实践中只会造成诸如对侵犯以姓名注册的商标究竟是侵犯了姓名权还是注册商标专用权之困惑。

将人格权按主体划分为自然人人格权与法人人格权②，甚至将自然人人格权中的隐私权又进一步划分为一般自然人的隐私权与名人的隐私权③，这种依照主体对人格权进行的分类，会产生这样的结果：不同主体有不同的人格权，且同一类主体的人格权又各有差异。民事权利主体并非以自然人与法人两类就可以全部概括的，与自然人相对的是组织，组织又分为法人组织、非法人组织。无论是《民法通则》还是现在的《民法典》，对法人所享有的名称权以及商业秘密权都作了规定，但并不能因为有此规定就将人格权分为自然人的人格权和法人的人格权。如果认为法人有人格权，如何解释非法人组织无人格权的问题？此外，权利是一律平等的，以隐私权为例，一般人和名人都享有隐私权；不能说一般人有隐私权，名人没有隐私权，也不能说一般人的隐私权外延大于名人隐私权的外延。问题的关键在于相关信息是否应纳入隐私信息予以保护的问题。

（二）人格权法理论对实践的指导以及实践对人格权法理论的检验

1. 人格权法理论对实践的指导

人格权理论的纷繁复杂以及各种学说的争论，导致司法实践中对人格权保护的做法各异。无论是将人格权泛化还是将人格权范围限缩的理论，都对实践产生了不同程度的导向影响，具体表现就是将不属于人格权的问题纳入到人格权范畴进行保护，或者将本属人格权保护的内容排除在外。

只有正确的人格权法理论，才能准确地引导人格权法律保护的实践。

2. 人格权审判实践对人格权法理论的检验

司法实践要面对社会不断发展变化的挑战，对属于人格权范畴之权益但无具体法条规

① 程合红. 商事人格权论——人格权的经济利益内涵及其实现与保护 [M]. 北京：中国人民大学出版社，2002：1.
② 尹田. 论法人人格权 [J]. 法学研究，2004 (4)：51.
③ 朱巍. 明星隐私权与大众知情权的较量青年记者 [J]. 青年记者，2004 (4)：20.

定之情形，应依据人格权保护的一般性兜底条款加以保护，此类司法判例的累积也为今后某种具体人格权益在法律中的法定化和类型化提供了客观依据，更为一般人格权的理论研究提供了研究对象。

（三）关于人格权"入典"的理性思考

人格权是否入典在《民法典》颁布之前存在着激烈的争论。

如果承认人格权是一种民事权利，那么在民法典之中就必须有所体现，亦即人格权"入典"（进入民法典的规定之中）是一个不容置疑和争论的问题，任何人都不会讨论物权是否要"入典"，原因就在于大家对物权属于民事权利而且是一类主要的权利已经达成共识。理论上，人格权是主要的民事权利亦无争议，那么"入典"亦理所当然。至于是在《民法典》的总则还是分则之中体现，仅仅是一个立法的技术性问题。无论在分则中是否设专章，如何才能更好地贯彻和落实《宪法》关于对人格尊严和人身保护之规定才是问题之关键所在。事实上，已经颁布实施的《民法总则》都对人格权已经作出了规定，关于人格权是否入典以及是否应在总则之中作出规定，已经尘埃落定。如果在分则中对物权、债权、知识产权都设有专章规定，那么对人格权亦应设专章予以承载和体现，否则权利体系就存在应有部分之缺失。至于人格编是放在物权法编、合同法编之前还是之后，也仅仅是一个立法上的技术性处理而已，无关乎排位决定其重要性的问题。

二、行政执法中对人格权的尊重

（一）对行政违规行为的处置

行政执法面对的是普通百姓，尤其在城市管理活动中，执法者与乱摆乱卖者之间的冲突已经超越了财产范围而上升到对人的尊重乃至对生命的理性思考之高度。对于行为人的违法行为，其处罚结果当然会落实到行为人身上，但任何处罚都不能造成侵害行为人人格权的后果。

曾几何时，城管的粗暴执法，没收违法摆卖者摊档、物品的事件屡屡见诸报道。违法摆卖者于是与管理者玩起了"猫捉老鼠"的游戏，只要在巡查过程中及时避让，待巡查人员一走即可恢复熙熙攘攘的境况；如果执法者动真格，被执法者则以耍赖手段，甚至高喊"城管打人了"来吸引不明真相的路人围观从而阻挠执法。文明执法要求执法者必须尊重被执法者的基本人格权利，为了避免被媒体断章取义地报道为"暴力执法"，于是就出现了诸如执法者与被执法者"对跪"的尴尬画面，① 以及出现了"微笑执法""围观执

---

① 河南城管下跪式管理，是无知还是无奈？［EB/OL］.［2018-09-10］. 搜狐网，http：//www.sohu.com/a/159119885_261795；范利媛，阳河. 焦作城管与摊主相互下跪：一方求放过，一方求理解［EB/OL］.［2018-09-10］. 中华网，https：//news.china.com/socialgd/10000169/20170714/30969552.html.

法""辩论执法"等遭受争议的各种执法的新"花招"。①

【事件链接18-1 城市执法相互"对跪"】②

（二）当执法遭遇生命权

善待违法者的生命与严格执法并不矛盾，但现实中的确存在追缉违章摆卖者甚至逼迫到其翻越栏杆横穿马路而被撞身亡的事件。过去，"强拆"过程中有将"钉子户"活埋的事件，也不时有因抗拒"强拆"而当众"自焚"的③。过去，对这些人冠以"暴力抗法"的帽子，然后斥之以"顽固不化"和"与人民为敌""死有余辜"，现在，我们是时候需要冷静下来认真地反思一下了，将别人从自己的家园驱赶走而将土地重新划给开发商，在没有法院强制执行文书的前提下，是否"暴力执法"？"我们这个社会缺乏一个尊重生命的文化，缺乏公权力对生命权真正的关怀和社会的关怀。"④ 将严格执法与保护违法者生命权对立起来的、不顾违法者死活、轻视违法者生命权的执法活动本身并不是"严格执法"，相反地，此种行为属于违法，它违背了"国家尊重和保障人权"的基本精神，而且还违反了国务院有关行政执法的规定。

随着人们对违规者人格权保护意识的不断加强，却也催生了借保护人格权而抗拒执法的极端现象。

【事件链接18-2 小贩在城管面前盖白布装死】⑤

城市管理是一项综合治理活动，不仅需要对行政执法人员进行严格要求和规规范化管理，还要求被执法者的理解和配合，单独强调某一方无法有效地促进城市管理活动的顺利进行，亦无法对社会秩序进行有效之维护。

---

① 武汉城管执法花样层出不穷，屡出"花招"引争议 [EB/OL]. [2018-09-10]. 凤凰网，http://finance. ifeng. com/news/bgt/20121012/7137194. shtml.

② 范利媛，阳河. 焦作城管与摊主相互下跪：一方求放过，一方求理解 [EB/OL]. [2018-09-10]. 中华网，https://news. china. com/socialgd/10000169/20170714/30969552. html.

③ 成都通告拆迁户自焚情况 [EB/OL]. [2018-09-10]. 搜狐网，http://news. sohu. com/20091204/n268667835. shtml；江西宜黄强拆自焚事件始末 [EB/OL]. [2018-09-10]. 腾讯新闻网，https://news. qq. com/a/20101002/000026. htm；"拆迁自焚"为什么还会发生 [EB/OL]. [2018-09-10]. 网易新闻网，http://news. 163. com/11/1116/03/7IV1D6FM00014AED. html；"自焚"悲剧警示"强拆" [EB/OL]. [2018-09-10]. 人民网，http://unn. people. com. cn/GB/22220/175600/.

④ 韩大元. 感悟宪法精神：讲演自选集 [M]. 北京：法律出版社，2008：120.

⑤ 张皓，刘中灿，汉宣. 武汉小贩上演"诈尸"续：三人被警方拘留 [EB/OL]. [2018-09-10]. 搜狐网，http://news. sohu. com/20130805/n383372247. shtml.

三、刑事案件处理中的人格权保护

（一）隐私权的保护

1. 侦查阶段信息核查的隐私信息保护

刑事案件在侦查阶段，需要对被抓获或者涉嫌违法犯罪者的身份进行鉴别。过去，在身份信息尚未全国联网的情况下，通常是由办案民警亲自或者打电话向有关部门查核相关人员的身份信息。当侦查人员打电话向涉案人员所在单位人事部门了解该人情况时，往往会自觉不自觉地透露出以下信息，如"我们正在办理一起强奸案，需要对贵单位某某某的身份进行核查，请您予以配合"。如此一来，当单位人员如有意无意地透露出"某某某因为强奸，被公安局抓了"这样的信息，就容易产生误解；一旦当事人是被误抓的，则会对其名誉造成极大的损害。

作为国家的公权力，侦查权对于公民人格权尤其是隐私权具有天然的强制性和侵犯性，两者之间不可避免地存在着冲突。在无法同时实现社会利益和个人利益的情形下，就需要根据一定的社会标准进行利益评估和平衡，对任何一方的过度倾斜都不是明智和符合理性的。刑事诉讼目的之实现和隐私权的保护之间同样应保持动态的平衡，二者不能有所偏颇。①

在刑事侦查活动中，要对公权力的行使作出限制性规定，将公共利益的实现限定在适当的范围之内，慎重选择实施的侦查方式，特别是严重侵犯公民隐私权的侦查行为应当被禁止。国家可以合法干预公民的隐私领域，但绝不可在非必要之情形下以侵犯甚至牺牲个人利益为代价去实现公共利益。

2. 刑事搜查中的隐私权保护

《刑事诉讼法》第 134 条规定的搜查对象和搜查范围不甚明晰。根据其规定，被搜查的对象既可以是犯罪嫌疑人，也可以是可能隐藏罪犯或者犯罪证据的人，即被搜查的对象包括当事人或可能与案件无关的其他人。搜查的范围既包括被搜查人的身体、物品、住处，还包括其他有关的地方。这种不确定的规定，无疑对于公民的隐私权造成了极大的威胁。如果允许警察所使用的特定的监督形式不受法律限制的约束，隐私的程度以及留给公民的自由将被减少到与自由、开放的社会的目的不符的范围。②

此外，如果侦查人员在实践中不严格按照无证搜查的条件进行搜查，而是可以自行决定搜查时间、搜查地点等，就会使搜查活动具有较大的随意性。加之我国法律没有对搜查证的具体内容作出明确规定，这样就对公民的隐私权保护形成了极大的隐患，犯罪嫌疑人甚至相关的无辜者的隐私等人格权将面临严重威胁。

---

① 毕惜茜. 侦查中隐私权保护问题研究［J］. 中国人民公安大学学报（社会科学版），2008（1）：13.

② ［美］韦恩·R. 拉费弗，杰罗德·H. 伊斯雷尔. 刑事侦诉讼法［M］. 卞建林，沙丽金，等译. 北京：中国政法大学出版社，2003：149.

【知识链接 18-1　实践中突破立法的无证搜查的情形】①

　　另外，还需要注意夜间搜查与隐私权保护的冲突问题。在我国，《刑事诉讼法》对搜查的规定比较粗，没有区分日间搜查和夜间搜查。立法上的空白往往被视为对司法实践的默许，因而在我国刑事司法实践中，并未禁止侦查机关进行夜间搜查。夜间搜查对公民隐私权的侵害程度较之日间会更加严重，夜间搜查受到的外界监督较之白天会更少，更容易助长滥用职权的不良之风。

　　汉代就有禁止官员夜晚进入民居抓捕的规定："禁吏毋夜入人庐舍捕人。犯者，其室殴伤之，以毋故入人室律从事。"②

【知识链接 18-2　国外对于夜间搜查的限制性规定】

3. 刑事监听中的隐私权保护

　　刑事监听兼具技术性和秘密性的特征，监听的秘密性特征使其具有与生俱来的侵犯公民隐私权的可能。监听行为主要出现在个人的隐私区域内，这些涉及个人隐私的场域包含被监听人对家庭关系、夫妻关系、社会交往关系的信赖，故而监听行为势必会给被监听人带来个人隐私的不安全感进而造成其身心的伤害，也使得人人自危且活在有可能被监听之恐慌之中。虽然监听以其特有的优势在侦查中发挥了重要的作用，但是该种优势也使得监听在公民人格权尤其是隐私权保护方面具有高度的危险性。

　　监听对于公民隐私权的侵犯，表现在监听这种侦查行为本身就是通过对个人私密信息的刺探这种极具侵略性的方式来获取犯罪信息、线索和证据，从而达到查明犯罪事实、侦破案件之目的，此中不可避免地侵犯了被监听者个人独处的权利，一些涉及公民尊严和秘密的相关信息也会暴露在侦查人员的面前。另外，由于监听内容的不可预测性，通过监听所获得之信息，既可能与犯罪有关，也可能与犯罪无关；不但涉及被监听之调查者还可能涉及与案件无关的第三人。这就极有可能侵犯了被监听者以及第三者正当的、与侦查犯罪无关的私人信息。如果漫无边际地放任监听，隐私权将荡然无存，人人将处于无隐私和不安全之状态。③

---

　　① 周洪波，潘利平. 无证搜查：立法与实践的背离及其完善 [J]. 西南民族大学学报（人文社科版），2008（8）：199-200.

　　② 汉代《捕律》. 谢桂华. 居延汉简释文合校 [M]. 北京：文物出版社，1987：551.

　　③ 揭秘世界上注明的十大窃听案 [EB/OL]. [2018-09-13]. 新浪网历史频道，http://history.sina. com. cn/bk/sjs/2013-10-21/112871630. shtml.

【知识链接 18-3　合法监听中对隐私权的保护】

4. "游街示众"与"戴面罩"

（1）"游街示众"

过去，为了震慑罪犯和教育群众，公安机关在逮捕犯罪分子经查实后，往往还会采取批量式的"公捕"。所谓的"公捕"，是指通过召开群众大会的形式（地点一般设在大礼堂、体育馆、广场及一些能容纳成百上千人的公共场所）对数名甚至数十名或者更多的犯罪嫌疑人公开宣布并执行逮捕的形式。各地的做法不一，但通常都是先让巡游车队押解犯罪嫌疑人游街，到达指定地点之后让犯罪嫌疑人面对成百上千的群众由公安机关负责人在宣读犯罪嫌疑人罪行后公开宣布对其执行逮捕（在被抓捕归案时已被逮捕了一次，现又再次被逮捕）。"公捕"起源于土地革命时期对恶霸地主和反革命分子的镇压，改革开放后的 1983 年开始的第一次"严打"（"依法严厉打击刑事犯罪分子活动"的简略表述）时也经常采用。

随着"拉出去砍喽"的一声呼喝，案犯被五花大绑押赴菜市口，在众人的围观下案犯伏法。这不仅仅是古代电视剧的情景，在当代的现实中亦有翻版。"严打"时对经审核即将执行死刑的罪犯，通常在法院的布告里也会将死刑犯的姓名划上红色的叉叉，并让即将被执行死刑的犯人在其胸前挂上一个牌子（牌子上的姓名也被打上红色叉叉），押赴刑场之前还要被五花大绑地押上车游街示众一番。

无论是"公捕"还是死刑犯被执行枪决之前的"游街示众"，在当时的民众眼里，普遍被认为是一件大快人心的事。《东郭先生与狼》《农夫与蛇》都一再告诫我们，对敌人不能动恻隐之心，因为"对敌人的仁慈就是对人民的犯罪"。

【知识链接 18-4　"菜市口"与"午门"】

（2）"戴面罩"

过去无论是对犯罪嫌疑人执行刑事拘留、逮捕，还是在行政执法活动中将人带回相关机构协助调查，都是显露身份的，即经办人员身着制服（警服），被带走的人不允许做遮拦，而且有些地方围观者甚众。

"万一抓错了怎么办？"过去少有这样的疑问，因为国家机关人员办事认真且依法，是绝对不会错的，因此也没有什么国家赔偿。随着社会的发展，执法和司法的人性化逐渐被提起。2003 年，河南省率先试行押解嫌犯戴面罩，犯罪嫌疑人头上都戴着黑色面罩，面罩前边有 3 个孔，只露出眼睛和鼻子；直到被告人被押上被告席后，法警才让其露出本来面貌。① 根据法律规定，被法院判决前任何人都不能被确定为有罪。为嫌疑人在押解往

---

① 尊重嫌犯人格权，河南试行押解嫌犯戴面罩［EB/OL］.［2018-09-10］. 中国新闻网，http://www.chinanews.com/n/2003-04-05/26/291490.html.

返途中戴面罩，既是为了保护被告人的人格尊严，同时也是为法警在押解中提供安全保障。这一举措无疑有利于保护犯罪嫌疑人的人格权，如人格尊严、名誉权、肖像权等。根据"无罪推定原则"，犯罪嫌疑人不等于罪犯，但是实践中往往会有新闻媒介对犯罪嫌疑人争相报道，使全国甚至全世界的人都知道谁是犯罪嫌疑人，甚至"扒光"犯罪嫌疑人的隐私。为了保护犯罪嫌疑人的人格权，给他们佩戴面罩的做法在其他国家践行已久，这一措施也应当在我国得以普遍推行。

【知识链接 18-5　为何要给犯罪嫌疑人戴"头套"】

虽然犯罪嫌疑人或者罪犯在身份上与一般人有所区别，但是这一身份上的区别并不必然意味着对其人格权不予保护。相反，正因为他们身份的特殊，其人格权才更加容易受到损害，因此更加需要得到保护。随着法治意识、人权保护的加强，我国对于犯罪嫌疑人人格权的保护已经逐渐完善。

（二）尊严权的维护

1. 剃发问题

男性犯罪嫌疑人被抓获之后，通常会被解押至集中的看管地点等候审讯，而在集中看管中因条件以及管理的因素，首先会对被收审者进行剃发，以与社会正常人相区别，多少带有一点侮辱性处置的味道。根据《公民权利和政治权利国际公约》第7、10条的规定，以及《囚犯待遇最低限度标准规则》第31条的规定，强制剃光头已然构成了对人格尊严的侵犯。

1992年发布的《最高人民法院、最高人民检察院、公安部关于依法文明管理看守所在押人犯的通知》第2条明确规定："除本人要求外，禁止给在押人犯剃光头，禁止剃有辱人格的发型。"

1994年12月29日通过的《中华人民共和国监狱法》第7条规定："罪犯的人格不受侮辱。"

2004年5月起施行的司法部颁布的《监狱服刑人员行为规范》，已废除了1990年发布的《罪犯改造行为规范》中关于"除一个月内出监的罪犯外，一律留寸发或光头"的规定。

2004年，海口、上海等地监狱不再强行规定罪犯必须理光头。根据2004年上海监狱管理局下发的《关于服刑人员自主选择发型范围的通知》，上海市各监所的男性服刑人员可自主选择平头、寸发和光头3种发型。

【知识链接 18-6　剃发的故事】

2. 识别服问题

过去，从一个人被当成犯罪嫌疑人被关进看守所，再到法院的庭审，最后到监狱，是一直与识别服相伴的。

关于在押刑事被告人或上诉人出庭受审时如何着装，《刑事诉讼法》及司法解释没有专门规定，最高人民法院也没有另行制定相关的文件来加以规定。司法实践中存在多种不同做法：一是穿识别服。一直以来，大多数在押刑事被告人或上诉人出庭受审都穿着看守所的识别服，衣服的前面或后面一般有"某某看守所"等字样。二是穿马甲。夏天出庭受审的在押刑事被告人或上诉人往往只穿马甲，或者在识别服或便装外面再穿马甲。三是穿便装。早在 2006 年，厦门市中级人民法院就允许被告人穿着自己的便装出庭受审。四是穿正装。个别被告人或上诉人出庭受审穿着正式的西装。五是穿"对比服"。在一案众多被告人的情形中，有些在押刑事被告人或上诉人自己提出穿着便装出庭受审的申请并得到允许，此时可能出现同庭受审的不同被告人穿着不同服装的对比情形。六是穿"特殊服"。有的在押刑事被告人或上诉人因疾病等原因对着装有戴帽子等特殊需要，其法庭着装呈现出特殊性。这些不同做法已经引起社会各界的广泛关注，甚至被媒体报道为区别性待遇。

在押刑事被告人或上诉人尚未被确定有罪，出庭受审时穿着识别服，就被贴上了具有"坏人"符号意义的"犯罪化标签"。这种做法在广义上可以理解为有罪推定的表现。尽管《宪法》规定"中华人民共和国公民在法律面前一律平等"，但在实践中刑事被告人或上诉人中只有少数出庭受审时能允许穿着便装或正装，多数人则穿着识别服出庭受审，此种做法难免被人认为是搞区别性待遇和特权，违背了法律面前人人平等原则。

对于在押刑事被告人或上诉人在法庭的着装，公安部《关于被告人出庭时是否着马甲问题的批复》（公监管〔2006〕92 号）规定："在押犯罪嫌疑人、被告人在羁押期间，着识别服。被告人出庭时可穿便装，但不得穿奇装异服。被告人穿便装出庭的，由本人申请并征得看守所同意。"

为深入贯彻落实党的十八届四中全会关于全面推进依法治国的重大部署，加强人权司法保障，2015 年 2 月 13 日最高人民法院、公安部联合制定了《关于刑事被告人或上诉人出庭受审时着装问题的通知》（法〔2015〕45 号）规定："人民法院开庭时，刑事被告人或上诉人不再穿着看守所的识别服出庭受审。"2015 年 12 月 21 日最高人民法院审判委员会第 1673 次会议通过的《最高人民法院关于修改〈中华人民共和国人民法院法庭规则〉的决定》（法释〔2018〕7 号）修正了 1993 年 11 月 26 日经最高人民法院审判委员会第617 次会议审议通过的《中华人民共和国人民法院法庭规则》第 13 条规定："刑事在押被告人或上诉人出庭受审时，着正装或便装，不着监管机构的识别服。"

《看守所条例》第 24 条规定："人犯应当自备衣服、被褥。确实不能自备的，由看守所提供。"对于看守所提供的衣服，最高人民法院、最高人民检察院、公安部《关于依法文明管理看守所在押人犯的通知》（公通字〔1992〕139 号）规定："为了便于区别和管理，有条件的地方可以给人犯穿统一式样的服装，但禁止在服装上印制'囚'、'犯人'等字样，也不得印有侮辱性的图案。"但在实践中，有的看守所出于管理需要，要求在押刑事被告人或上诉人在进入看守所后，将自己所穿衣服交给管教封存保管，换上其统一配备的识别服。

（三）其他相关人格权益的保障

1. 服刑者、死刑犯的生育问题

无论是我国的《宪法》还是《婚姻法》，都只规定了"计划生育"而并未使用"生育权"一词，1992 年颁布的《妇女权益保障法》第一次在立法中规定了生育的权利，其第 51 条规定："妇女有按照国家有关规定生育子女的权利，也有不生育的自由。"2002 年实施的《人口与计划生育法》第 17 条规定："公民有生育的权利，也有依法实行计划生育的义务，夫妻双方在实行计划生育中负有共同的责任。"《最高人民法院关于适用〈中华人民共和国婚姻法〉若干问题的解释（三）》第 9 条规定，"夫以妻擅自中止妊娠侵犯其生育权为由请求损害赔偿的，人民法院不予支持；夫妻双方因是否生育发生纠纷，致使感情确已破裂，一方请求离婚的，人民法院经调解无效，应依照婚姻法第三十二条第三款第（五）项的规定处理。"但是，对于死刑犯的生育这一问题，法律并没有明确规定。

随着法律的进步和发展，我国逐渐明确规定生育权为一种法律权利，而且对生育权的规定也从义务限制规定转变为权利保护规定，其中《人口与计划生育法》更是突破了生育权的女性主体要求，允许男性也享有生育权。然而，目前我国对生育权的立法规定仍然十分简单，更多是带有宣示意义的色彩。《人口与计划生育法》规定"公民"有生育的权利，但没有将生育权限定在夫妻之间，并且《婚姻法》实质上承认非婚生子女与婚生子女的同等地位，所以我国目前的生育权不需要以婚姻为前提。然而，因为我国目前尚不承认代孕的合法性，生育权也并不是不受到任何限制的，生育权的行使也需要符合一定的法律规定和要求。对于生育权所引发的种种问题，其中一个较有争议的问题是，死刑犯是否享有生育权？

鉴于服刑、被执行死刑等特殊情况，人们一般不会讨论这些特定人的生育权问题。即使是平民百姓在计划生育政策下也不好讨论这一敏感的问题，多见的是《超生游击队》小品中的讽刺性表达。在司法实践中，出现的大多是一般的生育权纠纷，主要有三种类型：生殖器官受侵害型、配偶之间生育侵权型、侵害生育自主权型。

即将被执行的死刑犯或其配偶有无生育权，有的话如何保障，这不仅是一个理论的问题，更是一个现实的问题。

【事件链接 18-3　死刑犯的"生育权"问题】①

对于死刑犯是否享有生育权的问题，有反对和赞成两种意见：

反对死刑犯享有生育权的理由主要是：第一，因为生育权是生命权的延伸，而死刑犯的生命权已经被剥夺，所以其生育权也被剥夺。第二，生育权与人身自由是紧密相关的，

---

① 浙江一死刑犯的妻子要求人工授精难倒法院 [EB/OL]. [2018-09-10]. 中国网，http：//www. china. com. cn/chinese/LP/79448. htm.

因为死刑犯的人身自由被严格限制甚至被剥夺，所以其生育权也无法实现，正所谓"皮之不存，毛将焉附"。第三，应给予必要的惩罚。基于"惩罚在先说"，罪犯之所以入狱是因为其犯罪行为，因为他自己在先的犯罪行为造成其失去人身自由以及生育自由，故而其本身也就丧失了生育权。第四，即便目前可以通过技术而帮助死刑犯配偶怀孕（男性死刑犯的可通过人工授精来实现），但女性死刑犯的生育权则存在许多问题，例如通过怀孕达到规避死刑或拖延死刑执行之目的，又或者代孕所存在的种种道德伦理问题。因此，基于男女平等，死刑犯的生育问题是一种现实不能，而且是基于自由权的丧失而没有了讨论的余地。

赞成死刑犯享有生育权的理由主要包括：第一，法无禁止则自由，且此举并未有违公序良俗。第二，既然死刑犯在执行前可以留下遗言捐献器官及尸体给医疗机构或者研究机构，为何不可在执行前捐精子给妻子？假如其留下一缕头发给妻子可以获得允许，今后如果技术发展可以通过基因提取的方式使女方怀孕又当如何？第三，男方并未因此而逃避应承担的法律责任（被执行死刑）。第四，这与伦理道德上的"杀其父生其子"的灭种无关。

赞成也好，反对也罢，如果无视即将被执行死刑这样一个特定前提，抛开最严厉的剥夺人的生命的刑事制裁，无视人伦道德以及社会影响来讨论这个问题，着实不着边际。但是，仅以"法无明文规定不允许"来拒绝配偶之申请亦未免过于简单而且会给人留下话柄。

2. 服刑者夫妻探视的同居问题

前几年，我国的一些监狱曾经推出了"特优会见""亲情会见""夫妻房"等"特殊政策"或"优惠待遇"来满足服刑人员及其配偶的同居需要，甚至作为一种"奖赏"，以稳定和巩固服刑人员的婚姻关系和家庭。

毋容置疑，对于表现良好的服刑者，在其配偶积极配合及支持监狱管理的前提下，允许夫妻同居的做法的确在一定程度上体现了人文关怀，对服刑人员无疑也是一种激励，还可唤醒其对今后生活的期盼。但是，这种做法所带来的负面性影响等诸多问题也是不容忽视的。

问题一，男女服刑者区别对待，只有男性服刑者享有此特殊待遇，女性服刑者则不能享受此待遇或者被称之为行使该项权益。无论是以物质条件限制，还是担心女性服刑者怀孕后要特殊处理，又或者是其他的理由，都改变不了以性别而实行区别对待之结果，这有违性别平等之基本原则。难道有情感、生理需要的仅仅是男性服刑者吗？难道表现好的仅仅只有男性服刑者吗？难道仅仅只有男性服刑者才享有这种待遇吗？

问题二，既然都是服刑犯，如果认可夫妻同居权益是属于一般人格权益，只要结婚的夫妻都有的权益，那么就不能因表现优秀、良好、中等、及格、不及格而享有不同的配偶权。能否减刑是有明确法律规定的，但监狱管理机关竟然能够以自设条件、程序来决定某些服刑者获得夫妻同居之待遇，其他人则没有这个待遇，已然超出了其监狱行政管理职权之范围，达到了决定其被管理者是否享有某项人身权益之程度。

问题三，夫妻亲情是否可能扩展为家庭亲情。可以夫妻同房，如果妻子怀孕生产了子女后，是否可以携未成年子女到监狱来团聚以享受家庭团聚之乐也是一个问题。这究竟是服刑还是在监狱有定期可"过家家式"的改造？

问题四，接受劳动改造的人与在社会上的人所享有的人格权的实现是有差异的。毕竟接受劳动改造是在人身自由受到限制的状态下进行的，如果无视接受劳动改造这一人身受限的事实，那么就无法解释为何要集中关押、强制劳动和学习、没有工资和奖金、受到严格的监控等。

问题五，享有人格权与人格权行使的客观限制性条件是有关联的。服刑者的人身自由受到了限制，我们不否认作为一个自然人理当享有人格权，正如无论是正常的人还是服刑者都依法享有隐私权一样，但是服刑者的隐私信息和社会中正常人的隐私信息的划分就不完全一样。每个监仓都有视频监控措施，我们不能说这个设置侵犯了服刑者的隐私权。以人身自由为基础的其他人格权诚然是有的，但权利的行使受到了客观的限制。在服刑期间，管理机关不能以提供"优质服务"和"满足社会发展需要""促进服刑者家庭和谐"为由来打破或者解除对服刑者某种人身自由的限制，使之获得某种与正常人基于人身自由一样的权利行使。

因此，不能说服刑者不享有某项人格权，但服刑者在行使某项人格权时可能因其人身自由的受限而受限。

四、民事审判中一般人格权兜底条款的适用

（一）人格权纠纷案由的类型

案由，是人民法院对诉讼案件所涉及的法律关系的性质进行概括后所形成的案件名称。通过案由大致能够知道案件纷争之焦点范围所在。

最高人民法院对民事案件的案由规定，经历了 2000 年、2008 年及 2011 年三个版本的变化。

1. 2000 年的规定

2000 年最高人民法院颁布的《民事案件案由规定（试行）》，将民事案件分为"合同纠纷案由""权属、侵权及不当得利、无因管理纠纷案由""婚姻家庭、继承纠纷案由""适用特别程序案件案由"四大部分。其中，第二部分第八节规定名义上为"人身权纠纷"而实质上则为人格权纠纷的内容。身份权的纠纷主要规定在第三部分的"婚姻家庭、继承纠纷案由"之中。

在具体的人格权纠纷类型上，仅包括了名誉权、名称权、姓名权、荣誉权和肖像权，还有人身自由权。除此之外另设了人身损害赔偿纠纷这一案由类型。

可见，2000 年前后，我国人格权理论的研究与司法解释还停留在较低的水平阶段。

2. 2008 年的规定

最高人民法院于 2008 年、2011 年，分别颁布了《民事案件案由规定》以及《最高人

民法院关于修改〈民事案件案由规定〉的决定》。比较两份文件可以看出，2008 年的版本中关于人格权的案由规定在 2011 年的版本中未有变化。亦即，2008 年的人格权部分的案由规定延续至今。

相较于 2000 年的民事案由规定，自 2008 年以来，人格权方面的案由发生了以下变化：一是在标题用语上，从"人身权纠纷"改为"人格权纠纷"，体现人格权与身份权的区别及相互关系等问题在理论和实践中有了发展进步。二是人格权纠纷在民事案由体例中的位置，从过去与其他民事权利合并规定，到现如今独立成一部分且置于首要位置，表明了人格权的重要性得到显著之提升。三是具体的人格权案由类型，数量从过去的 7 种增加至 9 种。删除了"名称权纠纷"，新增了"一般人格权纠纷""婚姻自主权纠纷"和"隐私权"。

3. 从《民事案件案由规定》反思人格权理论体系的构建

民事案由反映了法院裁判对案件类型的划分。上述案由种类的发展变化是人格权法理论的发展与司法裁判经验积淀之共同结果，反映了人格权法理论与人格权司法实践的结合。

在民法典编纂过程中，人格权领域的一个争议焦点在于人格权体系的构建及人格权权利种类的划分。例如是否采取一般人格权与具体人格权的体系，人格权的种类是否应当包括企业名称权、荣誉权、信息权、婚姻自主权、性自主权等。

对这些理论问题，实务应如何回应？从案由规定可以窥知一二。2008 年之后的案由体系编排，一定程度上反映了最高人民法院对人格权权利体系、权利类型的观点。从"一般人格权纠纷"这一案由可知，最高人民法院对人格权采用了一般与具体的划分方式。而具体的案由类型表明，最高人民法院认为人格权的权利包括荣誉权与婚姻自主权。为了判断这种划分是否合理，下文将以各类案由的案件数量为切入点展开分析。

（二）近年人格权案件数量变化情况

在案件类型化的基础上，通过登录中国裁判文书网，以检索裁判文书数量的方式，估算每年人格权案件的数量并对各类人格权案件作粗略的分析。

1. 时间

由于 2008 年的《民事案件案由规定》自 2008 年 4 月 1 日生效，因此检索了从 2008 年 4 月至 2016 年 4 月的判决书，并以每年 4 月到次年 4 月为一个时间区间，分别统计了文书数量。

2. 文书类型

限定为一审案件判决书。二审案件与相应的一审案件往往建立在同一基础事实上。为了避免重复统计，此处仅检索一审案件，以此估算人格权纠纷的数量。

3. 案由

将案由分别限定为上述 9 种人格权纠纷案由进行检索，另外还检索了所有民事案件数量以及所有人格权案件数量。最终得到了表 18-1 中的数据。

表 18-1 **2008 年 4 月至 2016 年 4 月人格权裁判文书数量统计**①

案由	2008	2009	2010	2011	2012	2013	2014	2015	2016
所有一审民事案件	12752	57878	99970	86917	144211	783322	2039704	1859827	1978783
所有人格权纠纷	141	563	1587	1338	3226	17923	46586	39891	42510
人格权案件/民事案件百分比	1.11%	0.97%	1.59%	1.54%	2.24%	2.29%	2.28%	2.15%	2.15%
1. 生命权、健康权、身体权纠纷	127	439	1419	1216	3072	17032	44582	38159	40570
2. 姓名权纠纷	4	107	105	59	22	148	314	140	146
3. 肖像权	0	1	2	5	4	40	52	64	91
4. 名誉权	5	13	43	35	77	378	924	1016	1105
5. 荣誉权	0	0	0	0	0	0	2	1	1
6. 隐私权	0	0	2	0	0	6	18	17	21
7. 婚姻自主权	0	0	0	0	0	0	2	2	2
8. 人身自由权	0	0	0	0	0	0	10	2	5
9. 一般人格权	5	3	15	23	51	319	682	490	569

从横向上看，人格权案件数量伴随着民事案件的爆炸性增长而同比增长。目前一审的民事案件，大概每年 200 万件。其中人格权纠纷案件约占 2%，每年 3~4 万件。

从纵向上看，生命权、健康权和身体权的案件数量常年居于首位，其次是姓名权、名誉权和一般人格权案件。其他案件类型的数量都较少，尤其是荣誉权纠纷及婚姻自主权纠纷更是屈指可数。

（三）新型人格侵权行为之认定

1. "网站评丑星" 案

2002 年，某某公司和网易公司在网上举办"评选十大丑星"活动，包括原告在内的多名明星被列为候选人，并刊登了他们的肖像照片，评选结果是原告以 16911 票当选"十大丑星"之一。② 原告以侵犯名誉权、肖像权为由诉诸法院。被告从没有获利、公开的演出照片、相貌属于客观事实、网民评选、公众人物等方面进行抗辩。

法院认为：首先，虽然原告属于公众人物，但其仍是社会中的一般自然人，享有的合法权益同样受到法律的保护。在"评丑"的前提下，还加配了涉及原告人身的调侃性文字，被告的行为侵犯了原告作为社会一般人的应受尊重的权利。原告因此受到的烦扰已经

---

① 数据来源于中国裁判文书网，http：//wenshu. court. gov. cn.

② 臧天朔当选"丑星"引发官司，评选名人网站享有多大空间［EB/OL］.［2018-09-10］. 人民网，http：//www. people. com. cn/GB/shehui/46/20011030/593433. html.

超越了其作为公众人物的正常承载范畴，属正常的内心感受。二被告的行为侵犯了原告作为社会一般人的应受尊重的权利，构成了对原告人格尊严的侵害。其次，未经原告的同意，擅自使用了原告的演出照片，该行为和将原告列为候选人之一的行为共同起到了提高网站点击率的作用，是以营利为目的的经营性行为，构成对原告肖像权的侵害。最后，原告未提供充分证据证明二被告的行为确已造成其社会评价降低的法律后果。因此，其所称的二被告侵害名誉权的诉讼主张，法院不予认定和支持。因此，法院判决责令被告停止侵害、赔礼道歉、经济损失 1500 元、精神损失费 2 万元，其中侵犯人格权 1 万元，侵犯肖像权 1 万元。

人格尊严是一个集合概念，具体要通过隐私、名誉、荣誉、肖像等方面的权利来体现。"丑"与"美"是一对概念，但却没有绝对的标准，而且还可以从内心、行为、外表等多方面来评判。评"美"自然是皆大欢喜的事情，即使没有入选也不会得出"丑"之结论，但不能说"有权选美就理当有权评丑"，评丑的经过和结果无疑是将某些特定的人通过所谓网民投票的方式来推举出来，就在一定程度上对特定主体的某些行为或者外观特征进行了聚焦式的放大，甚至以此来达成所谓的社会共识，无疑是以特定的形式对特定人名誉的诋毁。组织者通过这个活动，就能够使网民见谁不顺眼，"随心"地投他（她）一票、毁他（她）一把。

在这个案件之中，某些瑕疵或者不足经社会评价以"评比"而被放大，这一点无须举证而且客观上亦无法举证。如果一个正常的人，被某网站以评选的方式最后冠予"中国第一坏人"，评选结果出来之后，还需要有什么证据来证明其名誉受损，的确值得人们深思。

谁也无权冠予他人"国内歌坛十大丑星第几名"的诋毁性称号，不仅一个网站无权这样做，即便是对此事的新闻报道，亦已超出了任何一个公众人物应当承受之正常范围，构成人格损害已然是板上钉钉的事实。

无独有偶，国外也有相类似的评选丑星行为，例如鲁尼入选欧锦赛"十大丑星"。无论这些行为是否最终走向诉讼，新时代下这些新型侵权行为的出现已经是事实。

2003 年原告起诉某网站公司，因为网站刊登了多篇报道原告与经纪人之间的纠纷和私人情感纠纷的文章，原告认为被告侵犯了其名誉权。[1] 法院经审理后认为，被告对所刊登的文章未经审核，并且文章中存在许多贬损性的文字，其做法已经超越了客观报道、正当监督的范畴，造成原告的社会评价降低之法律后果，构成了对原告名誉权的侵害。因此，判决被告停止侵害、赔礼道歉、1.2 万元精神损害赔偿、经济损失 2818 元。

2. 公众人物的反向倾斜保护规则之边界

出于对维护公共利益和满足公众兴趣之需，在司法实践中，通常认为公众人物行使人格权时受到一定的限制，这被称为"公众人物的反向倾斜保护规则"。公众人物对于轻微损害或者在正常承受范畴内有一定的容忍义务。然而，在"轻微损害"或"正常承受范畴"的界定上有一定的自由裁量权。

由于公众人物对社会产生的影响通常要比一般人大，社会公众对其关注度也就较高，

---

[1]　参见北京市朝阳区人民法院"（2002）朝民初字第 04336 号"《民事判决书》。

对公众人物的议论和评价属于正常的社会现象，尤其是新闻报道和评论，只要其所述的事实真实，定性准确，即使某些用词或表达不当，甚至个别言词有夸大现象，只要作者主观上是出于善意的，并无侮辱和诽谤之故意，就不应将其认定为侵权。因此，可以主要从"内容"和"评论"两方面入手对是否构成侵犯公众人物名誉权进行分析认定。

界定新闻报道的内容是否严重失实，应以其所报道的内容是否有可合理相信为真实的消息来源证明为依据。只要新闻报道的内容有在采访者当时以一般人的认知能力判断认为是可以合理相信为事实的消息来源支撑，而不是道听途说或捏造，新闻机构就获得了法律所赋予的关于事实方面的豁免权，其所报道的内容即使存在与客观事实不完全吻合之处，也不能认为是严重失实。

评论的恰当与否是评判意见报道公正性的标准，不仅要看评论的结果或者导向型，关键还要看评论的字眼是否带有侮辱性。必须严格区分侮辱性评论与批评性意见，两者的区别主要在于理性与否，批评通常是基于一定事实的理性意见的表达，而侮辱谩骂通常是不讲道理的。如果超出了公众利益之界限，则属于基于个人目的之恶意加害行为，就应当由行为人承担责任。①

3. "委屈奖"带来的问题

针对群众反映强烈，执法者与被执法者之间矛盾激烈之状态，不少行政机关的办事窗口部门要求工作人员"骂不还口、打不还手"，提出了"零投诉"的要求，甚至还有在特定时间段内有几次投诉的就一律不问缘由而予以开除的做法，对此竟然还美其名曰"末位淘汰""为人民服务"。

据《北京娱乐信报》2006年4月23日的报道，北京的公交车司机徐师傅开车等着进站时，一名男乘客拍门要求上车。徐师傅示意其等车进站后再上，没想到竟招来这名乘客长时间辱骂，下车后这名乘客还绕到司机一侧继续大骂。徐师傅"有理让无理"，坚持骂不还口。车队为表彰他顾全大局，为树立公司新形象作出了贡献，向上级公司申请给他颁发了一份"委屈奖"。②之后许多地方的公交行业或者其他服务行业都效仿而设置员工委屈奖，例如，2009年辽宁省沈阳市交通局通过媒体向外界透露："今后公交行业内部将推行'委屈奖'，对发生争执时，能做到打不还手、骂不还口的司机进行经济奖励。"③2015年8月22日，四川达州曾在2013年因扶老人被讹诈为"撞倒"的3名孩子获得5000元奖励，3名小孩和2名办案警察还分别获得了由民间基金提供的"好人"奖金。④2016年3月，由中央文明办"中国好人网"举办的第三届"搀扶老人奖"评选在广州揭晓，来自安徽舒城的何梦茹荣获最高奖："搀扶老人委屈奖"，奖金5000元。⑤

---

① 侯健. 舆论监督与名誉权问题研究 [M]. 北京：北京大学出版社，2001：92.

② 红网. 如此"委屈奖"委实荒唐 [EB/OL]. [2018-09-10]. 腾讯新闻，https：//news. qq. com/a/20060424/000019. htm.

③ 沈阳拟设公交司机"委屈奖"引争议 [N]. 法制日报，2009-01-14 (007).

④ 小孩扶老人被讹获5000元委屈奖 [EB/OL]. [2018-09-10]. 人民网，http：//society. people. com. cn/n/2015/0824/c1008-27509904. html.

⑤ 安徽女孩好心扶摔倒老人被误解获"委屈奖"5000元 [EB/OL]. [2018-09-10]. 中国新闻网，http：//www. chinanews. com/sh/2016/03-23/7807746. shtml.

不可否认的是，"委屈奖"设立的初衷在于缓解服务型工作人员在工作过程中与服务对象之间的冲突和矛盾，不仅能表达单位的慰问和人文关怀，同时还是对于工作人员工作精神的一种褒奖，充分体现了顾客至上的服务精神，从而在一定程度上为单位赢来正面形象和利益。但是，"委屈奖"所掩盖的可能是对他人人格权的漠视。谩骂、污蔑乃至无中生有的指控，其行为已经构成了对受害者名誉和人格尊严的侵犯，法律赋予他人享有人格尊严、名誉权等人格权，如果他人的人格权受到侵犯竟然被要求"忍气吞声"，由单位以颁授"委屈奖"的形式代替侵权人安抚，那么公理何在？违法者没有得到惩罚，社会正气也没有得到弘扬，这种忍气吞声只能是助长了违法者的气焰，人人看在眼里而不敢站出来制止违法行为，我们只能受害之后而求助于获得单位的金钱补助了。

政府行政机构或者公共事业部门提倡文明执法、文明服务，是应有之义，但其前提应是严格执法和严格遵章守纪。为了给社会作出法治示范，政府部门和相关机构有责任与义务依法维护执法、服务人员的人格尊严与人身权利，这才是对执法人员的真鼓励、真关心、真安慰、真支持。否则，即使设了"委屈奖"，权利意识日益觉醒的执法人员也不愿买账。更重要的是，仅仅片面强调执法人员"委曲求全"和"逆来顺受"，很容易给一些人造成执法人员软弱可欺、法律可被随意嘲弄的错误印象，使执法环境日益恶化，最终结果是违法者扬眉吐气，执法人员、社会正义与法律都"受委屈"，这是有悖依法行政基本原则的。虽然颁发此奖本身并不构成对"受委屈者"人格权的侵犯，但确实并非值得推广之事。

4."人体宴"与社会公序良俗

所谓的"人体宴"，是指借用人的裸露身体部分装盛寿司等食物，其中以女性人体为多，又称之为"女体盛宴"或"女体盛""人体盛"。"人体宴"发端于日本，后有效仿之。2004年4月2日某地一家餐厅以女性的裸体当容器盛菜由食客品尝、观摩。① 这种"女体盛"首次亮相即引起舆论的关注。许多媒体、舆论都从伤风败俗等道德方面对此进行抨击，当地卫生主管部门责令其收场的法律依据是存在卫生安全隐患，违反了《食品卫生法》关于盛装食品容器高温消毒的有关规定。然而，2016年5月在某地又出现了将人体彩绘模特摆放在一个5米的超大型青花瓷巨碗上的展销方式，还称给市民们带来近距离的视觉和味觉上的大餐。② 过去曾有过关于"母乳"交易是否合法以及侵犯人格权的一些讨论，③ 这已经不再是人格权而是涉及食品安全监管和伦理道德的问题了。

选择一份什么样的"职业"诚然是劳动者的自由，选择什么样的商业经营方式是商家的自由，从表面上来看"人体宴"的经营方式和"人奶食品"都是商家和劳动者你情我愿的事情。但是，凡事总得有个底线——法律和社会公序良俗。尽管只有行政机关的处

---

① 昆明现"美女人体盛宴"女大学生玉体盛菜 [EB/OL]．[2018-09-10]．新浪网，https：//news.sina.com.cn/z/ntshyan.

② 东莞一商场现美女人体盛宴，搔首弄姿引围观 [EB/OL]．[2018-09-10]．华人海外网，http：//huaren.haiwainet.cn/n/2016/0503/c232657-29885355.html.

③ 人奶交易，奶妈作为一种职业将重出江湖 [EB/OL]．[2018-09-10]．中国妈妈网，http：//www.86mama.com/10000/4496.shtml.

罚,而没有人格权受害者的起诉,且人格权是不可转让亦不可放弃的一种权利,为了获取高额报酬而"出卖"自己的身体作为盛器,无疑是将人作为交易的客体,甚至还要忍受着不守规矩的举止和污秽语言之挑逗、羞辱和嘲笑。但是,这种自己受辱的现状客观上就是商家以表面的同意来借消费者侵犯劳动者人格权的行为。从自觉自愿免责条款的角度看,"职业者"不能通过起诉商家来获得经济补偿,但劳动行政执法部门则完全可以用"有违公序良俗"以及"借经营方式侵害劳动者人格权"来取缔之,而非由食品卫生部门以"盛装食品的容器消毒不够温度"对消费者不负责任的缘由来处理。

(四) 一般人格权兜底条款之适用——以性骚扰为例

社会关系和人们行为的多样性和复杂性,在社会现实中会有无法以现有具体人格权保护的条款对涉及有关自然人的主体独立、身份平等、人的尊严、生命安全、人身自由等相关问题来处理,一般人格权的兜底性规定就可以发挥其应有之作用。社会现实中有很多这样的问题,以性骚扰为例:

1. 性骚扰侵犯了什么权利

在《现代汉语词典》中,骚扰,是指使不安宁、扰乱。性骚扰(sexual harassment),则是指以性欲为出发点对他人进行以性为目的之扰乱和使之不安宁的行为。性骚扰是以带性暗示的言语、动作或者针对被骚扰对象所作出的骚扰行为,通常由加害者作出骚扰行为,妨碍受害者行为自由并引发受害者抗拒反应的状态。

性骚扰的表现形式,目前尚无统一界定,主要可以分为以下几种:第一,口头方式,如以下流语言挑逗对方,向其讲述个人的性经历、黄色笑话或色情文艺内容。第二,行动方式,如故意触摸、碰撞、亲吻对方脸部、乳房、腿部、臀部、阴部等性敏感部位。第三,设置环境方式,即在工作场所或者场所周围布置淫秽图片、广告等,使对方感到难堪。

性骚扰所带来的后果可能是十分严重的,被侵权者可能会由此而产生耻辱感、恐惧感、自闭或依赖等负面情绪。

人们对于性骚扰存在着三大认识误区:一是认为只有女性才会受到性骚扰;二是认为只有年轻、容貌好的人才会受到性骚扰;三是认为身体上的性骚扰比语言上的性骚扰更普遍。其实,性骚扰是一个不分性别、相貌和年龄的人格侵权行为。

性骚扰究竟侵犯了什么权利?是性自由权、尊严权还是身体权又或者是其他的什么权利?理论上一直没有定论,司法实践也有不同的做法。

2. 有关性骚扰的规定

虽然《刑法》第237条规定了"以暴力、胁迫或者其他方法强制猥亵他人",但是猥亵是指以刺激或满足性欲为目的,用性交以外的方法实施的淫秽行为。然而,性骚扰的范围远远要比猥亵的范围广。《妇女权益保障法》第40条规定:"禁止对妇女实施性骚扰。受害妇女有权向单位和有关机关投诉。"2006年7月31日通过的《湖南省实施〈中华人民共和国妇女权益保障法〉办法》第30条规定:"禁止违反法律、伦理道德以具有淫秽内容的行为、语言、文字、图片、电子信息等任何形式对妇女实施性骚扰。"同时明确,"对妇女实施性骚扰或者家庭暴力,构成违反治安管理行为的,由公安机关依法给予行政处罚；受害人可以依法向人民法院提起民事诉讼；构成犯罪的，依法追究刑事责任"。这以立法形式明确列举了对女性性骚扰的种种表现形式，对女性大讲黄色笑话、滥发黄色手机短信的人，都将可能受到法律制裁。

《民法通则》在第五章第四节规定了"人身权"，《侵权责任法》第 2 条明确了"民事权益，包括生命权、健康权、姓名权、名誉权、荣誉权、肖像权、隐私权、婚姻自主权等权利"，但是没有将"性骚扰"所对应的权利明确予以列入。

对于"性骚扰"这一侵权行为，除了《妇女权益保障法》有明确规定之外，其他法律并没有出现该词语。所以，对于这一类型的人格权侵犯行为，还是要依据《民法通则》和《侵权责任法》关于侵权的相关兜底性规定予以处理。

《民法典》第 1010 条明确规定："违背他人意愿，以言语、文字、图像、肢体行为等方式对他人实施性骚扰的，受害人有权依法请求行为人承担民事责任。机关、企业、学校等单位应当采取合理的预防、受理投诉、调查处置等措施，防止和制止利用职权、从属关系等实施性骚扰。"

3. 性骚扰的案由选择

在目前的司法实践中，因为多数性骚扰纠纷发生在工作场所，所以大多数都定为劳动争议案由。按照发生侵权行为所在场所以及侵权人与受害者之间的关系来确定案由，多有不当，而且"性骚扰"的发生并非局限于工作场所。

一些侵犯人格权的"性骚扰"案件，虽经媒体报道为性骚扰，但由于无法可依，受害人大多以侵害名誉权提起民事诉讼，如有身体上伤害的则提起身体伤害之诉，但受害人的诉讼请求大多十分低廉，如象征性的精神损害赔偿金，甚至承受着巨大的社会舆论与心理压力只是要求侵害人停止侵害、赔礼道歉。①

4. 性骚扰的司法处理

2001 年 7 月，我国首例性骚扰案在陕西省西安市莲湖区法院立案，一审法院经过审理于 2003 年 1 月以证据不足判决驳回其诉讼请求。②

对于"性骚扰"案件，最为著名的莫过于全国首例原告胜诉的性骚扰案③，武汉市中级人民法院于 2003 年 10 月终审判决，认定被告侵扰原告事实成立，判决被告向原告赔礼道歉，但却驳回了原告要求赔偿之请求。

2010 年 3 月，广州市萝岗区人民法院判决的一宗性骚扰案，支持了原告方的诉请而判令被告支付精神损失赔偿 3000 元，从而引起了社会各界特别是法学界的高度关注。该案件认定性骚扰并判决精神赔偿在全国还是首例。④

因为《刑法》对强奸、猥亵、侮辱都已经有所规定，再加上各种社会原因，特别是

---

① 王利明. 民法典·人格权法重大疑难问题研究［M］. 中国法制出版社，2007：462.
② 中国首例性骚扰案"全程回放"［EB/OL］.［2018-09-10］. 搜狐网，http：//news. sohu. com/78/91/news209779178. shtml.
③ 全国首例性骚扰胜诉案：赔礼不赔钱是放纵性骚扰？［EB/OL］.［2018-09-10］. 人民网 http：//www. people. com. cn/GB/shehui/1063/2166706. html.
④ 邓新建. 全国首例原告胜诉性骚扰案［EB/OL］.［2018-09-10］. 新浪新闻中心 https：//news. sina. com. cn/s/2010-03-24/161619932568. shtml.

证据的收集以及损害尤其精神损害的证明上，受害者有很大的障碍。因此，大多数的"性骚扰"案件中原告败诉的主要原因是证据问题。

除了证据问题之外，"性骚扰"最有争议的一个问题就是，这一行为到底侵犯了原告什么权利以及如何适用法律。

纵观胜诉的案例，2002年的四川性骚扰案，法院认为被告强行搂抱抚摸的性骚扰调戏行为，不仅侵害了原告的人格尊严，而且产生了损害名誉权和使其遭受精神痛苦的严重后果。2003年的武汉女教师诉上司性骚扰案，法院认为被告侵犯了原告的人格权利。2003年北京的短信性骚扰案，法院认为被告在违背原告主观意愿的情况下，以发送淫秽性和威胁性手机短信的方式，引起了原告心理反感，侵扰了原告保持自己与性有关的精神状态愉悦的性权利，性骚扰行为直接侵犯了被骚扰者的性权利以及人格尊严权。2010年嘉南民初字第1071号案件，法院认为被告在事发当时的行为具有侵犯女性权利的情节，据此推定被告的行为侵犯了原告的人格尊严，并且就原告所主张被告损害其名誉，但未提供相应证据予以证实，法院不予支持。

由此可见，多数案件认定被告所侵犯的是原告的人格尊严，少数认为还涉及名誉权。究竟是认定侵害人格尊严权，侵害名誉权或者是侵害身体权，又或者是侵害性自主权，还是侵犯贞操权，似乎各有各的说法。然而，除了名誉权、身体权外，其他的都没有直接的法条依据。

（1）侵犯人格尊严权

性骚扰行为侵害了人格尊严这是不言而喻的。但是，人格尊严是一个抽象的概念，没有对应的法律条款，在《民法典》中亦无对应的责任规定。所有的人格权保护问题，都可以归结为人格尊严的问题，以侵害人格尊严界定性骚扰，其界定过于宽泛。

（2）侵犯名誉权

在四川首例性骚扰案中，法院认为被告强行搂抱抚摸的性骚扰调戏行为，不仅侵害了原告的人格尊严，而且损害了其名誉权，是因为在该案中被告的行为后来已经被传得沸沸扬扬，不知情的群众甚至认为原告不守妇道。因此，如果要认定"性骚扰"的行为侵害了原告的名誉权，最简洁且直观的标准就是这一行为是否为第三人所知，并且降低了原告的社会评价。然而，很多性骚扰行为是相对隐蔽的，除了受害者和加害人外一般不会在第三人面前进行。也正因为如此，性骚扰的案件受害者才难以取得相应的证据。适用名誉侵权的法条，又不太合适。

（3）侵害身体权

在一些已经胜诉的性骚扰案件中，原告起诉提出的理由之一是侵害其身体权。提出性骚扰是对身体权的侵害，有一定的道理，因为性骚扰多数是对被侵害人的身体隐私部位或者性感部位进行触摸，破坏了身体的形式完整性，构成对身体权的侵害。然而，有些性骚扰并不是侵害身体权，而是语言挑逗和骚扰，并没有触碰到受害人的身体，无法认定为侵害身体权。但是，性骚扰侵害的一定是受害人的性的利益，而不是身体利益。因此，用侵害身体权界定性骚扰的侵害客体和行为的性质，显然不当。

（4）侵害性自主权

性自主权，是自然人自主支配自己性利益的具体人格权。自然人每人都享有性的利益，只要达到一定的年龄就有权对自己的性利益进行自主的支配，任何人不得干预和侵害。对不具有性承诺能力，或者对具有一定性承诺能力的人违背其意愿，强制性地对其进行性方面的侵扰，就是对性自主权的侵害。① 显然，"性自由权"这一理论可以很好地概括并避免上述适用各类术语之不足。但性自由权在法条上找不到，如何体现兜底也还是一个问题。设想很美好，但是不实用。

（5）侵犯贞操权

过去的传统观念认为，仅仅女性有贞操，而男性无贞操可言。贞操权，通常是指公民保持其性纯洁良好品行，享有所体现的人格利益的人格权。如性贞洁的保持权，贞操受到侵害时享有反抗权，以及承诺权。使用贞操权，无疑将问题引入到了一个更为难以解释的"性侵"② 之广义领域。

对于性骚扰案件的法律适用，还没有一个直接可适用的法条，在司法实践中也不能明确一个直接对应的固定范畴，毕竟性骚扰所造成的后果不一，如果导致名誉受损的诚然可以直接以名誉侵权来处理；对未形成社会不良影响的私密空间之性骚扰，按照侵害人格尊严来处理亦是恰当的。在难以适用的情况下，依据《民法典》第109条"自然人的人身自由、人格尊严受法律保护"这样的兜底条款进行保护，亦不失为一个明智之举。

任何的理论研究都不可能是空穴来风的，其必然要立足于社会现实，并作出一定的前瞻性估量。在成文法国家的司法审理和最终处理中，当缺乏可直接引用之法条时采取相对保守的态度是可以理解的。社会在发展，理论研究也在不断推进，个案处理或多或少会给人们提出一些值得思考的问题，也为理论研究拓展了空间。法律的终极目标在于维护社会正常、良好的秩序，维护当事人之权益只不过是一个手段而已。无论如何，人格尊严权和人身自由应受到法律保护，这是对人格权保护的底线。

---

① 杨立新. 性骚扰到底侵害了什么权 ［EB/OL］. ［2018-09-10］. 法制频道，http：//law. southcn. com/flpl/200311130352. htm.

② 性侵害（sexual assault）之简称，是指加害者以威胁、权力、暴力、金钱或甜言蜜语，引诱或胁迫他人与其发生性关系，或在性方面造成对受害人伤害的行为。

参考书目

1. 郭永玉. 人格研究 [M]. 上海：华东师范大学出版社，2016.

2. 徐强. 人格与社会 [M]. 南京：南京师范大学出版社，2004.

3. 胡适. 中国人的人格 [M]. 北京：中国工人出版社，2013.

4. 王利明. 人格权法（第二版）[M]. 北京：中国人民大学出版社，2016.

5. 杨立新. 人格权法 [M]. 北京：法律出版社，2015.

6. [日] 五十岚清. 人格权法 [M]. 铃木贤，葛敏，译. 北京：北京大学出版社，2009.

7. 王泽鉴. 人格权法（法释义学、比较法、案例研究）[M]. 北京：北京大学出版社，2013.

8. 王利明. 人格权法研究（第三版）[M]. 北京：中国人民大学出版社，2018.

9. 王利民. 人格权重大疑难问题研究 [M]. 北京：法律出版社，2019.

10. 杨立新. 人格权法 [M]. 北京：法律出版社，2020.

11. 马俊驹. 人格与人格权理论讲稿 [M]. 北京：法律出版社，2009.

12. 杨立新. 中国人格权法立法报告 [M]. 北京：知识产权出版社，2005.

13. 王家福. 人身权与法治 [M]. 北京：社会科学文献出版社，2007.

14. 高可. 人格权基础理论研究 [M]. 北京：中国政法大学出版社，2020.

15. 尹志强. 人格权及其救济制度研究 [M]. 北京：中国政法大学出版社，2020.

16. 王利明. 中国民法典释评：人格权编 [M]. 北京：中国人民大学出版社，2020.

17. 陈甦，谢鸿飞. 民法典评注：人格权编 [M]. 北京：中国法制出版社，2021.

18. 民法典人格权编：实用问题版 [M]. 北京：法律出版社，2021.

19. 民法典人格权编一本通 [M]. 北京：法律出版社，2021.

20. 程合红. 商事人格权论：人格权的经济利益内涵及其实现与保护 [M]. 北京：中国人民大学出版社，2002.

21. 谌远知. 文创产业中商品化权与知识产权研究 [M]. 北京：经济科学出版社，2012.

22. 韩大元. 生命权的宪法逻辑 [M]. 南京：译林出版社，2012.

23. 朱本欣. 刑法与生命：生命权的刑法保护研究 [M]. 北京：中国出版集团，2013.

24. 张新宝. 隐私权的法律保护 [M]. 北京：群众出版社，1998.

25. [美] 路易斯·D. 布兰代斯等. 隐私权 [M]. 宦胜奎，译. 北京：北京大学出版社，2014.

26. [美] 洛丽·安德鲁斯. 我知道你是谁，我知道你做过什么：隐私在社交网络时代的死亡 [M]. 李贵莲，译. 北京：中国友谊出版公司，2015.

27. 罗胜华，易继明. 基因隐私权的法律保护 [M]. 北京：科学出版社，2010.

28. 张新宝. 名誉权的法律保护［M］. 北京：中国政法大学出版社，1997.

29. 中国文联权益保护部，北京市高级人民法院知识产权审判庭. 捍卫名誉——文艺界名誉权典型案例评析［M］. 北京：中国文联出版社，2015.

30. ［英］约翰·穆勒. 论自由［M］. 孟凡礼，译. 南宁：广西师范大学出版社，2011.

31. ［英］拉斯基. 现代国家中的自由权［M］. 何子恒，译. 北京：商务印书馆，1962.

32. ［意］布鲁诺·莱奥尼. 自由与法律［M］. 秋风，译. 长春：吉林人民出版社，2004.

33. 马特. 人格权法案例评析［M］. 北京：对外经济贸易大学出版社，2012.

34. 石屹. 媒介的尺度：经典侵权案例解析［M］. 北京：北京大学出版社，2013.

35. 周友军. 侵权责任法专题讲座［M］. 北京：人民法院出版社，2011.

36. 最高人民法院. 人身损害赔偿司法解释理解与适用简明版及配套规定［M］. 北京：人民法院出版社，2018.

37. 姜强. 人身损害赔偿案件裁判要点与观点［M］. 北京：法律出版社，2016.

38. 董邦俊. 侵犯公民人身权利、民主权利罪立案追诉标准与司法认定实务［M］. 北京：中国人民公安大学出版社，2010.

39. 张永峰. 百姓生活常见案例大讲堂：人身损害赔偿卷［M］. 北京：中国法制出版社，2016.

40. ［奥］科赫，［德］考茨欧. 比较法视野下的人身伤害赔偿［M］. 陈永强，等译. 北京：中国法制出版社，2012.

41. ［英］罗德雷. 非自由人的人身权利：国际法中的囚犯待遇［M］. 毕小青，译. 北京：生活·读书·新知三联书店，2006.